Minerva Modern History

1

欧州統合史

二つの世界大戦からブレグジットまで

益田 実
山本 健
[編著]

ミネルヴァ書房

はしがき

今から一〇〇年と少し前、一九一四年七月、第一次世界大戦の勃発とともに、ヨーロッパが世界の中心であった時代の終わりが始まった。不安定な平和を挟む前後三〇年間、二度の世界大戦の主戦場となったヨーロッパ諸国はかつてない規模の破壊と殺戮、変革と混乱を経験した。一九四五年八月に第二次世界大戦が終結した後も、新たに超大国として君臨する米ソ両国間に展開した冷戦によってヨーロッパは東西に分断された。さらに、かつて世界の隅々にまで広がったヨーロッパ植民地帝国の全域において、急速な脱植民地化が進展していった。一九世紀末には世界を支配していたかのように見えたヨーロッパであったが、その地位の低下は明らかであった。

しかし、この「衰退」の過程と並行して、そして、それに抗うものとして、一九五〇年代以降のヨーロッパ諸国が成し遂げてきたとされるのが、今日の欧州連合（ＥＵ）に体現される超国家的な「統合」であった。フランス、ドイツ連邦共和国（西ドイツ）、イタリア、オランダ、ベルギー、ルクセンブルクの六カ国がまず石炭と鉄鋼という限られた領域で着手した統合の試みは、いくたびかの障害や危機に直面しつつも進展し、統合の及ぶ領域の拡大、そこに参加する諸国の増大、統合のためのさまざまな制度の発展をもたらしていった。それは、今なお世界の隅々に行き渡る多くの価値や規範を体系化したヨーロッパの文化と文明が、世界史的変動の中で自らの未来を求めて試行錯誤する過程であった。

やがて一九九〇年代に至りヨーロッパを分断する東西冷戦が解消し、新世紀を迎えるとともに、欧州統合はさらなる飛躍を遂げた。市場統合のさらなる完成、域内人口の完全自由移動を目指す制度の拡充、冷戦期に閉ざされ続けていた東欧への拡大、共通外交・安全保障政策の追求、司法・内務分野での協力、そして単一通貨ユーロの導入に至り、ＥＵは、かつてのヨーロッパが世界の中で有していた存在感を取り戻しつつあるかのように思われた。

しかし、これまでのところ二〇〇〇年代は、ＥＵと欧州統合に対して、新たな、これまでにない試練をもたらすものとなっている。単一通貨ユーロはギリシャ危機に端を発する通貨危機に見舞われ、域内自由移動の原則に対しては、移民・難民の流入に危機感を募らせる各加盟国の国内政治レベルで強力な異議申し立てがなされ、さらには過去七〇年の統合過程で初めて、イギリスによるＥＵからの脱退（ブレグジット）という形で加盟国の離脱が現実化しようとしている。この状況に際して、欧州統合はすでに限界に到達したとの声、単なる危機を越え、統合の終焉が迫っているとの声すら聞こえ始めている。域内諸国の国内政治に見られる危険な排外主義と反民主的とさえ言える過激な政治的主張の高まりに対しては、ＥＵという具体的存在にとどまらず、その背景をなすヨーロッパ的な理念や価値への疑念さえ囁かれる状況である。

ＥＵが、そして欧州統合というプロセスが今後いかなる方向に向かうのか、世界の中でヨーロッパが占める地位はどのようなものとなっていくのか、もちろん簡単に将来を予測することは誰にもできない。しかし、そのような将来の展望を図るうえで、我々が確実にできること、そして第一になすべきことは、過去七〇年に及ぶ欧州統合の歩みがいかなるものであったのか、その正確な実態を把握することであろう。現在のＥＵが備える諸制度と諸機能はいかなる過程を経て発展してきたのか、そして現在の欧州統合が直面する諸課題は、どのような文脈に位置づけて理解するのが正しいのか。統合が達成しようとした目標は何だったのか、実際に何が達成されてきたのか、あるいはされなかったのか、今日ＥＵが直面する危機は果たして統合を無意味なものとしているのか。

本書は、欧州統合の歩みを一〇〇年以上に及ぶスパンの中に位置づけ、統一的な視点から記述し、近視眼的な現状分析を越えて、欧州統合の歴史的な意味の把握を目指す通史として執筆された。予測可能な将来において世界がヨーロッパ中心に再編されることはないであろう。しかし、ヨーロッパの歩みは、これまでもそうであったように、これからも世界の多くの人々にとって多くを学ぶための歴史的経験の宝庫である。本書はその一断面を切り取っていささか詳細に観察したものである。欧州統合の歴史は果たして読者に何を語りかけてくれるだろうか。

益田　実

欧州統合史——二つの世界大戦からブレグジットまで　目次

目次

目　次

EUの主要機関の名称の変遷

EUの主要機関は、欧州理事会、EU理事会、欧州委員会、欧州議会、EU司法裁判所、欧州中央銀行、会計監査院であるが、欧州理事会、欧州中央銀行、そして会計監査院以外の四つは、歴史の中でその名称などが変化してきた。本書では原則として、その時代に用いられた名称を用いているが、ここでは読者への便宜を考慮して、その四つの主要機関の名称の変遷を確認しておきたい。

EU理事会（Council of the European Union）は、パリ条約によって設立されたECSC特別閣僚理事会（Special Council of Ministers）にさかのぼる。ローマ条約ではさらに、EEC理事会（Council of the European Economic Community）とユーラトム理事会（Council of the European Atomic Energy Community）が設立された。これら三つの「理事会」は、融合条約で一つとなり、EC理事会（Council of the European Communities）となるが、一般的には**閣僚理事会**（Council of Ministers）と呼ばれるようになった。マーストリヒト条約によって、名称はEU理事会となったが、今では単に「**理事会**」とだけ呼ばれることが多い。

欧州委員会（European Commission）は、やはりパリ条約によって設立された**最高機関**（High Authority of the European Coal and Steel Community）にさかのぼる。ローマ条約ではさらに、EEC委員会（Commission of the European Economic Community）とユーラトム委員会（Commission of the European Atomic Energy Community）が設立されたが、融合条約によってこれら三つが一つとなり、**EC委員会**（Commission of the European Communities）と呼ばれるようになる。EC委員会はリスボン条約以降、欧州委員会と呼ばれるようになっている。

欧州議会（European Parliament）は、パリ条約によって設立された**共同総会**（Common Assembly）にさかのぼる。共同総会は一九六二年に自らを「欧州議会」と名乗ることを決定した。そして、一九八七年に発効した単一欧州議定書から欧州議会が正式名称となり今に至っている。

ＥＵ司法裁判所（Court of Justice of the European Union）は、パリ条約で設立された、ＥＣＳＣ司法裁判所（Court of Justice）にさかのぼる。ＥＣＳＣの裁判所はローマ条約によって発足したＥＥＣとユーラトムの裁判所も兼任することとなり、ＥＣ司法裁判所（Court of Justice of the European Communities）となったが、一般的には**欧州司法裁判所**（European Court of Justice）と呼ばれるようになった。マーストリヒト条約において欧州司法裁判所は第一の柱であるＥＣの主要機関として定義されたが、リスボン条約でＥＵの主要機関とされたことで、今では正式名称のＥＵ司法裁判所で呼ばれることが多くなった。しかし通称である欧州司法裁判所（ＥＣＪ）も依然としてしばしば用いられる。

（山本　健）

ＥＵ基本条約

ＥＵ基本条約
- ローマ条約 → ＥＣ設立条約 → ＥＵ機能条約
- マーストリヒト条約 → ＥＵ条約
- ＥＵ基本権憲章

解説

本書で用いられる（ＥＵ）基本条約という用語について、ここで解説しておきたい。ＥＵ基本条約とは、ＥＵ条約とＥＵ機能条約（運営条約とも呼ばれる）を合わせた総称である。そこに、ＥＵ基本権憲章を含める場合もある。

ＥＵ条約は元はマーストリヒト条約であるが、ＥＵ機能条約の方は一九五八年に発効したローマ条約にさかのぼる。一九九三年にマーストリヒト条約が発効すると、旧ローマ条約はＥＣ設立条約と呼ばれるようになった。さらに二〇〇九年にリスボン条約が発効すると、ＥＣ設立条約は、今度はＥＵ機能条約と呼ばれるようになったのである。ちなみに、ＥＵ基本権憲章は二〇〇〇年に起草され、リスボン条約で法的拘束力を持つこととなった。

むろん、本書で詳しく論じるように、ローマ条約とマーストリヒト条約は、単一欧州議定書（一九八七年発効）、アムステルダム条約（一九九九年発効）、ニース条約（二〇〇三年発効）、リスボン条約などによってその内容に改定が加えられていき、今日のＥＵ機能条約とＥＵ条約の形に至っている。たとえば、最も新しいリスボン条約の正式名称も「ＥＵ条約およびＥＣ設立条約を修正するリスボン条約」である。第8章第4節で論じる欧州憲法条約（二〇〇四年署名）はこれらの様々な条約を一つに集約することを目指したものでもあったが挫折した。それゆえＥＵ基本条約は、ＥＵ機能条約とＥＵ条約の二本柱（ＥＵ基本権憲章を加えれば三本柱）となっているのである。

ＥＵ基本条約は、英語では、Treaties of the European Union と複数形で表記される。しかし日本語の場合、単数・複数の区別がないこともあり、ＥＵ条約とＥＵ機能条約を合わせて一言で表現できる「ＥＵ基本条約」という言い方が便利であり、ＥＵ研究者の間で定着している。

（山本　健）

略語・略称一覧

ACC（Allied Control Council）：連合国管理理事会
ACP（African, Caribbean and Pacific Group of States）：アフリカ・カリブ海・太平洋諸国
AfD（Alternative für Deutschland）：ドイツのための選択肢
ASEAN（Association of South-East Asian Nations）：東南アジア諸国連合
ASEM（Asia-Europe Meeting）：アジア欧州会合
CAP（Common Agricultural Policy）：共通農業政策
CDU（Christlich-Demokratische Union Deutschlands）：キリスト教民主同盟［ドイツ］
CEEC（Committee of European Economic Co-operation）：欧州経済協力委員会
CFAID（Comité franco-allemand d'information et de documentation）：仏独情報資料委員会
CFLN（Comité français de libération nationale）：フランス国民解放委員会
CFSP（Common Foreign and Security Policy）：共通外交・安全保障政策
CJHA（Cooperation in the fields of Justice and Home Affairs）：司法・内務協力
COMECON（Council for Mutual Economic Assistance）：経済相互援助会議
CSCE（Conference on Security and Cooperation in Europe）：欧州安全保障協力会議
CSDP（Common Security and Defence Policy）：共通安全保障・防衛政策
DBV（Deutscher Bauernverband）：ドイツ農業連合
EBRD（European Bank for Reconstruction and Development）：欧州復興開発銀行
EC（European Communities/European Community）：欧州共同体
ECJ（European Court of Justice）：欧州司法裁判所
ECA（Economic Cooperation Administration）：経済協力局
ECB（European Central Bank）：欧州中央銀行
ECSC（European Coal and Steel Community）：欧州石炭鉄鋼共同体
ECU（エキュ）（European Currency Unit）：欧州通貨単位
EDC（European Defence Community）：欧州防衛共同体
EDF（European Defence Force）：欧州防衛軍
EEA（European Economic Area）：欧州経済地域
EEAS（European External Action Service）：欧州対外行動庁
EEC（European Economic Community）：欧州経済共同体

EFTA（European Free Trade Association）：欧州自由貿易連合
EIB（European Investment Bank）：欧州投資銀行
EMI（European Monetary Institute）：欧州通貨機構
EMS（European Monetary System）：欧州通貨制度
EMU（Economic and Monetary Union）：経済通貨同盟
ENP（European Neighbourhood Policy）：欧州近隣諸国政策
EPC（European Political Community）：欧州政治共同体
EPU（European Payments Union）：欧州決済同盟
ERM（European Exchange Rate Mechanism）：欧州為替相場メカニズム
ERP（European Recovery Program）：欧州復興計画
ERT（European Round Table of Industrialists）：欧州産業経営者円卓会議
ESDP（European Security and Defence Policy）：欧州安全保障・防衛政策
ESS（European Security Strategy）：欧州安全保障戦略
ETUC（European Trade Union Confederation）：欧州労働組合連盟
EU（European Union）：欧州連合
EUI（European University Institute）：欧州大学院大学
EUPM（European Union Police Mission）：EU 警察ミッション
Euratom（ユーラトム）/EAEC（European Atomic Energy Community）：欧州原子力共同体
EUSE（Comité international pour les États-Unis socialistes d'Europe）：欧州社会主義合衆国国際委員会
FBI（Federation of British Industries）：イギリス産業連合
FEOGA（Fonds européen d'orientation de garantie agricole）：欧州農業指導保証基金
FDP（Freie Demokratische Partei）：自由民主党［ドイツ］
FLN（Front de libération nationale）：民族解放戦線［アルジェリア］
FRONTEX（フロンテックス）（仏語：Frontières extérieures／英語：European Agency for the Management of Operational Cooperation at the External Borders of the Member States of the European Union）：欧州対外国境管理協力庁
FTA（Free Trade Area）：自由貿易地域
GATT（ガット）（General Agreement on Tariffs and Trade）：関税と貿易に関する一般協定
GDP（Gross Domestic Product）：国内総生産
GNI（Gross National Income）：国民総所得
GNP（Gross National Product）：国民総生産

HR/SG（High Representative/Secretary General）：共通外交・安全保障政策上級代表・EU 理事会事務総長
IAEA（International Atomic Energy Agency）：国際原子力機関
IAR（International Authority for the Ruhr）：国際ルール機関
ICC（International Criminal Court）：国際刑事裁判所
IGC（Intergovernmental Conference）：政府間会議
ILEC（Independent League of European Co-operation）：欧州協力独立連盟
IMF（International Monetary Fund）：国際通貨基金
MERCOSUR（メルコスール）（Mercado Común del Sur）/MERCOSUL（Mercado Comum do Sul）：南米南部共同市場
MLF（Multilateral Force）：多角的核戦力
NAFTA（North American Free Trade Agreement）：北米自由貿易協定
NATO（North Atlantic Treaty Organization）：北大西洋条約機構
ND（New Democracy）：新民主主義党［ギリシャ］
NFU（National Farmers' Union）：全国農業経営者同盟
NSC（National Security Council）：国家安全保障会議
NSS（National Security Strategy）：国家安全保障政略
OECD（Organisation for Economic Co-operation and Development）：経済協力開発機構
OEEC（Organisation for European Economic Co-operation）：欧州経済協力機構
OPEC（Organization of the Petroleum Exporting Countries）：石油輸出国機構
OSCE（Organization for Security and Cooperation in Europe）：欧州安全保障協力機構
PASOK（Panellinio Sosialistiko Kinima）：全ギリシャ社会主義運動
PJCC（Police and Judicial Co-operation in Criminal Matters）：警察・刑事司法協力
SALT（Strategic Arms Limitation Treaty）：戦略兵器制限条約
SAP（Stabilisation and Association Process）：安定化・連合プロセス
SLBM（Submarine Launched Ballistic Missile）：潜水艦発射弾道ミサイル
SPD（Sozialdemokratische Partei Deutschlands）：ドイツ社会民主党
STABEX（Stabilization of Export Earnings System）：輸出所得安定化制度
UDE（Union douanière européenne）：欧州関税同盟
UEF（Union européenne des fédéralistes）：欧州連邦主義者連合
UEFA（Union of European Football Associations）：欧州サッカー連盟
UEM（United Europe Movement）：欧州統一運動
UKIP（UK Independence Party）：イギリス独立党

UNICE（Union of Industrial and Employers' Confederations of Europe）：欧州産業雇用主協会

WEU（Western European Union）：西欧連合

WTO（World Tarde Organization）：世界貿易機関

序章　世界史の中の欧州統合

益田　実

1　欧州統合前史――欧州統合の起源と意味

「ヨーロッパ」の形成

連邦（federation）あるいは、より統合の程度が弱い国家連合（confederation）いずれかの形式によって広くヨーロッパ諸国を包含する単一の政体の出現を求める発想は、近代以前に遡る。もちろん現在の欧州連合（EU）は、そのような発想の延長としてのみ存在するわけではない。しかし程度の差はあれヨーロッパに何らかの統一的な単位の形成を望む声は、明らかに欧州統合を前進させた原動力の一つであった。

そもそも統合が志向される前提として存在しなくてはならなかったのが、ある程度の一体性を持つ文化的空間としての「ヨーロッパ」という概念であり、その起源は古代に求められる。ユーラシア大陸の西端とその周辺の島嶼を指す地理的世界としてのヨーロッパは、周囲を取り巻く他の地理的世界であるアジアやアフリカとの区分によって意識されるものであるが、そのような認識が最初に生まれたのは古代ギリシャ世界であった。古代西方世界の中心はやがてギリシャからローマへと移り、ローマの影響もまた地理的な意味でのヨーロッパに拡散した。意識のうえではヨーロッパは今日も、古代ギリシャ・ローマ文明の継承者として自覚されるが、現在に至るヨーロッパ世界の歴史的形成過程を辿るならば、その真の起源は、ローマ世界が東西に分裂しつつキリスト教化された四世紀の時点に求めることができるだろう。西ローマ帝国を受けつぐ西方カトリック世界は、東方正教の世界およびやがて出現するイスラーム世界に周囲を取り囲まれ、両者との接触を通じて独自のアイデンティティを形成していった。その結果形成されたのが、ローマ教皇および神聖ローマ皇帝という聖俗の名目的権威が君臨する空間としての中世ヨーロッパ世界であった。それは「ヨーロッパ」であるよりもまず「カトリック」の空間であったと言うべきであるが、中世後期以降、次第に、この広がりの中に「ヨーロッパ」というアイデンティティに基づく、統一的な政治・経済・文化的空間の存在が意識されていった。

一六世紀から一七世紀の宗教戦争を経てヨーロッパは、宗教的には分裂しつつ主権国家からなる近代ヨーロッパ国家システムを形成していった。三〇年戦争を経て一六四八年にいわゆるウェストファリア体制が形成されるまでには、ローマ教皇および神聖ローマ皇帝という聖俗の超領域的な権威は名実ともに否定され、ヨーロッパ全域が何らかの領域的な主権と結びつく形で多様な形態の政治的単位に分割された。これらはすべて原理的には対等な主権国家であり、この主権国家からなるヨーロッパの形成とともに、これら諸国間のあるべき関係を考察する作業が必要となった。その一部として一七世紀から一八世紀にかけて、域内に平和を確立するための国家連合的なヨーロッパ秩序構想が出現した。一七世紀初めフランス国王アンリ四世の家臣シュリー公爵が提示した欧州平和のために勢力均衡的な国家連合の形成を提案する「大計画」、一七世紀末、イギリスのウィリアム・ペンが提示した「欧州議会」による平和構想、そして一八世紀に入ってもフランスのサン・ピエールによる「永久平和」実現のために国家間の会議体形成を求める提案などが出現し、一八世紀末には哲学者イマニュエル・カントが共和制諸国の国家連合による「永久平和論」を提唱するに至った。

一九世紀ヨーロッパと「統合」のはじまり

一九世紀ヨーロッパにおいて産業化と国民国家の形成が急速に進行するとともに、統合をめぐる議論は、より実際的な成果に繋がるものへと発展していった。ナショナリズムの拡散は、小規模な主権領域に分裂した民族を政治的に統合することによって、イタリアやドイツのように近代国民国家の形成をもたらした。ナショナリズムはまた、オーストリア＝ハンガリー、ロシア、トルコなどヨーロッパとその周縁部に位置する古典的な多民族帝国内部で諸民族の覚醒を促し、分裂への圧力としても機能した。産業化の進展は、ヨーロッパ諸国間の経済的相互依存性を増大させ、域内の経済協力や行政協力を促すとともに、国家間の経済競争と貿易面での保護主義による対立を煽り立てた。

一九世紀後半、大陸ヨーロッパでは、企業や労働力が国境を越えて経済活動に従事する状況が見られ、一八七〇年代以降、大陸諸国が保護主義に転じた後も、第一次世界大戦に至るまで欧州域内貿易は拡大し続けていた。この時期、鉄道・電信・水上輸送などの欧州域内交通通信ネットワークも大きく発達した。鉄道・郵便・電信・衛生分野における協力のための国際行政的組織も一九世紀ヨーロッパにおける域内協力としてまず開始された。このような経済的相互依存の高まりを背景にした地域的・国際的な広域行政の発達、さらには地域的関税同盟の形成や通商条約ネットワークの発展などは「統合」の先駆として位置づけられることもある。とりわけ一八三四年にプロイセン主導で発足したドイツ関税同盟は、その後の統一ドイツ国家形成を導くものであったと解釈され、二〇世紀になってもこれを「統合」の先駆的事例とする見方がなされた。しかしプロイセンによるドイツ統一過程は、あくまでも軍事力を背景にした政治的なものであり、経済統合と政治統合の間の因果関係は確実ではないと考えるべきであろう。ともかく、一九世紀ヨーロッパにおける「統合」的な動きは、ナショナリズムを背景にしたものであったり、二国間主義的であったり、民間主導の動きであったり、一九五〇年代以降に西欧諸国間で進展する政府間交渉に基づく超国家的な欧州統合との直接の関係は希薄である。それでも一九世紀ヨーロッパの経済的相互依存の高まりは、国境を越えて繋がるヨーロッパの実在性をイメージさせ、後の本格的な統合運動の重要な契機となったとは言えるだろう。

一九世紀末にはアメリカ合衆国をモデルとする連邦的国家としての欧州合衆国の形成に関する議論も登場するが、同時に、全盛期を迎えた帝国主義を背景にした連邦主義・統合論も登場した。たとえばイギリスでは、植民地帝国を範囲とする関税ブロックの形成を通じた経済統合を支持する議論が、有力政治家を巻き込む形で政治的アジェンダに上り始めた。これは同時に、アメリカとロシアという巨大な大陸国家の膨張に対抗する必要性を意識した議論でもあった。ドイツにおいても、周辺ヨーロッパ諸国を巻き込む統合された広域経済圏としての「中欧」（Mitteleuropa）という理念が議論され始め、一九一五年に刊行されたフリードリッヒ・ナウマンの『ミッテルオイローパ』においては、ドイツとオーストリア＝ハンガリーを中心とした中東欧における広域経済圏の形成が主張され、広く注目を集めた。しかしこれらの構想はいずれも、ヨーロッパ人全体の支持を喚起するものではなく、特定の大国の覇権確立の手段として志向されるものであった。真に「ヨーロッパ」的な規模で広汎な支持を集めうる統合構想が出現するのは、二〇世紀前半、二つの世界大戦による未曾有の大量殺戮の経験を経てヨーロッパの政治的・民族的地図が激変した後のことであった。

二つの世界大戦とヨーロッパの統合

より多くのヨーロッパ人に「統合」の必要性を自覚させた最大の契機は、二〇世紀前半の二つの世界大戦とそれに挟まれた時代であり、一九一四年から一九四五年にかけての経験はヨーロッパに対して、「統合」を通じて解決すべき二つの課題を突きつけた。

まず第一にそれは、いかにしてヨーロッパの平和を維持し、二つの世界大戦による多大な犠牲を払って形成された民族と国家の境界を保っていくのかという課題であった。一九世紀ヨーロッパにおけるナショナリズムの高まりは、民族の境界と政治の境界が一致した国民国家の形成を求める強い圧力を生み、そのような境界の不一致が存在する場所での民族対立を極限にまで高めた。この対立の結果が二つの大戦による大量殺戮と大量追放であった。二〇世紀前半、二度の大戦による五〇〇〇万人近い死者と一三〇〇万人を超える離散者を経て民族と国境の不一致は強制的に解消され、国民国家からなるヨーロッパはようやく構築された。ナショナリズムの原理を貫くためヨーロッパ世界は想像を絶する規模の犠牲を払ったのであり、結果として形成された国民国家体系の安定は、きわめて重要な課題であった。この課題に応えるうえでとくに重要になったのが、二度の大戦の直接の契機となったドイツへの対応であった。大陸の中枢に位置するドイツによる覇権を回避しながら、いかにして大国ドイツを安定的にヨーロッパ秩序に組み込むかという、いわゆる「ドイツ問題」の解決が必要であった。第一次世界大戦後においても国際連盟とヴェルサイユ体制という形で解決の試みはなされたが無惨な失敗に終わっていた。この経験を経て、ドイツ問題を解消しつつ欧州域内の秩序形成と安定を図る、より根本的な手段として「統合」への志向が強まったのである。

第二の課題は、二つの世界大戦が明らかにしたヨーロッパの世界的な地位の低下にいかに対応するかというものであった。欧州域内紛争として開始された二度の大戦を終結させるためにアメリカの介入が不可欠であったという事実は、もはやヨーロッパ人が自律的な秩序形成を行いえない存在であることを露呈した。経済的にも、大小の国内市場に分断されたヨーロッパに対して統合された巨大な国内市場を有するアメリカが獲得した優位性は、統合こそが目指すべき道であるとの認識を一部のヨーロッパ人に与えることになった。さらに第二次世界大戦後には米ソによる世界の分断を背景に、海外植民地を喪失しつつあった西欧諸国はいかにして自らの地位を確保するのかという問題に直面することになった。アメリカを中心に構築されるグローバルな政治・経済秩序に組み込まれた西側ヨーロッパ世界は、その独自性をいかに主張するかという問題にも直面した。他方で、もう一つの超大国ソ連が提示する政治・経済モデルも、一九七〇年代に至るまでは西欧諸国が掲げる諸価値とは異なる選択肢として競争力を有していた。「統合」を通じたヨーロッパの強化は、米ソ双方への対抗の手段としても、その必要性が意識されたのである。

第三の課題は、前後三〇年間を費やして二度の大戦と大不況を経験し、戦後はまた植民地帝国の喪失と米ソ二超大国への従属という状況に至ったヨーロッパ諸国が、いかにして自国民に対して自らの政治的・経済的な正統性を確立するのかというものであった。二〇世紀前半の西欧諸国の大半は国民から見て「失敗」した存在であり、平和の継続と経済的繁栄を通じた国民福祉の向上を図ることによって自らの正統性を回復しなくてはならなかった。統合は、この課題にも応えるものとなったのである。戦間期に経験した資本主義・民主主義双方の危機から西欧諸国が導いた結論は、高度な社会福祉制度を備え、資本主義市場経済の欠陥を是正するための政府介入を奨励する経済体制と自由で民主的な政治体制を組み合わせることであった。この経済と政治の組み合わせを維持していくうえで不可欠な、経済的発展と政治的安定のための環境をもたらす手段として、一部の西欧諸国によって「統合」が選択されたのである。冷戦下において西欧の政治的安定と経済的繁栄のための環境は、第一義的にはアメリカ主導で構築された国際経済秩序と安全保障枠組みの中でもたらされるべきであった。しかし一部の西欧諸国はそれだけでは不十分であると考えた。その結果、紆余曲折を経ながらも、ドイツを中核とした工業製品関税同盟と保護された農業市場を組み合わせる超国家的（supranational）な共同市場形式の経済統合が、戦後の政治経済秩序を支える装置として期待されることになったのである。

2 統合史研究の系譜

連邦主義的な統合史の記述

現在のEUに至る欧州統合の歩みが本格的な歴史研究の対象となったのは、第二次世界大戦後の統合過程に関する関係国公文書類の一部が公開され始めて以降のことである。そうした研究の成果は、一九八〇年代以降になってようやく出現し始めた。しかしそれまでの時点ですでに、単一の政治的単位としての欧州統一を支持する連邦主義的なイデオロギーに基礎を置く統合史の解釈は広くなされていた。それは欧州連邦の形成を理想視する立場に基づくものであり、統合を支持する政治家や知識人たちの過去の議論を肯定的に引用しつつ、五〇年代以降に進展した統合を、連邦主義の理想とナショナリズムの利害の間の闘争における前者の勝利の過程として描き出すものであった。七二年四月に当時の欧州共同体（EC）が設立を決定し、七六年にフィレンツェに開設された欧州大学院大学（EUI）近代欧州史講座の初代教授に就任したヴァルター・リプゲンスは、自ら連邦主義者としてこの営みに学術的基礎を与えるべく、第二次世界大戦期のレジスタンス運動および戦後の連邦主義活動家たちが関与した欧州統合運動に関する関係諸国の演説・声明・文書史料を収集し、三巻からなる長大な欧州統合史料集を編纂した。しかしそこに集約された成果は、関係国間の政治的・経済的相互作用を明らかにし、現実の統合過程を裏づける各国政府の政策決定過程を説明するには不十分なものであった。

アラン・ミルワードと国益中心的な統合史の解釈

一九八〇年代以降、公開公文書に基づく第二次世界大戦後の統合過程に関する歴史研究が進展した。なかでも後にEUIでリプゲンスの後任を務めることになる経済史家アラン・ミルワードが八四年から九三年にかけて発表した一連の成果は、関係諸国個別の政治的・経済的な国家利益が統合推進に果たした役割を大きく強調するものであり、連邦主義的な統合過程の解釈に大きな修正を迫るものとなった。連邦主義の理想ではなく、国民国家の自己利益の追求によって限定的な経済統合が進展したというのが、初期統合過程に対するミルワードの解釈であった。戦後西欧の経済復興過程で、一部西欧諸国は経済近代化を通じた国民福祉向上を求める国内の要請に応えるため、統合を通じてドイツを中核とする域内通商ネットワークを構築することに利害を見出したのであり、それは国民国家が自らの強化のために選んだ戦略であったと彼は議論した。国民国家を統合への障害と見なす連邦主義者と異なり、ミルワードは、国民国家と統合の間に存在する相互補完的な関係を重視したのである。戦後の欧州統合の起源に関するミルワードの議論は、九〇年代以降、ほぼ正統主義的な解釈の地位を獲得したと言ってよいだろう。

近年の流れと日本における統合史研究

二〇世紀末から二一世紀にかけて、冷戦終焉に伴うさらなる史料公開の進展、そしてEUの規模と権能の拡大とともに、統合過程をめぐる研究活動の規模も拡大した。拡大は同時に研究対象の細分化をもたらし、近年では統合史上の特定の事件や展開に対する詳細な分析、統合に関与した各国の政策決定過程の詳細な解明などに加えて、農業・通貨など個別領域の統合過程に注目する研究も盛んになった。統合史に限らず、国際史研究全般の傾向を反映する形で、多様な史料源を用いたマルチアーカイヴァルでマルチナショナルな研究手法が一般化しつつあるとともに、超国家的な統合過程に対する超国家的な歴史記述を意図する研究も出現しつつある。加盟国政府のヨーロッパ政策のみならず、欧州委員会などの超国家的統合機関それ自体を対象とする歴史記述、そして国際関係の主体としてのEC、EUを対象とした対外関係史も出現している。

日本においても制度的・法的側面からのEC・EU研究は、長い歴史と蓄積を有するが、EUに繋がる統合プロセスを本格的に「統合史」として位置づける歴史研究の成果は、二〇世紀末から二一世紀初頭にかけて、ようやく出現し始めた。その代表は遠藤乾らによる通史『ヨーロッパ統合史』であり、それと関連する一連の研究書である。これらは基本的に政治史・外交史・国際史的手法を中心とした成果であるが、廣田功らによる経済史的アプローチに基礎を置く成果も重要である。英仏というヨーロッパの大国と統合過程の関連に注目する、細谷雄一や吉田徹らの編著書もある。

3 本書のねらいと構成

本書のねらい

本書は、主として第二次世界大戦後から二〇一〇年代までを対象として、欧州統合の歴史と現状に関する通史的記述を行うものである。欧州統合に関心を持つ一般的読者を対象に、現代史に関する基礎知識を踏まえつつ今日のEUに至るプロセスをある程度詳細に解説し、より専門的なEUおよび統合史に関する研究書へ至る橋渡しをする書物と位置づけてもよい。

本書を貫く視点は二つある。一つはまず、(1)統合を支える制度の発展、(2)統合がカバーする共通政策分野の広がり、(3)統合に加わる加盟国の拡大、という統合の三つの流れに注目する視点である。制度の発展とはすなわち、一九五二年発足の欧州石炭鉄鋼共同体（ECSC）による「委員会・閣僚理事会・議会・裁判所」体制という制度的遺伝子の形成と一九五八年のローマ条約によるその継承、そしてその後、紆余曲折を経ながらも一九九二年のマーストリヒト条約を経て、二〇〇七年のリスボン条約に定められた今日のEUの構造に至る過程である。共通政策分野の広がりとはすなわち、石炭鉄鋼分野限定で開始された統合が、共同市場・共通農業政策・原子力分野から、さらに政治協力・通貨統合へと拡大しつつ、今日の共通外交・安全保障政策や司法・内務協力まで含む広範な統合へと至る過程である。加盟国の拡大とはもちろん、仏独伊ベネルクスの六カ国により始まった統合が六次にわたる拡大を経て今日二〇一八年時点での二八カ国の統合に至る過程である。

本書はまた同時に、(1)イギリスのEU離脱、(2)ユーロ危機、(3)難民問題という今日のEUが直面する三つの大きな問題へと至る流れにも注目する。イギリスのEU離脱に至るプロセスとはすなわち、統合開始時点で参加を拒絶したイギリスが統合参加へと路線転換し、フランスによる二度の拒否を経てようやくECに加盟し、やがてさらなる統合進展とともに一定の距離を置き始め、国内における統合反対の世論の高まりとともにEU脱退を選択する過程である。ユーロ危機に至るプロセスとはすなわち、一九六〇年代末に開始された通貨統合を目指す動きが、国際通貨システムの動揺に翻弄されつつも、冷戦終焉を経て単一通貨導入へと至るが、ギリシャ問題表面化とともに大きな危機に直面する過程である。今日の難民問題に至るプロセスとはすなわち、ローマ条約の中に盛り込まれた労働力自由移動の原則が、やがてシェンゲン協定・EU市民権の導入により域内人口の完全自由移動を目指すものへ進展する一方で、難民問題の深刻化やテロ問題の浮上とともに、域外からの難民受け入れをめぐるEU諸国間の対立へと至る過程である。

統合の進展を示す三つの流れと統合進展がもたらした三つの危機というこの二つの視点を交錯させつつ全体を記述していくことにより、本書は統合の光と影の両面に焦点を当てることを目指す。

各部・各章の概要

本書は、時系列に沿って全体を三部に構成し、各部あたり三章の全九章構成となっている。理解を助けるための図表・地図・コラム等も配し、各章末には主要参考文献リストを付した。「EUの主要機関の名称の変遷」および「EU基本条約」に関する説明、そして「略語・略称一覧」は本書冒頭に掲げ、巻末には年表および人名・事項索引も付した。

第Ⅰ部「欧州統合のはじまり」ではまず、第一次世界大戦以降の欧州統合をめぐるさまざまな議論に触れた後、ローマ条約署名を経てイギリスによる欧州経済共同体（EEC）への第一次加盟申請に至るまでの統合過程を説明する。

第1章「超国家的統合の始動と欧州石炭鉄鋼共同体の形成――戦間期から一九五〇年代初めまで」（益田実）においては、まず戦間期の統合をめぐるさまざまな議論に触れたうえで、第二次世界大戦後、米ソ冷戦とヨーロッパの東西分断を背景に西欧諸国が復興を目指す過程で、フランスによる石炭鉄鋼分野を対象とした超国家的統合構想が出現し、六カ国によるECSCへと結実する過程を描く。この間、ハーグ会議から欧州審議会形成へと至る戦前以来の連邦主義運動の延長に位置する統合過程とその限界にも触れ、ECSCによるEUの制度的遺伝子（「委員会・閣僚理事会・議会・裁判所」体制）形成が意味したものを考察する。さらに、今日のEU離脱の決断に至るプロセスの出発点とも言える、イギリスによるシューマン・プラン参加拒否の決定にも触れる。

第2章「欧州防衛共同体の挫折と欧州経済共同体の形成──一九五〇年代の統合と「共同市場」という選択」（益田実）においては、まずECSCとほぼ並行して進展しながら最終的に挫折したドイツ再軍備のための欧州防衛共同体（EDC）構想の顚末に触れる。次いで、六カ国による経済統合の動きが再開され、ローマ条約により欧州原子力共同体（ユーラトム）およびEECが設立され、ECSCの制度的遺伝子の継承とともに共通政策分野の拡大に至る過程を詳述する。またEECすなわち六カ国による共同市場形成の動きに危機感を覚えたイギリスが対抗提案として西欧一七カ国による自由貿易地域（FTA）構想を提唱しながらも、それが挫折に追いやられる過程にも触れる。

第3章「加盟国拡大と政治協力の起点──イギリスの欧州経済共同体への第一次加盟申請とエリゼ条約、一九五八～一九六三年」（小川浩之）では、主にEEC設立初期の英仏両国の統合に対する姿勢を取り上げ、それぞれが異なる立場からEECに体現される統合を受容していく過程を、関係国の対応も含めて描写する。その際とくに注目するのは、仏シャルル・ドゴール政権が提唱した政治連合構想をめぐる関係国の議論と対応および、英ハロルド・マクミラン政権がEEC加盟申請に至る経緯とそれが挫折するまでの過程である。

第Ⅱ部「欧州統合の模索」においては、一九六〇年代以降、いくたびかの挫折や停滞の危機に直面しつつも、加盟国の増大・制度的な発展・新たな政策分野への着手が実現し、最終的に一九八〇年代末から一九九〇年代初頭にかけてマーストリヒト条約署名によって欧州連合の形成が合意されるまでを扱う。

第4章「草創期の欧州経済共同体──一九六〇年代の危機と欧州統合」（山本健）では、一九五八年に発足したECの草創期の一〇年を概観する。この間EECは、関税同盟を実現するとともに、対外的存在感を高め、またEC法における画期をもたらす判決が欧州司法裁判所によって下された。とりわけ共通農業政策を実現させたことが、後のEC発展の基盤になった。同時に一九六〇年代は、フランスによって引き起こされた空席危機やイギリスの第二次加盟申請の拒否など危機の時代でもあったことを見る。

第5章「欧州統合の新段階——長い一九七〇年代の光と影」（黒田友哉）では、一九六九年のハーグ会議後、十数年間の欧州統合過程が直面した「停滞」と、その中に存在した将来の発展に繋がる要素の双方に注目する。この時期、第一次拡大が実現するとともに通貨統合を目指す機運も高まるが、その進路は折から生じた国際経済秩序の動揺に翻弄されることになった。しかし同時に制度的には、欧州政治協力の誕生・欧州理事会の創設・欧州議会の直接選挙、ヨーロッパ・アイデンティティの形成という進展も見られることになった。そして、欧州通貨制度も一九七九年には発足する。

第6章「欧州統合の再出発——単一欧州議定書とマーストリヒト条約、一九八四〜一九九三年」（池本大輔）では、一九八〇年代中葉から一九九〇年代前半にかけて単一市場と経済通貨同盟が実現され、欧州統合が目覚ましく進展する有様を描く。この時期、第二次および第三次拡大により南欧諸国が新たに加盟し、統合に参加する国々の多様性が増大し始める。制度面では、マーストリヒト条約によってEUが創設され、第一の柱である欧州共同体とともに、第二、第三の柱として共通外交・安全保障政策、司法・内務協力も新設される。しかし急速な統合進展と並行して多くの加盟国でEUへの政治的な反発、欧州懐疑主義が表面化し始めるのもこの時期の出来事であった。

第Ⅲ部「欧州連合の時代」では、一九九〇年代から二一世紀以降、急速かつ本格的にグローバル化していく世界の中で進展していったポスト冷戦、ポスト・マーストリヒト時代の欧州統合を分析し、通貨危機・難民問題・イギリス脱退などの深刻な課題に直面し、今まさに転機を迎えつつあるEUの将来を展望する。

第7章「冷戦後世界へのダイビング——一九九〇年代の野心と不安」（山本直）は、制度面についてはアムステルダム条約における発展を、共通政策分野の広がりとしては共通外交・安全保障政策および司法・内務協力の強化を取り上げる。それとともに、冷戦時代の中立諸国であるオーストリア、スウェーデン、フィンランドを対象とした第四次拡大、EUとしての人権外交の展開、経済通貨同盟の構築の過程も描く。またトニー・ブレア政権期のイギリスとEUの関係、そしてユーロ危機に至る過程としての安定・成長協定、オーストリアにおける排外主義への対応にも触れる。

第8章「ビッグ・バン拡大からリスボン条約へ――危機の序章としての二〇〇〇年代」（東野篤子）は、第五次およびそれ以降の拡大をめぐるEUの苦悩、対ロシア政策、イラク戦争などの外交安全保障問題をめぐる議論に触れた後、欧州憲法条約が一部加盟国国民投票で否決されてからリスボン条約発効に至るまでの過程を描く。同時に、東方への膨張とともに増大した東欧からの移民に対するイギリス国内の反発、ユーロ通貨の流通開始からユーロ危機へと至る過程、移民難民問題と関連するEUの国境管理問題など、今日EUが直面する深刻な危機へと至る直接の前段階にも注目する。

第9章「試練の中の欧州連合――二〇一〇年代とブレグジット」（山本健）では、まず共通政策の発展、制度の発展、そしてEU拡大という三つの観点から、本書におけるこれまでの議論の全体を概観する。次いで二〇一〇年代にEUが直面した三つの試練、すなわちユーロ危機、難民危機、そして二〇一六年の国民投票でイギリスが決めたEU離脱の問題をそれぞれ論じ、最後にイギリス離脱後のEUを歴史の中で展望する。

参考文献

遠藤乾編『ヨーロッパ統合史』〔増補版〕名古屋大学出版会、二〇一四年（とくに、序章「ヨーロッパ統合の歴史――視座と構成」〔遠藤乾〕、第1章「ヨーロッパ統合の前史」〔遠藤乾・板橋拓己〕、第2章「ヨーロッパ統合の胎動――戦間期広域秩序論から戦後構想へ」〔戸澤英典・上原良子〕を参照）。

遠藤乾「ヨーロッパ統合史のフロンティア――EUヒストリオグラフィーの構築に向けて」遠藤乾・板橋拓己編『複数のヨーロッパ――欧州統合史のフロンティア』北海道大学出版会、二〇一一年。

廣田功・森建資編著『戦後再建期のヨーロッパ経済――復興から統合へ』日本経済評論社、一九九八年。

細谷雄一編『イギリスとヨーロッパ――孤立と統合の二〇〇年』勁草書房、二〇〇九年。

益田実「近代という時代と欧米諸国」益田実・小川浩之編著『欧米政治外交史　一八七一～二〇一二』ミネルヴァ書房、二〇一三年。

吉田徹編『ヨーロッパ統合とフランス――偉大さを求めた一世紀』法律文化社、二〇一二年。

Desmond Dinan, *Europe Recast : A History of European Union* (2nd ed.) (Basingstoke: Palgrave Macmillan, 2014).

Desmond Dinan, 'The Historiography of European Integration', in Desmond Dinan (ed.), *Origins and Evolution of the European Union* (2nd ed.) (Oxford: Oxford University Press, 2014).

Walter Lipgens (ed.), *Documents on the History of European Integration,* vol. 1 (Baden-Baden: Nomos Verlag, 1985).

Walter Lipgens (ed.), *Documents on the History of European Integration,* vol. 2 (Baden-Baden: Nomos Verlag, 1986).

Walter Lipgens and Wilfried Loth (eds.), *Documents on the History of European Integration,* vol. 3 (Berlin: De Gruyter, 1988).

Wilfried Loth, *Building Europe: A History of European Unification* (translated by Robert F. Hogg) (Berlin: De Gruyter, 2015).

Alan Milward, *The Reconstruction of Western Europe, 1945-1951* (Berkeley: University of California Press, 1984).

Alan Milward, *The European Rescue of the Nation State* (Berkeley: University of California Press, 1992).

A. Milward, F. M. B. Lynch, F. Romero, R. Ranieri, and V. Sørensen, *The Frontier of National Sovereignty : History and Theory, 1945-1992* (London: Routledge, 1993).

Peter Stirk, 'Integration and Disintegration before 1945', in Dinan (ed.), *op. cit.*

第Ⅰ部　欧州統合のはじまり

第1章　超国家的統合の始動と欧州石炭鉄鋼共同体の形成

——戦間期から一九五〇年代初めまで——

益田　実

仏外相ロベール・シューマンによるシューマン・プランの発表（1950年5月9日，フランス・パリ）（©European Communities, 1950/Source: EC-Audiovisual Service）

第一次世界大戦後のヨーロッパにおいては、連邦主義的な統一ヨーロッパの建設を目指す統合論が注目を集め、大陸諸国間での経済統合論も交わされたが、それらは成果をもたらすことなく、第二次世界大戦へと至った。戦後、米ソ冷戦とヨーロッパの東西分断を背景として西欧諸国が復興を目指す中、アメリカも深く関与する形で、最初の本格的な超国家的統合構想であるシューマン・プランが一九五〇年五月に出現する。この提案に基づき、仏独伊ベネルクスの大陸六カ国は石炭鉄鋼分野を対象とする欧州石炭鉄鋼共同体（ＥＣＳＣ）の形成に至るが、イギリスはそこへの参加を拒否した。五二年に発足したＥＣＳＣは石炭鉄鋼産業に関する部分的統合であり、その経済的効果も限定的であったが、ルール地方の石炭鉄鋼産業のあり方をめぐる仏独間の対立を取り除くことによって、その後の統合の出発点としての役割を果たすこととなった。

1　戦間期から第二次世界大戦中の欧州統合構想

汎ヨーロッパと欧州連邦運動

国民国家であるヨーロッパ諸国の上位に位置する、あるいはそれを置換する存在としてヨーロッパの「連邦」(federation) 形成を目指す運動がある程度広く展開されるようになったのは、第一次世界大戦後である。この動きは、新興大国アメリカの台頭、共産主義国家ソ連の登場といった戦後の新たな状況の中で、第一次世界大戦という巨大な「内戦」とも言うべき衝突により消耗したヨーロッパが、いかにして平和的な欧州域内秩序を構築し世界的な影響力を維持していくのかという問題意識に衝き動かされたものであった。

この連邦運動の嚆矢となったのは、オーストリア人貴族リヒャルト・クーデンホーフ＝カレルギー伯爵による汎ヨーロッパ運動であった。彼は一九二二年ウィーンの新聞に寄稿し、少数の大陸ブロックまたは帝国ブロックへと結晶化しつつある世界の中で大陸ヨーロッパ諸国が中小の国民国家に分断されることの危険性を訴えた。翌二三年に刊行された自著『汎ヨーロッパ』において伯爵は、共産主義体制でありアジアにも版図を有するソ連と世界規模の植民地帝国を持つイギリスを除いた、仏独を中心とするヨーロッパ諸国およびその海外領土による連邦の形成を呼びかけた。汎ヨーロッパ、汎アメリカ、東アジア、ロシア連邦帝国、英連邦帝国の五大ブロックからなる世界が彼の構想した世界秩序であった。同書は九カ国語に翻訳され広く読まれた。汎ヨーロッパは、中小国民国家に解体された中東欧地域の（再）統合を求めるとともに、仏独協力による大陸ヨーロッパ全体の結束を志すものであり、懐古的であると同時に戦後世界に対応するヨーロッパの新たな秩序形成を目指すものであった。

『汎ヨーロッパ』におけるクーデンホーフ＝カレルギーの呼びかけは、ヨーロッパ各国の知識人や政治家に一定の支持者を獲得し、二六年一〇月にはウィーンにおいて二四カ国代表が集う第一回汎ヨーロッパ会議が開催された。しかし、ナチスの台頭とともにこの運動は圧迫されていった。三八年三月、独墺合邦とともにウィーンの汎ヨーロッパ運動事務局は閉鎖され、クーデンホーフ＝カレルギーも四〇年八月、アメリカに亡命するに至った。汎ヨーロッパは英露を除く大陸限定の連邦主義政治運動であったが、同様の活動は戦間期のイギリスにも発生していた。三八年一一月にはイギリスで連邦同盟が結成され数千名規模の会員を集めた。第二次世界大戦中、連邦同盟会員たちは戦後ヨーロッパ諸国による連邦システムの形成を支持する言論活動を行い書籍やパンフレットを発行したが、その影響範囲は限定的であった。

戦間期の仏独関係と欧州連邦構想

戦間期の大陸ヨーロッパ、とくにフランスにおいては、第一次世界大戦後のヴェルサイユ条約＝国際連盟体制の下で仏独関係はいかにあるべきかという問題意識を直接の契機として、経済領域を中心にヨーロッパの統合を考える動きも出現した。第一次世界大戦の経験はフランスにとって、安全保障面においても経済面においてもドイツの脅威を強く印象づけるものであった。この脅威の復活を防止することがフランス外交の最も重要な目標となった。戦争の惨禍に由来する反戦平和主義やヨーロッパ衰退への危機意識といった、広く大陸全体に共有され連邦主義的欧州統合運動の契機となった心理的要素に加えて、この国益認識を基礎としてフランスの欧州統合構想が出現することになったのである。

とは言うものの、戦間期当初のフランスの対独政策はきわめて懲罰的なものであり、軍事的・経済的なドイツの弱体化とそれを利用する形でのフランスの強化が志向された。ヴェルサイユ条約により、ライン川沿岸のドイツ領ラインラントの非武装化、ザールの分離と連盟による国際管理、賠償としてのドイツ産石炭・コークスのフランスへの供給などが獲得された。一九二〇年代初めフランスでは、右派国民ブロック政権の下でヴェルサイユ条約の厳格な執行が追求され、同時にドイツ周辺諸国との間で軍事安全保障網の構築が目指された。しかし、二三年のルール占領はドイツによる広範な国民的抵抗とハイパー・インフレを巻き起こし失敗に終わった。二四年五月の総選挙で左翼カルテルが勝利しエデュアール・エリオ内閣が成立するとともに、フランス外交は大きく路線転換した。二五年外相に就任したアリスティード・ブリアンは三二年までその地位にとどまりながら仏独協調外交を推進し、二九年までドイツ外相を務めたグスタフ・シュトレーゼマンをパートナーとする形で仏独和解を目指す動きが展開された。エリオとブリアンはともにクーデンホーフ＝カレルギーの支持者でもあり、ブリアンは二七年汎ヨーロッパ運動名誉総裁にも就任していた。

二九年九月、ブリアンは国際連盟総会で、ヨーロッパ諸国間に「ある種の連邦的紐帯」を形成するために経済面での「連合」（association）を求める演説を行った。三〇年五月には、ブリアン提案を具体化する覚書が仏外務省により公表された。この中では、国家主権の委譲を伴わない範囲で経済政策を調整し政治的連合を目指すことが提唱されていた。この「連合」は、制度的には欧州会議（全加盟国による総会）、常設政治委員会（一部加盟国に限定）、事務局から構成されるものであった。ブリアン提案の背景に存在した考慮は、長期的な対独安全保障の確保とヨーロッパ経済の国際的競争力の向上であったとされる。この覚書を検討するために連盟は数度の会合を開催したが、ブリアン提案への支持はフランスと同盟関係にある東欧諸国（チェコスロヴァキア、ルーマニア、ユーゴスラヴィア）を越えて広がることはなかった。すでに二九年一〇月、シュトレーゼマンは死去しており、ドイツ政府内にはフランスの大陸における覇権確立への疑念が生じていた。イギリスは地域主義的な組織がコモンウェルス（英連邦）やアメリカその他に与える影響に対して懸念を表明した。ポルトガル、スペイン、オランダも欧州域外領土の存在は障壁となると指摘した。三二年三月にブリアンが死去するとともに議論は棚上げにされた。連盟を舞台にブリアン構想が提示された背景には、実質的にヨーロッパ諸国中心の機構であった連盟が欧州域内協力を推進する舞台となっていたことがある。連盟事務局には、短期間ではあるが事務次長を務めたジャン・モネ（コラム1-1参照）のように後に統合を大きく推進する人物も存在した。

二〇年代半ば以降、仏独二国間対立の克服に関して具体的に進展した協力として、二六年九月に仏独ルクセンブルクの鉄鋼業者を中心に形成された国際鉄鋼カルテルがある。産業界におけるカルテル形成が政治的協力へ展開することを期待する声も独仏および周辺諸国には存在していた。そこには一九世紀のドイツ関税同盟がドイツの政治的統一へ繋がったという認識から、ヨーロッパ規模での同様の効果を期待する考えもあった。また、国際カルテルによるヨーロッパ産業の組織化はアメリカに対抗するために必要であるとの認識もあった。第一次世界大戦末期から戦後にかけてフランス政府の経済閣僚を歴任したルイ・ルシェールは、独仏間で領有が争われてきたアルザス＝

> ### コラム1－1　ジャン・モネ
>
> ジャン・モネは1888年コニャック商人の家庭に生まれ，16歳で学業を終えた後，家業に従事した。第1次世界大戦開戦後，連合国による国際商品取引規制作業に従事し，国際連盟発足とともに事務次長に就任したが，1923年に辞任した。その後，家業および国際金融業に関与し，1920年代には中東欧諸国の通貨安定化，1930年代には中国の経済開発事業に関与した。第2次世界大戦開戦後は，英米両国で軍需物資供給業務に携わった後，1943年アルジェのフランス国民解放委員会に参加して戦後構想に関与し始め，仏戦後復興計画の総責任者となった。1950年のシューマン・プラン考案後，1952年にECSC最高機関初代議長に就任したが，1954年には辞任し，1955年以降は，自ら組織した欧州合衆国行動委員会に各国政党・労組関係者を集め，広く経済統合推進を働きかけた。1963年には米大統領自由勲章を受章し，1976年4月，欧州理事会によって最初の欧州名誉市民号を授与された後，1979年，90歳で死去した。1988年，モネの遺骸はパリのパンテオンに改葬された。理想主義的な欧州連邦運動とは終始一定の距離を保つ存在であったが，今日モネはシューマン，アデナウアーらとともに，広く「欧州建設の父」として位置づけられており，EUが支援するジャン・モネ・プログラムは，世界各地で欧州統合に関する教育研究を支援している。

ロレーヌ地域（コラム1－2参照）を中心にする石炭鉄鋼カルテルの形成を推進し欧州連邦運動にも関与していた。また、仏小売業者や輸入業者らの団体も関税同盟形成を目指す運動を二五年以降に組織していた。経済学者やジャーナリストらが組織した欧州関税同盟（UDE）も二〇年代後半、フランスを中心に西欧諸国に支部を組織した。二六年五月には国際鉄鋼カルテルの主要人物であるルクセンブルクの鉄鋼業者エミール・マイリッシュらにより、仏独産業家を結集した仏独情報資料委員会（CFAID）が結成された。しかし、三〇年代に入り世界恐慌の影響が深刻化するとともに経済ナショナリズムが高まり、関税同盟・貿易自由化を通じた経済統合を目指す動きも衰退していった。

世界恐慌とヨーロッパ経済の分裂

一九三〇年代に入ると世界恐慌の波及とともに、英仏独の主要ヨーロッパ諸国はそれぞれ異なる形で恐慌による経済的困難の克服を追求し、ヨーロッパ規模の協調的解決が志向されることはなかった。複数の地域的特恵貿易システム構想*が出現し、ヨーロッパは経済的に分裂していった。三〇年二月から三月にかけ

コラム1－2　独仏関係とアルザス＝ロレーヌ問題

ライン川西岸に位置するアルザスおよびロレーヌ地方は，9世紀以来神聖ローマ皇帝領に属していたが，アルザスは17世紀に，ロレーヌは18世紀に仏領となった。文化的にはフランスの影響を強く受け続けながらも，ドイツ語系言語集団が多数を占め，19世紀になるとドイツ民族主義者たちは，両地域の統一ドイツ編入を要求し始めた。1871年の普仏戦争後，アルザスの大部分とロレーヌの一部は，帝国直轄領エルザス＝ロートリンゲンとしてドイツ帝国に編入された。独仏国境を西方に遠ざけ，豊富な石炭鉄鋼資源を確保するという，安全保障上の考慮にも影響された決定であった。フランス側は強い復讐心を抱き，第1次世界大戦後，同地域がフランス復帰を果たすとともに，ドイツ併合後移住したドイツ系住民は追放された。第2次世界大戦中はドイツ占領下でドイツ化が進められ，フランス語使用は禁止されドイツ語学習が義務化された。シューマン・プランを提唱したロベール・シューマンの父親はロレーヌ生まれのフランス人であるが，ドイツ併合後ドイツ国民となった。シューマン自身は1886年にドイツ国民として生まれ，1919年以降，フランス国民となった。アルザス＝ロレーヌをめぐる独仏対立に翻弄されたシューマンによって提唱されたことで，独仏石炭鉄鋼産業の超国家的統合は，独仏和解の象徴としての意味を，より強く持つことになったと言える。アルザスの中心都市ストラスブールには現在，欧州議会本会議場が置かれている。

て国際連盟の枠組みで関税休戦会議が開催され、イギリスを含む全欧州自由貿易協定が検討されたが合意は成立せず、欧州域内自由貿易再建の動きは挫折した。二〇年代にヨーロッパ規模の関税同盟を志向した統合論者の一部も、ヨーロッパ内の各地域において保護主義や経済ナショナリズムと親和性が強い地域的関税同盟を追求するようになった。

＊地域的特恵貿易システムとは、特定の加盟国・地域のみを対象として相互の貿易について関税率や輸出入数量割当に関する優遇措置を導入するシステムである。代表的なものとして一九三二年オタワ協定によりイギリス本国とその自治領・植民地の間に形成され、七三年イギリスの欧州共同体（EC）加盟後に段階的に解体されていった帝国特恵貿易制度が存在する。

三一年三月、独墺間で提起された関税同盟構想はフランスの反発により九月には放棄されたが、これを契機に大陸ヨーロッパ諸国間の地域的特恵貿易システム構築の動きが広がった。フランスは三一・三二年にかけて東欧諸国との特恵貿易システム構築を模索した。ドイツおよび周辺の中東欧諸国は為替規制を導入するとともに特恵貿易システム構築へ動いた。ナチス政権成立後、この動きは加速し、三四年二月、ドイツとハンガリーの間で決済協定が署名され、三四年五月にはドイツとユーゴスラヴィアの間で通商協定が署名された。三〇年代末までにドイツは大半の東欧諸国との貿易関係を強化し、ライヒスマルク・ブロックを形成していた。ただし、これは戦争体制構築を目指すナチスの経済政策を前提とするものであり、平和的な経済統合とはまったく異なるものであった。

他方でイギリスは三一年九月、ポンド切り下げ・金本位制離脱へ動き、三二年には保護関税導入と帝国特恵制度の構築を進め、ポンドを決済通貨とする通貨・貿易ブロックとして帝国への経済依存度を増大させていった。フランス、ベルギー、オランダも同様に植民地との経済関係強化を目指したが、その規模はイギリスより小規模であった。ベルギー、オランダ、ルクセンブルクからなるベネルクス諸国は、三二年六月、関税の漸進的引き下げと貿易拡大を目指す地域通商協定を締結した。三〇年代後半、ヨーロッパ諸国は大恐慌後の不況から景気回復に向かったが、これらの貿易規制措置は維持された。その結果、欧州域内貿易の回復は停滞した。

ナチスの新ヨーロッパ秩序

一九三九年九月、ナチス・ドイツによるポーランド侵攻とともに第二次世界大戦が勃発した。当初軍事的に優勢に立ったドイツは一九四〇年代前半の一時期ヨーロッパの大半を占領し、形式的には一元的な政治的・経済的支配体制を構築した。ドイツ総統アドルフ・ヒトラー自身は戦後ヨーロッパの経済秩序について明確な構想を提示することはなかったが、経済担当のナチス高官の一部は戦後の統一的なヨーロッパ経済秩序に言及していた。四〇年七月には経済相ヴァルター・フンクが演説の中で、「統一ヨーロッパ」内の「より強力な経済共同体」について言及していた。ただし、域内諸国の経済不均衡のため短期的には通貨関税同盟のような経済統合は困難であるというのが彼の主張であった。四二年以降、ナチス政権軍需相を務めたアルベルト・シュペーアは、経済主権の共有を含むヨーロッパの経済共同体を戦後に形成する構想を抱いていたとされる。

ナチスによるヨーロッパの経済的統一への言及は、占領地域の対独協力者の中にドイツ主導の欧州統一への一定の期待を生み出すこともあった。しかしナチス占領下での最大の経済的目標は、あくまでも当面の戦争遂行のために占領地域の経済的資源を搾取することであった。戦前の貿易パターンは歪曲され、多国間貿易は縮小した。ドイツと被占領国の二国間貿易が増大し、ドイツは巨大な債務を蓄積させていった。労働力不足が悪化するとともに人的搾取も拡大した。結果的にドイツ占領地域における諸国間の経済関係はむしろ分裂を強め、ドイツ支配はヨーロッパの統一促進に繋がることはなかった。

最終的にナチスの壊滅的敗北とその後の東西ドイツの分断によって、「アーリア人種」が支配する人種主義帝国の形成による中東欧の統合というヒトラーの野望は敗退した。特定民族のナショナルな神話を基盤としたヨーロッパの統一的支配という理念は、国際政治の表舞台から消え去ったのであり、このことが戦後の統合運動の再生を可能にしたとも言える。

亡命政権・レジスタンスの戦後構想と連邦主義

第二次世界大戦中、ヨーロッパ各地において亡命政権やレジスタンスの中で欧州統合を志向するさまざまな戦後構想が論じられたことも、本章第3節で見る戦後の連邦主義的統合運動に繋がる流れとして注目に値する。一九四〇年代に入りロンドンに集まる大陸諸国亡命政権の内部では、戦後の国家再建の形態として連邦ないし国家連合の形態を模索する動きが現れた。四〇年一一月、ポーランド亡命政権はポーランドとチェコスロヴァキアを中核とする連邦形成を提案し、四二年一月にはポーランドとチェコスロヴァキアの亡命政権による国家連合宣言の署名に漕ぎ着けていた。同じ月ギリシャとユーゴスラヴィアの亡命政権もバルカン連盟に関する合意を形成していた。これらの東南欧亡命政権の戦後構想はイギリス外務省の後押しをえたものであったが、ソ連はこれに反発しており、その後のソ連ならびに共産主義勢力による東南欧の「解放」とともに実現可能性を喪失した。

ベネルクス関税同盟構想も進展した。四〇年夏以降、ベネルクス諸国亡命政権間で交渉が開始され、四三年一〇月、ベネルクス通貨協定、四四年九月、ベネルクス関税協定が締結された。これらの協定は戦後、四八年一月に発効した。ただしベネルクス関税同盟は戦後の景気後退と他国による保護主義的措置に対する防衛メカニズムとして考案されたものであり、より広いヨーロッパの経済統合を目指すものではなかった。北欧の亡命指導者たちもノルディック連合構想を検討していたが、ノルウェー、オランダ、ベルギーといった中立諸国亡命政府の戦後の安全保障構想も含むものであり、近隣諸国との経済統合だけでなく英米を含むより大規模な軍事同盟を志向する議論も存在していた。

シャルル・ドゴール率いる自由フランスを中心とした国外抵抗運動の結集組織であり、事実上の仏亡命政権となっていたフランス国民解放委員会（ＣＦＬＮ）の中でも、四三年以降、地域的経済統合構想を含む戦後構想が提言されていた。ＣＦＬＮ軍備・復興問題担当委員となっていたモネは四三年八月の覚書で、米英ソと並ぶ「第四の勢力」としてフランス主導でのヨーロッパの構築を提言し、関税障壁と数量制限の撤廃、鉄鋼産業地域の集約、航空機と航路の欧州機構による管理などに言及していた。ＣＦＬＮ外交当局経済部門責任者であったエルヴェ・アルファンが四三年九月に作成した覚書は、フランス、ベネルクス諸国などによる関税同盟を軸とした経済連合創設を提唱していた。同じ月、ＣＦＬＮ運輸・交通担当委員ルネ・マイエルはドゴール宛に西欧経済連合に関する報告書を提出し、四三年一〇月にはドゴールも対独安全保障の見地からイギリスおよびベネルクスを含む西欧連邦に言及していた。四四年二月にもドゴールは、西欧諸国とイギリスによる戦略的・経済的連邦形成の可能性を検討させていた。しかしこの時点でのドゴール周辺の西欧連邦構想は、ラインラントやルールの分離を含むドイツへの懲罰的処理を前提とするものであった。四四年末までにはドゴール自身も西欧ブロック構想に否定的になり、地域統合によらない対独安全保障の確保とフランスの復興へと戦後構想の力点は移された。

枢軸国支配下の大陸においては、社会民主主義、キリスト教民主主義などの非共産党系レジスタンス運動の内部で、国民国家間の対立を緩和する手段として連邦主義的な欧州再建構想が議論された。イタリアでは左派の反ファシズム活動家であったアルティエーロ・スピネッリが四一年七月作成の「自由で統一されたヨーロッパ宣言」（ヴェントテーネ宣言）において、平和確保のためにドイツを含む欧州連邦の形成を提唱した。この宣言に刺激され、四四年五月、ジュネーヴで九カ国抵抗運動指導者による会議が開催され、ヨーロッパ・レジスタンス宣言（国際連邦主義者宣言）草案が採択された。大衆運動に基礎を置く下からの統一ヨーロッパ建設をスピネッリらは期待したのである。しかし現実にはヨーロッパの再建は、各国政府そして欧州域外の超大国が関わるプロセスとなっていき、地域統合もまたその中で議論されることになった。

2　冷戦、アメリカ、マーシャル・プラン

戦後ヨーロッパの政治状況——ヨーロッパの東西分断とドイツの東西分断

終戦とともに大陸ヨーロッパ諸国では、ナチス、ファシストの支持者たちが政権から追放された。抵抗運動で活躍した共産党は、西欧においても大きな政治勢力となった。戦前に反ナチス・反ファシストの姿勢を貫くことができた社会民主主義勢力も、広い支持を獲得した。非社会主義政党としてはキリスト教民主主義政党が、西欧諸国の保守層の支持を獲得することになった。大半の大陸諸国では当初これら三つの政治勢力を中心にした連立政権が形成されたが、一九四〇年代末までに西欧では共産党は政権を離脱あるいは政権から追放され、東欧においては非共産主義政党が政権から排除された。西欧においては戦前の自由放任的資本主義体制には欠陥があるとの認識が広く共有され、社会民主主義政党・キリスト教民主主義政党いずれかを中心とする政権により、何らかの国家介入を前提とする社会的市場経済システムの下で国民生活の物質的改善を目指す福祉国家の建設が推進されていった。

戦後、東欧の大部分はソ連による軍事的支配下に置かれた。これら地域に親ソ的政権を樹立するとともにドイツを経済的にも軍事的にも無力化して対独安全保障を確保することが、ソ連指導者ヨシフ・スターリンの終戦直後の目標であった。米英両国は当初、東欧をソ連の勢力圏とすることは承認しつつも、解放地域での自由選挙の実施と国内政策における一定の独立性を求めていた。しかし、ソ連による東欧支配は次第に排他的なものとなっていき、アメリカ国内では四五年末から四六年にかけて、ソ連の行動への不信感が高まっていった。四六年から四七年を通じて米ハリー・トルーマン政権内部ではソ連を敵視する対ソ封じ込め政策が形成されていき、四七年三月にはトルーマン・ドクトリンにより、共産主義勢力による脅威に直面しているとされたギリシャ、トルコ両国に財政支援が

与えられることになった。四七年六月、アメリカは対ヨーロッパ大規模復興援助構想であるマーシャル・プランを公表したが、ソ連・東欧諸国はこれに参加せず、ヨーロッパは経済的にも東西に分断された。他方でソ連は東欧諸国共産党を結集したコミンフォルムを四七年九月に結成し、東欧諸国における共産党支配の強化を進めていった。四八年二月にはチェコスロヴァキアで共産党によるクーデターが発生し、西側諸国は非軍事的な形でのソ連の膨張への警戒心を強めることになった。四八年四月のイタリア総選挙では共産党の勝利を警戒するアメリカによる選挙運動への大規模な介入が行われ、キリスト教民主党が勝利をおさめた。

こうして米ソ冷戦の進行とともにヨーロッパは東西に分断され、西欧諸国内部で欧州統合を目指す勢力は、この状況を前提として、西欧に限定された統合構想を語らざるをえなくなった。戦間期以来の、中東欧に及ぶ「汎ヨーロッパ」的な欧州統合構想は当面、実現可能性を喪失したのである。またソ連の脅威に対抗して西側陣営を安定・強化させることはアメリカにとってきわめて重要な目標となり、そのための手段として統合を通じた西欧諸国の結束と経済力の強化が志向されることにもなった。その過程で焦点となったのが、東西分断の最前線でありヨーロッパの復興と安定の鍵を握るドイツの戦後処理であった。

四五年二月、ヤルタ会談においては連合国管理理事会（ＡＣＣ）を通じて米英仏ソ四カ国が協力してドイツの占領統治を行うことが合意され、同時に米英はソ連によるドイツからの賠償取り立て要求を受け入れた。四五年七月から八月、ポツダム会談において四カ国分割統治体制が合意され、非ナチ化・非軍事化の推進、工業生産水準の抑制も決定されたが、早期に連合国の対独政策は乖離していった。仏ソはドイツを安全保障上の脅威と見なしドイツ産業の復興抑制と賠償取り立てを重視したが、米英は占領負担の軽減とドイツ国内の安定のために経済復興を重視するようになった。

四六年九月、米国務長官ジェイムズ・バーンズはシュトゥットガルトにおける演説でドイツ経済復興を容認する姿勢を公式に示し、四七年一月、米英両国はドイツ経済再建を促進するために両国の占領地区を統合しバイゾーンを形成した。四八年三月、ソ連はＡＣＣを離脱し、四八年六月、米英仏はドイツ連邦共和国を創設する制憲議会の設置を合意し、仏占領地区もバイゾーンに統合された。同時に決定された西側占領地区通貨改革の導入に対してソ連は、四九年三月までベルリン封鎖で対抗した。しかし、ソ連は米英仏の動きを止めることはできず、四九年五月、西側占領地域においてボンを首都とするドイツ連邦共和国（西ドイツ）が発足し、同年九月、キリスト教民主同盟（CDU）を率いるコンラート・アデナウアーが初代首相に就任した。翌一〇月、ソ連占領地区に東ベルリンを首都とするドイツ民主共和国（東ドイツ）が発足し、ドイツは以後、四〇年以上に及ぶ分裂国家としての歩みを始めることになった。

ヨーロッパの経済回復とドル・ギャップの出現、マーシャル・プランの登場　西欧諸国の経済的な復興は早期に進行し、ベルギー、デンマーク、ノルウェーは一九四六年までに、フランス、イタリアも四九年までには、戦前水準のGDPを回復した（西ドイツのGDPが戦前水準に回復するのは五一年である）。この急速な経済回復に伴いヨーロッパでは、アメリカからの機械・原材料・消費財の輸入が急増した。しかしヨーロッパ側はアメリカ製品への需要を賄うに十分なドル外貨を保有しておらず、ドル供給の不足、いわゆる「ドル・ギャップ」が拡大していった。一方で西欧諸国相互の間ではこの時期、資本と商品の移動に関してさまざまな制約が存在しており、欧州域内の貿易は停滞していた。

四六年から四七年にかけての冬、ヨーロッパは厳しい寒波に見舞われ、四七年初めにはドイツ国内で飢餓と貧困の拡大が報告されていた。経済問題担当の米国務次官ウィリアム・クレイトンは、四七年五月、国務長官ジョージ・マーシャルに対して早急に大規模な対ヨーロッパ経済援助を行う必要があると勧告した。経済危機は西欧の社会的・政治的な混乱を招き共産主義勢力の拡大をもたらすと、クレイトンは警告した。ヨーロッパの経済的復興はまた、アメリカが戦後世界の経済秩序として構想した開放的な多国間貿易・決済システムであるブレトン・ウッズ体制を機能させるためにも必要なことであった。

四七年六月、ハーヴァード大学卒業式における演説の中でマーシャルは、対ヨーロッパ大規模経済援助計画を発表した。アメリカは援助提供の条件として、ヨーロッパ側が援助を活用するための復興計画を共同で作成することを要求した。ヨーロッパ側は援助受け入れのための会議開催へと動いた。マーシャル演説はソ連を含む全ヨーロッパを対象としていたが、ソ連は詳細な情報公開を必要とする共同復興計画の作成を拒絶した。参加の意思を示した一部の東欧諸国にもソ連の圧力が行使され、東側陣営は不参加となった。こうして、マーシャル・プランはヨーロッパの経済的な分断を確定させる役割を果たした。

マーシャル・プランを通じてアメリカは、ドイツ西側占領地域を含む西欧全体の復興を図るとともに、アメリカ的な単一市場と大量生産システムを構築し、西欧経済の効率化と近代化を促すことを意図していた。それにより西欧は経済的に繁栄し、政治的に安定し、ソ連の影響力の浸透も阻止されるはずであった。しかし四七年夏の時点ではなお、復興計画の中でドイツが果たすべき役割に関して米仏間に大きな隔たりがあった。フランスは自らの復興のためアメリカの援助を必要としていたが、西欧全体の復興にはドイツの復興が不可欠であるとするアメリカの発想はなお受け入れていなかったのである。

CEEC・OEECを通じたヨーロッパの経済協力とアメリカからの統合圧力

一九四七年七月、ヨーロッパ側は英仏を中心に、西欧一六カ国（英、仏、伊、ベネルクス諸国、スウェーデン、ノルウェー、デンマーク、オーストリア、スイス、ポルトガル、アイスランド、アイルランド、トルコ、ギリシャ）による欧州経済協力委員会（CEEC）を設置し、援助受け入れ計画の検討を開始した。四八年三月には対外援助法がアメリカ議会を通過し、四月、マーシャル・プランを具体化する欧州復興計画（ERP）が始動することになった。ERPの短期的目標は、欧州通貨の対ドル交換性回復を推進しながら欧州域内貿易を奨励しドル・ギャップを解消することであったが、長期的には、より効率的な統合されたヨーロッパ市場の構築が必要であるというのがアメリカの考えであった。対外援助法成立と同時にCEECは欧州経済協力機構（OEEC）へと改組され、ヨーロッパ側は共同での援助受け入れ計画の作成とともに域内貿易自由化の推進を合意した。しかし経済面での主権共有に反対するイギリスの主張により、OEECは緩やかな政策協調のための政府間機構にとどまることになった。

ERP始動とともに、米国務省やアメリカ側のマーシャル援助実施機関である経済協力局（ECA）は、関税同盟に代表される具体的な経済統合計画の推進を要求し、英仏がイニシアティヴをとることを期待した。すでに四七年五月のマーシャル宛覚書でクレイトンは、ベネルクス関税同盟的な欧州経済連邦の形成が望まれると指摘していた。ECA長官ポール・ホフマンもOEEC諸国による単一の関税地域の形成を求めていた。しかしOEEC諸国側は自国の経済復興を優先し、単一の関税地域形成にはおおむね消極的であった。OEEC内部においても英仏の間に対立が見られた。フランスは経済近代化のための投資を優先したが、イギリスは通貨安定と消費抑制を重視した。結局、ERPは各国の要請を基に国ごとに援助を配分するものとなり、四九年以降、OEECは欧州域内貿易の自由化を検討する場に変容していった。

この間、アメリカの要求に対応する形で数種類の関税同盟構想がOEEC諸国間で検討された。四七年夏には仏伊関税同盟構想の協議が開始され、四七年一一月から四八年一二月にかけて、フランス主導でCEEC・OEECに設置された西欧関税同盟研究部会においてイギリスも参加する検討作業が行われた。この時点でなおフランスはドイツ経済復興の抑制を意図しており、西欧関税同盟構想もドイツを排除するものとして検討されていた。しかしドイツの排除に対してはオランダが反発し、コモンウェルス*諸国との特恵制度および経済主権の観点からイギリスも消極的な姿勢を示していた。四九年春、フランスは、仏伊関税同盟構想をベネルクス関税同盟と結びつけるフリタルクス構想を提案したが、ベネルクス側にとってドイツやイギリスの参加しない関税同盟は魅力に乏しいものであった。

＊英連邦ともいう。英連邦という訳語は、一九四八年までの正式名称（the British Commonwealth of Nations）に由来する。イギリス本国およびかつてイギリス帝国に属した自治領・植民地・保護領などの大部分を中心に構成される緩やかな独立主権国家の連合体を指す。現在の正式名称はthe Commonwealth of Nationsであり、加盟国は五三カ国を数える。

安全保障を含む西欧域内協力――ブリュッセル条約から北大西洋条約へ

イギリス外務省内部では終戦前後から、米ソに対抗してイギリスの世界大国としての影響力を確保するためには、フランスをはじめとする西欧諸国とその海外植民地を結集してイギリス指導下に「第三の世界勢力」を形成することが望ましいという発想が存在していた。英労働党政権の外相アーネスト・ベヴィンもこの発想を支持しており、一九四七年三月、対独安全保障条約として英仏間で署名されたダンケルク条約もこれを実現するための第一歩であると認識されていた。四七年六月以降のマーシャル・プラン受け入れ過程でもベヴィンは積極的に行動し、イギリスを中心とする西欧諸国の組織化を追求した。この段階で英外務省は、CEEC・OEECにおいて検討された西欧関税同盟構想にも好意的であった。しかし英財務省・商務省は通貨安定と世界規模の通商拡大を優先しており、経済的に脆弱な大陸諸国との通商関係の強化には否定的であった。

四八年一月、ベヴィンと外務省の第三勢力構想は、英仏主導での西欧諸国の結束を訴えるウェスタン・ユニオン演説という形で対外的にも提示され、三月には、その具体化のためにまずフランス、ベネルクス諸国との間で経済・社会・文化協力も含む相互安全保障条約であるブリュッセル条約が署名された。しかしその前後、四八年二月から六月にかけ、チェコスロヴァキアでの共産党によるクーデタ、西ドイツ国家の設立合意、ドイツ西側占領地区の統合と通貨改革、ベルリン封鎖へと冷戦対立が進展していくとともに、英仏の姿勢の乖離が明確になっていった。フランス政府内では、西ドイツ国家形成を前提として、何らかの形でドイツをヨーロッパの枠組みに封じ込めることでドイツ問題を解決するという発想が強化されていった。イギリス政府内では、軍事的にも経済的にも脆弱な大陸との関係強化は危険であるという判断が強化され、英米間の軍事的・経済的関係の強化が志向されていった。その結果、四八年四月に設立されたOEECは限定的な政府間経済協力の場にとどまることになった。四八年七月、仏外相ジョルジュ・ビドーがブリュッセル条約常設諮問理事会において欧州議会と経済関税同盟の設置を提案した際も、イギリスはきわめて消極的な対応を示すことになった（本章第3節参照）。四八年九月までにベヴィンと外務省は経済省庁の議論を受け入れて西欧関税同盟構想を放棄し、四九年一月には、イギリス経済に不可逆的危害を及ぼす可能性がある大陸との経済統合は受け入れられないとの判断が英政府内で確立した。

代わって浮上したのが、アメリカを含む大西洋規模の軍事的安全保障枠組みの形成という課題であった。東西対立の深刻化から、中小大陸諸国は米英に対して、より明確な安全保障上の支援を求めていた。ソ連による軍事侵略の可能性は低いと考えられていたが、西欧の政治的安定のためには安全保障枠組みが必要であるとの認識は米英両国に共有されていた。西ドイツ国家創設が現実的になり米ソ関係が悪化するとともに、フランス政府内でもアメリカを含む安全保障枠組みを支持する議論が優勢になった。こうして四八年春以降、北米と西欧による交渉が開始され、四九年四月、北大西洋条約が署名されるに至った。並行して西ドイツ国家設立交渉も進行し、同じ四九年四月、米英仏とドイツ西側占領地域の間で新たな占領規約が締結され、五月、ドイツ連邦共和国基本法が発表された。新生西ドイツの誕生とともに、イギリスを含む西欧諸国の安全保障面での協力は大西洋の枠組みで政府間的に推進されることになった。アメリカの大陸防衛への関与が一応制度化されたことにより、大陸諸国のイギリスへの軍事的依存度は相対的に低下した。その結果、大陸諸国がイギリス抜きでの経済統合を目指すこともより容易になったのである。

3　連邦主義的統合運動の到達点――ハーグ会議から欧州審議会へ

戦後西欧における連邦主義運動の復活

戦後、最も早い時期に欧州統一*を支持する発言をしたヨーロッパの代表的政治家が、前イギリス首相ウィンストン・チャーチルであった。一九四六年九月一九日、チューリヒでの学生向け演説において、当時、野党である保守党の党首であったチャーチルは、仏独のパートナーシップに基礎を置く「一種の欧州合衆国」の構築を訴えた。戦前にも彼は、クーデンホーフ＝カレルギーに影響されブリアンの欧州連邦構想を支持していたが、チューリヒ演説の直接のきっかけは戦後ヨーロッパの東西分断であった。すでに四六年三月の有名な「鉄のカーテン」演説においてソ連の膨張傾向を強く警告していたチャーチルは、共産主義の脅威に対抗するには西欧諸国の結束が必要であるという認識から欧州合衆国構想を支持したのである。ただし、欧州合衆国はあくまでも大陸諸国により形成されるものであり、イギリスはそれに加わらず、外部からそれを支援すべきであるというのが、チャーチルの考えであった。

＊仏独伊ベネルクスの六カ国による経済統合が開始される一九五〇年代以前の段階では、ヨーロッパの「統合」(integration)という表現よりもむしろ、ヨーロッパの「統一」(unity)という表現が頻繁に用いられていた。とりわけハーグ会議に結集する連邦主義的立場の人々は、経済的にも政治的にも一元的な単位としてのヨーロッパの形成を意図して「欧州統一」を語ることが多かった。

四七年一月、チャーチルの指示により、彼の女婿である英保守党下院議員ダンカン・サンズが中心となって欧州統一イギリス委員会が設立され、四七年五月には大陸諸国も含む形で欧州統一運動(ＵＥＭ)へと拡張された。ＵＥＭは西欧の保守・自由主義政党系の組織として政府間主義的で国家連合的(confederal)な欧州統一を求めて活動した。サンズ自身はチャーチルと異なりイギリスも統合に参加すべきとの立場であった。イギリス抜きではフランスがドイツを含む統合を受け入れないであろうと認識していたためである。ＵＥＭと並行して、ベルギー前首相パウル・ファン・ゼーラントらにより欧州協力独立連盟(ＩＬＥＣ)も組織され、経済障壁の除去による統合の推進を目指してＵＥＭと協力した。

フランスにおいてもレジスタンス関係者などの連邦主義者による活動が再開され、四六年に形成されたヨーロッパ各国の多様な連邦運動の横断的組織である欧州連邦主義者連合(ＵＥＦ)の中心勢力を形成した。ＵＥＦに参集した人々は、社会民主主義的なイデオロギーに基づいて米ソ双方から自律する第三勢力的なヨーロッパの形成を希望していた。四七年七月にはＵＥＭの姉妹組織として元首相エリオを名誉議長とする欧州統一フランス会議が設立され、首相ポール・ラマディエを含む仏社会党の主要メンバーとともに、キリスト教民主主義者、自由主義者、ドゴール派など多様な非共産主義政治勢力および労組、教会、ジャーナリスト、学者らが参加した。

亡命先のアメリカから帰還したクーデンホーフ＝カレルギーも、四七年九月、スイスでヨーロッパ一〇カ国の国会議員が参加する欧州議会連合を形成し、欧州制憲議会の開催を求めて活動を開始した。これに先立ち四七年七月、サンズの呼びかけにより、各国の欧州統一運動をまとめる欧州統一運動連絡委員会がパリで発足していた。ＵＥＭ、欧州統一フランス会議、ＩＬＥＣ、欧州議会連合に加えてオランダやフランスの連邦主義者もこの連絡委員会に参集する意思を表明した。

ハーグ会議開催に至る過程

一九四七年九月、サンズとILECの指導者によって、数百名規模の著名ヨーロッパ人が参加しヨーロッパ諸国政府に対して欧州統一のための措置を求める会議の開催が構想された。オランダ政府関係者が資金提供に同意し、ハーグが開催場所とされた。実現可能性が高いこの構想に対して、四七年一一月、UEFも参加を決定し、連絡委員会を拡大してUEF、UEM、欧州統一フランス会議、ILECによる調整委員会を形成することが合意された。委員長にはサンズが就任した。

四七年一二月から四八年一月にかけて、会議の名称（欧州会議）、規模（一国あたり一五名および人口一〇〇万人につき二名の代表）、日時（四八年五月七～一〇日）等が決定された。議長はチャーチルが務めるものとされた。公式代表の派遣が認められなかった東欧諸国からはオブザーバーが出席することになった。イギリスからはチャーチル、労働党政権閣僚スタフォード・クリップス、フランスからはエリオ、レオン・ブルム、ラマディエの首相経験者、ベルギーからはファン・ゼーラント、首相ポール＝アンリ・スパーク、イタリアからは外相カルロ・スフォルツァ、首相アルチーデ・デガスペリらが参加に同意した。ドイツ西側占領地域からは、当時、英占領地区CDU議長であったアデナウアーや、南ドイツ大学学長会議の議長を務めていたヴァルター・ハルシュタイン（その後、外務次官を経て欧州経済共同体（EEC）の初代委員長となる。第4章第1節参照）も参加することになった。

このように多くの政治家がヨーロッパの統一に関心を示すと同時に、誰がどのような形で主導するのかをめぐる政治的駆け引きも活発化していった。英保守党関係者が前面に出て組織したことにより、英労働党関係者とそれに同調する大陸の社会民主主義者は欧州会議から距離を置くことになった。四七年六月に形成された欧州社会主義合衆国国際委員会（EUSE）は参加を拒否した。同組織イギリス支部がチャーチルの関与する会議への出席を拒否したためである。英労働党執行委員会も、ハーグ会議参加はイギリス外交の自由を制約し保守党に利益をもたらすと判断した。四八年三月、ロンドンで開催されたマーシャル・プラン参加国社会党会議において、調整委員会による招待を拒否することが合意され、出席の意思を表明していた四〇名の英労働党下院議員も党により撤回を求められた。これに連帯する形で、フランス社会党、ドイツ社会民主党（SPD）も役職者のハーグ会議参加を禁止した。二三名の英労働党下院議員が党の指示を無視して参加したが、ブルム、スパークはハーグ会議には参加しなかった。ラマディエは党の決定に反して参加した。クーデンホーフ＝カレルギー率いる欧州議会連合は四八年四月になって会議参加に同意したが、すでに会議の内容に影響を及ぼすことはできなくなっていた。

ハーグ欧州会議の開催と欧州運動

一九四八年五月七日から一〇日、ハーグにおいてヨーロッパ二八カ国代表を集めてチャーチルを議長とする欧州会議が開催された。最終的に七二二名が招待を受諾し、他に二五〇名程度のゲスト、オブザーバーも参加した。多数の現職議員が参加し、元首相六名、元閣僚四五名、現閣僚一四名が含まれていた。経営者、労組代表、作家、芸術家、知識人なども参加した。フランス代表は一八五名と最大規模であり、エデュアール・ダラディエ、ポール・レイノー、ラマディエといった首相経験者に加え、五〇年代に首相として統合に関与するエドガール・フォール、さらには若き日のフランソワ・ミッテランも含まれていた（ミッテランはその後八〇年代にフランス大統領となり、欧州連合（EU）を創設するマーストリヒト条約に署名することになる）。イギリス代表は一四七名を数え、チャーチルに続き五〇年代保守党政権の首相を務めるアンソニー・イーデンとハロルド・マクミランも含まれていた。ドイツからは完全な代表として招かれた五一名が出席した。敗戦国ドイツの国際的舞台への対等な立場での参加は戦後、初めてのことであった。チャーチルは開会演説でドイツは欧州建設のパートナーであると明言し、アデナウアーとも面談した。アデナウアーとハルシュタインもこの機会に交流を深めた。デガスペリらイタリアの主要政治家は四月総選挙後の組閣作業のため欠席した。ポーランド、チェコスロヴァキア、ハンガリー、ルーマニア、ブルガリア、ユーゴスラヴィアからは亡命政治家が出席した。

会議には政治・経済・文化の三つの専門委員会が設置され、調整委員会が作成した報告草案を審議採択した。サンズが中心になって作成された政治委員会報告草案は、直接選挙による欧州議会を持つ完全な連邦である欧州連合の創設を最終目標としながら、当面の目標としてはヨーロッパ諸国閣僚による定期会合と常設事務局から構成される欧州理事会（European Council）および各国議会人による欧州総会（European Assembly）の創設を求める内容であった。最終報告では欧州理事会提案は退けられ、欧州総会提案のみが採用された。欧州総会の形態としては、トランスナショナルな形で構成され欧州憲法草案を審議する制憲総会を求める意見と、各国代表によりナショナルな形で構成され閣僚会議に助言する諮問総会を求める意見が対立し、今後の議論に委ねるものとされた。経済委員会報告では、共通の原則として社会福祉システムを支持するとともに、段階的な貿易障壁の撤廃、共通域外関税、賃金物価の収斂、通貨交換性回復および最終的な通貨同盟、農業および基本産業発展のための共同計画、社会法制の調整などの目標が掲げられた。文化委員会報告は、キリスト教およびその他の精神的文化的価値の遺産、基本的人権への忠誠などの共通の価値基盤を確認したうえで、欧州人権憲章の採択およびその実行を保障するための超国家的管轄権を持つ裁判所の設置を求めていた。

最終決議においては、連絡委員会を拡大改組する形で欧州運動と呼ばれる組織を形成することが合意された。この組織は四八年一〇月、ブリュッセルで発足し、チャーチル、ブルム、デガスペリ、スパークが共同名誉総裁に就任した。各国委員会からなる国際理事会が置かれ、執行委員長にはサンズが就いた。クーデンホーフ＝カレルギーの欧州議会連合は、ここには参加しなかった。早期の欧州制憲議会設置を求める急進的連邦主義者にとってハーグ会議の成果は不十分なものであったが、会議自体は広く西欧諸国で一般の注目を集めた。欧州総会招集を求める圧力は強まり、西欧諸国政府は具体的な対応を迫られることになったのである。

政府間機構としての欧州審議会の形成

一九四八年春までにフランス政府内では、ヨーロッパの統合を通じて超国家的な形で「ドイツ問題」を解決することが望ましいとの立場が勢いを増しつつあった。四八年六月から七月、ロンドン六カ国会議で西ドイツ国家の設立が合意されたことにより、この認識はさらに強化された。西ドイツ国家の成立前に統合を制度化し、その内部にドイツ西側占領地域を封じ込める必要があると考えられたのである。仏外相ビドーは、そのための手段としてハーグ会議に沿った形で統一構想を提示することを決意した。四八年七月、ブリュセル条約諮問理事会においてビドーは、欧州議会総会を招集し欧州連邦の形成に関わる諸問題とブリュッセル条約五カ国による経済通貨連合の形成について検討することを提案した。この議会総会は諮問的性質のものであり、欧州連邦についての合意形成後、意思決定権限を与えられ、連邦組織の中核を成すものとされた。ビドー自身、この野心的構想がただちに実現すると考えていたわけではないが、西ドイツ国家設立合意に対する仏国内からの反発をかわすためにも欧州連邦運動を主導する必要があると判断したのである（この諮問理事会の直後、ビドーは外相を辞任し、後任にはビドーよりも強く仏独和解と欧州統合を支持するロベール・シューマンが就任した）。

このフランスの動きとは別に、ハーグ会議後、調整委員会の内部ではラマディエ、サンズらにより欧州総会の設立提案が作成されており、それはブリュッセル条約締約国議会が派遣する代表によって準備会議を開催するというものであった。これを受けて四八年九月、フランス政府とベルギー政府は共同で、次回のブリュッセル条約諮問理事会において調整委員会による提案を検討し決議を行うことを要求した。こうして四八年秋以降、ブリュッセル条約諸国による議会総会に関する議論とハーグ会議後の欧州総会の議論は一体化して進行することになった。一〇月の諮問理事会において検討委員会が設置され、一一月に作業を開始した。フランスは、エリオ、レイノー、ブルム、ギー・モレなどの欧州統合を支持する有力政治家を検討委員会に派遣した。イギリス労働党政権が派遣したのは、欧州統合への関与に強く反対する前財務相ヒュー・ドールトンを長とする官僚からなる代表団であった。英外相ベヴィンは、新たな組織が保守党による政府のヨーロッパ政策批判の舞台となり、イギリスに受け入れ不可能な欧州統一構想を生み出すことを警戒していた。

四八年一二月には検討委員会の原案が合意された。その内容は、イギリス提案に基づく加盟国閣僚により形成され全会一致で決定する閣僚委員会と、フランス提案に基づく加盟国議会人から形成され年二回二週間の会期を持ち加盟国政府に対する提案を作成する諮問総会を組み合わせた、妥協的なものであった。諮問総会の議事事項は閣僚委員会の三分の二の多数決で決定するものとされた。ベヴィンは諮問総会の設置は受け入れたが、総会構成員は加盟国政府によって任命され加盟国単位で投票することを主張した。大陸諸国はこれに強く反対した。

四九年一月のブリュッセル条約諮問理事会において最終的な妥協がえられ、各加盟国は諮問総会代表を独自に決定し、諮問総会代表の投票は自由投票とすること、諮問総会も議事事項の決定に関与することが合意された。諮問総会所在地は、イギリス提案によって、仏独国境に位置するフランスの都市ストラスブールに決定された。新機構の名称についてシューマンは欧州連合（European Union）を望んだが、最終的にベヴィンの要求通り欧州審議会（Council of Europe）と命名された。四九年五月、欧州審議会規約が署名され、ブリュッセル条約諸国に加え、デンマーク、アイルランド、イタリア、ノルウェー、スウェーデンも参加する組織として発足した。規約においては「法の支配」「人権」「基本的自由」などの民主的価値の遵守が欧州統合参加の条件とされ、より緊密な連合を通じて経済社会的進歩を促すことが目的とされた。しかし欧州審議会は、制度的には政府間主義的機構にとどまるものであった。

四九年八月、欧州審議会の第一期諮問総会が開催された。スパークが諮問総会初代議長に任命され、政治・経済・社会の各領域で統合に向けた議論が行われた。四九年一一月には閣僚委員会が開催されたが、特別総会の開催など欧州審議会の拡大強化を求める諮問総会提案のほぼすべてが、ベヴィンによって拒否された。経済面での勧告はすべてOEECに対応が委ねられた。その後も欧州審議会は欧州人権条約の採択等の成果は残したが、超国家的な欧州統合のための機構として多くの連邦主義者が期待した役割を果たすことはできなかった。五一年一二月までには、閣僚委員会が連邦主義的イニシアティヴをことごとく妨害することに抗議してスパークも議長職を辞任した。実際の統合のための前進は、五〇年以降、フランスによる経済面での新たなイニシアティヴを通じて実現することになるのである。

4　シューマン・プランによる欧州石炭鉄鋼共同体の形成

フランスの戦後復興計画とルール石炭鉄鋼産業の国際管理問題

すでに見たように、米英両国は東西対立の進展を背景に、一九四六年から四七年にかけて早期のドイツ復興を容認する姿勢に転じていた。しかしフランスははるかに消極的であり、ドイツの経済復興を自らの安全保障に対する脅威と見なしていた。本格的な統合が進展するには、この「ドイツ問題」の解決が不可欠であった。ドイツを経済的に復興させ政治的にも再生させながら、同時にドイツが周辺諸国への脅威となることも回避しなくてはならなかった。このディレンマをヨーロッパ的な枠組みの中で解消する手段として考案されたのが、五〇年五月に公表されたシューマン・プランであり、ここから今日のEUに至るプロセスが開始されたのである。

終戦直後のフランスの対独政策は、自国の復興計画実現のためにドイツの経済的弱体化を利用するというものであった。この復興計画を立案したのがモネとその部下であった。四〇年六月のフランス降伏時点でロンドンに滞在していたモネは、以後、イギリスの駐米大使館に所属し連合国の経済政策に関する業務に従事した。このときモネはアメリカ政府関係者と密接な関係を構築し、アメリカからの支援資金の管理者として強い影響力を獲得した。四三年以降、北アフリカで自由フランスを率いるドゴールに接近したモネは、戦後ドゴールの臨時政権下で財務・経済省庁から独立した計画庁長官に就任し、フランスの経済復興計画の責任者となった。モネとその部下たちは産業界各分野を代表する各種委員会を管理し、国内需要と海外市場に応える資源配分と生産水準の指針を設定した。モネの経済計画は、主要な経済活動に対する政府指導を通じて資本主義を最善の形で機能させるという、戦後のフランスに存在した国家主導主義（ディリジスト）的なコンセンサスに基づくものであった。

四六年末に完成し四七年一月から実施された近代化設備計画、通称モネ・プランは、石炭・鉄鋼・電力・セメント・輸送・農業機械の六部門で大規模な公共投資によって設備投資と技術革新を促進することを目指した。モネ・プランの前提はドイツの石炭資源をフランスが利用することであった。フランスに不足する製鉄用コークスに適した石炭を豊富に産出するのがドイツ西部のルール地方であった。ドイツ鉄鋼産業の生産水準を抑制することで余剰となるコークス用石炭をフランス鉄鋼産業が利用し、自らの経済再建と産業近代化を図るとともに対独安全保障も確保することが、モネ・プランの重要な目標であった。四七年六月のマーシャル・プランはモネ・プランを達成するために不可欠な資金面での支援をもたらした。モネはパリに本拠を置いたERP監督機関であるECA関係者と密接な関係を構築し、マーシャル・プランによるヨーロッパ全体の復興枠組みの中でモネ・プランを達成することを目指していった。しかしそのことはまた、マーシャル・プランを通じてヨーロッパの経済統合という枠組みで早期のドイツ復興を求めるアメリカの要求に対応する必要が生じたことも意味しており、フランスは自らのドイツ弱体化政策との間でディレンマに陥ることになった。

安全保障上の観点からドイツ復興を不安視するフランス世論の状況は、アメリカ政府にも理解されていた。それゆえアメリカは経済統合を通じたドイツ復興を求めながらも自ら具体的な統合計画を提示するのではなく、ヨーロッパ側とくにフランスが自ら方法を考えるべきであるとの姿勢をとった。これに応える形でフランスの対独政策は変化を開始した。四七年八月、すでに仏外相ビドーは、米国務次官クレイトンに対して、適切な国際管理体制がえられるならばルール地方の単独管理を求める提案を取り下げると約束し、米英仏ベネルクス六カ国（講和条約締結後、ドイツも参加する）代表によって構成されルールの石炭・鉄鋼・化学産業の生産物をドイツと他国の間で配分する組織の設置を提案していた。四八年二月になりフランス政府は正式に、国際ルール機関（ＩＡＲ）の設立を提案した。四八年六月以降、ロンドン合意により西ドイツ国家設立が合意されるとともに、ドイツ工業生産水準の緩和とＩＡＲの設立も合意され、四九年四月、ドイツ西側占領地域と米英仏の間で締結された改訂占領規約に盛り込まれた。

ＩＡＲは占領終結までの間、ルールの鉱工業生産物を国内および国外に配分する機能を持つことになったが、石炭鉄鋼産業の所有と管理に関する権限は持たなかった。フランスにとってＩＡＲによるルール国際化は限定的であり、米英の意思に左右され占領終結とともに終了するという点で不十分なものであった。ロンドン合意はフランス議会で批准されたが評決は僅差であった。他方、ルール鉱工業の管理問題はドイツ側にとっても満足できる状況ではなかった。四九年五月、ドイツ連邦共和国が成立し九月にはアデナウアーが初代首相に就任したが、西ドイツは占領状態に置かれ続けたため、その主権はなお大きく制限されており、ＩＡＲによるルール国際化も主権制限の一部としてドイツ側に不満をもたらしていた。それゆえアデナウアーは、最大限の主権回復と西側陣営の一員としての平等性の回復を目指していた。仏独を対等に遇するとともに、永続的な性質を持つルール問題解決の枠組みが必要であった。

アメリカの圧力とシューマン宣言

一九四九年一月、ディーン・アチソンの米国務長官就任に伴い、統合こそがフランスの安全保障上の懸念とドイツ再建の必要性を調和させ西欧の復興と強化を実現する最善の手段であるというアメリカ政府内の意見は、いっそう強化された。問題は、誰が欧州統合の牽引車となるのかであった。これまでアメリカ政府は、イギリスがヨーロッパの主導国となることを期待していた。しかし四九年夏から秋にかけて国務省およびアチソンは、イギリスが超国家的な欧州統合を指導する役割を果たすことは期待できないとの認識を固めていった。イギリスとその勢力基盤たるコモンウェルスは、ヨーロッパではなく北米との関係を強化することによって西側陣営の強化に貢献するのであり、統合の主導権を発揮すべき存在はフランスであると考えられるようになった。

イギリス政府もまた四九年秋までに、自らの主導下に大陸諸国との緊密な関係を構築するウェスタン・ユニオン路線を放棄し、英米間の「特別な関係」を強化するという外交方針を確立していた。軍事的にも経済的にも脆弱な大陸との関係強化は危険であり欧州域内の経済協力はＯＥＥＣを通じた限定的なものにとどめるべきであるというのが、イギリスの認識であった。四九年一〇月二五日、ベヴィンはアチソンに書簡を送り、イギリスは欧州域外での責任を果たすことを阻害するようなヨーロッパに関わる責務を受け入れることはできないと明言した。その直後の一〇月三一日、アチソンは仏外相シューマンに書簡を送り、西ドイツを西欧に統合するためにフランスが主導権を発揮することを求め、五〇年五月にロンドンで開催予定の米英仏外相会談までに何らかの新たな経済統合のための提案を用意することを要請したのである。

他方で、計画庁や外務省などフランス政府の一部ではすでに四八年夏以来、石炭鉄鋼産業を含む仏独間の経済統合の可能性が検討されていた。また四九年三月から四月、モネは英財務省幹部と協議を行い英仏経済連合の可能性を追求していたが、合意はえられていなかった。四九年秋にはＯＥＥＣの場で議論されていた仏伊関税同盟構想をベネルクスに拡大する構想も追求され、四九年一二月にはフリタルクスないしフィネベル関税同盟の創設が原則合意されていた。しかし、ドイツ参加の是非をめぐるフランスとベネルクス側の対立、大陸の関税ブロック形成へのイギリスの反発などから、フランス政府はこの構想を諦めた。

四九年末から五〇年初めにかけて統合イニシアティヴを求めるアメリカの圧力が高まるとともに、フランス政府内の検討作業は真剣さを増した。最終的に超国家的な最高機関（High Authority）の下に仏独の石炭鉄鋼に関する主権を共有するという発想を生み出したのは、計画庁長官であるモネと彼の部下たちであった。ＩＡＲによるルール石炭鉄鋼産業の「国際化」には限界があり、新たに、超国家的機関によるルールの「ヨーロッパ化」を通じてアメリカの圧力とフランス自身の要請に応えることが試みられたのである。

この間、独仏関係改善を求める声は西ドイツ側からも示されていた。五〇年三月、アデナウアーは共同議会を持つ包括的な独仏連合の可能性に言及していた。しかし、仏独間にはなお相互不信があった。五〇年三月、フランス政府とザール地方政府の間で結ばれた協定によりザールラントは事実上フランスに併合され、西ドイツ世論は批判を強めていた。フランス側ではなおイギリス抜きでの仏独協力に慎重な意見が強かった。他方、冷戦の激化という状況は、フランスに行動を迫る要因となった。四九年八月、ソ連の原爆実験成功後、米英はいっそうのドイツ工業生産の拡大を求め、五〇年五月の米英仏外相会談においてはドイツ鉄鋼生産上限の引上げやＩＡＲの廃止問題が議論されることになっていた。

このような背景の下、五〇年四月にモネは石炭鉄鋼共同体構想を立案し、まず外相シューマンの補佐官にこれを伝えた。シューマンが関心を示したため、五月四日には詳細な覚書がシューマンと首相ビドーに提出された。しかしビドーはとくに関心を示さず、モネの構想はシューマンによって採用されることになった。フランス経済近代化のためには仏独鉄鋼産業を一方が優越しない形で競争させる枠組みが必要であり、イギリスも参加する政府間協力ではそれはえられないとモネは指摘していた。五月七日にはアチソン、八日にはアデナウアーにこの構想が伝達され、両者ともにこれを歓迎した。対等な形での、石炭鉄鋼産業に限定された部分的な主権の共有は、主権回復の一形式としてアデナウアーにも受け入れ可能であった。五月九日午前の閣議でシューマンは内閣の了承を取りつけ、同日夜の記者会見で構想を発表した。仏独の石炭鉄鋼生産を「拘束力のある決定権限」を持つ「共通の最高監督機関」の管理下に置くことで仏独間の対立を解消し，欧州連邦構築の基礎とする，他のヨーロッパ諸国の参加も歓迎するという内容であった。超国家的な統合に反発することが予想されるイギリスに対しては，公表直前まで通知はされなかった。シューマンは，政府間主義を好むイギリスが妨害することを恐れたのである。

シューマン・プランの直接の目標とされたのは加盟国石炭鉄鋼産業の生産と分配の管理および生活水準と労働条件の改善であったが，それは同時に，ドイツ復興を求めるアメリカの圧力に対するフランスの抵抗が終わり，アデナウアーが求める西側陣営参加の努力をフランスが支持することを意味した。統合の形態としてシューマン・プランは，モネの国家主導主義的アプローチを反映するものであった。加盟国政府から独立したテクノクラート的集団により構成される最高機関が全体方針を提供し，加盟国石炭鉄鋼産業の利害対立を仲裁することが想定されていた。

シューマン記者会見の数時間後にボンで開かれた記者会見で，アデナウアーは提案への支持を表明した。しかし五〇年五月の時点でシューマン・プランを全面的に歓迎する声は，独仏双方でむしろ少数であった。西ドイツ国内では最大野党であるSPDが，石炭鉄鋼機関の創設はドイツ分断を恒久化するとして反対の姿勢を明らかにした。政権内でも後に西ドイツ経済復興の立役者と評されることになる経済相ルートヴィヒ・エアハルトは，超国家的な部門別統合には懐疑的であった。西ドイツ産業界もシューマン・プランには敵意を示した。またフランス国内でも，シューマン・プランへの支持は決して強固ではなかった。中道保守，キリスト教民主主義から社会党まで含む連立与党議会勢力は，三分の一程度がシューマン・プランを歓迎していたが，残り三分の二は反対していた。与党勢力内のシューマン・プラン批判には，石炭鉄鋼分野の協力には賛成しつつも超国家的統合は警戒しイギリスの参加するOEECおよび欧州審議会を通じた協力を支持する意見と，IARによる管理の維持を求める意見とが存在していた。左右の野党（共産党，ドゴール派）もシューマン・プランを批判していた。仏国内業界団体は，超国家的機関への従属を拒否し，西ドイツとの競争を恐れ，IARの維持を求めていた。その後の交渉を成功に導くためには，モネ，シューマン，アデナウアーら仏独の主要関係者たちの粘り強い努力，そして仏独を中心とする超国家的統合を強く支持するアメリカからの圧力が必要であった。

イギリスのシューマン・プランへの不参加

フランス駐英大使が英外相ベヴィンにシューマン提案の要旨を伝えたのは、一九五〇年五月九日の午後であった。その直後に開催されたシューマンによる記者会見の際には、独伊ベネルクス諸国とともにイギリスも、石炭鉄鋼産業を統合する機関設立のための交渉へ招かれていた。ただし、交渉参加前に超国家性が承認されねばならないこともまた明言されていた。

五月一〇日の臨時閣僚会合で英政府閣僚たちはシューマン・プランの利害得失を検討した。シューマン・プランの政治的利点としては、仏独和解により西ドイツ再軍備の道を開き、西ドイツの欧州審議会加盟も容易になるといった点が考えられた。経済的には、シューマン・プランが成功した場合イギリス石炭鉄鋼産業への悪影響は避けがたいとも指摘された。とは言え、石炭鉄鋼共同体が成立する可能性は低いというのが、この時点でのイギリス政府の認識であった。シューマン・プランへの完全な参加は大陸への過度の関与を意味するとして退けられたが、何らかの協力関係の構築は望ましいとされた。正式な態度を決定するにはなお情報が必要であるが、アメリカが支持する構想にただちに反対することは不可能であると閣僚たちは考え、五月一一日、英首相クレメント・アトリーは下院において、原則としてシューマン・プランを歓迎すると述べざるをえなかった。

五月半ばまでにイギリス政府は、超国家性の事前承認が回避できるなら交渉に参加し、その過程で修正を働きかけ、協力関係の形成もしくは参加可能な機構の構築を目指すことが望ましいと考えるに至った。五月二六日、フランスに対して、英仏独による事前会議を開催し、その結果次第で本交渉参加を決定したいという提案が伝えられた。しかし超国家性への事前コミットメントを絶対条件とするモネの立場からは、このような形でのイギリスの関与はありえなかった。イギリス提案に対してフランスは、交渉参加前に署名すべきものとして共同声明草案を提示した。その内容は、強制力を持つ最高機関の設置と石炭鉄鋼生産の共有に合意するというものであった。イギリスはなお参加を留保しつつ交渉に関与する可能性を追求したが、シューマンはこれを退け、六月二日夜までの共同声明草案受け入れを要求した。その結果、六月二日の英閣議でシューマン・プラン交渉不参加が決定され、フランスに通告された。他方、仏独伊ベネルクス諸国は、六月四日、欧州石炭鉄鋼共同体（ECSC）設立のためのパリ交渉開始を宣言する共同声明を発表した。

結局のところイギリスには、シューマン・プラン参加にはメリットがあると考えられなかった。基幹産業を超国家的な形で大陸と統合することは、経済的にも軍事的にも危険な選択であり、政治的には過度の連邦主義的統合への関与を意味すると考えられた。労働党政権の計画的経済運営に不可欠な二大産業への統制喪失も、受け入れがたいものであった。労働党の支持母体である炭坑夫組合の反発も予想された。

五〇年六月のパリ交渉開始後、六カ国間での合意形成の可能性が高まるに及び、イギリス政府は、交渉成功を前提として、六カ国が形成する組織との協力関係形成を検討することになった。五一年八月、ベヴィン後任の外相ハーバート・モリソンは、欧州審議会閣僚委員会の席で、六カ国の共同体との間で可能な限り緊密に協力関係を形成したいと発言した。九月にはワシントン米英仏外相会談で発表された共同宣言の中で、米英仏三カ国は「大西洋共同体」の枠組みで西ドイツを「大陸ヨーロッパの共同体」に対等の立場で編入すると確約し、イギリス政府は「ヨーロッパ大陸の共同体」との間に可能な限り緊密な協力関係を構築すると宣言した。こうしてイギリスは、統合の外部にあって加盟に至らない最大限の協力を行うという姿勢を対外的に明示することとなり、この対応は五一年一〇月の保守党への政権交代後も引き継がれることになった。

パリ交渉とECSC条約の署名

イギリス、西ドイツ以外の関係諸国のシューマン・プランへの反応は、いかなるものであっただろうか。イタリアにおいては、熱心な連邦主義者である首相デガスペリがただちに提案を歓迎した。ベネルクス諸国指導者は、超国家性には懐疑的であったとしても、独仏による大規模な経済統合機構には参加せざるをえないと判断した。独仏和解の実現は安全保障の観点からも不可欠であった。とくに超国家性に消極的であったオランダも交渉開始の前提としてやむをえずこれを受け入れ、交渉過程で最高機関の権限を制約することを目指した。一九五〇年六月二〇日、六カ国による交渉がパリで開始され、五一年四月一八日、ECSC条約（パリ条約）が署名された。当初モネは交渉は三カ月で終わると考えていたが、それは楽観的に過ぎる予想であった。

条約草案が完成したのは五〇年一二月半ばであり、その後も残された対立点の解消に時間を費やし、パリ条約署名時点でもなおいくつかの重要な未決定事項が残されていた。

パリ交渉において各国は官僚レベルの代表団を送り、作業部会、首席代表会議（議長はモネ）を中心に交渉が行われた。とくに問題となる対立点は、シューマン、アデナウアー（首相・外相兼任）らが出席する外相会議で解決が図られた。こうした手続きは、その後の統合過程での政府間交渉の先例となった。独伊ベネルクス諸国代表の大半は外務官僚であったが、フランス代表団は首席代表のモネ以下、大半が計画庁のスタッフであった。モネは、西ドイツ駐在アメリカ高等弁務官ジョン・マクロイら米政府関係者による背後からの支援も受けながら、会議を進めていった。西ドイツ首席代表はハルシュタインが務めた（ハルシュタインは、五〇年八月、連邦首相府外務担当次官に任命され、五一年四月には外務次官となる）。

交渉開始直後の五〇年六月二五日、朝鮮戦争が勃発し、冷戦対立のアジアへの拡張とともに五〇年九月までには西ドイツの再軍備問題が浮上することになった。フランス国内の仏独和解反対論が強化される一方で、再軍備の可能性が生じたことによって、西ドイツにも経済統合とは異なる主権回復のための選択肢が出現することになった。モネは西ドイツがECSC交渉への関心を低下させることを懸念し、五〇年一〇月、もう一つの統合構想として西ドイツ戦力を包含する超国家的欧州軍を創設するプレヴァン・プラン（第2章第1節参照）を考案した。ECSC条約の署名をプレヴァン・プランによる西ドイツ再軍備の前提条件として要求することで、西ドイツのパリ交渉に対する関心を維持させようとしたのである。

モネが作成したECSC条約原案は、最高機関、共同総会、裁判所の三つの設置を求めていた。最高機関は、競争政策、価格・賃金政策、生産・投資政策に関して強力な権限を付与されるはずであったが、交渉過程で大きく制限された。とくに賃金・価格政策に関する権限は、モネの当初提案から大きく後退した。最高機関を加盟国による統制下に置くことを強く求めたのは超国家性を懸念するオランダであり、独仏による最高機関支配を警戒する他の国々もこれを支持した。最終的には閣僚理事会の設置が合意され、当初提案より超国家性は後退した。閣僚理事会はあらかじめ定められた危機的状況下において指令を発する権限を与えられ、他の経済分野に影響を及ぼす可能性のある最高機関の措置に対しては閣僚理事会の同意が必要とされた。閣僚理事会では、問題の重要性に応じて単純多数決・条件付多数決・全会一致により決定が行われるものとされた。閣僚理事会と最高機関には危機的状況下において生産量割当と資源配分を定める権限が認められ、ECSC発足と同時にIARが機能停止することも合意された。

西ドイツは産業界の意向を反映して、より自由主義的な産業自治に基礎を置く草案を提示したが、これは受け入れられなかった。西ドイツはまたオランダによる閣僚理事会設置提案も支持し、裁判所と共同総会の権限強化も提案した。最終的に、共同総会は最高機関に報告を求め三分の二以上の多数で最高機関を解任する権限を持つものとされた。裁判所は、すべての共同体機関、加盟国、共同体内の自然人・法人が訴訟資格を有し、憲法裁判所・行政裁判所・仲裁機関として機能するものと定められた。生産業者、労働組合、消費業者から三分の一ずつ任命される諮問評議会も創設された。ベルギーは、高賃金で生産性の低い国内炭坑への補償的給付を獲得した。その他にもパリ条約には各国産業への打撃を緩和する補助や移行措置が盛り込まれ、超国家的・ヨーロッパ的な枠組みで各国産業に保護を提供する先例となった。

五〇年末から五一年初め、交渉の最終段階で、ルール石炭鉄鋼産業の集中排除をめぐる対立が影響を及ぼした。フランスは、四五年八月に米英ソ間で合意されたポツダム協定に基づいて巨大石炭カルテル・鉄鋼トラストの解体を強く要求し、これをECSC条約署名の条件とした。さらに将来の西ドイツ企業による業界支配を防止するため、企業合併を最高機関による許可制とする規定も条約案に盛り込まれた。これに対して西ドイツ国内からは強い反発が生じ、アデナウアーも交渉決裂を示唆して抵抗した。アデナウアーはシューマン・プランに強くコミットしていたが、西ドイツを狙い撃ちにする差別的措置は、統合による平等性獲得という彼の構想とは一致しないものであった。だが最終的には、フランスの要求を支持するアメリカからの圧力に西ドイツは屈することになった。五一年三月までにアデナウアーは国内産業界の激しい抗議を抑え、米高等弁務官マクロイが提示する脱集中化提案を受け入

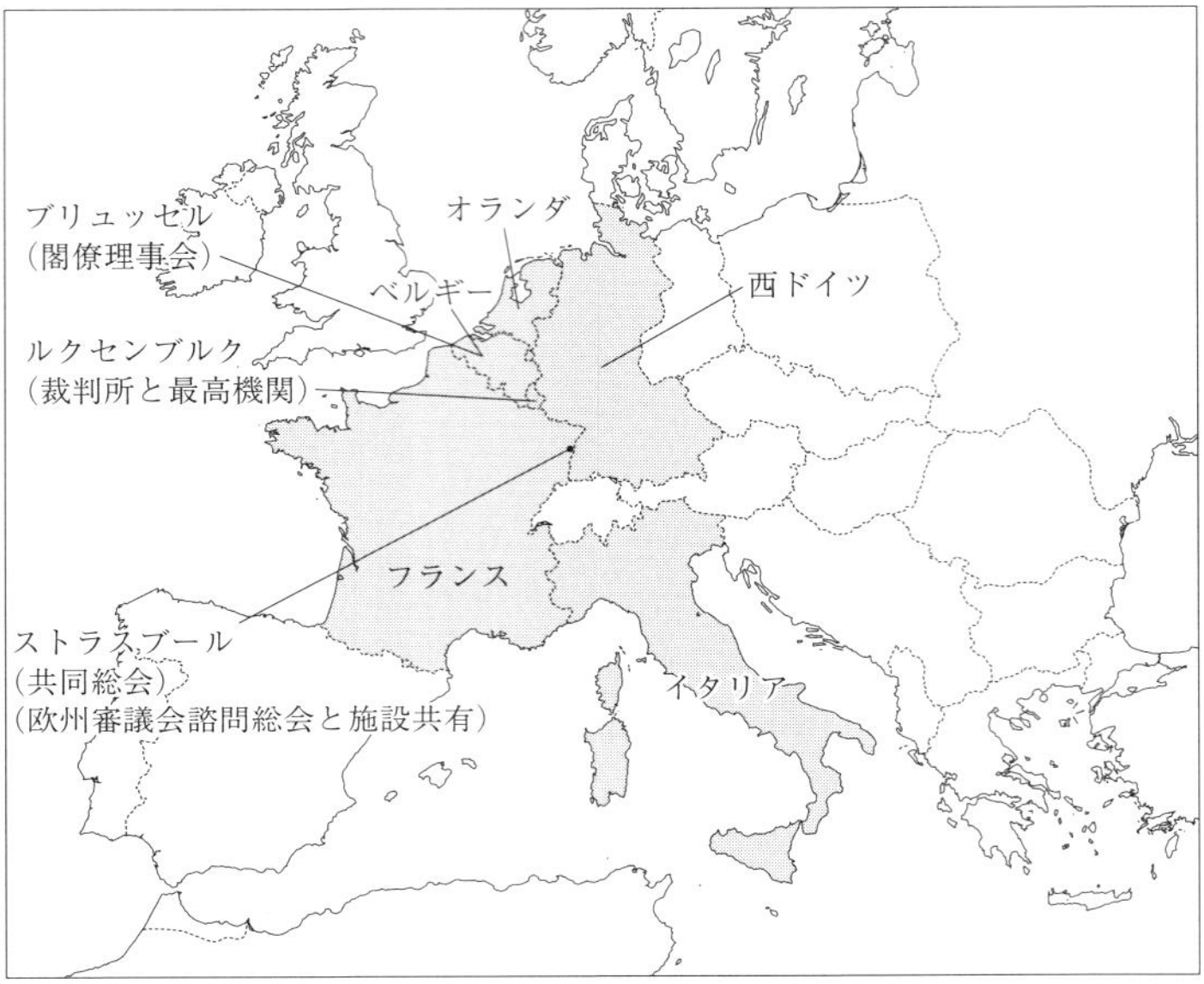

図１－１　ECSC 加盟国と ECSC 機構所在地（1952年８月）

れた。ドイツ石炭カルテルは解体され、既存の七大鉄鋼会社は二七社に分割されることになった。こうしてパリ条約署名への道が開かれた。

パリ条約により加盟国は、国境を越えた自由な石炭鉄鋼の移動を促進するために石炭鉄鋼単一市場を形成し、関税および非関税障壁（価格固定、生産・売上への課税、補助金、差別的輸送運賃など）を撤廃するものとされた。最高機関と閣僚理事会は生産性の改善、分配の合理化、雇用の保護、労働条件の平等化などを図るものとされた。制約的慣行と独占に対する厳しい罰則規定も盛り込まれた。条約は五〇年間有効とされた（二〇〇二年ＥＣＳＣは解散することになる）。

ＥＣＳＣ活動開始前、さらに三つの問題が解決された。フランスは閣僚理事会で西ドイツと同じ投票権を求め、西ドイツはこれを受け入れた。加盟国言語はすべて公用語とすることが合意されたが、ＥＣＳＣ機構内ではフランス語が日常言語とされた。ＥＣＳＣの機構所在地について六カ国は自国誘致を求め激しく対立したが、五二年七月二四日早朝、徹夜の外相会議を経て、閣僚理事会はブリュッセルで開催し、裁判所と最高機関はルクセンブルクに置き、共同総会はストラスブールの欧州審議会諮問総会と施設を共有することが決定された（図1－1）。五二年八月一〇日、モネを初代議長とする最高機関が発足した。

ECSCの成果と限界

一九五一年一〇月末以降、各国でのECSC条約批准過程が開始され、五二年六月までに六カ国すべての議会において批准が完了した。とくに批准が難航したのはフランスであった。五一年六月の仏議会選挙で、鉄鋼産業の拠点であるロレーヌを選挙区とするシューマンはECSCに反発する鉄鋼業者からの批判を受け、危うく議席を失うところであった。仏議会内では共産党とドゴール派が批准に反対していた。与党連合内でも必ずしもECSCは支持されていなかったが、シューマンは、ECSCを受け入れるか西ドイツ鉄鋼産業への統制を放棄するかの二者択一であるとして選択を迫り、批准を確保することができた。五二年七月二三日、パリ条約は発効し、五二年八月、ECSCは機能を開始した。

ECSCの最大の意義は、超国家的統合によってルールの石炭鉄鋼産業をめぐる仏独対立を解決し、第二次世界大戦後の欧州統合過程の最も重要な成果の一つである長期的な仏独和解の基盤を提供した点にある。ECSCそれ自体は、加盟国石炭鉄鋼産業に関するいくつかの経済障壁を縮小しただけであるが、仏独関係を大きく変容させ、西欧の経済復興と地域的な安全保障枠組みを持続させていくうえで不可欠な基盤がもたらされたのである。

短期的に見たときには、分野別の超国家的経済統合としてECSCが目立った成果を生み出さなかったことは事実である。五〇年代の再軍備とその後のヨーロッパ経済の高度成長により石炭鉄鋼需要は増大したが、ECSCが加盟国石炭鉄鋼産業の発展に大きく貢献したとは言い難く、その経済的成果は疑問視される。石炭鉄鋼部門で関税と数量制限は撤廃されたが、その効果は小さく、非関税障壁による貿易規制の多くが残存した。鉄鋼共同市場によって価格統制の自由化も行われたが、鉄鋼カルテルによる価格合意と市場分割がそれに代わっただけであった。五三年三月には、三〇年代の国際鉄鋼カルテルよりも大規模な形で市場を統制する国際鉄鋼輸出カルテルが形成された。ルール地方では石炭鉄鋼企業の再集中化が進行した。そもそもヨーロッパが高度経済成長に向かうにつれ石炭鉄鋼産業自体が相対的な重要性を喪失し、ECSCの経済的重要性も低下していった。

超国家的統合の先駆者としてＥＣＳＣは制度的な先例となり、超国家的な執行機関、加盟国閣僚による統制機構、議会的総会、司法裁判所という機構的枠組みは、その後の統合にも引き継がれることにはなった。しかし、モネが追求した超国家的最高機関による中央集権的なアプローチは、軋轢を生む要因となった。石炭鉄鋼産業は国際的団体を形成して加盟国政府に働きかけ、ＥＣＳＣ官僚機構に産業界代表を送り込み、諮問評議会を通じて産業界の利益を強く主張した。最高機関議長であるモネと産業界利害の代弁者である機構スタッフとの間には、しばしば対立が生じることになった。共同市場の管理運営に関する知識と経験の獲得は将来の統合にも有益なものとなったが、ＥＣＳＣが統合の波及効果をもたらして他の分野に統合が拡大したとは言いがたい。後述（第2章第2節）するように、ＥＥＣは、欧州域内貿易の自由化という別個の問題に対する別個の解決策として出現するのである。

一九五〇年代初めまでの統合過程

こうして一九五〇年代初めまでの欧州統合は、ドイツをめぐる米仏独三カ国の要請――アメリカの冷戦政策としての西欧統合政策、フランスの戦後復興計画とその中でのルール石炭産業の役割、アデナウアーの基本外交政策としての西側統合政策――の間の妥協的な利害の一致の結果として、石炭鉄鋼産業に限定された経済統合として開始された。歴史的なドイツ問題と冷戦を背景にした西側陣営内の利害を調停しながら、西欧の戦後復興、政治的安定、安全保障をいかにして実現していくのかという、国家的（national）な利害に由来する諸問題に対する超国家的（supranational）な解決策として、部門別経済統合であるＥＣＳＣがまず選択されたのである。

アメリカに後押しされた仏独中心のイニシアティヴに対して、ベネルクス諸国とイタリアは、それぞれの国内政治経済事情と地域的安全保障の論理から参加せざるをえなかった。イギリスは、超国家性への嫌悪、世界規模の帝国と英米関係の重視という理由から、これに距離を置いた。

ヨーロッパの統一を理想視し、それをもたらすための運動を志す理念――連邦主義的な統合イデオロギー――が、一定の原動力として機能したことは間違いない。しかし、この立場は四八年のハーグ会議開催を頂点として、欧州審議会形成によって当面は収束した。実際の統合は、現実にヨーロッパを分割する国民国家群の政治的・経済的な利害と欧州域外の超大国が主導する東西冷戦という状況に大きく左右されることになったのである。

超国家的経済統合の実際のあり方を決定するに際しては、当初モネが発想した計画的・中央集権的な超国家機構を目指すアプローチと、自由主義的な市場機構と競争原理を重視するアプローチが入り乱れ、ECSCは両者のせめぎ合いの結果として構築されることになった。ECSCには、超国家的最高機関に対する上下二つの統制装置として閣僚理事会と共同総会が設置されたが、民主的統制が不足する意思決定機構が内包されたことにより、統合への反発も内包されることになった。今日の欧州統合が直面する危機の種は、統合の最初期段階において胚胎されることになったのである。

参考文献

上原良子「ヨーロッパ統合の生成　一九四七—五〇年　冷戦・分断・統合」遠藤乾編『ヨーロッパ統合史』［増補版］名古屋大学出版会、二〇一四年。

上原良子・廣田功「戦後復興と欧州統合——冷戦開始の中での模索と確立（一九四七—一九五〇年）」吉田徹編『ヨーロッパ統合とフランス——偉大さを求めた一世紀』法律文化社、二〇一二年。

戸澤英典・上原良子「ヨーロッパ統合の胎動——戦間期広域秩序論から戦後構想へ」遠藤乾編『ヨーロッパ統合史』。

廣田愛理「欧州統合の具現化——転換期におけるフランスの統合政策の推進（一九五〇—一九五八年）」吉田徹編『ヨーロッパ統合とフランス』。

廣田功「戦前の欧州統合の系譜Ⅱ——経済的構想（一九世紀末—第二次世界大戦）」吉田徹編『ヨーロッパ統合とフランス』。

益田実『戦後イギリス外交と対ヨーロッパ政策——「世界大国」の将来と地域統合の進展、一九四五〜一九五七年』ミネルヴァ書房、二〇〇八年。

益田実「超国家的統合の登場　一九五〇〜五八年」細谷雄一編『イギリスとヨーロッパ——孤立と統合の二百年』勁草書房、二〇〇九年。

宮下雄一郎「フランスの没落と欧州統合構想——再興に向けての模索（一九四〇—一九四六年）」吉田徹編『ヨーロッパ統合

とフランス』。

ゲア・ルンデスタッド『ヨーロッパの統合とアメリカの戦略——統合による「帝国」への道』（河田潤一訳）ＮＴＴ出版、二〇〇五年。
R. N. Coudenhove-Kalergi, *Pan-Europa* (Vienna: Pan-Europa-Verlag, 1923); translated as *Pan-Europe* (New York: A. A. Knopf, 1926).
Desmond Dinan, *Europe Recast : A History of European Union* (2nd ed.) (Basingstoke: Palgrave Macmillan, 2014).
François Duchêne, *Jean Monnet : The First Statesman of Interdependence* (New York: W. W. Norton, 1980).
John R. Gillingham, 'The German Problem and European Integration', in Desmond Dinan (ed.), *Origins and Evolution of the European Union* (2nd ed.) (Oxford: Oxford University Press, 2014).
William I. Hitchcock, *France Restored : Cold War Diplomacy and the Quest for Leadership in Europe, 1944–1954* (Chapel Hill: University of North Carolina Press, 1998).
Michael J. Hogan, *The Marshall Plan : America, Britain and the Reconstruction of Western Europe, 1947–1952* (Cambridge: Cambridge University Press, 1989).
Wilfried Loth, *Building Europe : A History of European Unification* (translated by Robert F. Hogg) (Berlin: De Gruyter, 2015).
David A. Messenger, 'Dividing Europe: The Cold War and European Integration', in Dinan (ed.), *op. cit.*
Alan Milward, *The European Rescue of the Nation State* (2nd ed.) (London: Routledge, 2000).
Craig Parsons, 'The Triumph of Community of Europe', in Dinan (ed.), *op. cit.*
Peter Stirk, 'Integration and Disintegration before 1945', in Dinan (ed.), *op. cit.*

第2章　欧州防衛共同体の挫折と欧州経済共同体の形成
——一九五〇年代の統合と「共同市場」という選択——

益田　実

メッシーナ会議での6カ国代表たち
（1955年6月1日，イタリア・メッシーナ）
（©European Communities, 1955/Source: EC-Audiovisual Service）

冷戦の進展により生じた西ドイツ再軍備の要請を超国家的に解決するため、一九五〇年一〇月、フランスは欧州防衛共同体（EDC）を提案したが、五四年八月までにEDC構想は挫折する。その直後からベネルクス諸国主導で再開された欧州石炭鉄鋼共同体（ECSC）六カ国による経済統合の動きは、五五年六月のメッシーナ会議後、スパーク委員会による検討作業へと至り、五七年三月に調印されたローマ条約により欧州原子力共同体（ユーラトム）および、関税同盟型の共同市場である欧州経済共同体（EEC）へと結実する。これによりECSCの制度的遺伝子が継承されるとともに統合の領域は大きく拡大する。イギリスは当初スパーク委員会に参加したがまもなく離脱し、五六年末までに、六カ国による共同市場への対抗提案である自由貿易地域（FTA）構想を提唱するに至る。しかし、FTA構想は五八年までに挫折し、イギリスは新たな対応を迫られてゆくことになる。

1　西ドイツ再軍備と欧州防衛共同体構想

アメリカの西ドイツ再軍備提案

シューマン・プラン実現のためパリで六カ国が交渉を開始したわずか数日後、一九五〇年六月二五日に朝鮮戦争が勃発した。この事態と前後して、アメリカの冷戦戦略には大きな変化が生じ始めていた。四九年のソ連による核実験の成功と中国における共産党政権の誕生という二つの事件を受け、米政府内では世界的軍事戦略の再検討が開始され、五〇年四月半ばまでには国家安全保障会議（NSC）文書六八（NSC六八）が作成されていた。NSC六八は世界全域での共産勢力伸長の食い止めを提唱し、大幅な軍事コミットメントの拡大を勧告するものであった。とくに必要とされたのは規模の面で東側に劣る通常軍備の拡大であり、朝鮮戦争の衝撃によりNSC六八が要求する軍事支出増大は大統領ハリー・トルーマンと議会に承認されることになった。NSC六八は同盟国による防衛負担の共有も要求しており、この裏づけに支えられた国務省は北大西洋条約機構（NATO）を実質的な軍事同盟とすることを目指し、在欧米軍の強化とともに西欧諸国の軍備拡大を要求するに至った。その重要な一部として、ドイツ連邦共和国（西ドイツ）の再軍備問題が浮上したのである。五〇年九月一二日、ニューヨークで開かれた米英仏外相会談の席で国務長官ディーン・アチソンは、NATO統合軍事機構へのアメリカの参加と米軍人の最高司令官への任命・在欧米地上軍の二個師団から六個師団への増強・対ヨーロッパ軍事援助の増大を提案するとともに、一二個師団規模の西ドイツ軍を即時に創設しNATOに編入することを要求した。トルーマン政権は、アメリカのヨーロッパに対する軍事コミットメントの拡大と西ドイツの再軍備をリンクさせたのである。

イギリスはすでに限定的な西ドイツ再軍備は容認する姿勢であったが、即時の大規模な西ドイツ軍創設には躊躇した。とは言え、アメリカの対ヨーロッパ軍事コミットメント強化という交換条件は魅力的であり、アメリカが要求する形での西ドイツ再軍備の容認へと急速に傾いていった。当事者である西ドイツの首相コンラート・アデナウアーは、主権回復の一環としても、東側に対する安全保障の観点からも、再軍備を支持していた。西ドイツ世論は再軍備をめぐって大きく分極化していたが、朝鮮戦争以降、西ドイツ国内でも再軍備支持の声は増大していた。アメリカの西ドイツ再軍備要求に最も強固に反対したのがフランスであった。アチソンの要求に対して仏外相ロベール・シューマンは、西ドイツの防衛貢献に関する議論を行う前にまず西ドイツ以外の西欧諸国の軍備強化とNATO軍事機構の整備を優先すべきであると主張した。再軍備とNATO加盟が実現すれば超国家的統合に頼らずとも平等性と主権回復というアデナウアーの目標は実現できるはずであり、開始されたばかりのパリでの欧州石炭鉄鋼共同体（ECSC）設立交渉は危険に晒されていた。この窮地を脱するために、フランスは対応を迫られることになったのである。

プレヴァン・プランの登場

西ドイツ軍の即時創設というアメリカの要求をかわしつつECSC交渉を成功に導くために、シューマン・プランの考案者ジャン・モネは、西ドイツ再軍備を原則承認しつつ、それを超国家的機構の統制下に置く構想を考案した。それはモネ曰く「拡大されたシューマン・プラン」であった。フランス政府内ではこの構想に対しても強い反発が示されたが、モネとシューマンの説得により、一九五〇年一〇月一九日、閣僚たちはアメリカによる欧州防衛強化と引き替えに超国家的な形で西ドイツ再軍備を行うという構想を受け入れた。この構想は一〇月二四日、首相ルネ・プレヴァンにより仏議会で発表され、プレヴァン・プランと呼ばれることになった。

プレヴァン・プランは、一〇万人規模の超国家的な欧州軍を組織し、西ドイツ兵力はすべてそこに所属させ、超国家的に選任され閣僚理事会と総会に責任を負う欧州防衛大臣を持つ欧州防衛共同体（EDC）が欧州軍を統制するという構想であった。EDCはNATOと条約を結び、欧州軍はNATO指揮系統に組み込まれるが、西ドイツはNATOに加盟しないものとされた。参加将兵は大隊または連隊単位で各国混成部隊を構成し、西ドイツ独自の参謀本部設置は許可されず、西ドイツ以外の参加国はEDCと別個の独自兵力を保有する権利を持つとされた。ECSC条約の署名がEDC創設の条件であることも明記されていた。対象国は明示されていなかったが、ECSC

交渉の失敗を回避する意図は明白であり、交渉中の六カ国が対象と考えられた。

プレヴァン・プランは明らかに西ドイツに対して差別的であり、軍事的にも非実際的であるというのが関係諸国の反応であった。米英両国は、フランスによる西ドイツ再軍備妨害工作であると見なした。アデナウアーはフランスが西ドイツ再軍備を原則的に承認したことは歓迎したが、プレヴァン・プランの具体的内容には反対した。フランス国内ではプレヴァン・プランに反発する声もあったが、むしろ対独差別的で即時の西ドイツ再軍備を回避するという点が支持された。五〇年一一月二五日、仏国民議会では、三四九票対二三五票でプレヴァン・プランを支持する決議が採択された。

一〇月二八日、ワシントンで開かれたNATO防衛委員会でフランスは、プレヴァン・プラン以外の西ドイツ再軍備構想を断固拒絶し、一一月になってもフランスと他のNATO諸国の歩み寄りは見られなかった。一一月二〇日、NATO代理代表理事会でアメリカは、九月のアメリカ提案とプレヴァン・プランを並行して検討するという妥協案を提示した。一二月一九日のNATO理事会においてこの妥協案が採用された。米英仏高等弁務官と西ドイツ政府の間で暫定的な西ドイツ戦力創設のための協議に着手する一方で、超国家的欧州軍を創設するための交渉も開始することが合意された。NATOの軍事機構化も確認され、第二次世界大戦中に欧州方面連合国軍最高司令官を務め、当時、コロンビア大学総長の職にあったドワイト・アイゼンハワーがNATO軍最高司令官に就任した。

EDC条約の署名

一九五一年一月九日、ボンで西ドイツ再軍備を可能にするための占領規約改定交渉が開始され、二月一五日、パリで仏独伊、ベルギー、ルクセンブルクによってプレヴァン・プラン交渉が開始された。イギリスも交渉に招かれたが、自らの軍事力の一部を超国家的な形で大陸諸国と統合する構想はイギリスには受け入れがたいものであった。西ドイツに対する統制強化のためイギリスの参加を期待していたフランスは、イギリスの対応に失望した。イギリスの関与を強く期待していたオランダは交渉に参加せず、オブザーバーにとどまった。フランス代表を務めた国防相ジュール・モックは強固な西ドイツ再軍備反対派であり、パリ交渉は難航した。

ボンでの占領規約改定交渉においてアデナウアーは占領終結と再軍備実現を結びつけ、他の西欧諸国と平等な取り扱いを要求した。西ドイツ国内では最大野党である社会民主党（ＳＰＤ）が再軍備に強く反対しており、アデナウアーは占領終結すなわち主権回復とリンクさせることにより、再軍備に対する支持の増大を図ったのである。米英仏側の当初の姿勢は、再軍備に際して西ドイツ国内での航空機・戦車・化学兵器・核兵器の製造を禁止するというものであり、他の西欧諸国との平等を求める西ドイツ側は強く反発した。フランスは欧州軍形成を占領規約改定に先行させることを求め、平等性の原則にも抵抗した。ボン交渉もまた、早々に暗礁に乗り上げつつあった。

五一年四月、パリ郊外にＮＡＴＯ欧州連合軍最高司令部が設置された。その直後、ＥＣＳＣ条約が署名され、ＥＤＣ交渉は進展を見せ始めた。モネは交渉への関与を増大させ、ＥＤＣへの支持を求めてアメリカおよび交渉参加国に働きかけた。五一年六月、組織の名称は欧州防衛共同体および欧州防衛軍（ＥＤＦ）と正式に決定された。アメリカの姿勢も変化した。モネの働きかけを受けたアイゼンハワーは、ＥＤＣ以外に米仏の要請を両立し西ドイツ再軍備を実現する手段はないとアチソン国務長官の説得に努めた。フランス政府もまた、西ドイツ兵力の規模と装備に関して譲歩する姿勢を示した。五一年七月までに米政府内では、フランスの求める対独安全保障と西ドイツの求める主権平等原則の対立を解消するには、超国家解決を目指すしかないとの見方が受け入れられるようになった。五一年七月初めアチソンはＥＤＣを原則的に承認し、アデナウアーにもこの姿勢が明示された。五一年九月のワシントン米英仏外相会談において、シューマンは大隊より大きな師団単位でのＥＤＦ戦力の編成を受け入れ、アチソンはＥＤＣ発足前の西ドイツ部隊形成は求めないという姿勢を示した。会談終了後の共同声明の中で米英仏外相は、西ドイツ再軍備は超国家的機関に管理されＮＡＴＯに従属するＥＤＦの一部として行われるべきであるとの合意を発表した。アデナウアーも五一年九月までに、対等な扱いがなされるならＥＤＣを支持すると公言していた。

アメリカを含む関係諸国の支持が確立したことにより、五一年秋以降、ＥＤＣ交渉は大きく進展した。五一年一〇月には、最終合意に経済統合的側面も含むという条件で、これまでオブザーバーの立場をとってきたオランダも交渉に参加することになった。五二年一月末、ＥＤＣ条約の枠組みが合意され、組織的には、単一の欧州防衛大臣に代わり九名の委員からなる委員会・閣僚理事会・議会総会というECSCに倣った制度が採用された。西ドイツ部隊の規模はEDF全体の三分の一未満とされた。有事の際には、閣僚理事会がNATO軍最高司令官にEDF部隊最高指揮権を付与するものとされた。

しかしこの間、フランス国内では、EDCへの反発が増大しつつあった。五一年六月の仏総選挙で、EDCに反対する元首相シャルル・ドゴールを支持するドゴール派は大幅に議席を増やし、七月には朝鮮で休戦交渉が開始され、西ドイツ再軍備の直接の口実が失われつつあった。さらに五二年以降、インドシナおよびアルジェリアという海外植民地におけるフランスの軍事行動が拡大し、EDC内での独仏兵力バランスが西ドイツに傾く危険が生じた。議会では、フランス共産党がソ連の反発を理由に西ドイツ再軍備に反対し、ドゴール派はEDCの超国家性に反対した。そもそも、西ドイツ再軍備に対する仏国民一般の拒否感はなお強力であり、交渉過程での譲歩はEDCへの反感を強め、連立政権内でもEDCへの支持は低下していった。

この状況でフランス政府が追求したのは、米英からの支援によって国内の批判を鎮静化することであった。五二年二月、フランスは加盟国の一方的なEDC脱退を防止する米英の保証を要求した。イギリスでは五一年一〇月、ウィンストン・チャーチルと保守党が政権に返り咲いていたが、首相チャーチルは超国家的欧州軍を嫌悪し、西ドイツのNATO直接加盟を支持していた。しかし、これを説得してEDC支援に努めたのは、外相アンソニー・イーデンであった。その結果米英両国は共同声明を発し、改めてEDC支持と大陸への駐留継続を表明した。ただし、駐留期限や規模は明示されなかった。アデナウアーは不平等性に不満を示しながらも、国内での大型艦船・軍用機・ABC兵器（核・生物・化学兵器）製造の放棄に合意した。しかし、フランスはなお満足しなかった。シューマンは、攻撃を受けた際に相互防衛義務が発生する、五〇年間有効の英＝EDC条約を要求した。

五二年二月末のNATO理事会で、西ドイツのNATO直接加盟は認めないが他の面では対等に扱うNATO＝EDC条約、米英によるEDC統一の保証、イギリスの対EDC軍事保証再確認の三つが合意された。さらに、アメリカがフランスの植民地軍事行動を支援し、EDC予算を間接的に補助することも合意された。しかし、三月半ばＥＤＣ諸国は改めて五〇年間有効の英＝ＥＤＣ条約を要求し、イギリスは二〇年間有効の条約を代案として提示した。五二年五月二七日、ＥＤＣ条約が署名され、同時に英＝ＥＤＣ条約も締結された。その前日、ボンでは、西ドイツ占領終結のための一般条約が署名されていた。この条約により連合国は、原則として西ドイツの主権回復を認めつつも、緊急事態を宣言する権利・駐兵する権利・ドイツ全体に関わるすべての権利を留保した。一般条約はＥＤＣ条約とリンクされ、後者の批准によって西ドイツの主権が回復されることになった。条約署名に際して米英両国は、大陸駐兵を「必要な限り」継続すると約束した。また米英仏共同声明により、ＥＤＣへの脅威はＮＡＴＯ全体への脅威と見なすことも宣言された。ＥＤＣ条約によって、西ドイツはＡＢＣ兵器・長距離ミサイル・軍用機・大型軍艦の国内製造を禁止された。

欧州政治共同体構想

ＥＤＣには政治統合へと繋がる要素も含まれていた。ＥＤＣ条約第三八条は、条約発効から半年以内にＥＤＣ総会において、二院制で権力分立原則に基礎を置く「連邦的ないし準連邦的」な機構の設立を検討し、答申を行うことを定めていた。これが一九五二年から五三年、六カ国によって検討された欧州政治共同体（ＥＰＣ）構想の起源である。この条項は、ＥＤＣに対して超国家的な形で民主的統制を及ぼすために要求されたものであった。五二年七月の六カ国外相会議において仏伊両国はＥＤＣ条約批准前の三八条履行を要求し、ＥＣＳＣ共同総会においてＥＰＣ条約草案を作成することを提案した。五二年九月、ＥＣＳＣ閣僚理事会でこの提案が採用され、ＥＣＳＣ総会を拡張した臨時総会を設置しＥＰＣ条約起草作業を行うこととなった。

臨時総会はＥＣＳＣ共同総会議長を務める元ベルギー首相ポール＝アンリ・スパークを議長とし、五三年三月にＥＰＣ条約草案を採択した。ＥＰＣはＥＤＣと同時に発足するものとされ、ＥＣＳＣ・ＥＤＣ双方の機構を置換する形で、直接選挙制の人民院と間接選挙制の元老院からなる二院制議会、元老院が選任する議長を持つ執行理事会、加盟国閣僚理事会、裁判所が設置されるはずであった。執行理事会の権能は、ＥＣＳＣ・ＥＤＣの委員会の権能を合成したものとされた。

ＥＰＣ条約草案にはまた、オランダの提案に基づき経済統合の要素も盛り込まれた。条約発効一年後に閣僚理事会が共同市場（Common Market）創設のための措置をとるものと定めていたのである。五二年一二月、オランダ外相ヨハン・ベイエンはＥＰＣ条約起草過程での六カ国関税同盟構想の検討を求める覚書を提出していた。五三年二月、この構想は自動的かつ不可逆的な関税削減によって関税同盟形式の共同市場を構築するベイエン・プランとして再提案された。このように関税同盟型の経済統合に強い関心を有していたオランダは、ＥＰＣを受け入れる条件としてＥＰＣ条約草案に共同市場へのコミットメントを盛り込むことを求めたのである。

五三年五月、六カ国外相たちは政府間専門家委員会を設立しＥＰＣ条約草案を検討することに合意した。この会合以降、ベルギーも、オランダとともに共同市場設立をＥＰＣの不可欠の要素とする立場に転じていった。しかし国際収支の悪化に苦しんでいたフランスにとって、関税同盟へのコミットメントは困難であった。五三年九月から一〇月、専門家委員会がローマで開催されたがフランス代表は自動的な経済統合に強く反対し、オランダとベルギーは関税同盟構想とＥＰＣをリンクさせる立場に固執した。専門家委員会は合意を形成できず外相会議に議論を差し戻した。五三年一一月、六カ国外相は再度、専門家委員会の設置を合意したが、五四年四月までに仏外相ジョルジュ・ビドーの提案により、ＥＰＣ問題の対応はＥＤＣ条約批准まで延期することが決定された。そして次項で見るように、五四年八月にＥＤＣが挫折するとともにＥＰＣ条約をめぐる議論も立ち消えとなった。その結果、ベイエン・プランによる関税同盟形式の共同市場構想もまた当面は挫折するのである。

ＥＤＣ条約批准の失敗とＷＥＵを通じた西ドイツ再軍備の実現

ＥＤＣ条約署名後、フランス政府は条約批准を確実にするために西ドイツでの批准と米大統領選挙終了まで議会での条約審議を先送りし、その間にイギリスによる追加保証や他のＥＤＣ諸国からの譲歩の獲得を目指した。一九五三年一月、アメリカではアイゼンハワー政権が発足したが、新大統領は国務長官ジョン・フォスター・ダレスとともにＥＤＣに強くコミットしており、フランスへのＥＤＣ条約批准要求は強まった。アイゼンハワーが恐れていたのは、アメリカ国内における孤立主義の再燃であった。ＥＤＣこそが欧州統合の理想を掲げることで米世論と議会に訴え、アメリカによる西欧防衛の継続を可能にする手段と考えられたのである。しかしフランスへの強圧的なＥＤＣ批准要求は、フランス国内の反発を強化することになった。

同じ五三年一月、フランスでは教育・社会政策をめぐる対立から与党連合が崩壊し、ドゴール派の閣外協力に依存するルネ・マイエル政権が発足した。ドゴールは、EDC参加はフランスの国家主権を脅かしフランス国軍の存亡に関わるとして強く反対していた。またこの政権交代で四八年七月以来外相の座にあったシューマンが閣外に去り、EDCに消極的なビドーが外相に復帰した。当時フランスは、自らの植民地支配下にあるインドシナ半島において独立を目指す現地人勢力との間で激しい戦闘を繰り広げていた。EDC参加は海外植民地での軍事行動を制約する恐れがあった。逆に海外関与の拡大によって、EDC内部で西ドイツ兵力がフランス兵力に優越する危険もあった。こうした事態を避けるためマイエル政権は、五三年一月、EDC条約追加議定書を提案した。フランスEDF部隊をフランス連合内*で自由に移動させる権利、フランス人将校のEDFからの配置転換の自由、ヨーロッパ域外での軍事行動時の装備規制の解除、兵員規模にかかわらずEDC閣僚理事会で仏独が同数の投票権を持つこと等がフランスの要求であった。五三年二月にはイギリスに対しても、大陸駐留兵力の維持とEDC委員会への常駐代表派遣が要求された。

＊フランス連合は、一九四六年フランス第四共和制発足とともに、フランス本国（仏領アルジェリアを含む）とその海外県・海外領土・保護領などによって形成された。五八年の第五共和制への移行とともに、フランス本国と、実質的には植民地であるが、形式的には連邦内の国家とされた海外領土からなるフランス共同体に改編された。六〇年代初めには早くも事実上消滅し、九五年正式にフランス憲法から関連規定が削除された。

五三年三月一九日、独連邦議会でEDC条約が批准され、三月二四日、追加議定書も署名された。EDC諸国は海外での危機に対処する際にフランスがEDCから自国戦力を引き揚げることを認め、海外で使用する兵器の輸出入と製造はEDC委員会の統制から除外することも合意された。しかし五三年三月のソ連指導者ヨシフ・スターリン死去と五三年七月の朝鮮戦争休戦により冷戦の緊張が和らいだことで、フランス国内のEDC反対論はさらに強化された。五三年五月、ドゴール派の支持を失ったマイエル政権が退陣した。六月に成立したジョゼフ・ラニエル政権にはドゴール派が閣僚として参加しており、ＥＤＣ批准の可能性はさらに遠のいた。五三年一二月一三日にはフランスの対応に不満を募らせた米国務長官ダレスが、パリでの記者会見において、ＥＤＣ失敗の際は合衆国の対ヨーロッパ政策の「苦渋に満ちた再検討」が必要となるだろうと公言し、ヨーロッパからアメリカ戦力が撤退する可能性を示唆していた。すでにフランス国内においても少数ではあったが、西ドイツのＮＡＴＯ直接加盟を支持する声が現れ始めていた。五四年六月には仏国民議会外交委員会と防衛委員会において、ＥＤＣ条約批准に否定的な勧告が採択されていた。

このような状況で五四年六月一八日、フランスではピエール・マンデス＝フランス政権が成立し、ＥＤＣ問題に決着がつけられた。マンデス＝フランスは欧州統合への関心が低く、インドシナにおける戦争の終結が政権の最優先課題であった。七月に開催されたジュネーヴ会議においてインドシナ和平合意を獲得した後、マンデス＝フランスは、ＥＤＣ批准に向けた最後の試みとして再度の追加議定書を提案した。ＥＤＣ発足後八年間の閣僚理事会とＥＤＣ委員会での全会一致性の維持・経済統合の棚上げ・ＥＤＦ参加兵力の大幅縮小・独自核開発に対する制限緩和などが、その内容であった。この大幅な修正要求は、八月一九日から二二日に開催された六カ国外相会議において他のＥＤＣ諸国によって拒絶された。五四年八月三〇日、仏国民議会において三一九票対二六四票でＥＤＣ条約審議を議事事項から削除する動議が採択され、条約批准の可能性は失われた。

フランスの批准拒否により、ＥＤＣ条約とリンクされていた西ドイツ主権回復のための一般条約も発効不可能となった。この事態を受けてイギリス政府は、ブリュッセル条約（第1章第2節参照）を拡張して独伊も加盟する政府間機構である西欧連合（ＷＥＵ）を形成し、これを中間的組織として西ドイツ再軍備とＮＡＴＯ加盟を実現することを提案した。五四年九月末から一〇月初めにロンドンで開催された英米加ＥＤＣ諸国による九カ国会議を経て、五四年一〇月二三日、パリ協定が署名され、ＷＥＵの創設と西ドイツの主権回復が合意された。ＷＥＵには閣僚理事会と総会が設置され、軍事問題とともに文化・教育問題も扱うものとされた。西ドイツ軍への統制手段も同時に合意された。ＮＡＴＯ最高司令官の加盟国部隊への統制権限が強化され、海外での緊急事態および深刻な財政問題の際には見直し可能という条件で、イギリスは五〇年間大陸駐留戦力を維持することに同意した。西ドイツは自発的な装備制限を受け入れ、ＡＢＣ兵器・誘導および長射程ミサイル・三〇〇〇トン以上の軍用艦船を保有しないと約束した。これらの合意を受けアメリカは、ＥＤＣと同じ支援をＷＥＵに提供すると約束した。ＷＥＵを通じたイギリスの関与と超国家性の否定により、フランス世論も辛うじて西ドイツ再軍備とＮＡＴＯ加盟を受け入れた。五四年一二月三〇日、仏国民議会において二八七票対二六〇票（棄権七〇票）でパリ協定は批准された。五五年五月九日、西ドイツは正式に主権を回復すると同時にＮＡＴＯに加盟した（ベルリンの地位は米英仏ソとの将来の合意に委ねられた）。その直後、ソ連・東欧諸国はワルシャワ条約機構を発足させ、ヨーロッパにおける東西対立は二つの軍事同盟に組織化されることになった。

ＥＤＣの失敗とＷＥＵ・ＮＡＴＯを通じた西ドイツ再軍備の実現により、五〇年代後半以降、冷戦に由来する東西対立とそれを背景にしたアメリカの思惑が統合過程で果たす役割は低下した。その後もアメリカは西欧統合を支持し続けたが、五〇年代前半に見られたような積極的介入は見られなくなった。フランス国内ではＥＤＣ挫折直後、ＯＥＥＣやＷＥＵを通じて軍事面やエネルギー分野で政府間主義的な欧州域内協力を進める構想への関心が高まった。また仏独二国間経済協力を追求する動きも生じた。超国家的統合は、ＥＣＳＣのみを成果として頓挫したかに思われた。しかし、ＥＤＣの挫折を契機として早くも五五年春には、ベネルクス諸国を中心に新たな経済統合を推進する動きが生じることになるのである。

2　ヨーロッパの再発進――メッシーナ会議とスパーク委員会

戦後の欧州域内貿易をめぐる問題

一九五五年六月三日、ＥＣＳＣ六カ国外相はシチリア島メッシーナでの会談後、共同声明を発表し、運輸・エネルギー分野での共同機構の設立、共同市場（Common Market）の設立、社会政策の調和といった新たな欧州統合の目標を掲げた。これがＥＤＣ挫折後のいわゆる「ヨーロッパの再発進」

(relance européenne) であり、五七年三月のローマ条約署名へと至るプロセスの始まりであった。メッシーナ提案、とりわけ欧州経済共同体（ＥＥＣ）へと結実する共同市場構想を六カ国が採用するに至った経緯を理解するには、第二次世界大戦後の西欧諸国が直面した貿易と決済に関わる問題を理解しなくてはならない。一言で言えば、戦後の経済復興過程で生じた西欧域内貿易自由化の要請に応える制度的枠組みとして、工業製品関税同盟と農業市場保護制度を組み合わせた共同市場が新たな統合構想の要となっていくのである。

四四年にアメリカ主導で形成されたブレトン・ウッズ体制は、貿易と決済に対する過度の規制を回避し、為替の安定と世界規模の関税削減により自由主義的な国際貿易体制の構築を目指すものであった。鍵となる要素は金・ドル本位制と固定相場制を基礎にした国際通貨システムであり、これを機能させるには主要通貨の対ドル交換性の回復が必要であった。しかし、終戦直後のヨーロッパ諸国は厳しい国際収支状況のため通貨交換性の回復を延期し、輸入規制と地域的特恵制度を維持しなくてはならなかった。そして西ドイツの経済復興水準が抑制されたために、状況はさらに深刻化した。戦前において欧州域内貿易の要であり工業製品の主要供給者であったドイツの不在は、アメリカからの輸入を増加させ、ヨーロッパの対米貿易赤字の拡大とドル不足の悪化をもたらした。この状況を見た米国務省は、世界規模の貿易自由化と通貨交換性回復という長期的目標を達成するためには、短期的にはヨーロッパ規模の差別的貿易・決済枠組みの形成を容認し、欧州域内貿易の活性化を図る必要があると認識するに至った。そのための手段となったのがマーシャル・プランであった（第1章第2節参照）。

マーシャル・プラン参加一六カ国は、アメリカの強い要請に応えて、ＯＥＥＣの枠組みで関税と数量制限を撤廃する域内貿易の自由化を目指すことになった。その成果の一つが欧州決済同盟（ＥＰＵ）である。第1章第2節で述べたように、一六カ国共同で作成された援助受け入れ計画による各国復興計画の統合は実現せず、西欧関税同盟の検討作業も成果を生むことはなかった。この事態に強い不満を抱いた米政府は四九年後半、貿易自由化の進展なしではドル援助の継続は危ぶまれると強く警告するとともに、ヨーロッパ側から積極的な自由化の取り組みがあるなら援助を拡大する姿勢も示した。これを受けて四九年一一月に合意されたのが、イギリスが提案したＯＥＥＣ貿易自由化計画による段階的な数量制限の削減であり、まず数量制限の五〇％自由化が合意された。アメリカはこれを承認するとともに、多角的決済システムなしでは数量制限の削減による貿易拡大効果は発揮されないと主張した。

その結果五〇年七月までに、アメリカが提供する資金に基づいて、ＯＥＥＣ諸国相互の貿易収支の一時的な不均衡を吸収し、多角的な貿易・決済を行う機構としてＥＰＵが発足した。ＥＰＵはＯＥＥＣ域内貿易の収支を多角的に相殺し、最終的な貿易赤字の一部はＥＰＵが提供するクレジットによって決済され、残りは金・ドルで決済するものとされた。金・ドル決済の比率は段階的に高められ、最終的に欧州通貨間の交換性を回復することがＥＰＵの目標とされた（主要欧州通貨の交換性回復とＥＰＵの清算が実現するのは五八年末のことである）。ＥＰＵ発足後、ＯＥＥＣ諸国は貿易自由化比率を六〇％に拡大し、五一年二月までには七五％に拡大することを合意した。このＥＰＵに支えられて欧州域内貿易の持続的成長が可能になった。

ＥＰＵ発足後の域内貿易成長の牽引車は西ドイツであった。四九年に国家として誕生した西ドイツは急速に復興を遂げ、五〇年から五五年、その工業生産はほぼ二倍になった。五〇年から五九年、西ドイツの全対外貿易は三倍になったが、西ドイツの対ヨーロッパ貿易はより急速に拡大していた。西ドイツは周辺諸国にとって最も重要な供給者になると同時に大きな輸出市場ともなった。とくにベルギーとフランスの西ドイツ市場への依存度は高かった。西ドイツ工業製品に対する周辺諸国側の高い需要と周辺諸国からの金属機械輸入に対する西ドイツ側の高い需要の相互作用によって、欧州域内貿易の増大が維持された。

西欧諸国にとって西ドイツ市場の重要性が増大する一方で、イギリス市場の価値は低下していた。イギリスは大陸市場を軽視し、外貨獲得可能な北米市場と外貨決済不要なスターリング地域*への輸出増大を重視する一方で、ＯＥＥＣ域内貿易拡大には熱意を示さなかった。五二年から五五年にかけて、大陸諸国が域内貿易拡大のため経済統合を模索していく一方で、イギリスの対外経済政策はポンドの強化と世界貿易拡大のための通貨交換性回復を最優先課題としていた。国際通貨ポンドの地位の回復とロンドン金融市場の国際的影響力の回復を通じて、イギリス自身の国際的威信の回復が期待されていたのである。五三年春以降、ＯＥＥＣの場で通貨交換性回復のための協議が開始されたが、大陸諸国は、早期の交換性回復よりもＥＰＵによる決済枠組みの下で貿易自由化を進め、域内貿易の規模を拡大すべきとの姿勢であった。早期の交換性回復は、国際収支の不安定化による貿易の停滞を招くものとして警戒されたのであり、イギリスと大陸諸国の優先順位の違いは明白であった。

＊スターリング地域とは、カナダを除く大半のコモンウェルス諸国・イギリス帝国・諸地域から構成され、英通貨ポンド・スターリングを決済通貨として相互の貿易・決済を行い、域外との貿易・決済により生じる外貨備蓄をイギリス本国（イングランド銀行）に集約させる通貨圏である。一九三〇年代以降、スターリング・ブロックとして形成され、第二次世界大戦後にスターリング地域へと発展し、七〇年代以降、解体された。

そのイギリスが提案した先述のＯＥＥＣ貿易自由化計画は、ＥＰＵとは異なり域内貿易拡大という点では大きな効果を持たなかった。政府が行う貿易は対象に含まれず、イギリスや西ドイツの食料輸入のような大規模な国営貿易が数量制限削減の適用外とされた。これは、とくにオランダのような食料輸出国に不利なものであった。国際収支悪化を理由とした例外条項も認められており、五一年末から五二年初めにかけて英仏は、これを適用して数量制限を再導入していた。さらに数量制限の削減は関税による貿易障壁の強化も招いていた。自由化計画発効とともに英仏独伊は停止されていた関税を再発動させ、ベネルクス、デンマーク、スウェーデンなど輸出依存度の高いＯＥＥＣ域内の低関税諸国は不満を抱いていた。四七年一〇月に署名された、関税と貿易に関する一般協定（ＧＡＴＴ）を通じた世界規模の関税削減交渉の場でも低関税諸国が満足できる成果はえられていなかった。四七年から五一年にかけて三度のＧＡＴＴラウンドで合意されたのは既存関税率からの一律削減であり、高関税国に有利なものであった。低関税諸国は四九年から五一年、断続的にＯＥＥＣ規模の関税削減を要求したが、イギリスはこれに強く反対していた。関税交渉の場はＧＡＴＴであるというのがイギリスの主張であった。イギリスの消極的姿勢に失望したベネルクス諸国は、次第に一六カ国のＯＥＥＣよりも限定的な規模の関税同盟構想に関心を移してゆくことになった。

欧州域内貿易自由化のためのさまざまな構想

ＯＥＥＣ域内低関税諸国の中でも、とくに関税削減に関心を示したのがオランダであった。一九五〇年六月、外相ディルク・スティッケルにより、四分の三以上のＯＥＥＣ加盟国が相互自由化を望む分野に関して希望国間で数量制限・関税・国営貿易を撤廃するスティッケル・プランが提案された。これに対してイタリアも財務相ジュゼッペ・ペッラによるペッラ・プランを提示し、段階的な数量制限の撤廃・関税の自動的削減・貿易外取引の自由化・ヨーロッパ内での労働力移動自由化などを行う欧州自由貿易地域の形成を提案した。貧しい南部農村地域に多数の余剰労働力を抱えるイタリアにとって、労働力の近隣諸国への輸出は重要な課題であった。同じ理由からイタリアは、一時的ないし構造的な経済問題に苦しむ地域を支援する投資基金の設置も提案した。フランスはこれらへの対案として、財務相モーリス・ペッチェによりヨーロッパ投資銀行を設立するペッチェ・プランを提示したが、これは関税削減には触れていなかった。イギリスはこれらすべての提案に敵対的であった。三プランを合わせて検討する特別委員会がＯＥＥＣに設置されたが、合意はえられなかった。

並行して欧州域内農業貿易の自由化についても提案が飛び交った。フランスでは五〇年六月から一一月にかけて農相ピエール・フリムランが、農産物市場を組織化する農業共同体構想フリムラン・プランを提示したが、仏政府内では十分な支持がえられなかった。五〇年一一月、オランダ農相シッコ・マンスホルトも欧州農業市場の組織化を求めて、最初のマンスホルト・プランを提唱していた。五一年三月、フランスは欧州審議会加盟国とオーストリア、スイス、ポルトガルに対して農業会議開催を提案し、五二年三月、欧州一五カ国により欧州農業市場構想（プール・ヴェール）を議論する準備会議が開始された。フランスは農業保護を原則とする農産物市場の調整を提案し、オランダは自由貿易に基づく農業部門の超国家的統合を提案した。オランダ以外のヨーロッパ諸国は国内農業保護に影響を及ぼす措置には反対であった。フランスも二国間特恵農業協定という選択肢を排除していなかった。イギリスは農業貿易自由化を拒否し、政府間協力による各国農業政策の調整を主張した。一五カ国による会議の開催前、マンスホルトの要求によってＥＣＳＣ六カ国による農業共同体構想に関する予備会談も開催された。しかし、この時点でフランスが関心を示したのはＯＥＥＣ規模の農産物協定であり、六カ国予備会談は成果を生まなかった。五四年七月、イギリスの提案により、農業市場組織化の検討はＯＥＥＣに移管することが合意された。ＯＥＥＣでの協議は五五年まで続いたが、これもまた合意はえられなかった。

ＯＥＥＣでの貿易議論に進展が見られない状況でオランダは、ＥＣＳＣ六カ国規模で、より確実かつ包括的な貿易自由化を目指すべく関税同盟形式の共同市場を追求していった。ＯＥＥＣやＧＡＴＴでなく六カ国の枠組みであれば、オランダもより対等な立場で議論に参加できたし、オランダにとって最も重要な西ドイツ市場確保という点でも成果が期待できた。さらに、超国家的機構による不可逆的関税削減は、統合を歓迎するアメリカの支持もえられやすいと判断された。これが、すでにＥＰＣ構想との関連で触れたベイエン・プランとなったのである。五二年一二月から五三年二月にかけてオランダ外相ベイエンは、ＥＣＳＣ六カ国による工業製品関税同盟を形成し、超国家的な仲裁・意思決定機構の下で自動的な域内貿易障壁撤廃を行う共同市場構想の検討を要求した。五三年三月に採択されたＥＰＣ条約草案は共同市場による経済統合を推進する条項を盛り込むものとなったが、六カ国の反応はさまざまであった。フランスは例外条項のない自動的な関税削減に否定的であり、社会政策の調和も求めていた。イタリアは労働力移動の自由化を求め、ベルギーと西ドイツは資本移動の自由化と広範な経済政策の調和を求めていた。すでに述べたように、六カ国共同市場に関する専門家レベルの検討作業は行われたが、ＥＤＣ条約批准の失敗とともに終止符が打たれた。

五五年以降、六カ国の経済統合が関税同盟形式の共同市場構想へ収斂していくには、それなりの理由があった。五四年から五六年にかけてＥＣＳＣ諸国の域内貿易は拡大していた。ベルギーの対仏・蘭輸出の増大率は対西独輸出の増大率と同程度に高く、イタリアの対仏・蘭輸出、オランダの対伊輸出も同様であった。ＥＣＳＣ諸国から周辺の非ＥＣＳＣ諸国への輸出も増大したが、ＥＣＳＣ域内への輸出はより急速に増大していた。五四年以降、西ドイツを中核とする六カ国の相互貿易は一つのネットワークを形成していったのであり、とくに対独貿易依存度の高いベネルクス諸国は、これを制度化して持続することを追求した。そのための手段としては商品貿易の自由化だけでは不十分であった。フランスの参加を促し六カ国の異なる経済的要請を満足するためには、貿易障壁の撤廃による打撃を緩和する例外条項や補完的政策を備え、労働力・資本・サービスの障壁をも除去する、より広範な超国家的共同市場が必要となったのである。

ベネルクス覚書とメッシーナ会議

包括的な共同市場の創設を支持する経済的な要請が存在する一方で、ECSC型の部門別統合の拡張を目指す動きも出現していた。EDC挫折後、統合継続のためにまず行動を起こしたのは、ECSC最高機関議長モネとベルギー外相に復帰していたスパークであった。一九五四年九月中旬には、モネが考案する新たな統合イニシアティヴをスパークがECSC諸国に提案するという点で両者は合意していたとされる。五五年二月六日、仏マンデス＝フランス政権が倒れ、新たに親統合的なエドガール・フォール政権が誕生するとともに、モネとスパークの検討作業は本格化した。二人はECSCの運輸・エネルギー部門への拡張および核エネルギー共同開発のための新たな超国家的機構という構想を検討していた。五五年三月二六日に仏上院でWEUを設立するパリ協定が批准された後、四月二日、スパークはモネ提案を盛り込んだ書簡を独仏伊外相に送付した。この中では、ECSCをエネルギー・運輸部門に拡張するとともに、核エネルギー平和開発を目的とする新たな共同体を設立するための会議開催が提案されていた。

オランダ外相ベイエンもまたEDC挫折後、共同市場構想再提案の機会を探っていた。二月の仏政権交代後、ベイエンは、フランスの参加を容易にするための幅広い政策協調と移行期間を持つ関税同盟形式の共同市場構想の採用をオランダ政府に働きかけ、三月末、政府内で合意を獲得していた。スパーク提案を察知したベイエンは、新たな部門別の統合が共同市場構想への障害となることを恐れ、四月四日、ECSC諸国外相に書簡を送り、関税同盟を通じた超国家的共同市場構想の検討を提案した。

これらの提案に独仏両国は対照的な反応を示した。四月六日、モネと会談した西ドイツ外務省高官は、スパーク提案単独での受け入れは困難であるが、共同市場構想と部門別統合の同時提案であれば受け入れ可能であろうとの姿勢を示した。他方、エドガール・フォール政権は、共同市場構想には消極的な反応であったが、核エネルギー共同開発には好意的であった。西ドイツのＮＡＴＯ加盟を控え、フランス政府は西ドイツによる独自核エネルギー開発を警戒していたのである。

この結果を受け、モネとスパークはベルギー提案とオランダ提案をセットにすることを検討し始めた。ベルギー政府にも貿易自由化に関する新たなイニシアティヴを受け入れる余地はあった。というのも、ＥＤＣ挫折後、フランスと西ドイツの間には、六カ国ではなく二国間での経済協力を進める動きがあったからである。五四年一〇月のパリ協定署名後、仏独間では仏領北アフリカ合同投資プロジェクト、モーゼル川運河計画、独仏通商協定などの構想が検討されていた。農業面でも仏独は五五年一月に特恵協定を締結し、フランス産余剰小麦の一部を西ドイツに販売することが合意されていた。ベルギー政府内では、この仏独二国間協力の動きを阻止するために五四年一一月頃からＯＥＥＣ規模の自由貿易地域構想が議論されていた。四月二三日、スパーク、ベイエンおよびルクセンブルク首相兼外相ヨーゼフ・ベックが会談し、スパークの運輸・エネルギー部門統合案とベイエンの関税同盟型共同市場提案にベルギーの自由貿易地域構想を組み合わせ、共同市場の形態としては関税同盟と自由貿易地域の双方を検討することが合意された。ベネルクス覚書としてまとめられたこの提案は五月一八日、六カ国に送付された。こうして六月一・二日の日程でシチリア島メッシーナにおいて、最高機関議長を退任するモネの後任選出とともに、ベネルクス覚書を検討する六カ国外相会談が開催されることになった。

ベネルクス覚書に対して西ドイツ政府内では、首相アデナウアーおよび外務省が政治的理由から統合の再開を歓迎したが、経済相ルートヴィヒ・エアハルトは六カ国限定の統合に批判的な姿勢を示した。ＧＡＴＴやＯＥＥＣを通じた世界規模の貿易自由化と通貨交換性回復のための政府間協力を優先すべきというのが、エアハルトの主張であった。これに対して外務次官ヴァルター・ハルシュタインは、政府間協力の場合、イギリスが参加することによって貿易自由化が進展しない危険があり、超国家的共同市場によるアプローチが望ましいと主張した。最終的には西側統合を求めるアデナウアーの政治的判断が優越した。自由貿易地域ではなく関税同盟形式の共同市場を通じた不可逆的貿易自由化を追求することが合意された。五月二七日、ベネルクス覚書への返信で、西ドイツ政府は六カ国間の段階的な貿易および資本移動の自由化を支持すると回答した。部門別統合に関する西ドイツの姿勢はより消極的であった。新たな統合機構ではなくECSC内部に諮問機関を設置することが提案されていた。西ドイツ政府は核エネルギー分野では、より先進的な技術を持つ米英との協力が望ましいと考えていたのである。フランス政府はメッシーナ会議の開催には同意したが事前に具体的な提案は示さなかった。

ベネルクス側はイギリスにも参加を呼びかけた。五月一〇日、スパークはベネルクス覚書の内容をイギリスに事前に通知し、外相会議への参加を打診した。イギリスの反応は、貿易自由化より通貨交換性回復を優先すべきであり、OEEC全体ではなくイギリス単独での六カ国との協議は望ましくないというものであった。英外務省内部では、エアハルトの自由貿易主義と共同市場は両立せず、フランスも関税同盟には反対するであろうと考えられていた。

六月一日、メッシーナ会議が開始され、六カ国外相は元仏首相マイエルをモネの後任となるECSC最高機関議長に選任した。その後、ベネルクス覚書の検討が開始されたが、二日夜までの時点でまったく合意はえられなかった。イタリア政府はベネルクス提案に賛成したが、仏独両国の主張が対立した。仏外相アントワーヌ・ピネーは共同市場構想の検討を拒否し、アデナウアーの代理で出席したハルシュタインは新たな部門別統合機構の設立を拒否した。フランスは事前にベネルクス提案への対応を確定しないまま会議に臨んでいたが、五一年から五四年にかけてフランスの貿易保護は強化されており、市場開放への抵抗は根強いものであった。また五四年一一月にはアルジェリア戦争（第3章第1節参照）が勃発しており、フランス国民の関心は植民地問題に集中していた。首相エドガール・フォールも外相ピネーも基本的には統合を支持していたが、この時点で新たな超国家的イニシアティヴに乗り出すことは躊躇していた。二日夕食後に再開された外相会議は深夜におよび、三日午前四時、ようやく合意に到達した。最終的にピネーは政府間委員会を設置して検討作業を開始することに合意した。核エネルギー分野での統合に対する期待と、EDCに続いて再び統合挫折の責めを負うことを回避したいとの考慮が、フランスの対応を決定したのである。

会談終了後、六カ国外相は共同声明を発表し、「共同の機構の発展、国民経済の漸進的融合、共同市場の創設、社会政策の漸進的調整」によって「統一ヨーロッパ」を確立することを宣言した。ヨーロッパ規模の交通運輸網の確立、ガス・電気分野での協力、核エネルギー平和利用のための共同組織設立、「域内関税とあらゆる数量制限から開放されたヨーロッパ共同市場」の段階的設立、開発のための基金の創設、労働条件に関する諸規則の漸進的調整の六つの目標が掲げられた。この目標実現のために「政治的地位にある人物」を議長とする専門家委員会が検討作業を行い、五五年一〇月一日までに六カ国外相に報告書を提出することが決定された。WEU加盟国でありECSC協力国であるイギリスも、この委員会に招請された。

シューマン宣言と異なり、メッシーナ宣言は超国家性に明示的に言及していなかった。これは第一にフランスの同意を獲得するための措置であったが、同時にイギリスの協力を得やすくするための配慮でもあった。しかし、イギリスにとってはむしろ超国家性を理由とした参加拒否が困難になることを意味した。メッシーナ会議直後、英外務省内では、仏独は超国家機構の形成に消極的であり、イギリスが参加するなら両国とも政府間協力機構を歓迎するかもしれないとの期待が示されていた。ただし、新たな政府間協力機構はOEECと重複するとの懸念も示された。当面決定が求められたのは六カ国の検討作業に参加するか否かであり、六月以降、閣僚レベルの判断が求められることになった。

メッシーナ会議時点で新たな統合構想に懐疑的な見方をとったのは、イギリスだけではなかった。フランスは西ドイツを含む貿易自由化を警戒し、西ドイツはフランスとの核エネルギー協力に不信を抱いていた。ベネルクス諸国は、フランスの保護主義や西ドイツ政府内の貿易自由化をめぐる対立は克服困難ではないかと懸念していた。六カ国の超国家的統合以外にも選択肢はあった。WEUでの政治協力と軍事協力の可能性も存在した。OEECでの貿易自由化を期待する声も依然として強かった。核エネルギー開発に関しても、OEECでの協力の可能性が存在した。五五年七月以降、これらの選択肢は次第に排除されていくことになるが、その道のりにはなお多くの紆余曲折が存在していた。

スパーク委員会とスパーク報告

メッシーナ宣言に基づく検討作業は、一九五五年七月九日、ブリュッセルでスパークを議長として各国政府代表と専門家からなる委員会により開始された。スパーク委員会には運営委員会と各種専門委員会（共同市場・投資および社会問題・通常動力・核動力・交通および通信）が設置された。フランス代表は、熱心な親統合主義者であり、後にローマ条約発効時点で首相を務めることになる外務次官フェリックス・ガイヤールであった。西ドイツ代表は、初代EEC委員長となる外務次官ハルシュタインが務めた。当初の予定では一〇月一日までに最終報告が提出されることになっていたが、議論は大幅に長引き、五六年三月まで会議は継続した。

イギリス政府内では、五五年四月、チャーチルの引退により発足していたイーデン政権の外相ハロルド・マクミランが、イギリスにとって望ましい方向に議論を誘導するために同等の立場で出席することを主張した。参加に消極的な財務省との折衝の末、最終的には、共同市場構想に関してイギリスには「特別な困難が存在する」ことを留保したうえで、六カ国の求める次官級ではなく次官補レベルの商務省官僚が代表として派遣された。スパーク委員会開始冒頭、西ドイツ代表ハルシュタインは、共同市場による経済統合を強く支持する声明を発した。OEECでの貿易自由化を求めるエアハルトの意見を重視し、西ドイツ政府は共同市場提案に消極的であろうと予想していたイギリス政府には、大きな衝撃であった。フランス代表団も「連邦主義的」であるとの報告が届くに及び、イギリス政府内では警戒感が高まった。七月中旬までにはアメリカ政府もメッシーナ提案を支持する姿勢を明らかにし、六カ国による超国家的統合は大西洋共同体に不可欠であり、OEECとも両立可能であるという見解がイギリス政府に伝えられた。この事態に接して英外務省内では、六カ国の統合をOEECの枠内に収めるためには、より積極的な対策が必要であるとの危機感が生じていった。

七月下旬までにスパーク委員会内では、六カ国すべてが共同市場の形態として自由貿易地域ではなく関税同盟形式を支持していることが明らかになった。共通域外関税については、高関税を求めるフランスと低関税を主張する他の五カ国が対立していた。フランスはまた共同市場完成に至る拘束力のある日程を定めることに反対し、競争条件を公平化するため、共同市場完成前に社会保険・有給休暇・労災手当・家族手当などの社会的負担を調和させることを要求した。さらに一時的な関税・数量制限の再導入を可能にするセーフガード条項、企業の合理化や専門化を支援する投資基金設置なども、共同市場受け入れの条件として提示された。他方で西ドイツ代表は、フランスが強く要求する原子力共同体構想に対して冷淡な態度を示した。五五年一〇月、アデナウアー政権の原子力担当相に就任したフランツ・ヨーゼフ・シュトラウスは、技術的に大きく先行する米英との核エネルギー協力が望ましいという姿勢であった。

九月五日に予定されていたスパーク委員会中間報告は完成せず、最終報告書の期限は一二月初めへと延長された。一〇月三日の運営委員会でスパークは最終報告書起草作業は六カ国のみで行うと宣言し、留保的姿勢を貫くイギリスの関与を拒否する姿勢を示した。態度決定を迫られたイギリス政府内では一〇月末までに、共同市場形成の可能性は低いがもし形成されればイギリスにとって脅威であり、六カ国の議論と並行してOEECでの協議を働きかけ、その間に共同市場の代替となるイニシアティヴを検討するという方針が固まりつつあった（本章第4節参照）。一一月七日の運営委員会でイギリス代表は、コモンウェルスとの関係上イギリスが抱える問題やOEECの重要性を指摘する発言を行った。スパークはイギリスの曖昧な態度を厳しく批判した。結果的にこのやりとりがスパーク委員会でのイギリス代表による最後の発言となった。

一一月一〇日、英政府閣僚たちはスパーク委員会からの離脱を決定し、一一月一七日、まず米独両政府に対して、共同市場には西側陣営を分裂させる危険があり、OEECを通じた経済協力を優先すべきであるとの見解が伝えられた。一二月六日にはOEEC常駐代表会議の場でイギリス代表が、六カ国の共同市場は西欧を経済的に分裂させる危険を持つと批判し、六カ国の構想をOEECと両立させることを要求した。これらの発言はただちに強い反発を招いた。米国務長官ダレスは英外相マクミラン宛親書の中で、西ドイツを西側に拘束するためには六カ国による統合が不可欠であると指摘した。共同市場は西欧に亀裂を生み世界規模の貿易自由化を阻害するというイギリスの主張は、一蹴されていた。

この間、スパーク委員会での議論は五五年一一月末までに膠着状態に陥っていたが、五六年一月になり独仏両国において合意形成に向けた展開が生じた。五六年一月一九日、アデナウアーは、西ドイツを西側に統合するうえで六カ国の統合は不可欠であり交渉失敗は認められないとの強い指針を全閣僚に示した。二月以降、スパーク委員会が最終報告起草作業に入るとともに西ドイツ産業界の大部分も、共通域外関税を低水準に抑えフランスの求める社会政策調和要求に最大限反対することを条件に、共同市場に原則的に賛成する立場をとった。フランスでは総選挙の結果、中道左派連合が僅差で多数を獲得し、一月三一日、メッシーナ構想を支持するギー・モレが首相に就任した。モレは親統合派のモーリス・フォールに外務担当相としてヨーロッパ政策を委ね、スパーク委員会での合意形成を目指した。二月一一・一二日にブリュッセルで開かれた六カ国外相会議においてスパークは、独仏外相の説得に成功した。西ドイツ外相ハインリッヒ・フォン・ブレンターノは最終報告書に原子力共同体設立勧告を盛り込むことに同意し、仏外相クリスチャン・ピノーも共同市場設立勧告を含むことに同意した。三月に入り、モネの部下であるピエール・ユリ、西ドイツ代表団副代表ハンス・フォン・デア・グレーベンらによって最終報告起草作業が開始され、三月二〇日、各国代表は報告を採択した。

スパーク報告は四月二一日に提出され、五月二九・三〇日、ヴェニスで開催される六カ国外相会議でその内容を検討することが決定された。報告書は核エネルギー共同機構と共同市場の設立を勧告するものであった。共同市場は関税同盟形式とされ、三段階各四年計一二年（最大三年延長可）で完成するものとされた。自由貿易地域では加盟国の域外通商政策の相違に由来する域内貿易障壁が残存し、共同市場は形成できないとされた。報告書の大半を占めたのは関税と数量制限の段階的削減日程・共通域外関税の決定方法に関する提案であった。共同市場は、資本・サービス・労働力の自由移動、共通通商政策の採用、社会政策の調和、通貨財政政策の協力、雇用喪失に対処する再適応基金の設置、貧困地域への投資基金も伴うものとして提案された。社会政策の調和は、共同市場開始後に段階的に実現するものとされた。原子力共同体は、核燃料貿易の監督権限を有し研究活動の組織化を行うものとして提案された。超国家性への明示的言及はなかったが、組織面ではＥＣＳＣモデルが踏襲されていた。共同市場には、閣僚理事会、加盟国政府が推薦する委員から構成され対外通商交渉を含む実際上の主要決定を行う委員会、そして裁判所と共同総会を設置するものとされた。閣僚理事会の意思決定は、当初は全会一致、四年目以降は特定多数決によるものとされた。農業共同市場設立も提案され、委員会が農業問題を検討し、二年以内に共通農業政策について勧告するものとされた。

3　ローマ条約——欧州経済共同体およびユーラトムの成立

ヴェニス会議から政府間交渉へ

スパーク報告提出後、フランス国内では原子力共同体には多くの支持が見られたが、共同市場提案には強い反発が示された。首相モレ、外相ピノー、欧州問題担当相モーリス・フォールらは原子力共同体と共同市場双方を支持していたが、与党連合内部にもマンデス＝フランス派など共同市場に反対する有力な勢力が存在した。競争拡大による経済近代化を支持する一部を除き、政府官僚の大半も共同市場に否定的であった。限定的な貿易自由化交渉あるいはＯＥＥＣへの交渉移管を求める声も存在した。経済界、農業団体もスパーク報告に強く反発していた。

モレ政権内部でとくに求められたのが、スパーク報告が言及していなかった海外領土（フランスの植民地）と共同市場の関係について交渉することであった。一九五六年三月にはチュニジア、モロッコがフランスから独立し、アルジェリア問題が深刻化してゆく中で、脱植民地化をコントロールすることはモレ政権の大きな課題であった。五六年春、海外領土相ガストン・ドゥフェールはアフリカ植民地を共同市場の枠組みに参加させるユーラフリック構想を立案し、その採用をモレに働きかけていた。海外植民地包含によりヨーロッパ側には市場の拡大・原材料供給の確保・投資機会の増大がもたらされ、植民地側には輸入価格の低下と輸出市場の拡大という利益があるとされた。政治的にはヨーロッパとアフリカを合わせた勢力基盤の形成が可能になり、アフリカにおける米ソの影響力拡大も阻止できると期待された。五月二八日、モレを議長とする省間委員会はスパーク報告を承認したが、二つの条件が付けられた。関税同盟第二段階への移行に一定の条件を設定し、海外領土加入問題も交渉議題に含めるというものであった。

五六年五月二九・三〇日、ヴェニスで六カ国外相会談が開催され、スパーク報告が審議された。仏外相ピノーは前日の政府内合意を踏まえて、共同市場交渉開始に合意する条件として、海外領土の共同市場包摂・海外領土近代化の負担共有・関税同盟第一段階中の社会給付と税制の調和・関税同盟第一段階終了後の第二段階移行規則の決定を要求した。五カ国側はフランスの求める条件を受け入れたわけではないが、それらを交渉対象とすることは認めた。こうして、五六年六月二六日、ブリュッセル郊外ヴァル・ドュシュス宮殿においてスパークを議長として原子力共同体と共同市場を設立するための新たな政府間交渉が開始されることになった。

スエズ危機と共同市場をめぐる六カ国の合意形成

ブリュッセル政府間交渉はECSC交渉同様、専門家委員会、各国代表による定期会合および不定期の外相会議の組み合わせで行われた。六カ国が当初の見解を表明した後、一九五六年七月二四日には夏期休暇に入り、九月以降に再開された。以後の交渉は、共同市場参加の条件をめぐってフランスと五カ国が妥協に至る過程であった。モレ政権は五カ国側から譲歩を獲得すると同時に、国内の反対勢力からも交渉継続への同意を獲得する必要があった。農産物市場開放に敵対的で二国間農業協定を支持する国内農業団体に対しては、共同市場に参加して長期的な政府間契約ネットワークを目指すという政府の方針が提示された。五六年夏までに農業団体は共同市場交渉を進めることを受け入れた。仏経済界には貿易自由化を支持する声は存在していたが、自動的自由化には抵抗が示された。経済省庁も財界の姿勢を支持していた。原子力共同体に関しては五六年七月、仏議会において交渉の是非をめぐる議論が行われた。政府は、独自核兵器開発の可能性は留保されること、当時、設立交渉が最終段階にあった国際原子力機関（IAEA）においては自国政府が代表すること、ECSCと原子力共同体の合同機構は設置されないことなどの条件を提示し、フランスの独立した核政策の維持を強調することによって、大差（三三二票対一八一票）で交渉継続への支持を獲得した。

この間、六カ国の共同市場構想を警戒するイギリス政府によって、対抗提案としての自由貿易地域（FTA）構想が浮上しつつあった（本章第4節参照）。五六年七月、OEEC事務局により、共同市場を内包するFTAの可能性を検討する作業部会の設置が提案された。これはイギリス政府の働きかけによるものであり、そのことは六カ国側にも明白であった。OEEC閣僚理事会はこの提案を承認し、OEECと共同市場の関係を検討する第一七作業部会が九月末に発足することになった。西ドイツ政府内ではエアハルトがこの動きを歓迎する姿勢を示していた。

五六年九月四日、仏政府内では、いくつかの点でスパーク報告に修正を施すことを前提に共同市場参加を支持する報告書が省間委員会で採択され、九月六日のブリュッセル交渉再開後、フランスの要求はより具体的なものとなった。市場統合第二段階移行に関する拒否権、貿易赤字継続中の輸出奨励金と輸入特別税の維持、国際収支悪化時の保護措置再導入、アルジェリア問題解決までの共同市場条約発効の延期、男女同一賃金・時間外労働賃金・有給休暇に関する社会的負担の調整および海外領土の包含がその内容であった。海外領土に関しては、五六年春から夏にかけて、フランス同様アフリカに植民地を有するベルギーとの間で共同戦線が形成され、両国は連携して海外領土と共同市場の連合（association）を要求していった（第4章第1節参照）。一〇月二〇・二一日に開催された六カ国外相会議において五カ国側は、国際収支悪化時の保護措置導入を認める姿勢を示した。フランスも六年経過後は特定多数決による第二段階移行を受け入れるという譲歩を示した。しかし、第一段階中の週四〇時間労働実現というフランスの要求を西ドイツが拒絶したため、交渉は行き詰まった。

膠着状態を打開したのは、五六年一一月六日の仏独首脳会談およびその背景となる国際情勢であった。五六年七月、米統合参謀本部議長アーサー・ラドフォードによる欧州駐留通常戦力の大幅削減構想（ラドフォード・プラン）が報道され、アデナウアーはアメリカの西欧防衛に対するコミットメントの永続性に関して危機感を強めていた。西ドイツにとって安全保障の観点からも西欧統合の重要性は増大しており、共同市場交渉の失敗は回避しなくてはならなかった。他方、この時期ザール問題（コラム2-1参照）をめぐる合意が成立したことにより、独仏関係は改善していた。五六年一一月三日、アデナウアーはパリでモレと会談することを発表した。この時点でフランスは、五六年七月にエジプト政府によって国有化されたスエズ運河を奪回するため、イギリスとともに対エジプト地上侵攻に着手する直前であった。一一月五日に開始された英仏軍によるスエズ運河地帯への上陸は、ただちに米ソ双方

コラム２-１　独仏関係とザール問題

仏ロレーヌ地方およびルクセンブルクに接し，豊富な石炭資源を埋蔵するザール地方（現在のドイツ領ザールラント州）は，言語・民族的にはドイツ語地域である。19世紀末から20世紀初頭にかけては，ドイツ西部においてルール地方に次ぐ重要な石炭鉄鋼産業拠点として，ドイツの産業化に貢献した。フランスはこの地域の確保を目指し，ヴェルサイユ条約によって，ザールの統治は国際連盟管理下に，その石炭産業は仏管理下に置かれた。だが，1935年の住民投票によりドイツにいったん復帰した。第２次世界大戦後フランスは再度ザールの資源確保を目指し，47年ザールは仏保護領化された。フランスとの経済的一体化が推進されるとともに，政治的にも親独政党禁止・親仏政党優遇が図られた。54年10月のパリ協定によって，独仏間では，住民投票を経てザールの独立（ヨーロッパ化）を認めることが合意されたが，55年10月23日に実施された住民投票では，７割近くの反対票によりヨーロッパ化は拒絶された。この結果を受け，仏独間ではザールのドイツ復帰条件に関する交渉が開始され，56年10月，ザール条約が署名された。フランスは一定の経済的補償と引き替えにザールのドイツ復帰を承認し，57年１月，ザールはドイツに編入された。ザールに関する合意形成は独仏関係改善に大きく貢献し，当時進行中の共同市場交渉を助けるものであった。

を含む強い国際的批判を招いたが、アデナウアーは予定通り首脳会談に出席した。一一月六日、まさに仏独首脳会談の最中、アメリカの圧力に屈した英首相イーデンはモレに対して停戦受諾の意思を伝えた。その場に居合わせたアデナウアーは、アメリカに対抗してヨーロッパが結束する必要をモレに訴えた。

スエズ侵攻の失敗は共同市場交渉の争点に関するモレ政権の姿勢に直接影響を及ぼしたわけではない。九月以降、モレ政権は終始合意形成を追求していた。しかし、スエズ危機の顛末はフランス世論の共同市場に対する姿勢を変化させる効果はあった。フランス国内ではイギリスへの失望とアメリカへの不満が高まった。モレ政権はこの変化を利用して共同市場への支持を訴えた。首脳会談と並行して開催された仏独専門家会議において社会給付の調和に関する合意が形成された。明確なコミットメントではなく、より曖昧な形で調和を目指す意思を示すことが合意された。労働時間の調和が実現しない場合に不利益を被る産業に対しては、保護措置を認めることも合意された。これによりフランスは、関税同盟の第二段階移行に関して拒否権を求めないことを受け入れた。

仏独首脳会談後、モレ政権は、早期の条約締結のため、対立点については一般的原則のみを定め、共同市場発足後に超国家的機関によって具体化するという方針を採用した。こうしてフランス側の交渉の余地は拡大した。スパークの顧問を務めたユリによってさまざまな妥協が考案され、交渉が進展した。第二段階移行については、加盟国の要求により二年間の遅延を認めるが、二年経過後は仲裁手続きが開始されるという形で合意された。社会政策については、男女平等賃金を約束する条項の採用が認められた。時間外手当制度の不一致を理由とする保護措置も承認された。その他の点ではフランスが要求を緩和した。農業に関してフランスは、農民の生活水準を保証する共通市場規制・農業保証基金・最低価格制度・域内農産物優遇措置などを要求していた。域内農業保護の原則について六カ国は合意したが、保護の形態と水準については合意できなかった。フランスが求めた既存の国内農業保護水準の維持という保証は与えられなかった。他方、加盟国政府が一定の産物に対して最低価格を設定する権利は認められた。段階的な域内農業貿易の自由化と特恵的長期農業契約を有する農業共同市場を形成することは五七年一月までに合意されたが、具体的な制度は共同市場発足後に検討するものとされた。

共同市場の制度に関しては、加盟国閣僚による理事会、超国家的に選任される委員会、議会そして裁判所というECSC型構造をとることは合意されたが、それぞれの権限について各国の意見は対立した。フランスは閣僚理事会の強化を支持したが、欧州議会に実質的な権限を与えることには反対した。オランダは強力な委員会を支持した。西ドイツとイタリアは欧州議会を強化し、共同体予算決定権限を与えることを求めた。五七年一月下旬の六カ国外相会議で最終的妥協がえられた。理事会は共同体唯一の立法体とされ、議会の権限は限定的なものとされた。理事会での特定多数決導入は当初は一部分野に限定され、採決に際して委員会による勧告が必要条件とされた。委員会の指名、共通農業政策の形成、共通社会政策の発展などの重要問題は、移行期間終了後も全会一致によるものとされた。

原子力共同体については、核エネルギー独自開発の余地を求める各国の思惑から、合意は限定的なものにとどまった。ウラン濃縮施設建設に関する最終合意は共同体発足後に持ち越され、共同体による核燃料供給の独占を迂回する可能性が残された。全体として、原子力共同体が実質的な意味を持たない存在となることは、発足前にすでに定まっていたと言える（ユーラトムについてはコラム4－1も参照）。

最後まで残った課題は海外領土に関するものであった。ベルギーとフランスは共同市場と海外領土の相互市場開放と海外領土開発基金の設置を要求した。五七年一月二二日、仏国民議会は海外領土問題での合意を共同市場交渉継続の条件とする決議を採択しており、アデナウアーは二月一九・二〇日にパリで開催された首脳交渉の場で譲歩せざるをえなかった。仏独首脳会談により、当初五年間、五億八一〇〇万ドル相当の海外領土開発基金を設立することが合意された。基金の規模に関してはフランスとベルギーも譲歩した。六年目以降の基金継続の有無は閣僚理事会での全会一致により定めることとされた。国民総生産（GNP）比拠出により西ドイツは最大出資国となることを求められ、基金の八八％は仏海外領土向けのものとなった。西ドイツ政府内では強い反発が生じたが、アデナウアーがこれを受け入れさせた。

ローマ条約の署名と批准

一九五七年三月二五日、ローマのコンセルヴァトーリ宮殿にて六カ国は、共同市場すなわちEEC設立条約およびユーラトムと呼ばれることになった欧州原子力共同体設立条約に署名した。二つの条約を合わせて一般にローマ条約と呼ぶ。

EEC設立条約は、共同体が「ヨーロッパ人民の間のより緊密になり続ける連合」を実現する手段であると宣言していた。条約は、関税同盟、農業、労働力・サービス・資本の自由移動、運輸政策、競争規則、限定的な通貨政策協力、マクロ経済政策の調整、通商政策、社会政策、投資基金、海外領土そして共同体機構に関する条文および既存関税率リストや海外領土等に関する膨大な付属文書から成り立っていた。労働者再訓練のための欧州社会基金、地域開発のための欧州投資銀行の設立も定められた。労働力・サービス・資本の自由移動に関する条項は原則的なものにとどまり、具体的規定は欠いていた。

共同体の制度としては、EEC委員会、閣僚理事会、そしてECSC共同総会および裁判所を拡張した欧州議会、欧州司法裁判所が設置された。ＥＥＣ委員会は多様な政策範囲に及ぶ独占的発議権を与えられ、欧州司法裁判所の裁定機能と合わせて超国家的な形で市場統合を監督する存在となった。共同体の最高意思決定機構は閣僚理事会であり、その採決は、関連する条項の重要性に応じて、全会一致・多数決・条件付多数決によるものとされた。票数は国家規模に応じて割り当てられ、仏独は同じ票数とされた。閣僚理事会は全会一致で、条約による権能が付与されていない領域に関して共同体の目標を実行するために必要な措置をとることができるという規定も、定められた。これはつまり、条約の定めがない領域に統合を拡張することを可能にする規定であった。欧州議会は閣僚理事会の予算案に対する修正提案を行う権限しか与えられず、理事会はこの修正提案に対して特定多数決で決定するものとされた。議会は三分の二以上の多数をもって委員会を辞職させる権限を与えられたが、委員会の選任に関しては権限を与えられなかった。欧州議会の議員は当面、選挙では選ばれず、各国議会の議員が兼任することになった。議会の直接選挙は、将来の理事会による全会一致での採否に委ねるものとされた。結果的に、欧州議会議員の直接選挙が実施されるのは七九年まで待たなければならなかった（第5章第3節参照）。

関税同盟は、各四年計一二年（最大三年の延長可）の三段階の移行期間を経て形成するものとされた（実際には予定より早く六八年七月に完成する）。関税削減と数量制限撤廃は、国営貿易・農業貿易も含む自動的かつ不可逆的なものとされた。第一段階から第二段階への移行は閣僚理事会全会一致によるものとされ、全会一致がえられない場合、第一段階は各一年計二年の延長が認められた。関税同盟の次段階移行は、対応する農業面での進展を条件とすることも規定された。これはつまり、工業製品市場の統合と共通農業政策の形成が並行して進展しない限り、共同市場は完成されないことを意味しており、手続き的には、ＥＥＣ委員会による共通農業政策提案が閣僚理事会全会一致の承認を必要とすることを意味した。

ユーラトム条約は主要目的として、民生用核エネルギー分野における研究促進・情報普及・健康と安全の保護・投資促進・鉱石と核燃料の供給・核物質の適切利用・「特別な物資と設備」のための共同市場設立を掲げていた。しかし共同市場へのフランスの合意を獲得する取引手段の性質が強く、六カ国の情報交換の場として機能するにと

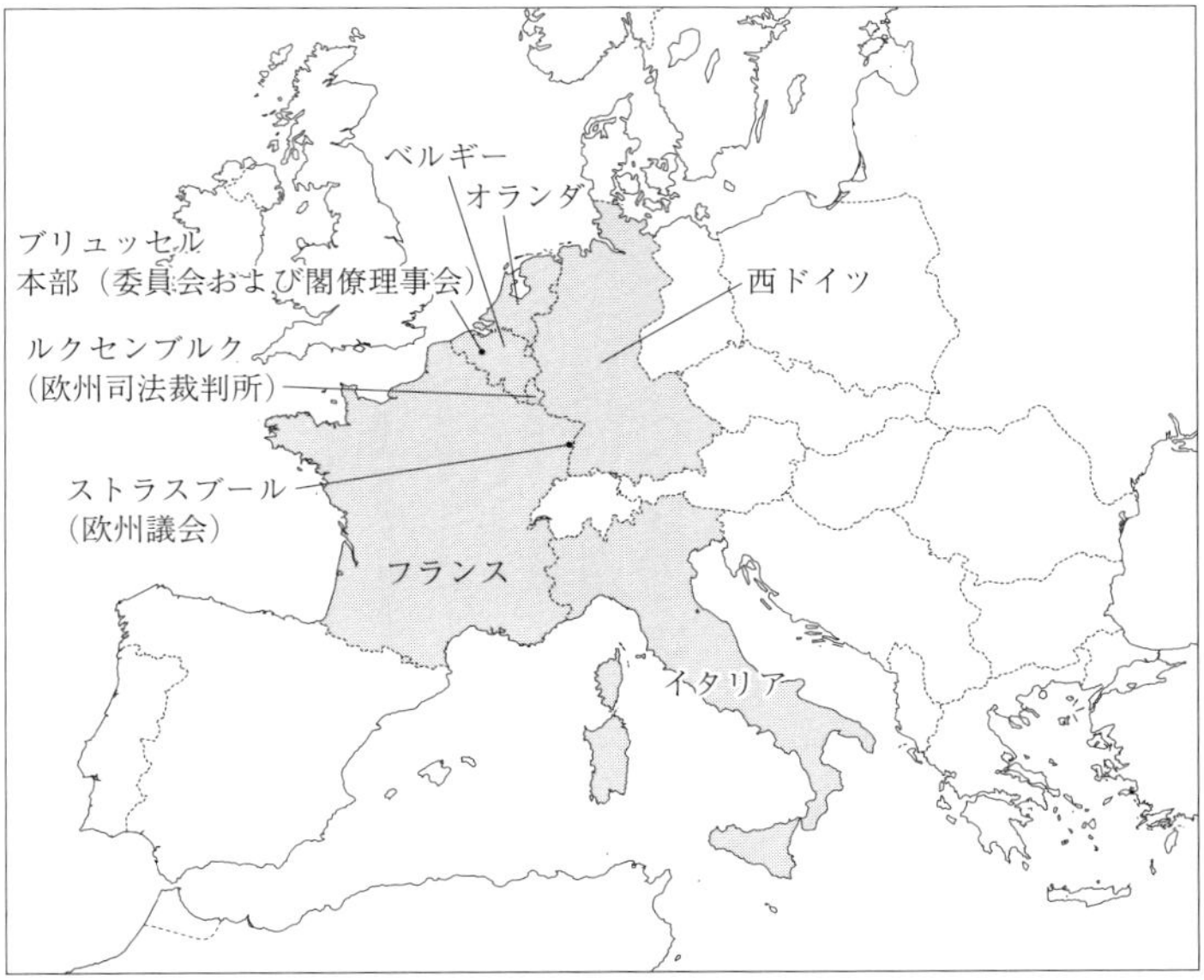

図2－1　EECおよびユーラトムの原加盟国とEEC機構所在地（1957年3月）

どまった。

ローマ条約の批准は五七年七月から一一月にかけて完了した。独仏がまず七月に批准に漕ぎ着けた。西ドイツではエアハルトら経済自由主義者が不満を抱いていたが、批准は危ぶまれる状況ではなかった。最大野党であるSPDはすでに教条主義的な反資本主義路線の修正を開始しており、統合支持に転じていた。SPD議員で反対票を投じたのは、イギリスと北欧諸国の不参加に批判的な（後の首相ヘルムート・シュミットを含む）一七名のみであった。五七年七月六日、独連邦議会においてローマ条約は批准された。

仏首相モレは、EDC条約に対して生じたような反対運動の形成を防ぐため、ただちに批准審議を進めた。西ドイツによる経済支配の脅威や移民や失業への懸念を理由とする批判はあったが、EEC反対派が議会多数を占めることはなかった。農村部議員やドゴール派の一部も農業面での成果に期待してEECを支持した。ドゴール自身はほとんどローマ条約に関して発言しなかった。そもそもフランス世論の関心はアルジェリア問題に集中しており、EEC

への関心は低かった。五七年六月、モレ政権は倒れたが、七月九日、三四二票対二三九票でローマ条約は批准された。その後、七月三〇日にイタリア、一〇月四日にオランダ、一一月一九日にベルギー、二六日にルクセンブルクと批准が完了した。五八年一月一日のローマ条約発効直前に、機構所在地と委員会人選が合意された。ユーラトム初代委員長には、フランス核エネルギー委員会のルイ・アルマンが選任された。ＥＥＣ委員長人選をめぐっては、当初、ベルギー経済相ジャン・レイが候補に挙がったが、ＥＥＣ本部をブリュッセルに置くことと引き換えにハルシュタインが初代委員長に就任した（図２－１）。

ローマ条約はその交渉に関与した一部の人々にとっては、政治的理念としての超国家的欧州連邦主義を実現する手段であったが、別の一部の人々にとっては、工業部門と農業部門双方で均衡ある発展を実現し、国民生活水準の向上を図る手段であった。イデオロギー的統合支持者と国民経済の発展を追求する政治家・官僚・経営者・農民たちの双方の願望を乗せる船として、共同市場は考案されたのである。

競争を通じて近代化を促す工業共同市場と保護された農業共同市場の双方が、六カ国には必要であった。ＥＥＣはこの要請を満たすため、制度的に強力で地理的に限定された超国家的共同体の枠組みをＥＣＳＣから引き継いだ。それにより、ＯＥＥＣのような広く緩やかな協力でも、限定的な二国間協定でもえられない、六カ国の政治的・経済的利害を満たす可能性を秘めた枠組みが形成された。ローマ条約署名時点では、なお多くの未合意・未解決の課題が存在した。しかし、将来の発展の基盤となる舞台は、ここに用意されたのである。

4　イギリスによる共同市場への対抗提案――自由貿易地域構想

プランＧ――ＦＴＡ構想の立案

六カ国が共同市場交渉を結実させる一方で、イギリス政府は一九五五年一一月に共同市場参加は自らに利益をもたらさないとの判断を固め、一二月までにスパーク委員会を離脱した。この対応の理由とされたのは、イギリスの世界的利害と地域的共同市場の矛盾、政治統合へ至る危険性、対コモンウェルス関係の弱体化、国内産業に対する保護の喪失などであった。イギリス不参加の場合、共同市場は実現しない可能性が高いと考えられたが、リスクを最小化するためには六カ国の議論をＯＥＥＣに誘導する必要があると考えられた。その結果浮上したのが、共通域外関税を持たないＦＴＡであれば帝国特恵制度との整合性が保たれ、イギリスも参加可能であるとの発想であった。

英商務省はイギリス貿易の将来に不安を抱いていた。コモンウェルス市場では輸入代替が進行しつつあり、帝国特恵の長期継続は期待困難であった。北米市場への進出も遅れていた。他方でイギリスにとっても、六カ国市場の重要性は増していた。六カ国が西ドイツに支配された排他的通商ブロックと化すことは脅威であり、共同市場との部分的ＦＴＡ形成が望ましいとの意見が商務省内では生じていった。財務省では五五年末に大臣となったマクミランが、五六年一月下旬以降、より積極的な対六カ国政策を要求し始めていた。共同市場は「経済的手段を通じたドイツ再興」に繋がる危険があるというのが、マクミランの主張であった。

五六年三月、イギリス政府内で省間作業部会が発足し、スパーク委員会報告書提出の前日、四月二〇日に英閣僚宛報告書が提出された。報告書は、西ドイツの勢力増大とフランスの衰退により西ドイツの西側封じ込めは困難になっており、イギリスは対ヨーロッパ関係を緊密化する必要があると指摘していた。具体的提案として、ＯＥＥＣ改革や新特恵地域構築などＡからＦまで六つのプランが列挙されていた。なかでも有望とされたのが、ヨーロッパとの部分的ＦＴＡであるプランＥであった。五月三一日、ヴェニス六カ国外相会議直後に開催された関係閣僚会議において、プランＥの修正版としてプランＧを検討することが決定された。七月、マクミラン同様、六カ国による排他的統合の進展を警戒する商務相ピーター・ソーニクロフトの要求により、ＯＥＥＣの場でＦＴＡの可能性を浮上させることが合意された。こうして九月末には、六カ国の共同市場を内包するＦＴＡの可能性を検討するＯＥＥＣ第一七作業部会が発足した。

五六年八月末までに、農産物を除き一〇年程度で関税を全廃するＦＴＡ構想が作成され、九月以降、閣僚の検討に委ねられた。コモンウェルス関係省はコモンウェルス貿易に与える影響を懸念して慎重な態度であったが、財務相・商務相はプランG採用を強く勧告した。九月末に開催されたコモンウェルス財務相会議においてプランGが説明され、会議終了後、その内容が一般にリークされた。マクミランは不正確な報道を正すとの口実で記者発表許可を求め、閣議もこれを了承した。五六年一〇月三日、財務相・商務相記者会見が行われ、OEEC諸国による、農業製品を除くFTA形成の可能性を検討中であることが公表された。西ドイツ、ベネルクス諸国、イタリアの反応は、農業除外への懸念は示しつつもイギリスと大陸の関係強化を歓迎するものであった。フランス国内では、イギリスによる共同市場への妨害を懸念する声も示された。アメリカ政府は公式の反応は示さなかったが、一〇月末の大統領選挙演説で、アイゼンハワーは共同市場構想とFTA構想の双方とも望ましいと述べていた。一一月初めまでに、コモンウェルス諸地域はFTA構想を容認する姿勢を示した。首相イーデンがスエズでの停戦受け入れを決断した一一月六日、正式な閣議決定と交渉許可を求める財務相・商務相の閣議覚書が提出された。一一月一三日の閣議でマクミランは、スエズ危機後のヨーロッパでイギリスが緊密な経済協力を推進することは、西欧の連帯維持に役立つと述べていた。閣僚達はプランGの採用を決定し、FTA構想は正式な対外経済政策として公表されることになった。

FTA構想の提示と挫折

一九五六年一一月二六日、下院でマクミランによりFTA構想が公表され、OEEC諸国に対して翌年一月からの交渉開始が提案された。六カ国に対しては、とくに共同市場とFTAの整合性の確保・海外領土についての協議が要請された。当初イギリスは、五七年七月半ばのFTA協定署名、FTAと共同市場の同時発足を目指していた。五六年一二月二六日にはOEEC第一七作業部会報告が完成し、共同市場を内包するFTAの形成は技術的に可能であるとの結論も示されていた。しかし、早期の共同市場条約署名を意図する六カ国はイギリスの要請に冷淡な姿勢を示し、海外領土に関する協議は受け入れたが、FTAと整合性を確保するための条約修正や署名延期は拒否した。共同市場交渉を優先する六カ国の姿勢を受けて、イギリスはFTA交渉開始を五七年二月初めまで延期せざるをえなかった。

五七年一月九日、イーデンが辞任し、FTA構想の主唱者であるマクミランが後継首相となった。五七年二月、

ＯＥＥＣ理事会において全ＯＥＥＣ諸国が参加するＦＴＡ交渉の開始が原則合意され作業部会が設置されたが、交渉組織と交渉日程の合意はえられなかった。一月に開催が予定された海外領土に関する協議も、共同市場交渉を優先させる六カ国側の要請で延期されていた。ＯＥＥＣ内部ではＦＴＡ構想は幅広く支持されていた。デンマーク、スウェーデン、スイスなどの小規模輸出国や中立国はＦＴＡを強く支持した。六カ国内部でも、西ドイツとオランダが六カ国の共同市場を補完する枠組みとしてＦＴＡに積極的であった。西ドイツはスカンディナヴィア諸国、オーストリア、スイスに強い輸出利害を有しており、経済相エアハルトと輸出産業はＦＴＡ交渉に積極的であった。しかし、アデナウアーはＦＴＡ交渉よりも独仏関係を優先した。米国務省はＦＴＡ構想に反対はしなかったが、アメリカから見て政治的メリットの大きい共同市場をより強く支持する姿勢であった。

フランスにとってイギリスの参加するＦＴＡは、西ドイツの優越を抑止する政治的効果は期待できたが、社会給付の調和もなく仏産業・農業への保護措置を欠く以上、共同市場のような経済的利益は期待できなかった。五七年三月にＯＥＥＣ作業部会が活動開始した後、フランスの非協力的姿勢は明確になった。フランスの国際収支は悪化し続けており、五七年四月、フランスはローマ条約批准完了までのＦＴＡ交渉延期を要請した。五月初め、批准完了後の速やかな交渉再開を条件にイギリスはＦＴＡ交渉延期を容認したが、仏政府内での議論は、ＦＴＡは共同市場と同等の条件を備えたとしても好ましくないとの判断に傾いていった。ＦＴＡにおいて社会給付の調和を追求するなら、より給付水準の高い北欧との調和が求められる危険があったからである。

ＦＴＡに最終的に引導を渡したのは、五八年六月に成立したドゴール政権であった。すでに五七年一一月半ばからＦＴＡ条約交渉が開始されていたが、五八年一一月、ドゴール政権は、共同市場とＦＴＡの対外関税水準の調整問題を直接の理由として、ＦＴＡ交渉継続は不可能であると発表した。ＦＴＡはＥＥＣのようなフランス経済強化の手段とならないだけでなく、より開放的な貿易自由化の枠組みとして、ＥＥＣそのものへの脅威になるとフランスは考えたのである。六三年のイギリス第一回ＥＥＣ加盟申請の拒否に先立つ、ドゴールによる最初の「ノン」であった。

こうして、五九年一月一日の第一回ＥＥＣ関税削減を目前にしてＦＴＡ構想は挫折した。対コモンウェルス貿易関係を最大限維持し英国内農業を最大限保護するという前提で立案されたＦＴＡ構想は、共同市場に比べて妥協的な提案であった。しかし、不可逆的かつ長期的な大陸に対する経済的コミットメントという点ではイギリスのヨーロッパ政策における大きな修正であった。にもかかわらずこの構想が挫折したことにより、イギリスのヨーロッパ政策はさらに大きな修正を必要とすることになった。当面の対応として選択されたのが一部ＯＥＥＣ諸国との欧州自由貿易連合（ＥＦＴＡ）の形成である（第３章第２節参照）。しかしこの対応もまた限界を見せるとともに、イギリスはＥＥＣ加盟という選択肢の考慮を迫られていくのである。

参考文献

板橋拓己『アデナウアー――現代ドイツを創った政治家』中央公論新社、二〇一四年。

遠藤乾編『原典　ヨーロッパ統合史――史料と解説』名古屋大学出版会、二〇〇八年。

小川浩之『イギリス帝国からヨーロッパ統合へ――戦後イギリス対外政策の転換とＥＥＣ加盟申請』名古屋大学出版会、二〇〇八年。

金子新「西ドイツとＥＥＣ／ＥＵＲＡＴＯＭの形成――「欧州」と「大西洋」の路線対立、一九五四～一九五七」『法學研究』第八四巻第一号、二〇一一年。

川嶋周一「もう一つの「正史」――農業統合の系譜とプール・ヴェール交渉、一九四八―一九五四年」遠藤乾・板橋拓己編著『複数のヨーロッパ――欧州統合史のフロンティア』北海道大学出版会、二〇一一年。

川嶋周一「「幻のヨーロッパ」?――欧州政治共同体をめぐって一九五二～一九五四」（一）・（二）『政経論叢』第八一巻第一・二号、二〇一二年、八二巻第一・二号、二〇一四年。

黒田友哉『ヨーロッパ統合と脱植民地化、冷戦――第四共和制後期フランスを中心に』吉田書店、二〇一八年。

廣田愛理「欧州統合の具現化――転換期におけるフランスの統合政策の推進（一九五〇―一九五八年）」吉田徹編『ヨーロッパ統合とフランス――偉大さを求めた一世紀』法律文化社、二〇一二年。

益田実『戦後イギリス外交と対ヨーロッパ政策——「世界大国」の将来と地域統合の進展、一九四五〜一九五七年』ミネルヴァ書房、二〇〇八年。

益田実「超国家的統合の登場　一九五〇〜五八年——イギリスは船に乗り遅れたのか?」細谷雄一編『イギリスとヨーロッパ——孤立と統合の二百年』勁草書房、二〇〇九年。

ゲア・ルンデスタッド『ヨーロッパの統合とアメリカの戦略——統合による「帝国」への道』（河田潤一訳）NTT出版、二〇〇五年。

Wendy Asbeek Brusse, *Tariffs, Trade and European Integration, 1947-1957 : From Study Group to Common Market* (New York: St. Martin's Press, 1997).

Desmond Dinan, *Europe Recast : A History of European Union* (2nd ed.) (Basingstoke: Palgrave Macmillan, 2014).

François Duchêne, *Jean Monnet : The First Statesman of Interdependence* (New York: W. W. Norton, 1980).

John R. Gillingham, 'The German Problem and European Integration', in Desmond Dinan (ed.), *Origins and Evolution of the European Union* (2nd ed.) (Oxford: Oxford University Press, 2014).

William I. Hitchcock, *France Restored : Cold War Diplomacy and the Quest for Leadership in Europe, 1944-1954* (Chapel Hill: University of North Carolina Press, 1998).

Wilfried Loth, *Building Europe : A History of European Unification* (translated by Robert F. Hogg) (Berlin: De Gruyter, 2015).

Alan Milward, *The European Rescue of the Nation State* (2nd ed.) (London: Routledge, 1999).

Alan Milward, *The UK and The European Community : Volume 1 : The Rise and Fall of a National Strategy* (London: Frank Cass, 2002).

Craig Parsons, 'The Triumph of Community of Europe', in Dinan (ed.), *op. cit.*

ロング・コラム1　米ソ対立と欧州統合——冷戦を背景にした超大国の関与

米ソ冷戦は、統合のあり方にきわめて大きな影響を及ぼした。第一にして最大の影響は、一九九〇年代に至るまでの間、統合がアメリカと同盟関係にある西欧の自由主義・資本主義諸国に限定された事象として進行したことであろう。第一次世界大戦以降に浮上した連邦主義的な欧州統合を目指す運動は、独仏を中心としつつ大陸ヨーロッパの大半を視野に入れたものであり、アメリカおよびソ連という非ヨーロッパ的大国への対抗手段としての意味も持っていた。しかし冷戦開始から冷戦終結までの間、欧州統合は、ほぼ完全に米ソ対立を背景にしたヨーロッパの東西分断を前提として進行し、西欧諸国間の統合に限定されることになった。

関連して第二にもたらされた影響は、少なくともその初期の段階において西欧統合には、アメリカの冷戦戦略に資する西側陣営強化の手段としての役割が与えられたということである。統合を通じた西欧の強化は、共産主義の影響力拡大を阻止しソ連の膨張を封じ込めると同時に、復興した西ドイツを西欧内部に封じ込める「二重の封じ込め」の一翼を担うという構造が、アメリカと西ドイツ自身を含む西側同盟国の合意の下に形成された。

冷戦対立のもう一方の当事者であるソ連にとって、統合はどのような意味を持ったのだろうか。マーシャル・プラン以降、アメリカ主導で進められた西欧の経済復興と西ドイツの再建および西側陣営への統合は、ソ連および東側陣営に対抗する西側資本主義陣営の結束強化であり、自らにとって安全保障上の脅威であるというのが、ソ連側の基本認識であった。そもそも、冷戦対立の起点となったソ連による東欧支配は、対独安全保障確保を意図したものであり、ソ連が望んだのは、統一され弱体化され中立状態にあるドイツであった。そのためヨシフ・スターリンは、西ドイツの復興と西側陣営への統合が進展するとともに、それを妨害すべく五二年三月には、中立で統一されたドイツ国家設立交渉の即時開始を求めるスターリン・ノートを発表した。これが真剣な提案だったか否かは今なお議論されているが、いずれにせよ、西側はソ連の提案を拒否し、西ドイツの西側統合プロセスは継続した。

逆に欧州統合の進展は冷戦のあり方にどのような影響を与えただろうか。一つ言えることは、八〇年代後半までの統合の進展が、冷戦を終焉させるうえで重要な役割を果たしたということである。七〇年代から八〇年代にかけて三次に及ぶEC拡大が実現し、五〇年代にはなお東欧諸国と同程度かそれ以下の経済水準にあった、アイルランド、ギリシャ、ポルトガル、スペインなどの西欧の周縁に位置する国々までが経済成長の軌道に乗り、東欧諸国よりも豊かな消費水準を享受可能になったという事実は、大きな影響をもたらした。消費物資の不足に苦しみ、西側との生活水準格差拡大を目の当たりにする東欧市民にとって、政治的民主化を遂げて経済統合する西欧に参加することこそが、確実な生活水準改善の手段と認識されたのである。とりわけ、世界でも最高水準の豊かさを享受する西ドイツと、対外的な経済競争力を喪失していく東ドイツという、冷戦による東西分断の最前線である二つのドイツの経済状況は、あまりにも対照的であった。欧州統合の枠組み内で自由主義市場経済体制がもたらす恩恵を享受し得る可能性が存在したことが、八〇年代末の東欧諸国民主化をもたらす大きな要因となったのである。統合は冷戦下の分断を超えた東西ヨーロッパの将来像を提供したのであり、その意味では、冷戦を背景にした西欧限定での統合の進展は、それ自体が、冷戦によるヨーロッパの東西分断を終わらせる効果を発揮したのである。

（益田　実）

第3章　加盟国拡大と政治協力の起点

——イギリスの欧州経済共同体への第一次加盟申請とエリゼ条約、一九五八〜一九六三年——

小川浩之

ランブイエでの首脳会談の際のシャルル・ドゴール（左）とハロルド・マクミラン（1962年12月）（出典：Richard Lamb, *The Macmillan Years 1957-1963 : The Emerging Truth,* London: John Murray, 1995）

一九六一年にイギリスは欧州経済共同体（ＥＥＣ）への第一次加盟申請を行った。それは、仏独と並ぶ西欧の大国がＥＥＣ加盟に向けて政策転換したという点で、その後、ＥＥＣ・欧州共同体（ＥＣ）・欧州連合（ＥＵ）が、西欧（さらにヨーロッパ）内部で中心的な存在となり、加盟国を拡大していく端緒となった。ただし、フランス大統領シャルル・ドゴールの拒否により、イギリスの第一次ＥＥＣ加盟交渉は挫折する。他方、ドゴールは五九年以降、ＥＥＣ六カ国間で政治連合を構築するという提案を繰り返し行った。しかし、その試みもオランダ、ベルギーの反対で挫折に終わる。その後、ドゴールは仏独間でエリゼ条約を締結するが、それも批准の際に骨抜きにされた。ただし、イギリスの第一次ＥＥＣ加盟申請とドゴールの政治連合提案は、ともに失敗に終わったとは言え、その後の欧州統合の路線を、加盟国拡大と政治、外交、安全保障面での政府間主義的な協力という二つの側面で明確に方向づけるものであった。

1　ドゴール外交と欧州統合

アルジェリア問題とドゴールの政権復帰

一九五八年一月一日にローマ条約が発効し、欧州経済共同体（ＥＥＣ）と欧州原子力共同体（ユーラトム）が発足した。その後の欧州統合を理解するうえで、フランスのシャルル・ドゴールを避けて通ることはできない。彼は、アルジェリア問題を機に再びフランスの指導者へと舞い戻ってきた。一九五〇年代半ばから一九六〇年代前半にかけて、フランスの政治と外交を大きく揺るがしたのは、アルジェリアの独立をめぐる問題である。当時、アルジェリアはフランス内務省の管轄下に置かれ、法的にはフランス本国に属するとされていたが、実質的には、フランスの最も重要な植民地であった。そしてフランスは、一九五四年一一月一日に勃発したアルジェリア独立戦争において、アルジェリアの独立を追求する民族解放戦線（ＦＬＮ）との戦闘（それは双方によるテロの応酬の様相を呈した）の泥沼に足を取られており、そのことが、フランス政府の欧州統合政策にも、しばしば無視できない影響を及ぼすことになる。

フランスによるアルジェリアの植民地化は、一八三〇年に始まった。そして、アルジェリアでは、一九五〇年代後半の時点で、全人口約一〇〇〇万人のうち約一〇〇万人をフランス人を中心とするヨーロッパ人のコロン（入植者）が占めており、そこから撤退することには、「フランスのアルジェリア」（l'Algérie française）を主張する現地の軍やコロンとフランス国内の保守派の双方から強い抵抗があったのである。アルジェリアのＦＬＮが、強烈なナショナリズムを掲げて、フランスに対して武装闘争を行う組織であった点も、フランスのアルジェリアからの撤退を難しいものにした。そして、アルジェリア独立戦争が長期化、泥沼化する中で、フランス国内の政治や社会も大きく混乱し、一九五八年には内戦勃発寸前とも言われたような深刻な状況に陥った。

そうした中で、アルジェリア現地のコロンや軍部などから事態の収拾を期待されて、一九五八年六月一日に、約一二年半ぶりにフランス首相の座に呼び戻されたのが、ドゴールである（ドゴールは、第二次世界大戦の終結前後の時期にフランス首相――第四共和制の成立以前であるため、正式にはフランス共和国臨時政府議長――を務めていたが、新憲法の制定など国内改革に関する社会党や共産党との軋轢により、一九四六年一月にその座から退いていた）。ドゴール自身も、再び政治権力を握る絶好の機会を逃すことはなかった。ドゴールは首相就任にあたり、新たな憲法の準備を含む広範な権限を付与されており、そのことが、第四共和制（一九四六～五八年）の終焉と、後述する第五共和制の成立に繋がっていく。ドゴールは、第四共和制の最後の首相となった。

フランス外交史研究者のモーリス・ヴァイスによれば、ドゴールの外交とは、フランスの「偉大さ」と「独立」（「自立」とも訳すことができる）を追求するものであった。ヴァイスによるドゴール外交についての代表的な研究書には、端的に『偉大さ』（*La grandeur*）というタイトルが付けられている（Vaïsse 1998）。また、国際政治学やフランス政治・外交についての世界的に著名な研究者であったスタンレイ・ホフマンによれば、「ド・ゴールの思想の中心概念をなすフランスの偉大さ」とは、「世界において受動的な態度に甘んじることの拒否」を意味した（ホフマン 一九七七：一四～一五）。そして、ドゴールにとって、フランスが「偉大さ」を取り戻すためには、アルジェリア独立戦争に代表されるような脱植民地化をめぐる問題を解決するとともに、フランスが他国（とくにアメリカ）に依存することを拒絶し、独立した外交政策を追求することが必要であった。

「ヨーロッパ構築」とドゴール外交

ドゴール政権期を中心とするフランス外交史やヨーロッパ国際関係史の研究者である川嶋周一が指摘するように、欧州統合と冷戦が不可分のものとして展開した第二次世界大戦後のヨーロッパ国際関係史は、「ヨーロッパ構築」（construction européenne）史として理解するのがふさわしい（川嶋 二〇〇七：一七）。ここでは、欧州統合と冷戦が交錯する状況の中でのドゴール外交の特徴について簡潔に整理したい。

ドゴールは、政権から離れていた一九四六年から五八年までの間、超国家的な欧州統合の試みに強く反対し、欧州石炭鉄鋼共同体（ＥＣＳＣ）、欧州防衛共同体（ＥＤＣ）などへの非難を声高に繰り返していた。それゆえに、欧州統合推進派（とくに連邦主義者）の間で、ドゴールがローマ条約を受け入れないのではないかという強い懸念が生じたのはごく自然なことと言える。ところが、ドゴールは、(1)ローマ条約はフランスの植民地開発のための資金をドイツ連邦共和国（西ドイツ）など他の共同体諸国にも分担させるとともに、フランス農業にとって有利な市場を確保することに繋がるなど、フランスの経済的利益に合致する、(2)ローマ条約は西ドイツをコントロールし、その脅威を封じ込めることに役立つ、(3)欧州統合はフランスにとって、アメリカによる「支配」から相対的に自由な国力の基盤を提供しうる、(4)ローマ条約による国家主権の制限は制御可能である、(5)アルジェリア問題をめぐり厳しい国際的批判を浴びる中でローマ条約を破棄してさらに国際的孤立を深めるのは得策ではない、といった考慮から、結局はローマ条約を受け入れることになる。そのことは、ＥＥＣが、発足直後に直面した大きな危機をひとまず脱したことを意味した。ただし、ドゴールが欧州統合において目指したのは、あくまで、それぞれの加盟国が国家主権を保持したままで政府間主義的な方法で協力を進める国家連合（confédération）であった。ドゴールはそれを、「祖国からなるヨーロッパ」（l'Europe des Patries）と呼んだ。

ドゴールはまた、西ドイツとの二国間関係を重視した。五八年九月一四・一五日、西ドイツ首相のコンラート・アデナウアーが、ドゴールの招待を受けて、フランス北東部シャンパーニュ地方のコロンベイ・レ・ドゥ・ゼグリーズにあるドゴールの私邸を訪れ、両者の間で初めての首脳会談が行われた。それまでアデナウアーは、ドゴールの過去の言動に対する懸念から、ドゴール側からの首脳会談の申し入れを拒否していた。ドゴールは、第二次世界大戦直後には、ドイツの恒久的な分割を含むきわめて強硬な、懲罰的とも言える対独戦後処理を主張しており、またアデナウアーが積極的に推進してきた超国家的な欧州統合にも厳しい批判を繰り返していたからである。しかし、ドゴールの首相復帰から三カ月あまりが経過したこのとき、ついにドゴールとアデナウアーの初会談が実現した。結果的には、この首脳会談は、両国首脳の間で多くの問題に関して意見が原則的に一致するなど、非常に有意義で成功したものとなった。その後も、ドゴールとアデナウアーは、仏独両国において頻繁に首脳会談を繰り返しつつ、親しい個人的関係を築くようになり、そのことが、「仏独枢軸」とも呼ばれ、多くの場面で欧州統合の進展を支える緊密な両国関係の基盤となっていくのである。

他方で、ドゴールは、アデナウアーとの初会談の直後の九月一七日に、アメリカのドワイト・アイゼンハワー大統領とイギリスのハロルド・マクミラン首相に対して、アメリカ、イギリス、フランスの三カ国が自由主義諸国を政治的、戦略的に主導することを内容とする「三カ国主導体制」の提案を行った。しかし、これに対して、米英両国は、北大西洋条約機構（NATO）内での両国の主導的地位を損なうことへの警戒感に加えて、西ドイツ、イタリア、カナダなど他の西側同盟内の主要国の反発を避けたいという考慮もあり、消極的な反応に終始した。

ドゴールはこれに強く反発し、またある意味ではそれを一つの好機として、五九年三月にNATO地中海艦隊からフランス艦隊を撤退させるなど、NATOから距離を置く姿勢を取り始めた。ドゴールは、NATOが加盟国の軍隊を統合軍事機構に統合することをフランスの国家主権を侵害するものとして批判的に捉えるとともに、アメリカを盟主とし、イギリスがそれに続く地位を占めるNATO加盟国間の関係のあり方に強い不満を抱いていた。ドゴールは、超国家的、連邦主義的な欧州統合とNATOによる軍事面での統合のいずれの「統合」にも強く反対であった。ドゴールはまた、それらを、アメリカの覇権の下でのアメリカの主導による「統合」と捉えており、その点でも徹底して反発した。そしてドゴールは、六三年六月に英仏海峡と大西洋のフランス艦隊をNATOから離脱させるなど、その後も段階的にNATOからのフランス軍の撤退を進め、最終的には、六六年七月にNATO統合軍事機構からフランス軍を全面的に撤退させるに至るのである。フランス国内のNATO軍基地は撤去され、NATOの本部はパリからブリュッセルに移された。＊

＊ただし、NATOは政治面の機能も有しており、ドゴールも、政治面を含むNATOの枠組みにはとどまった。その後、フランスは、二〇〇九年四月に当時のニコラ・サルコジ大統領が完全復帰を宣言するまで、四三年間にわたりNATO統合軍事機構の外側にとどまり続けることになる。

さらに、米英両国首脳から「三カ国主導体制」提案を拒絶されたことは、ドゴールがその後、本章第4節と第6節で詳しく扱うEEC諸国間での政治協力に向けた提案を繰り返し行うことにも繋がっていく。つまり、フランスが単独で米英両国と並んで「三カ国主導体制」を形成することが受け入れられないのであれば、フランスがリーダーとなってEEC諸国間の政治的結束を強化し、EECを基盤として、フランスの国際政治上の地位を高めようという考慮がなされるようになっていくのである。

フランスの国内政治に目を向けると、五八年九月二八日に、ドゴール自身が長年の持論としてきた強力な大統領制度の導入を含む新憲法案が、国民投票で七九％の圧倒的多数の賛成をえて承認された。それに基づき、第五共和制が成立したことで、ドゴールが追求してきた憲法改革の試みが一段落した。一二月二一日には、ドゴールが、大統領選挙（国民議会議員・上院議員・県議会議員・市町村議会議員の代表による間接選挙）で七八・五％の得票率を獲得して当選し、翌五九年一月九日には、第五共和制の初代大統領としての職務を開始した。一月一〇日には、ドゴール自身によって、代表的なドゴール派の政治家であったミシェル・ドゥブレが、第五共和制の初代首相に任命された。こうした結果、わずか半年ほど前にはアルジェリア問題をめぐり内戦の瀬戸際にあったフランスの国内政治状況は急速に安定に向かうとともに、ドゴールの権力基盤が強化され、欧州統合問題を含む外交政策においても、ドゴールが主導権を発揮しうる状況が整えられていくのである。

2 「六カ国」と「七カ国」

ＥＦＴＡの発足

イギリスのマクミラン政権は、フランスでのドゴール政権の誕生を、当初は一定の期待を持って受け止めていた。第2章第4節で検討したように、一九五七年一〇月以降、イギリス政府内でプランＧと呼ばれた提案に基づき、西欧一七カ国間での工業製品の自由貿易地域（ＦＴＡ）設立を目指して欧州経済協力機構（ＯＥＥＣ）の枠組みで多国間交渉が行われていたが、イギリス政府の思惑に反して交渉は難航していた。そうした中で、超国家的統合に批判的で、主権国家間の政府間主義的な協力を重視するドゴールがフランス首相に復帰したことは、イギリスにとって有利な状況をもたらすかに思われた。しかし、ドゴール政権の発足によってフランス政府のＦＴＡ案への消極性が変化することはなく、同案はフランス政府の拒否によって五八年末までに葬り去られた。マクミラン政権のドゴールへの期待は、失望に変わったのである。

ＦＴＡ交渉が挫折した結果、ＥＥＣ諸国は、ＥＥＣ六カ国（フランス、西ドイツ、イタリア、オランダ、ベルギー、ルクセンブルク）と他のＯＥＥＣ諸国を包摂する西欧規模の貿易上の枠組みを欠いたままで、（ローマ条約に規定されていた通りに）五九年一月一日、第一回目の域内関税の引き下げと輸入数量制限の緩和に踏み切った。たしかに、六カ国政府は、ＥＥＣ諸国間での第一回目の関税引き下げを、他のＯＥＥＣ諸国を含む関税と貿易に関する一般協定（ＧＡＴＴ）の締約国に対しても適用したため、当面のところは、西欧諸国間で関税上の差別が生じることは回避された。しかし、イギリス政府にとって、自国が排除される形で大陸六カ国間の経済統合が本格的に開始する状況が生じたことは、中長期的に見て、ＥＥＣ諸国市場での無差別待遇を確保する目途が立たないという点で、深刻な問題と捉えられた。

こうした状況でイギリスのマクミラン政権が新たに採用した方針が、イギリス自身を含むＥＥＣ非加盟の七カ国（イギリス、オーストリア、デンマーク、ノルウェー、ポルトガル、スウェーデン、スイス）の間での、より小規模なＦＴＡの設立であった。そこではプランＧに続いて、ヨーロッパでの自由貿易の対象に農産物を含まず、工業製品に限定する方針がとられた。その背景には、依然としてイギリスにとって最大の貿易相手であるコモンウェルス（英連邦）諸国が、イギリス市場への農産物輸出を重視していたことがあった。コモンウェルス諸国に対する特恵待遇（コモンウェルス諸国からの農産物輸入を他の国々からの農産物輸入よりも優遇する措置）を維持する必要があるため、ヨーロッパでの自由貿易の対象から農産物を除外するという考慮がなされたのである。

前記のＥＥＣ非加盟の七カ国は、ＥＥＣの「インナー６」に対して、制度的、地理的に外側にあることから「アウター７」と呼ばれた。「アウター７」諸国は、イギリスを除けば、人口や経済規模が小さい国々ばかりである。しかし、イギリスにとって、北欧諸国は地理的に近く、伝統的に緊密な通商・交流関係を築いてきた相手であり、イギリスとポルトガルとの間にも、数世紀にわたる相互補完的な通商関係が存在した。その意味で、イギリスを実質的な中心国とする「アウター７」の枠組みには、歴史的に見ても、ある程度自然な側面があったと言える。

実際、七カ国による交渉はおおむねスムーズに進んだ。まずはイギリス産業連合（ＦＢＩ）など各国の産業組織の間で予備的な協議が進められ、五九年二月から「アウター7」諸国間での閣僚協議が開始された。その後、五九年七月二〇・二一日にスウェーデンの首都ストックホルムで行われた七カ国の外相会談を経て、一一月二〇日には七カ国間で欧州自由貿易連合（ＥＦＴＡ）協定が仮署名され、翌六〇年一月四日に正式に署名されるに至ったのである。ＥＦＴＡ協定は、ストックホルムで仮署名および正式署名をされたことから、ストックホルム協定と呼ばれる。「アウター7」諸国間では、ＥＥＣの外側にとどまることによる政治、経済両面での不利益に関する懸念とともに、超国家性を持つ欧州統合に参加することへの消極性が広く共有されており、そのことが、（五七～五八年のＦＴＡ設立交渉とは対照的に）ＥＦＴＡの設立に向けた交渉が比較的短期間で進展したことの背景にあったと言える。

それに続いて、七カ国すべてでのストックホルム協定の批准（スイスのみ国民投票で、他の六カ国は議会での承認）を経て、六〇年五月三日には、ＥＦＴＡが正式に発足した。七月一日には、ＥＦＴＡ諸国間の第一回目の工業製品の域内関税引き下げ（二〇％）が実施された。ＥＦＴＡの事務局はスイスのジュネーヴに置かれ、イギリス財務省出身のフランク・フィガースが初代の事務局長（六〇～六五年）に就任した。なお、フィガースが事務局長を退いた六五年以降、イギリスが欧州共同体（ＥＣ）加盟条約に署名し、同時にＥＦＴＡからの脱退が決定的となる七二年までは、イギリス外務省出身のジョン・クールソンがＥＦＴＡの第二代事務局長を務めた。これらのことからは、人事面でも、イギリスがＥＦＴＡ諸国内で中心的な地位を占めていたことがうかがえるであろう（コラム３－１参照）。

ＥＦＴＡの意義と限界

こうして、一九六〇年五月までには、西欧諸国が、ＥＥＣ加盟の「六カ国」（the Six）とＥＦＴＡ加盟の「七カ国」（the Seven）とに分裂している状況が現れた。ＥＥＣが域内の貿易自由化に加えて共通域外関税を伴う関税同盟の設立を当面の目標に掲げていたのに対して、ＥＦＴＡはより緩やかで外部に対して開かれた統合方式であるＦＴＡの設立を目指していた。ＥＦＴＡは工業製品に課される関税およびその他の貿易障壁を撤廃し、「加盟国間の自由市場」の設立を目指すものであったが、ストックホルム協定は「それぞれの国が自国の域外関税を自由に決定する」と定めていた。なお、ＥＦＴＡは工業製品のＦＴＡの設立を目指すものであっ

コラム3-1　EFTAの内部機構

EFTAは，今日では加盟国が4カ国（スイス，ノルウェー，アイスランド，リヒテンシュタイン）のみとなっており，28カ国で構成されるEUと比べて，大きく見劣りする存在である。しかし，EFTAは発足以来，多くの点でEUとは異なる統合の方式をとってきており，依然として私たちの欧州統合についての見方を広げるのに役立つ存在である。たとえば，EFTAの内部機構は，「委員会・閣僚理事会・議会・裁判所」というEUの制度的遺伝子とは対照的に，非常に簡素である。EFTAの内部機構には，閣僚級と常駐代表級の2種類の理事会とスイスのジュネーヴに置かれた小規模な事務局しか存在しない。これは，イギリスをはじめとするEFTA設立当初の加盟国政府が超国家的統合に消極的で，EFTAの制度化の度合いをできるだけ限定するように望んだことを反映している。実際，EFTAは内部機構が簡素であるだけでなく，超国家性の度合いも限定的である。EFTA設立の過程では，イギリス政府が多少の譲歩をした結果，理事会の決定方式として原則的に全会一致制を採用しつつ，手続き，協議，苦情，例外扱いの許可という四つの場合にのみ，多数決方式（7カ国中4カ国以上の賛成で成立）をとると定められたのである。

たが、イギリス政府は、農産物の輸出に大きく依存していたデンマークへの配慮から、ＥＦＴＡ協定の枠外でデンマークの主要な農産物を無関税で輸入するという譲歩を行った。魚類を主要な輸出品としていたノルウェーなどのスカンディナヴィア諸国への配慮から、冷凍魚類を工業製品として扱い、ＥＦＴＡの枠組みでの自由貿易の対象とするという措置もとられた。

ＥＦＴＡ設立の背景には、いくつかの思惑があった。まず、加盟国間で工業製品の自由貿易を推進することで、ＥＥＣの外側にとどまることによる経済的不利益を緩和したいという考慮があった。ＥＦＴＡにはまた、加盟七カ国間の結束を維持することで、ＥＥＣに対する交渉上の立場を強化するという意図も込められていた。それらの点で、ＥＦＴＡは、第2章第4節で検討した西欧一七カ国間で工業製品のＦＴＡを結成するという提案（プランＧ）に続く、イギリスによるＥＥＣへの第二の――そしてより小規模な――「対抗提案」としての性質を持つものであったと言える。

ただし、ＥＦＴＡは、ＥＥＣとの「橋渡し」（bridge-building）を進めることを通して、西欧規模（少なくとも「六カ国」と「七カ国」を合わせた一三カ国間）のＦ

ＴＡを構築することを中長期的な目標としており、必ずしもＥＥＣへの対抗だけを意図したものではなかった。ストックホルム協定の仮署名と同時に採択された決議では、ＥＥＣとＥＦＴＡは、「異なるが、矛盾するわけではない原則」に基づくという認識が示された。そして、両者の間の「橋渡し」を実現するために、ＥＦＴＡを通して「アウター７」諸国間の貿易自由化をＥＥＣと同じペースで進めるとともに、先述したようにＥＦＴＡ諸国間の結束を維持することで、ＥＥＣ諸国側との交渉上の立場を強化する必要があると考えられたのである。＊

＊その他のＯＥＥＣ加盟国であるアイスランド、アイルランド、ギリシャ、トルコは、主に経済水準の低さから、ＥＥＣとＥＦＴＡいずれの加盟国にもなっておらず、両者の「橋渡し」の構想からも基本的に除外されていた。フランシスコ・フランコによる長期の権威主義体制下にあり、他の西欧諸国に遅れて五九年七月にＯＥＥＣに加盟したスペインについても同様である。

ところが、フランス、アメリカ両国政府の消極的姿勢が大きな障害となり、ＥＥＣとＥＦＴＡの「橋渡し」の見通しが立たない状態が続いた。まず、フランスのドゴール政権は、ＥＥＣとＥＦＴＡの「橋渡し」が（フランスの反対で五八年末までにいったん挫折していた）西欧規模のＦＴＡの構築に繋がることを懸念し、強い反発を見せた。

アメリカのアイゼンハワー政権もまた、ＥＦＴＡに批判的であった。アメリカ政府は以前より、欧州統合の理念への共感に加えて、冷戦下においてフランスと西ドイツの和解と西欧諸国（ひいては西側同盟全体）の強化に役立つという観点からＥＥＣを強く支持していた。それに対して、より緩やかな統合を目指すとともに、三つの中立国（オーストリア、スウェーデン、スイス）を含むため外交面での協力が難しいＥＦＴＡには冷淡な態度をとった。たしかに、ＥＥＣが目指す関税同盟も、ＥＦＴＡが目指す工業製品のＦＴＡも、それらの域外に位置するアメリカにとって経済面での差別的措置となる点では変わりがない。しかし、アメリカ政府は、政治的意義が大きいと考えるＥＥＣとは異なり、ＥＦＴＡは、その存在によってアメリカが被る経済的不利益を補うだけの政治的利益を持たないと考え、ＥＦＴＡ自体に対して批判的であり、またＥＥＣとＥＦＴＡの間の「橋渡し」という考えも受け入れなかった。

さらに、結局、EFTAはEECと同じペースで関税引き下げを進めることができず、EECとEFTAの間の「橋渡し」を実現することはできなかった。EECの側では、六〇年五月に、ルクセンブルクとブリュッセルで開催された閣僚理事会などで、関税同盟の完成に向けたスケジュールを「加速」させることで合意した。具体的には、関税同盟の形成に向けた措置を当初の予定（六二年一月一日）から一年間前倒しして実施するとともに、六一年末にはEEC域内の輸入数量制限を撤廃することが決定されたのである。それに対して、EFTA諸国は、一〇月一一・一二日にスイスの首都ベルンで行われた発足後第二回目の閣僚理事会で、七カ国による工業製品のFTA設立に向けた日程の「加速」について合意することに失敗した。イギリス政府が、六二年一月一日に予定されていたEFTA諸国間での第二回目の工業製品の関税引き下げ（一〇％）を一年間前倒しして実施することを提案したのに対して、複数のEFTA加盟国から反対の声が上がった。とくにオーストリア、デンマーク、ノルウェーが、競争力の弱い製造業を抱える国内事情に加えて、農産物や魚類を横に置いて工業製品のみの貿易の自由化を「加速」させることへの反発から、消極的姿勢を貫いたのである。あるいは、このことは、EFTAの実質的な中心国であり、EFTA諸国内で最大の国内市場を持つイギリスが、他国の農産物や魚類の輸入拡大に向けて十分な譲歩をしなかったためと理解することもできるだろう。いずれにせよ、EFTAは設立されて間もなく、EECの域内貿易自由化のスピードに追いつくことができなくなり、EFTA諸国間の結束も危うくなったため、立場を強化してEECとの「橋渡し」を目指すとするその存在意義を厳しく問われることになった。

3　イギリスの欧州経済共同体への第一次加盟申請

EEC加盟申請に向けた政策転換

EFTAの設立からほとんど間を置くことなく、一九六〇・六一年には、イギリス政府の欧州統合政策はさらに変化を見せていくことになった。そこでイギリス政府の政策転換を主導したのは、マクミラン首相自身であった。その基盤は、五九年一一月二〇日にEFTAを設立するストックホルム協定が仮署名される前から部分的に整えられていた。マクミランが率いる保守党が、五九年一〇月八日に行われた総選挙で、野党労働党に一〇〇議席以上の大差をつける圧勝を収めたのである。そのことで行動の自由を大きく拡大した第二次マクミラン政権は、ＦＴＡ交渉に関して設置されていたアドホックな閣僚級の委員会を再編して、新たに欧州経済連合委員会を設立し、マクミラン自身が委員長の座に就くなど、積極的に対ヨーロッパ政策の見直しに着手していった。

六〇年に入るとマクミランは、官僚および閣僚レベルで、人事を親統合路線へとシフトさせた。まず三月に官僚レベルの経済運営委員会を再編し、その内部に新たに設置された欧州部会の長に、代表的な親ヨーロッパ派官僚の財務事務次官フランク・リーを据えた。リーは、六カ国政府が共同市場の構想に着手した五五年の時点から、イギリス政府内で、ほとんどただ一人で欧州統合への参加を主張していたほどの人物である。さらに、七月の内閣改造では、玉璽尚書（実質的な欧州問題担当相）にエドワード・ヒース、コモンウェルス関係相にダンカン・サンズ、農漁業食糧相にクリストファー・ソームズなど、比較的若手の親ヨーロッパ派の政治家を、ＥＥＣに接近（後には加盟）を試みる際に重要となる閣僚ポストに抜擢した。この内閣改造の際には、五八年一月に予算問題をめぐる閣内対立から財務相を辞任していたピーター・ソーニクロフトも航空相として内閣に復帰したが、彼もまた、保守党内の親ヨーロッパ的な若手の代表的な政治家であった。商務相時代のソーニクロフトが、財務相時代のマクミランとともに、プランＧの推進において中心的な役割を果たしたのは、すでに第2章第4節で見た通りである。以上のような制度や人事面の措置に加えて、マクミランは閣議や関係閣僚・官僚との協議などを通して、イギリス政府の対外政策をＥＥＣへの接近、さらに第一次ＥＥＣ加盟申請に向けて引っ張っていくことになる。

この時期、イギリスの核抑止力をめぐる状況が大きく変化したことも、マクミラン政権の欧州統合政策に、二重の意味で影響を及ぼしたと考えられる。イギリスはまず、自国を世界的な大国と捉える意識の修正を迫られることになった。六〇年二月までに、従来のＶ型爆撃機に代わる次世代の核兵器運搬手段としてアメリカの技術支援を受けて開発が進められていたイギリス製のブルー・ストリーク型地上発射弾道ミサイルについて、その軍事向けの開発を断念せざるをえないことが決定的になった。開発費用が当初の予想よりもはるかに高くなると判明したことに加えて、もし開発に成功したとしても、地上固定式かつ発射までに時間がかかる液体燃料式であったので瞬時の交戦性に劣り、ソ連からの先制攻撃に対して脆弱性が高いと考えられたことがその理由である。ブルー・ストリーク型ミサイルの軍事向けの開発断念は、イギリス独自の核兵器運搬手段の開発の試みの挫折を意味するものであった。独自の核戦力を持つというイギリスの大国意識は、それまでイギリス政府の欧州統合への消極的な関与の原因の一つとなっていた。だが今や、その意識を変えなければならなくなったのである。

独自の核運搬手段を自力で開発できなくなったことは、イギリスのアメリカへの依存度を深めることにもなった。六〇年三月二六～三〇日には、マクミランが訪米してアイゼンハワーとの英米首脳会談に臨み、アメリカで開発中であったスカイボルト型空中発射弾道ミサイルの供給に関する合意を取りつけた。スカイボルトをイギリスが五五年二月以来実戦配備していたV型爆撃機に搭載すれば、V型爆撃機の運用年数を延長するとともに、コストの削減にもなると期待された。ところが、大きな問題は、スカイボルト型ミサイルは依然として開発の初期段階にすぎず、アメリカ側が主に技術的な問題から開発に手間取ったため、イギリスへの供給が確実に行われる見通しが立たない状態が続いたことである。そのうえ、当時アメリカ政府内では、同盟国への核兵器の供給に消極的な意見が強まっていたことから、マクミラン政権側では、アメリカからの核兵器運搬手段の提供を確実にするためにも、アメリカとの緊密な関係を維持・強化する必要があるという認識が強まった。そのことが、対米関係の維持・強化のために、アメリカ政府が重視するＥＥＣへの加盟の道を探るべきであるという判断の一因になるのである。

核兵器分野でのアメリカへの依存を深めると同時に、六〇年には、英米関係の限界をイギリス政府に認識させる出来事も起こった。同年五月一日、アメリカのＵ２型偵察機がソ連上空で撃墜された事件を直接の契機として、五月一六日から開かれるはずであった米英仏ソ四大国によるパリ首脳会議が決裂する事態が生じた。それまで東西間の緊張緩和の実現に多大な労力を傾けてきたマクミランは、ソ連首相ニキータ・フルシチョフによる謝罪の要求をかたくなに拒むアイゼンハワーの態度を変えようと尽力した。だが結局、アメリカ政府の姿勢を変えることはできなかった。この経験を通じて、マクミランは、米ソ両超大国間の情勢に翻弄される無力感を募らせるとともに、英米関係の限界や不確実性を痛感し、ＥＥＣへの接近をより真剣に考慮するようになったのである。

その結果、マクミランらは、ＥＥＣ諸国の首脳と相次いで会談を行った。まずマクミランは、六〇年八月一〇・一一日に西ドイツの首都ボンを訪問してアデナウアーと首脳会談を行い、自らが前面に出る形での首脳外交に力を入れていった。八月一六日には、ヒースがローマを訪問し、イタリア首相のアミントレ・ファンファーニと会談した。それらの会談の際に、アデナウアーとファンファーニからは、当時、フルシチョフが西側陣営への圧力を強め、東西間の冷戦対立が激化していた中で、西欧諸国がＥＥＣとＥＦＴＡに分裂している状況を解消することについて積極的な立場が示された。また、独伊首脳は、ＥＥＣ内部でのフランスの優越としばしば見られるその傲慢さに対する懸念も示した。

マクミランは、六〇年の末までに、ＥＥＣに加盟を申請するという決断に向けて大きく近づくことになる。そして彼は、六〇年の末から六一年の初めにかけて、長文のメモランダムを作成した。それは、半分冗談めかして「グランド・デザイン」と名づけられ、マクミラン政権の第一次ＥＥＣ加盟申請に向けた政策転換を強く示唆するものとなった。その長文のメモランダムの中でマクミランは、共産主義の脅威に対抗するために自由世界の結束を強化するとともに、「文明世界における最も強力な経済グループ」であるＥＥＣからイギリスが排除される経済的不利益を回避するためにも、（この時点ではＥＥＣ加盟申請という方針を明確に打ち出すことこそなかったものの）ＥＥＣへの接近が必要であるという考えを強調した。彼はまた、ＥＥＣへの接近を実現するためには、ドゴールと政治的な合意に達することが決定的に重要であると考えた。そのため、五八年にドゴールが提案していた米英仏三カ国による自由主義諸国の主導体制構想（前述の「三カ国主導体制」構想）の受け入れや英仏間の核兵器に関する協力などを通してフランスの「一級の世界大国」の仲間入りを認めることによって、ドゴールから譲歩を引き出すことができるのではないかという見通しも示した。

ドゴールから譲歩を引き出す一つの手段であると考えられたのが、核兵器分野における協力であった。マクミランは、イギリスの核戦力がアメリカとの協力関係に大きく依存していたことから、米英仏三カ国間の枠組みで核兵器分野の協力を進めることで、ドゴールからイギリスのＥＥＣへの接近（さらには加盟）に対する支持を引き出すという考えを強め、イギリス政府内でそのことを繰り返し主張していくことになる。ところが、米英仏三カ国間で核兵器分野での協力を進めるためには、まずはアメリカ政府の支持を取りつけたうえで、最終的にドゴールがそれを受け入れる必要があった。だが本章第5節で検討するように、あくまでフランスの「偉大さ」と「独立」を追求するドゴールに、米英両国との（あるいはＮＡＴＯの枠組みを通した）核兵器分野の協力を受け入れさせることは、きわめて困難であることが明らかになっていくのである。

六一年に入りいよいよ、マクミランはイギリスとＥＥＣとの関係について、直接ドゴールと意見を交わすことになった。同年一月二八・二九日にマクミランは、パリ郊外のランブイエを訪問し、ドゴールと首脳会談を行った。そこでマクミランは、西欧内部でＥＥＣとＥＦＴＡが併存する状況を打開する必要があると強く訴えた。しかし、マクミランが続いて、コモンウェルス諸国の利益とイギリスの国内農業を保護しつつ、イギリスと六カ国の間に連合関係を打ち立てる方策があるのではないかという見通しを述べたのに対して、ドゴールは、イギリスがコモンウェルス諸国との関係を損なわずにＥＥＣに接近することができるという意見について懐疑的な姿勢を見せた。フランス政府（とくにドゴール個人）にイギリスのＥＥＣへの接近ないしは加盟を受け入れる用意があるのかどうかという、マクミラン政権の試みに対する最大の課題が明確に立ち現れたと言えよう。

ドゴールの姿勢は望み薄といったものではあったが、マクミラン政権は自国のＥＥＣ加盟についてアメリカ側とも積極的な意見交換を進めた。マクミラン政権は、三月三〇日のヒースやリーとアメリカ政府の経済問題担当国務次官のジョージ・ボールとの会談や四月五〜八日のマクミランの訪米の際に、アメリカのジョン・Ｆ・ケネディ政権に対して、ＥＥＣに加盟を申請する意向を伝えた。ケネディとの首脳会談の際、マクミランは、イギリスがＥＥＣに加盟し、その中で「安定化勢力」としての役割を果たすことが重要であるという考えを強調した。そのうえで彼は、イギリス政府はアメリカおよびコモンウェルス諸国との関係を損なわずにＥＥＣに加盟する必要があるとして、ケネディ政権の協力を求めた。それに対して、アメリカ側からは、アメリカ政府はヨーロッパ諸国間の政治的結束を非常に重視しており、イギリスを含むヨーロッパ諸国の経済面でのアメリカへの差別的措置はその対価として許容する用意があるとして、イギリスのＥＥＣ加盟を強く歓迎する立場が示された。そして、七月後半の二度の閣議（七月二一日、二七日）での決定を受けて、ついに七月三一日に、マクミラン自身がイギリス下院において、ＥＥＣに加盟を申請する方針を公表したのである。

欧州統合の進展とコモンウェルスの限界

マクミラン政権は、すでに本章第2節で検討したＥＦＴＡの存在意義の低下に加えて、以下のような要因から、第一次ＥＥＣ加盟申請に向けた政策転換を行ったと考えられる。まず、本章第4節で詳述することになるが、一九六〇年から六一年の時期にかけて、ＥＥＣ諸国間において経済面で統合が進んだだけでなく、後にフーシェ・プランと呼ばれる政治外交面での協力構想が浮上したことを、イギリスは強く警戒した。マクミラン政権は、ドゴールが主導する政治連合の構築に向けた動きを受けて、ＥＥＣ諸国間での政治協議から排除されることへの懸念を深めたのである。さらにイギリス政府内では、ＥＥＣ諸国（なかでも中長期的には西ドイツ）に西欧内部でのリーダーシップを奪われることへの懸念も強まっていた。そうした懸念から、イギリス自らがＥＥＣに加盟することによって、イギリスの政治的影響力と西欧内部での主導的地位を回復・強化しようという考慮が生じたのである。

さらに、マクミラン政権を第一次ＥＥＣ加盟申請に向かわせた一因として、それまでの歴代イギリス政府が重視してきたコモンウェルスの経済、政治両面での価値が低下したという認識が強まったことがある。第二次世界大戦後のイギリス政府の対外政策について理解する際には、ウィンストン・チャーチルが四八年一〇月の演説で示した「三つのサークル」という見取り図が、一つの有力な手掛かりとなる。チャーチルによれば、自由諸国と民主主義国家の間には、「コモンウェルスと帝国」「英語圏」「統合ヨーロッパ」という「三つの偉大なサークル」が存在し、イギリスは「それらいずれにおいても大きな役割を持つ唯一の国」なのであった。さらに、チャーチルによれば、それらの「三つのサークル」の間には、「コモンウェルスと帝国」「英語圏」「統合ヨーロッパ」という順序で、明確な優先順位が存在するのであった。そうした中で、五〇年代後半以降、イギリスにとってコモンウェルスの重要性が低下したという認識が高まったことは、イギリス政府の対外政策が相対的にコモンウェルスから距離を置き、欧州統合に接近する動きを促すことに繋がっていく。

まず、五〇年代以降、ヨーロッパ大陸の六カ国は、ECSC、EEC、ユーラトムという三つの共同体を通して段階的に経済統合を進めるとともに、持続的な経済発展と市場規模の拡大を見せていた。それゆえに、イギリス政府は、急速に発展を遂げるEEC諸国との経済関係を強化する必要性を強く認識するようになった。他方、たしかに、世界大恐慌を経験した両大戦間期以来、イギリス経済は、三二年に結ばれたオタワ協定に基づく帝国およびコモンウェルス諸国との特恵貿易関係に大きく依存していた。しかし、コモンウェルス諸国の多くは、五〇年代後半から六〇年代には、アメリカ、西欧諸国、日本といった先進工業諸国の間で見られた高度経済成長の波からおおむね取り残されるようになった。第二次世界大戦後、イギリス帝国からのアジア・アフリカ諸国の独立によって、コモンウェルスの加盟国数は着実に増加したが、それらの国々は発展途上国であり、付加価値の高い製品の輸出市場として十分ではなかった。そして、従来からの加盟国を含むコモンウェルス諸国の大半は、カナダ、オーストラリア、ニュージーランドなどの生活水準は高いが農業主体の国々や、インド、パキスタン、ガーナなどの発展途上国であり、それらの経済成長と市場規模の拡大は緩慢であった。さらに、カナダは巨大な隣国であるアメリカとの相互依存関係に深く組み込まれており、従来イギリスとの緊密な通商関係を維持していたオーストラリアやニュージーランドでも、イギリス市場への農産物輸出が停滞ないし減少する中で、通商関係の多角化を目指す動きが強まった。以上のことから、五〇年代後半から六〇年代初頭までには、イギリスとコモンウェルス諸国の経済面の関係は、徐々に行き詰まりを見せるようになっていたのである。そうした中で、イギリス帝国とコモンウェルス諸国の大半を包摂する多角的な通貨圏であったイギリスの通貨ポンドを中心通貨とするスターリング地域の価値にも、次第に疑問が呈されるようになる。

さらに、それまでイギリス政府は、イギリス帝国から独立した国々の大半が加盟したコモンウェルスの政治的結束を維持することで、帝国後の世界においても国際的影響力を確保することを目指していたが、この時期には、コモンウェルス諸国の政治面での結束も揺らぐ事態が生じた。最大の問題となったのは、イギリスからの移民を含む白人が中心的ないし支配的な地位を占める「旧自治領」諸国の一角を占め、三一年のウェストミンスター憲章によってコモンウェルスが発足して以来の原加盟国であった南アフリカ連邦で人種隔離政策（アパルトヘイト）が進められたことである。南アフリカでは、四八年五月二六日の総選挙の結果、「白人文明」の危機と人種隔離の必要を説く国民党を中心とするダニエル・マラン政権が発足した。そして、それ以降、南アフリカにおいてそれまでにも存在した厳しい人種差別がよりいっそう強化され、パス法（四八年）、異人種間結婚禁止法（四九年）、背徳改正法（五〇年）、集団地域法（五〇年）、住民登録法（五〇年）、隔離施設留保法（五三年）などのアパルトヘイト法制の形で、人種間の差別と隔離が徹底的に制度化されていく。

それに対して、第二次世界大戦後に独立したアジアやアフリカのコモンウェルス諸国で激しい非難の声が上がったが、そうした中で、南アフリカ政府が共和国に移行した後もコモンウェルスに残留することを希望したことが大きな転機となった。コモンウェルス諸国間では、共和国に移行した後もコモンウェルスに残留するためには、加盟国間での全会一致の承認を必要とすることが慣行となっていた。そして、南アフリカの共和国への移行後の残留の是非が議論された六〇年五月と六一年三月の二度のコモンウェルス首相会議で、南アフリカのアパルトヘイトへの批判が噴出した。その結果、南アフリカとの政治的、経済的な関係を重視するマクミラン政権による懸命の仲介努力にもかかわらず、南アフリカは、六一年五月三一日に共和国に移行すると同時にコモンウェルスからの脱退に追い込まれた。それは、形式的には、南アフリカ首相ヘンドリク・フルヴールトが共和国移行後のコモンウェルスへの残留申請を取り下げたことに基づくものであったが、実質的には、コモンウェルスからの「追放」と言ってよいものであった。そして、そのことが、イギリス帝国やコモンウェルス（とくに「旧自治領」諸国）との関係を重視する傾向が強かった当時のイギリス保守党政権の政治家やその支持者の間で、コモンウェルスの政治面での意義を損なうものと受け止められた。このこともまた、マクミラン政権の対外政策をＥＣへの接近（さらには加盟）に向けて転換させる一因となったのである。

アメリカの政権交代の影響

アメリカ政府がEECに強い支持を与える反面、EFTAに対して冷たい態度を取り続けたことも、マクミラン政権の第一次EEC加盟申請に向けた政策転換に大きな影響を及ぼした。前述のように、EECの発展は西欧内でのイギリスのリーダーシップを奪われかねないという懸念をもたらしたが、それに加えて、アメリカ政府がEFTAを軽視するとともに、六カ国間の欧州統合を強く支持していたため、EEC諸国（なかでも西ドイツ）にアメリカの主要なパートナーとしての地位を奪われかねないという懸念が深まったのである。アイゼンハワー共和党政権期（一九五三年一月～六一年一月）には、アイゼンハワー大統領やジョン・フォスター・ダレス国務長官による六カ国の欧州統合への強い支持が、イギリス政府を繰り返し困難な立場に陥らせた。それに対して、六〇年一一月八日の大統領選挙で民主党候補のケネディがアイゼンハワー政権の副大統領リチャード・ニクソンに勝利し、アメリカの政権が交代する際に、イギリス政府内では、アメリカ政府のEECへの強い支持とEFTAを軽視し、EECとEFTAの間の「橋渡し」に冷淡な姿勢が変化するのではないかという期待が生じた。

しかしながら、六一年一月二〇日にケネディ政権が発足した後も、アメリカ政府のEECへの強い支持は、基本的に変化することがなかった。そうした結果、アメリカ政府の欧州統合に対する態度が、アイゼンハワー政権からケネディ政権への政権交代を経ても変化しなかったことが、マクミラン政権がEECに加盟を申請する方針を固める一因となった。それゆえマクミラン政権は、六一年四月初めの英米首脳会談などの際にその方針をまずアメリカ側に伝えたのである。さらにマクミランは、イギリスのEEC加盟を英米関係の強化にも繋げようとした。すなわち、ドゴール率いるフランス政府が（本章第4節で検討するEEC諸国間の政治連合提案に見られたように）対米自立を目指す独自外交路線を強める中で、イギリス自らがEECに加盟し、その内部で「安定化勢力」としての役割を果たしてアメリカの懸念を払拭することに貢献することで、いわゆる「英米特殊関係」を維持・強化しようとしたのであった。

仏独と並ぶ西欧の大国であるイギリスがＥＥＣへの加盟申請を決定し、さらに、イギリスと経済関係が深かったアイルランド（六一年七月）、デンマーク（六一年八月）、ノルウェー（六二年四月）も相次いでＥＥＣに加盟を申請した。このことは、それまでさまざまな欧州統合構想が出現し、なかでもイギリス主導でＥＦＴＡが実現したにもかかわらず、結局は六カ国の統合路線をそれ以外の西欧諸国が受け入れていったことを意味し、ＥＥＣ（さらにその後のＥＣ、欧州連合〔ＥＵ〕）の路線が中心的となることが確定していく大きな転機となったと言えよう。ＥＥＣ、ＥＣ、ＥＵがその後、数次にわたり加盟国を大きく拡大していく端緒は、イギリスを含む四カ国の第一次ＥＥＣ加盟申請にあったのである。

ただし、この時点では、他のＥＦＴＡ加盟国は、それぞれの理由からＥＥＣに加盟を申請しなかった。スウェーデンとスイスは、工業が主要産業であったため、工業製品のＦＴＡとしてのＥＦＴＡに基本的に満足していた。また両国は独立志向が強く、中立国としての立場を維持するためにも超国家的性格を持つＥＥＣへの加盟には動かず、むしろＥＥＣとの連合協定の締結を望んだ。同じく中立国のオーストリアと、六一年六月にＥＦＴＡの準加盟国となっていたフィンランドは、ソ連がＥＥＣへの加盟に強く反対しており、ＥＥＣ加盟へと舵を切ることはできなかった。＊ソ連は、ＥＥＣはＮＡＴＯを経済的に補完する組織であると見なしており、またＥＥＣ自体が政治連合へと発展することを懸念していたため、両国が西側陣営に政治的に接近することを望まなかったからである。他方、ポルトガルは、四九年のＮＡＴＯ発足時からの原加盟国であり、明確に西側陣営に属していたが、西ヨーロッパで最貧国レベルという経済水準の低さが主な理由となり、ＥＥＣへの加盟申請を見送った。

＊フィンランドは一九八六年に正式にＥＦＴＡの加盟国となる。

イギリス、アイルランド、デンマーク、ノルウェーのＥＥＣ加盟交渉は六一年一一月以降に順次、本格的に始まるが、その前に、イギリスがＥＥＣ加盟へと傾いていくのと並行して進んでいた、ＥＥＣ諸国による政治連合創設をめぐる葛藤を次節で見ていきたい。六〇年代初頭において、イギリスのＥＥＣ加盟問題とＥＥＣ諸国間の政治連合の問題が交錯する形で展開していくことになるからである。

4　政治連合提案からフーシェ・プランへ

ドゴールの政治連合提案

マクミランがイギリスのEEC加盟申請へと傾いた理由の一つとしてEEC諸国による政治協力に向けた議論の進展を指摘したが、その話は一九五九年の仏伊首脳会談まで遡る。同年六月、ドゴールは、イタリア政府と共同で、EEC加盟六カ国の間で政治的な問題を議論するために、定期的に外相級の会合を行うという計画を打ち出したのである。これが、ドゴールによる、欧州レベルでの政治協力に向けた最初の提案となった。そもそもローマ条約には外相が外交問題について協議するといった内容は含まれておらず、EECは文字通り経済統合組織であったことから、既存のEEC閣僚理事会での議題は経済問題が中心であった。それゆえEEC六カ国で政治外交問題について議論するという提案はまったく新しいものであった。しかし、このときは、オランダ外相ヨゼフ・ルンスが、英米両国を含むNATOの枠組みを重視するとともに、西欧諸国間の分裂が深まることを警戒する立場から強く反対した。西ドイツ政府もこの時点では消極的であったため、フランス、イタリアによる共同提案がそれ以上進展することはなかった。

しかしドゴールは、六〇年五月三一日、ラジオとテレビを通して放送された演説の中で、改めてEEC諸国間の政治連合に関する提案を行った。その演説でドゴールは、政府間主義の原則に基づき、EEC諸国間で経済のみならず、政治・文化・人的交流の面でも協力関係を構築すべきであるという考えを披露したのである。その数カ月前の二月一三日、フランスは初めての核実験をアルジェリア内陸部のサハラ砂漠で成功させていた。そのこともドゴールに自信をつけさせていたと考えられる。さらに九月五日には、ドゴールは記者会見で、ヨーロッパ建設の基盤としての国家の重要性を強調するとともに、超国家的統合に対して公然と攻撃を仕掛けつつ、いっそう大胆に欧州政治連合の計画を披露した。このように、五九年から六〇年にかけて、ドゴールによって、ヨーロッパ大陸六カ国間の協力関係を、経済面から政治面に大きく拡大すべきであるという提案が繰り返し行われたのである。

ドゴールが政治連合提案を実現するためには、西ドイツ首相アデナウアーの支持を取りつけることが欠かせなかった。そうした中で、ドゴールにとって有利な状況を用意したのは、五八年一一月以降のベルリン問題をめぐる国際的な緊張の高まり（第二次ベルリン危機）であった。ソ連首相フルシチョフが（第二次世界大戦後、米英仏ソによって分割占領されていた）ベルリンの地位の変更とドイツ民主共和国（東ドイツ）の国家承認の問題をめぐり、西側諸国への圧力を強める中で、アデナウアーは他の西側諸国からの確固たる支持を必要とした。そうした状況で、ドゴールは、ベルリンの地位のいかなる変更にも反対であると主張するなど、西ドイツの立場に全面的な支持を与えることで、アデナウアーの信頼を勝ち取ったのである。しかし他方で、イギリスのマクミラン首相は、ソ連との緊張（そして武力衝突の危険性）をいたずらに高めないことが重要であるとして、東ドイツの「事実上の承認」にまで踏み切ることもやむをえないという立場をとり、アイゼンハワーもまたドゴールと比べて柔軟な姿勢を示したため、アデナウアーは英米両国首脳への不信感を強めた。さらに、第二次ベルリン危機を経験したアデナウアーは、EEC諸国間で政治協力を進める必要性を認識するようにもなった。こうしたことが大きな要因となり、アデナウアーは、ドゴールの政府間主義的な協力に固執する姿勢やNATOを軽視する傾向には問題があると感じつつも、ドゴールとドゴールが打ち出す政治連合構想を支持するようになっていくのである。

政治連合構想が実際に動き始めるのは、六一年に入ってからである。六一年二月一〇日にパリのフランス外務省「時計の間」で開催された第一回EEC首脳会議では、ドゴールが、アデナウアーとファンファーニという独伊両国首脳の支持を事前に取りつけたうえで、改めて政治連合を設立すべきという提案を行った。アデナウアーが政治連合構想に賛成に回ったことでオランダは孤立したが、ルンス蘭外相は、六カ国による政治連合が西欧諸国の分裂を招くことへの懸念を示すとともに、不必要な政府間主義的な決定機構を作ることにもなるとして強く反対した。さらにルンスは、もし他のEEC諸国政府が政治連合案を進めることを望むのであれば、おそらくは西欧連合（WEU）を通してイギリスを交渉に参加させることが、オランダが政治連合案を承認する前提条件となると主張した。その結果、パリでの第一回EEC首脳会議は、政治連合案について検討するための六カ国それぞれを代表する官僚からなる特別委員会を設置することに合意するだけで終わった。その委員会は、ドゴールに近いフランスの外交官クリスチャン・フーシェが委員長に就任したため、「フーシェ委員会」と呼ばれることになる。

そうした状況で、六一年四月にピエール・ウィニーの後任としてベルギー外相に復帰したポール＝アンリ・スパークが、次第にルンスの立場に近づいていったことは重要である。スパークは、五七年五月〜六一年四月にはＮＡＴＯ事務総長を務めており、いったんベルギー本国の政治からは離れていた。しかし、この時期、フランス寄りの姿勢をとることが多く、ドゴールの政治連合案も支持していたウィニーに代わり、欧州統合推進派であると同時に大西洋同盟を重視する政治家でもあったスパークがベルギー外相に再び就任したことで、それまで政治連合案に関して六カ国間で孤立しがちであったルンスは、重要なパートナーをえることになった。また当初スパークがオランダとフランスの立場をすりあわせようと試みたこともあり、ルンスも政治連合案に対する態度をやや軟化させた。

二つのフーシェ・プラン

オランダの立場の軟化もあって、一九六一年七月一八日にボンで開催された第二回目のＥＥＣ首脳会議は、フーシェ委員会に対して、政治連合に関する条約草案を迅速に起草するように指示を与えることで合意した。そして、一〇月一九日、フーシェ委員会は、第一次フーシェ・プランと呼ばれることになる政治連合条約草案を提出した。第一次フーシェ・プランは、欧州レベルでの共通の外交・防衛政策と科学・文化、人権・基本的自由・民主主義の分野での緊密な協力を目的とする国家連合的な協力体制の構築を打ち出すもので、四カ月ごとの首脳レベルの理事会や定期的な外相レベルの理事会を行うことがその制度的な核となっていた。首脳および外相理事会での決定は全会一致で行われるが、一カ国またはそれ以上の欠席または棄権があっても決定は妨げられないとされた。そして、首脳および外相理事会での決定は、その採択に参加した国に対してのみ拘束力を持つが、欠席または棄権した国も、後の段階でいつでも拘束力を伴う決定に加わることができるとされた。さらに、各加盟国の外務省高官によって構成され、理事会を補佐する役割を担う欧州政治委員会をパリに設置することも打ち出された。

しかし、フランスに対する小国の不信と、イギリスのＥＥＣ加盟問題のため、フーシェ・プランは結局成立せずに終わることになる。第一次フーシェ・プランが提出される約二カ月前の八月一〇日に、イギリスは正式にEECへの加盟申請を行っており、一一月八日には加盟交渉が本格的に始まることになっていた。西ドイツとイタリアは第一次フーシェ・プランに対して好意的な姿勢を示したが、EECに対するイギリスの立場が変化したことを受けてルンスとスパークはフランスの提案に留保の姿勢をとり、フーシェ・プラン交渉にイギリスも参加させるよう主張した。だがフランスは、イギリスがEECへ加盟する前に政治連合交渉に参加することに反対した。一二月九日に行われた仏独首脳会談でドゴールはアデナウアーに対して、仏独が手を組めば、ベルギーやオランダの反対は問題ないという強気の立場を示していた。

ドゴールの強気の姿勢は、さらなる反発を招くことになった。六二年一月一八日、フランス代表がフーシェ委員会に対して、ドゴール自身が直接手を入れて内容を修正した第二次フーシェ・プランを提出した。この第二次フーシェ・プランは、政治連合が、外交、防衛、文化に加えて、共同体管轄事項の経済分野も扱うことを提案していた。また、防衛分野でも、第一次フーシェ・プランに見られたNATOとの協力を示唆する「他の自由主義諸国と協力して」という文言が削られていた。第二次フーシェ・プランは、政府間主義的な政治協力の枠組みで超国家性を持つEECを骨抜きにすることを目論むとともに、EEC諸国間の政治協力を基盤として、米英両国から自立したフランスの国際的影響力の強化を目指すドゴールの意図を強く反映したものであった。それゆえに、オランダやベルギーからの強い抵抗に直面することになり、またドゴールの大国主義的で高圧的な態度も、スパークやルンスの反発を強めた。第二次フーシェ・プランによって、政治連合構想に対するイタリアの態度も曖昧なものとなり、アデナウアーでさえも苛立ちを示した。

ドゴールは、他のEEC諸国からの反発を受けて、NATOへの言及を再び挿入することによって、アデナウアーとファンファーニを懐柔しようとした。とくにドゴールは、六二年二月一五日に西ドイツ南西部のバーデン・バーデンで行われたアデナウアーとの首脳会談で、大西洋同盟に関する部分で譲歩を提示した。アデナウアーは、ドゴールによる譲歩は受け入れた。しかし同時に、アデナウアーは、フランスと西ドイツの間の合意を他のEEC諸国に押しつけるべきではないと主張し、ドゴールの動きに釘を刺した。だが、それに対してドゴールは、仏独間の合意なしには六カ国の間では何も起こりえないが、いったん「その二カ国が合意に達すれば……それらの決定は押しつけられるべきである」と返答したのであった（Vanke 2001：108）。ドゴールの強硬姿勢と、ルンスとスパークの反発によって、フーシェ・プランは風前の灯火となった。だがその結末を見る前に、イギリスのＥＥＣ加盟交渉の行方を見ることにしよう。

5　イギリスの欧州経済共同体加盟交渉の挫折

コモンウェルスと温帯農産物の問題

一九六一年八月一〇日に行われたイギリスの第一次ＥＥＣ加盟申請に続いて、一〇月一〇日にイギリスの交渉首席全権を務めるヒースがＥＥＣ諸国代表との会合で声明を行い、一一月八日にブリュッセルを舞台にイギリスとＥＥＣ諸国間の加盟交渉が本格的に開始された。しかし、イギリス政府は、ＥＥＣへの加盟申請を決断したとは言え、ＥＥＣの既存の制度のすべてを無条件で受け入れるつもりはなかった。というのも、イギリスの加盟申請は、(1)コモンウェルス諸国、(2)ＥＦＴＡ諸国、(3)イギリス国内農業という三者の利益を満足させるための調整を行うという条件が付けられた「条件付きの加盟申請」（Deighton and Ludlow 1995）だったのである。なかでも、とくに(1)と(3)をめぐる問題が加盟交渉を難航させることになる。それに加えて、「英米特殊関係」とそれに対するドゴールの不信という三つ目の要因があいまって、イギリスの第一次ＥＥＣ加盟交渉は最終的には挫折することになる。以下で、これら三つの要因を順に詳しく見ていきたい。

イギリスの加盟交渉では、第一に、コモンウェルス諸国との経済関係をめぐる問題が焦点となった（図３－１、３－２）。この問題は大きく分けて、(1)コモンウェルス内の先進国（カナダ、オーストラリア、ニュージーランド）からの温帯農産物の輸入、(2)アジアのコモンウェルス諸国（とくにインド、パキスタン、セイロン）からの繊維や工業製品の輸入、(3)コモンウェルス内の発展途上国および海外領土との連合関係という三つに分類することができる。なか

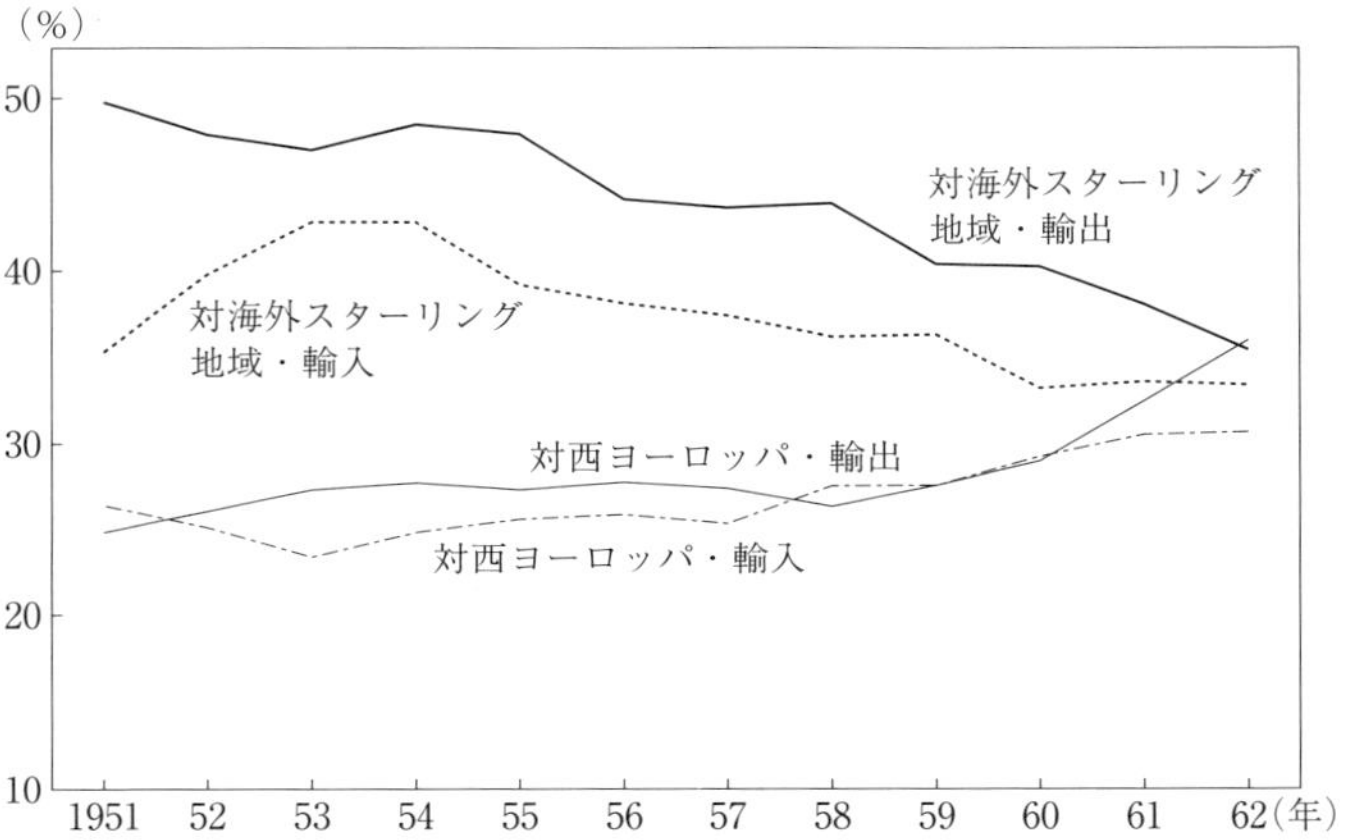

図3-1　イギリス輸出入の地域別対総額比率（1951〜62年）
出典：金井雄一『ポンドの譲位――ユーロダラーの発展とシティの復活』名古屋大学出版会，2014年。

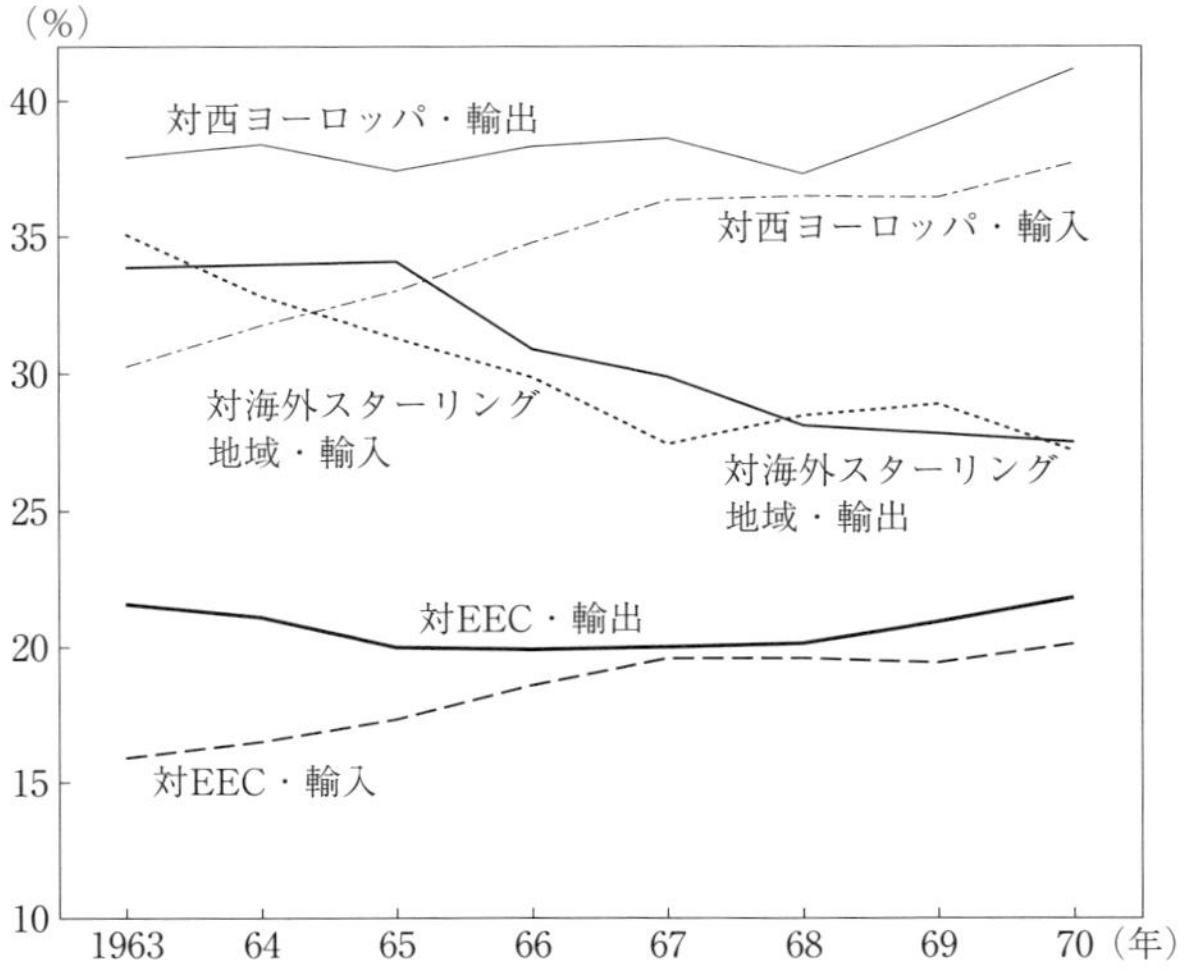

図3-2　イギリス輸出入の地域別対総額比率（1963〜70年）
出典：金井雄一『ポンドの譲位』。

でも、イギリスの第一次EEC加盟交渉において深刻な問題となったのは、(1)の温帯農産物をめぐる問題である。コモンウェルス発足時からの主要な加盟国であったカナダ、オーストラリア、ニュージーランドは、小麦やバター、チーズといった乳製品などの温帯農産物を大量かつ安価に生産、輸出する国々で、従来からコモンウェルス特恵制度の下で、無関税かつ特恵待遇でのイギリス市場への輸出を保証されていた。そしてEEC加盟交渉においてイギリス政府が、EECに加盟した後もそれらのコモンウェルス諸国からの農産物輸入に対して「同等の販路の機会」を保証するように求めたことが、交渉を難航させる一因となった。ここでの「同等の販路の機会」とは、コモンウェルス諸国が、公平な競争条件の下で、従来イギリス市場に輸出してきた分量に至るまで、数量制限を受けずに農産物の輸出を続けられるということを意味していた。

ところが、カナダなどの温帯農産物は、フランスをはじめとするEEC諸国の主要な農産物と直接競合するものであり、EEC諸国側の反発は大きかった。そのため、第一次EEC加盟交渉の過程で、コモンウェルス諸国からの温帯農産物の輸入を数量的に保証することをEEC諸国側に受け入れさせるのは困難であるという認識が強まり、イギリスの閣議でも、次第にこの問題については譲歩せざるをえないという意見が大勢を占めるようになった。ただし、それと同時に、第一次EEC加盟交渉の過程では、六二年九月一〇～一九日にロンドンで開催されたコモンウェルス首相会議などの際に、カナダ、オーストラリア、ニュージーランドから、将来のイギリスとの貿易に関して強い懸念が表明された。さらに、ヒュー・ゲイツケルが率いるイギリスの野党労働党がそうしたコモンウェルス諸国の利益や主張を擁護する立場を鮮明にしたこともあり、マクミラン政権側でもイギリス国内世論への悪影響が強く懸念された。このように、EECへの加盟問題をめぐり、コモンウェルス諸国との関係の政治的重要性が改めて表面化したことにより、マクミラン政権が加盟交渉において妥協することはより困難になってしまった。

イギリス国内農業とCAP

加盟交渉を挫折させた第二の要因が、イギリスの従来からの国内農業保護政策とEECの共通農業政策（CAP）の調整をめぐる問題であった。それまで、イギリスの国内農家は、一九四七年、五七年の二つの農業法に基づき、農産物の消費者価格を低く抑えつつ、国庫から生産者に「不足支払い」と呼ばれる直接補助を行うイギリス型の農業保護システムの恩恵を受けていた。さらに、イギリス政府と全国農業経営者同盟（NFU）という国内農家の代表組織の間で行われる年次協議を通して、国内農家の利益を政治に反映する仕組みも整備されていた。しかし、イギリス政府がEECのCAPを採用すれば、既存の農業保護システムは、農産物ごとに「共通目標価格」を定めたうえで、域外からの農産物輸入に対する可変課徴金を用いて消費者価格を一定水準以上に保つEEC諸国型のシステムに移行し（CAPについての詳細は第4章第2節を参照）、欧州レベルで運営されるCAPに対してイギリス国内農家の利益を反映させることも難しくなると考えられた。そのために、NFUは、イギリスの農家の利益は、既存の農業保護システムを継続することによってのみ維持されうると主張していた。

そのことを受けて、イギリス政府は第一次EEC加盟交渉において、EECに加盟するにしても、修正なしにCAPを即座に受け入れることはできないという立場をとった。それに加えて、EEC諸国側も、六二年一月一四日に（ローマ条約では一般的な目標や方針が列挙されるにとどまっていた）CAPについて基本的な合意に達したものの（詳しくは第4章第2節を参照）、その具体的な内容については依然として協議を続けている段階であり、イギリスとの交渉に向けた準備が十分に整っているとは言えなかった。たとえば、六二年夏になっても、EEC諸国は、牛肉、牛乳、羊肉などのイギリスにとって重要な複数の農産物に関して、具体的な合意に達することができていなかった。

こうして、第一次EEC加盟交渉の過程では、コモンウェルス諸国からの温帯農産物輸入をめぐるイギリスとEEC諸国間の立場の隔たりが次第に狭まるにつれて、イギリス政府の既存の農業保護政策とEECのCAPとの調整をめぐる問題が最大の懸案として立ち現れたのである。その背景には、まず、イギリス国内で経済状況が悪化する中でマクミラン保守党政権の支持率が低迷し、補欠選挙でも保守党候補が敗北を繰り返す中で、地方の選挙区で保守党の重要な支持基盤となっていた国内農家からの圧力に対する政府の立場が弱まっていたことがあった。さらに、ヨーロッパ有数の農業国であり、CAPから多大な利益をえる立場にあったフランスの側でも国内農家の利害は非常に重視されており、この問題をめぐって譲歩が困難であることに変わりはなかった。

ドゴールの「英米特殊関係」への反発　イギリスの第一次EEC加盟交渉が挫折することになる第三の原因として、「英米特殊関係」を重視するイギリスがEECに加盟することに対するドゴールの警戒があった。ドゴールは、冷戦下での米ソ両超大国による二極体制と西側同盟内での米英両国の優越という国際政治における二重の覇権構造を、フランスの「偉大さ」と「独立」を阻害するものとして克服しようとした。そのためにも彼は、欧州統合を通してヨーロッパ、そして何よりもフランスの国力の向上と自立性の獲得を追求した。前節で見た六カ国による政治連合構想も、その一環であった。ドゴールにとって、アメリカとの緊密な関係を重視するイギリスのEEC加盟は容易に受け入れがたい側面を持っていたのである。

一九六一年一一月八日にイギリスのEEC加盟交渉が本格的に始まって以降、マクミランとドゴールは、六一年一一月二四〜二六日にイングランド南部サセックス州（当時）のマクミランの私邸バーチ・グローヴ・ハウス、六二年六月二・三日にパリ郊外のシャン城で、それぞれ首脳会談を行った。まず、バーチ・グローヴ・ハウスでの英仏首脳会談では、ドゴールは、イギリスのアメリカやコモンウェルス諸国との繋がりに言及し、それらをEEC加盟への障害として指摘した。マクミランは、ドゴールにはそもそもイギリスのEEC加盟を妨害しようという意図があるのではないかと受け止めた。

それに対して、シャン城での英仏首脳会談では、イギリスのEEC加盟に向けて前向きな議論も行われ、会談が友好的な雰囲気で進んだと感じたフランスのモーリス・クーヴ・ド・ミュルヴィル外相は、イギリスのEEC加盟が実現する可能性が高まったとさえ考えた。さらに、シャン城での英仏首脳会談の共同コミュニケでは、以下のように、イギリスのEEC加盟交渉について（曖昧ではあるが）前向きな姿勢も表明された。「現代世界の諸問題についての見解を比較した後、彼ら〔ドゴールとマクミラン〕は、フランスとイギリスの間の利害の一致についての合意を確認した。彼らは、この精神が、彼らが取り組まねばならない大きな国際的な諸問題に関する考慮において、彼らを力づけることを意図している。彼らが、現在ブリュッセルで進行中の交渉に乗り出し、そしてそれを継続することを意図しているのは、まさにこの同じ精神においてなのである」（六二年六月四日のアメリカ駐英大使からディーン・ラスク国務長官への電報から引用。以下も含めて、〔　〕は引用者による補足)。

ところが、そもそもイギリスのEEC加盟に消極的であったドゴールは、その後、態度を明らかに硬化させていった。その背景には、すでに検討したような、⑴コモンウェルス諸国からの温帯農産物輸入の扱い、⑵イギリス国内農家の利害とCAPとの調整の問題、⑶ドゴールの「英米特殊関係」への警戒に加えて、この時期、ドゴールの国内政治基盤がそれまで以上に強化されたことがあったと考えられる。

ドゴールはまず、フランス帝国の脱植民地化における最大の懸案であったアルジェリア問題への取り組みを強化した。そして困難な交渉の末、六二年三月一八日にフランス政府と、アルジェリアの独立を追求するFLNの間でエヴィアン協定が署名され、四月八日の国民投票での九〇%という圧倒的な承認を経て、七月五日にはついにアルジェリアの独立が達成された。ドゴールにとってアルジェリアの独立は、五八年六月に彼が政権に復帰して以来おそらく最も困難な課題であったアルジェリア問題を基本的に解決したことを意味した。それに加えてドゴールは、六二年一〇月二八日の国民投票で自らの主張する大統領の直接選挙制を含む憲法改正を成立させ、一一月一八日と二五日の国民議会選挙でドゴール派とヴァレリー・ジスカールデスタンが率いる独立党グループを合わせたドゴール支持勢力で安定多数を獲得するなど、さらに国内の権力基盤を強化し、イギリスのEEC加盟問題を含む外交政策における行動の自由を拡大したのである。アルジェリア問題を解決し、権力基盤をも強化したドゴールは、イギリスのEEC加盟問題に対して一方的な行動をとるようになっていく。

六二年七月四日のアメリカ独立記念日にケネディが打ち出した大西洋共同体に関する「グランド・デザイン」も、イギリスのEEC加盟に対するドゴールの警戒心を強めた。独立宣言が採択された場所であるフィラデルフィアの独立記念館で行われたその演説の中でケネディは、「私たちは、強くかつ統合されたヨーロッパをライバルとしてではなく、パートナーと見なしています。その進展を支援することは、〔第二次世界大戦終結以来の〕一七年間、私たちの外交政策の目的であり続けてきました」と述べた。さらに、ケネディは、「グランド・デザイン」において、アメリカとイギリスを含む統合ヨーロッパの間で相互依存と協力を深め、それら二つが対等なパートナーとして自由主義諸国の共同体を支えるという「二つの柱」の概念を提唱した。しかしそのことは、ドゴールにとっては、アメリカの覇権的影響力の下で西側同盟が再編されかねないという懸念を増幅させるものであった。またケネディ政権の構想では、西欧諸国の核戦力を、NATO加盟国の混成兵員部隊で構成される多角的核戦力（MLF）という形で統合することが打ち出されており、そのことも、フランス独自の抑止力（force de frappe）の維持・強化を目指すドゴールには、到底受け入れられないものであった。

「二重のノン」

一九六二年一二月一五・一六日にランブイエで行われた英仏首脳会談において、ドゴールはついに、イギリスのEEC加盟を受け入れることはきわめて困難であるという立場をマクミランに対して明らかにした。さまざまな伝記や研究を通して、マクミランはこの会談の際に涙を流したと伝えられている。そのことは、マクミランの失望と傷心の大きさを物語るものであろう。

その直後、マクミランは、ドゴールとの会談で受けた衝撃を抱えつつ、カリブ海の英領バハマのナッソーに向かい、一二月一八〜二一日にケネディとの英米首脳会談に臨んだ。本章第3節で触れたように、アイゼンハワー政権時代にイギリスはアメリカからスカイボルト・ミサイルの提供を受けることで合意していたが、同ミサイルの開発が難航し、「スカイボルト危機」と呼ばれるほどこの問題が英米間での大きな懸案事項となっていた。そこでマクミランはケネディを説得し、スカイボルトに代わり、アメリカの最新鋭の潜水艦発射弾道ミサイル（SLBM）であったポラリスの供給合意を取りつけることに成功した。一二月二一日には、英米両国間で、「核防衛システムに関する声明」（いわゆるナッソー協定）が合意および公表された。この合意は、イギリス政府が「究極の国益がかかっていると判断した場合」を除き、ポラリス型ミサイルを搭載したイギリスの原子力潜水艦は多国間のNATO核戦力に組み込まれるという条件でなされたものであり、イギリスの「独自核」に一定の制約が課されることにはなったが、イギリスの核抑止力を強化するという点ではマクミラン政権にとって大きな成果となった。

しかし、ナッソー協定はまた、「英米特殊関係」とイギリスのEEC加盟へのドゴールの反発をさらに強めるものであった。ナッソーでの英米首脳会談の後、ケネディ政権からは、フランスに対しても、イギリスと同じ条件でポラリス型ミサイルを供与することが提案されたが、ドゴールはそれをかたくなに拒絶した。六三年一月一二日にスパークと会談したアメリカの駐ベルギー大使によれば、スパークは、ヨーロッパと大西洋同盟は重大な岐路に至ったと指摘し、「ナッソー以降、共同市場へのイギリスの加入に対するフランスの姿勢は、ほとんど非妥協的態度の段階にまで決定的に硬化した」という考えを示した（六三年一月一三日の駐ベルギー大使からラスク国務長官への報告から引用）。

そしてドゴールは、英米間のナッソー協定をある意味で絶好の機会として、最終的にイギリスのＥＥＣ加盟交渉を決裂に追い込んだ。六三年一月一四日、ブリュッセルでのイギリスとＥＥＣ諸国との交渉が再開された日に、ドゴールは、フランス大統領官邸のエリゼ宮殿で行った記者会見で、イギリスのＥＥＣ加盟を拒否する意向を公式に表明したのである。ドゴールは同じ演説で、ケネディによる大西洋共同体に関する「グランド・デザイン」も拒絶した。イギリス外交史研究者のジェームズ・エリソンは、それらを「二重のノン」（a double *non*）と表現し、前例のない仕方でフランスの「独立」についてのドゴールの政策を発動するものであったと指摘する（Ellison 2006: 858）。ドゴールは、「グランド・デザイン」と名づけられたマクミランのメモランダムによって強く示唆されたイギリスのＥＥＣ加盟の試みと、西側諸国を支える「二つの柱」の概念を打ち出したケネディの「グランド・デザイン」の双方を、一度に葬り去る強い意志を表明したのであった。

六三年一月一四日のドゴールの声明の後、イギリスの第一次ＥＥＣ加盟交渉の再開を模索して各国間で協議が続けられたが、結局、ドゴールが態度を翻すことはなく、一月二八・二九日にブリュッセルで行われた閣僚協議で交渉は最終的に決裂した。そして、イギリスと並行してＥＥＣへの加盟交渉を行っていたアイルランド、デンマーク、ノルウェーのＥＥＣ加盟の試みも、同じく実現せずに終わった（コラム３－２参照）。交渉の行方次第では、ＥＥＣの加盟国は、発足後数年にして、六カ国から最大で一〇カ国にまで増加する可能性があったが、六〇年代前半の時点では、結局、ＥＥＣの加盟国拡大に向けた最初の試みは、すべて実現することなく終わったのである。その結果、西欧内部にＥＥＣ六カ国とＥＦＴＡ七カ国が併存する状況が、七〇年にアイスランドがＥＦＴＡに加盟するまで続

コラム３-２　幻の第１次拡大

ドゴールは，1963年１月14日の記者会見でイギリスの EEC 加盟を拒否する意向を公式に表明した後，ある戦術的な動きに出た。前年にデンマーク首相に就任し，積極的な欧州統合論者として知られたイェンス・オットー・クラーグが１月26日にパリを訪問したことが，「それまで堅固に親イギリス陣営にあった新規加盟申請諸国を分断するための好機を提供した」のである（Bange 2000：194-195）。そして，ドゴールは，クラーグに対して，デンマーク単独での EEC 加盟を提示したのである。クラーグも記者会見で，ドゴールの提案を大きな関心を持って聞いたと述べた。

ところが，おそらくデンマーク国内のマスメディアや他の EFTA 諸国からの批判が理由となり，クラーグは態度を翻し，１月31日にロンドンでのマクミランとの首脳会談で，デンマーク単独での EEC 加盟を行わないことを明言した。こうして，結局，交渉を行った４カ国すべての EEC 加盟は実現せずに終わる。63年１月末のデンマークをめぐるわずか数日間のエピソードは，４カ国の第１次加盟申請とそれに基づく交渉の末に，EEC の初めての加盟国拡大への道が一瞬開けたかに見え，そしてそれがすぐに潰えたという意味で，「幻の第１次拡大」とも呼べるものであった。

くことになる。

他方で、イギリス政府にとっては、第一次ＥＥＣ加盟交渉が挫折した後も、コモンウェルス、ＥＦＴＡともに、第一次ＥＥＣ加盟申請に至る過程で認識された弱点（それぞれの加盟国間の結束の欠如やＥＥＣと比べた経済面での見劣りなど）が克服される見通しが立たない状況が続いた。そうした中で、六三年一月一四日のドゴールの声明の直後から、政治、経済の両面でイギリスの国力の基盤を確保していくためには、一度は失敗したＥＥＣへの加盟を再び目指す以外に有効な代替選択肢はないという認識が強まった。そのことは、次章以降で論じるように、その後、六四年一〇月のハロルド・ウィルソン労働党政権への政権交代後の一時の曲折を経つつも、イギリス政府の欧州統合政策が、六七年の第二次ＥＥＣ加盟申請、さらには七三年のＥＣ加盟へと進んでいくことを強く示唆するものであった。

また、第一次加盟申請が「条件付きの加盟申請」としてなされ、そして挫折したことは、後のイギリス政府が無条件でＥＥＣへの加盟申請をすることになったのみならず、その後のＥＣ・ＥＵへの加盟申請国はすべて、原則として基本条約やＥＣ・ＥＵ法を丸ごと受け入れなければならなくなることを示唆するものでもあった。

6 エリゼ条約と「仏独枢軸」

政治連合提案の挫折

ドゴールはイギリスのEEC加盟を阻止したが、自らの政治連合構想を実現することには失敗する。本章第4節で検討した第二次フーシェ・プランもまた、オランダ、ベルギー両国政府の強い反発を受けて、最終的に挫折することになるのである。少し時間を遡ることになるが、一九六二年二月のドゴールとの独仏首脳会談の後、たしかにアデナウアーは再びドゴールの政治連合案をより強く支持する姿勢に転じていた。たとえば、アデナウアーは、後述する六二年四月中旬のEEC諸国の外相会議の直前、ベルギー政府に対して、ベルギーとオランダが政治連合への反対を続けるならば、イギリスのEEC加盟問題に関してより厳しい対応をするという警告を伝えさえしていた。

ところが、第二次フーシェ・プランの挫折に至る最終局面で、まさにそのイギリスのEEC加盟問題が、交渉の帰趨に大きな影響を及ぼすことになる。イギリスの加盟交渉が始まってからちょうど五カ月が過ぎた六二年四月一〇日、玉璽尚書として欧州問題を担当していたヒースは、ロンドンで行われたWEU閣僚理事会での演説で、政治連合に関するフーシェ・プラン交渉にイギリスが直接参加することを求めた。その演説の中で、イギリス政府は制度化された政治協力の原則を受け入れる用意があるとヒースは言明したが、それはEEC加盟交渉への積極的な効果を狙ったものであった。ヒースは、「その声明は、WEU理事会によって肯定的に受け止められ、六カ国政府は、現在、政治協力の問題に関する彼らのさらなる考察に対してイギリスがどのようにすれば最もよく連携できるかを検討している」とイギリスの閣議で報告していた（六二年四月一七日のイギリスの閣議議事録から引用）。ところが、ヒースがおそらく予期していなかったことが起こる。欧州統合史研究者のマチュー・セヘルスによると、ドゴールとアデナウアーの強固な連合がその他の国々から強い反対を受けているというフーシェ・プラン交渉の状況においては、イギリスが政治連合交渉への参加を求めたことが、「ドゴール主義の欧州政治連合（構想）にとって最後の一撃」となってしまったのである（Segers 2010: 130）。というのも、イギリス政府自身が政治連合構想に積極的な姿勢を示したことを受けて、ルンスとスパークは、フランスが提案する政治連合構想を受け入れるための必須の前提条件として、イギリスのEECへの完全な加盟と政治連合交渉にイギリスを参加させることを明確に求めたからである。このオランダとベルギーの要求は「英国先決事項」（préalable anglais）と呼ばれた。両国は、もしイギリスが参加しないのであれば、危険なドゴールの政治連合構想を潰してしまって構わない覚悟であった。四月一七日にパリで行われたEEC諸国の外相会議でルンスとスパークは「英国先決事項」に固執し、他方でクーヴ・ド・ミュルヴィル仏外相はそれを拒否しフーシェ・プランに関する協議を打ち切った。その後、他のEEC加盟国から交渉再開のための提案が行われるなど仲介の試みもなされたが、具体的な成果が上がることはなく、六カ国の枠組みでの政治連合交渉は立ち消えとなるという結末を迎えたのであった。

エリゼ条約と「大西洋の前文」

六カ国の政治連合の構築に失敗したドゴールは、すぐさま二国間での政治協力の構築へと動いた。ドゴールは、イタリア政府には拒否されたものの、政治連合提案に理解を示してきたアデナウアーとの間で仏独二国間の政治連合を形成する方向に向かった。アデナウアーもまた、フーシェ・プラン失敗の背後にイギリスの陰謀があったと見なし、ドゴールと手を結ぶことを選んだ。前節で論じたように、ドゴールは一九六三年一月一四日にイギリスのEEC加盟を拒否する意志を公式に表明していたが、返す刀でその八日後の二二日に仏独二国間で、「独仏協力に関するフランス共和国とドイツ連邦共和国との間の条約」に署名したのである。この条約は、エリゼ宮殿で署名されたため、エリゼ条約と呼ばれる。イギリスのEEC加盟を拒否した直後に、仏独二国間でエリゼ条約が締結されたことで、他のEEC諸国のみならず西側同盟諸国の間に大きな衝撃がもたらされた。

こうしてエリゼ条約により、いわゆる「仏独枢軸」または「パリ＝ボン枢軸」が形成された。このエリゼ条約では、仏独間の首脳会談を原則として少なくとも年に二回開催し、外相会談を少なくとも三カ月ごとに開催すると定められ、その後、多くの重要な局面で欧州統合の進展を支えていくことになる緊密な仏独関係の制度的基盤が整えられた。かつて何度も戦火を交えた仏独両国の間で、国防相が少なくとも三カ月に一回、参謀総長が少なくとも二カ月に一回会合を持つとともに、軍隊間の人事交流を促進するとされた点も重要である。さらに、エリゼ条約では、教育や青少年問題に関する大臣などがそれぞれ定期的に会談を行うとともに、両国の青少年の交流を促進することが定められており、それらのことは今日から見て、長期的に、政治や外交のみならず、文化・教育・研究・人的交流なども含めた分野で仏独間の緊密な協力関係が築かれる基盤となったと評価されている。

しかし、より短期的に見ると、エリゼ条約に基づく仏独間の蜜月は長続きしたわけではなかった。エリゼ条約は、西ドイツ側ではアデナウアーが独断に近い形で進めたものであったため、西ドイツ国内で十分な支持がえられていたわけではなかったのである。それゆえに、六三年五月一五日、西ドイツ連邦議会においてエリゼ条約が批准される際に、同条約が大西洋同盟の枠内にとどまるべきであること、そしてイギリスや他の加盟意思がある国々を含めて欧州統合を推進することなどを明記した前文が追加された。欧州統合史研究者のヴォルフラム・カイザーが、エリゼ条約を「多分に無意味にした大西洋の前文」（Kaiser 1997 : 32）と評したように、この前文によって、同条約を通して米英両国から自立したフランスの独自外交を強化しようとしたドゴールの目論見は、署名からわずか半年ほどで実質的に骨抜きにされた。それは西ドイツの政界で、ドゴールとの協調を重視する「ドゴール派」（ゴーリストまたはドイツ・ゴーリストと呼ばれた）としての傾向を強めるアデナウアーに対する批判が高まっていたことを示すものでもあった。エリゼ条約は仏独両国での批准を経て七月二〇日に発効したが、一〇月にアデナウアーは首相を辞任し、四九年からの一四年間にわたる在任期間の幕を閉じた。後任の西ドイツ首相には、親米派で「大西洋主義者」（アトランティカー）のルートヴィヒ・エアハルトが就任したため、ドゴールとアデナウアーの時期に「仏独枢軸」を支えた両国首脳間の緊密な関係は揺らいでいくことになる。そして、ドゴールとエアハルトの不和は、六〇年代におけるＥＥＣの危機の時代の背景要因となっていくのである。

このように、五九年以降のドゴールの政治連合提案に端を発する二つのフーシェ・プランは挫折し、エリゼ条約も批准の過程で骨抜きにされた。しかし、それらは、次の三つの点でその後のヨーロッパの歩みに重要な影響を残したと考えられる。第一に、ドゴールがその後も、第一次、第二次フーシェ・プランで示されたような、政治連合に基礎を置く国家連合としてのEECという考えを維持し続けたことは、六五年七月から六六年一月の「空席危機」と「ルクセンブルクの妥協」（第4章第3節参照）の重要な背景となる。第二に、ドゴールの政治連合提案と二つのフーシェ・プランが、長い目で見て、七〇年にEC諸国間で成立する欧州政治協力（第5章第1節参照）や九二年に署名されたマーストリヒト条約によって発足する共通外交・安全保障政策（CFSP）（第6章第4節参照）に繋がる政治、外交、安全保障面でのEC、EU諸国間の政府間主義的な協力の起点となった点も重要である。第三に、エリゼ条約が「大西洋の前文」によって骨抜きにされたことで、ドゴールはその後、フランス単独で独自外交路線を追求する傾向を強めていった。そして、そのことは、本章第1節で見たような六六年のフランスのNATO統合軍事機構からの脱退や、六七年にドゴールがイギリスの第二次EEC加盟申請を再び拒否した際にEEC諸国間で孤立することに繋がっていくのである。

本章第3節の最後ですでに論じた通り、EEC諸国間の政治連合交渉と並行して行われたイギリスを含む四カ国の第一次EEC加盟申請は、EEC、EC、EUがその後、加盟国の段階的拡大とともに、西欧（ひいてはヨーロッパ）内部で中心的な存在となっていく端緒になった。五〇年代末から六〇年代初頭にかけての欧州統合の初めての拡大と政治連合に関する提案と交渉は、いずれもこの時点では挫折に終わったとは言え、その後のヨーロッパの将来をめぐる路線を明確に示していたと評価することができるのではないだろうか。

参考文献

小川浩之『イギリス帝国からヨーロッパ統合へ――戦後イギリス対外政策の転換とEEC加盟申請』名古屋大学出版会、二〇〇八年。

川嶋周一『独仏関係と戦後ヨーロッパ国際秩序――ドゴール外交とヨーロッパの構築 一九五八―一九六九』創文社、二〇〇〇七年。
ジャン＝フランソワ・シリネッリ『第五共和制』（川嶋周一訳）白水社、二〇一四年。
橋口豊『戦後イギリス外交と英米間の「特別な関係」――国際秩序の変容と揺れる自画像、一九五七～一九七四年』ミネルヴァ書房、二〇一六年。
スタンレイ・ホフマン『政治の芸術家ド・ゴール』（天野恒雄訳）白水社、一九七七年。
益田実「第一次EEC加盟申請の失敗とイギリスの対ヨーロッパ政策再検討過程――マクミラン保守党政権の対応、一九六三年」（一）～（四・完）『法経論叢』第二五巻第一号、二〇〇七年、第二五巻第二号、二〇〇八年、第二六巻第一号、二〇〇八年、第二六巻第二号、二〇〇九年。
山本健「完成・深化・拡大――ヨーロッパ政治協力の進展と限界、一九六〇―一九七二年」遠藤乾・板橋拓己編著『複数のヨーロッパ――欧州統合史のフロンティア』北海道大学出版会、二〇一一年。
渡邊啓貴『シャルル・ドゴール――民主主義の中のリーダーシップへの苦闘』慶應義塾大学出版会、二〇一三年。
Oliver Bange, *The EEC Crisis of 1963 : Kennedy, Macmillan, De Gaulle and Adenauer in Conflict* (Basingstoke: Palgrave, 2000).
Anne Deighton and Piers Ludlow, '"A Conditional Application": British Management of the First Attempt to Seek Membership of the EEC, 1961-3', in Anne Deighton (ed.), *Building Postwar Europe : National Decision-Makers and European Institutions, 1948-63* (Basingstoke: Macmillan, 1995).
James Ellison, 'Separated by the Atlantic: The British and de Gaulle, 1958-1967', *Diplomacy and Statecraft*, Vol. 17, No. 4, 2006.
Wolfram Kaiser, *Using Europe, Abusing the Europeans : Britain and European Integration 1945-63* (Basingstoke: Macmillan, 1996).
Wolfram Kaiser, 'Challenge to the Community: The Creation, Crisis and Consolidation of the European Free Trade Association, 1958-72', *Journal of European Integration History*, Vol. 3, No. 1, 1997.
N. Piers Ludlow, *Dealing with Britain : The Six and the First UK Application to the EEC* (Cambridge: Cambridge University Press, 1997).

Alan S. Milward, *The UK and the European Community, Vol. I : The Rise and Fall of a National Strategy 1945–1963* (London: Frank Cass, 2002).

Alain Peyrefitte, *C'était de Gaulle, tome I : La France redevient la France* (Paris: Fayard, 1994).

Mathieu Segers, 'De Gaulle's Race to the Bottom: The Netherlands, France and the Interwoven Problems of British EEC Membership and European Political Union, 1958–1963', *Contemporary European History,* Vol. 19, No. 2, 2010.

Maurice Vaïsse, *La grandeur : Politique étrangère du général de Gaulle 1958–1969* (Paris: Fayard, 1998).

Jeffrey W. Vanke, 'An Impossible Union: Dutch Objections to the Fouchet Plan, 1959–62', *Cold War History,* Vol. 2, No. 1, 2001.

Stephen Wall, *The Official History of Britain and the European Community, Volume II : From Rejection to Referendum, 1963–1975* (London: Routledge, 2013).

第Ⅱ部　欧州統合の模索

第4章　草創期の欧州経済共同体
——一九六〇年代の危機と欧州統合——

山本　健

初期のEEC委員会（出典：Michel Dumoulin, (ed.), *The European Commission 1958-72: History and Memories,* European Communities, 2007）

第I部では戦後の欧州統合の起源を概観し、シューマン・プランが今日の欧州連合（ＥＵ）の出発点を築き、さらにローマ条約が署名され、イギリスの欧州経済共同体（ＥＥＣ）への第一次加盟申請が拒否されるまでを見た。加盟申請は拒否されたとはいえ、イギリスが対ヨーロッパ政策を大転換しＥＥＣへ加盟申請したことは、欧州統合の方向性としてローマ条約路線が定着したことを示した。この第4章では、ＥＥＣが発足した一九五八年まで少しだけ時間を巻き戻し、その草創期にＥＥＣがどのように内的に発展したのか、さらにどのように対外関係を広げていったのかを概観する。この間ＥＥＣは、関税同盟を実現するとともに、対外的存在感を高め、また欧州共同体（ＥＣ）法における画期をもたらす判決が欧州司法裁判所によってなされたことを確認する。また、とりわけ共通農業政策を実現させたことが、後のＥＣ発展の基盤になったと論じる。同時に六〇年代は、フランスによって引き起こされた空席危機やイギリスの第二次加盟申請の拒否など、危機の時代でもあったことを見る。

1　ローマ条約の発展

一九五八年一月一日、ローマ条約が発効し、欧州経済共同体（ＥＥＣ）と欧州原子力共同体（ユーラトム）が正式に発足した（コラム4－1参照）。だがローマ条約の発効によって、共同市場が一夜で生まれたわけではない。ローマ条約は「枠組み条約」とも言われ、いわば共同体の大まかな設計図を規定したものであった。つまり、共同市場も原子力共同体も、条約の規定の枠内で新たな制度を作り上げていかなければならなかったのである。それゆえ本章では、とくに草創期《フォーマティブ・イヤーズ》とも呼ばれるローマ条約が移行期間とした初期のＥＥＣの発展過程と、それをめぐって起こった危機を中心に見ていきたい。

ハルシュタイン委員会

ローマ条約の発効に伴い、共同市場創設の担い手として新たな超国家的組織が設立された。ＥＥＣ委員会である。初期のＥＥＣ委員会は九名で構成され、加盟国のバランスをとる形で、フランス、ドイツ連邦共和国（西ドイツ）、イタリアから各二名、ベルギー、オランダ、ルクセンブルクから各一名の委員が任命され、その中でドイツ人のヴァルター・ハルシュタインが委員長となった。もともと国際法学者のハルシュタインはコンラート・アデナウアー政権の中で外務次官となり、第1章第4節でも見たようにシューマン・プラン交渉の西ドイツ政府首席代表を務めた人物である。彼はローマ条約締結交渉にもあたり、そして初代ＥＥＣ委員会委員長に選ばれた。五八年一月一六日に九名のＥＥＣ委員による初会合が開かれたとき、彼らは楽観的であった。ハルシュタインは彼らを前にして、「我々は、欧州統一という偉大な構想の奉仕者である」と語った。

ハルシュタインは熱心な連邦主義者であり、ヨーロッパは、アメリカ合衆国のような連邦国家になるべきであると考えていた。彼は、ジャン・モネと同じく、実行力のある超国家的制度の構築が欧州統合が成功する前提条件であると考えていた。そしてハルシュタインは、ＥＥＣ委員会を、単にローマ条約の守護者というだけでなく、将来の欧州政府になるものであるとみていた。それゆえＥＥＣ委員会は、経済共同体のみならず政治共同体を目指し、

コラム４-１　その後のユーラトム

ユーラトムは，1958年のローマ条約発効によって，EECとともに設立された。ユーラトムは加盟６カ国間で，原子力分野での研究開発を進めることを目的としていた。具体的には，原子力発電の推進，研究開発，共同市場の創設などが目標とされていたが，なかでも濃縮ウラン施設の建設が初期の課題であった。しかしながら，濃縮ウラン施設はローマ条約調印の段階で棚上げとなってしまい，64年にフランスが一国で建設してしまう。また発足からほどなくして原子力の研究開発のとりまとめも困難となり，68年までに頓挫することとなった。ユーラトムは「死産」であると評価されるゆえんである。

67年に融合条約が締結され，ECとして一体となってからは，原子力の問題はEECのエネルギー総局の管轄分野にもなり，EEC全体で進める共通エネルギー政策の一部門となった。法的・制度的にはユーラトムは今も存続しているが，その独自性は失われ，今ではその実態はないに等しいものとなっている。

欧州統合を進展させるエンジンとなるべきであった。しかしまずはローマ条約の規定を実現すべく，九名のＥＥＣ委員に九つの担当分野が割り振られた。それぞれがあたかも「大臣」のようになり，各委員の下に「総局」と呼ばれる「省庁」が組織された。それらをすべて列挙すると，対外関係（第一総局），経済・通貨（第二総局），域内市場（第三総局），競争（第四総局），社会問題（第五総局），農業（第六総局），運輸（第七総局），海外開発（第八総局），総務（第九総局）となる。これらを見ると，ＥＥＣの発足当初，共同市場の実現に向けてどのような分野が取り組まれるべきであると考えられていたかがわかるであろう。すでに欧州議会がフランスのストラスブールに，司法裁判所がルクセンブルクに置かれており，ローマ条約はイタリアの首都で署名され，委員長がドイツ人になったことから，ＥＥＣ委員会の本部はベルギーの首都ブリュッセルとなった。後に「ユーロクラット」と呼ばれるようにもなるＥＥＣ委員会の職員は，発足当初は一〇〇〇人程度であった。

関税同盟の形成　ローマ条約は，モノ・ヒト・サービス・資本の四つの自由移動が実現する共同市場の創設を目指すものであったが，ＥＥＣは一九六〇年代に二つの大きな目標を達成した。関税同盟と共通農業政策（Ｃ

ＡＰ）の実現である。困難を極めつつも実現に至った共通農業政策については本章第2節で詳しく論じるとして、ここでは関税同盟の発展について見ていきたい。関税同盟は、第2章第4節や第3章第2節で見たイギリスの自由貿易地域（ＦＴＡ）構想や欧州自由貿易連合（ＥＦＴＡ）とは異なる。ＦＴＡは、主に加盟国間で関税や貿易障壁を撤廃することを目的としていた。それに対して関税同盟は、域内の関税を撤廃するのみならず、域外に対する関税を加盟国すべてが共通にすることを目指すものである。通常であれば、国家はそれぞれ独自の国内事情に合わせて独自の関税率を設定しており、各国の関税は異なるものである。しかし関税同盟の中では、たとえばフランスとイタリアは、関税なしで相互に物を輸出入できるのみならず、アメリカなど域外国から輸入する場合、フランスを通じて輸入してもイタリアを通じて輸入しても同じ関税がかけられることを意味する。他方でＦＴＡの場合、イギリスとポルトガルが同じＦＴＡ加盟国であっても、域外から輸入する場合、両国は違う関税率を設定することが可能であり、たとえばイギリスは関係の深いニュージーランドから乳製品を特別低い関税率で輸入することもできた。

ローマ条約は一二年かけて関税同盟を実現するとしており、その間を移行期間と定めていた。さらにその一二年間は、四年ごとに三段階に分けられていた。つまり、段階ごとに約三〇％域内関税を引き下げていき、最終的に六九年一二月末を期日として域内関税をゼロにするというスケジュールである。また各段階で、次のステージに進めてよいかをチェックすることになっていた。とくに、第二段階に進む際にはそれを理事会での全会一致で決め、さらに第三段階に進む際には、特定多数決制*によって決めるとされていた。域外関税に関しては、各輸入品目それぞれに関して異なった関税が設定されているため、一律に引き下げるというのではなく、品目ごとに高い関税をかけている国と低い関税をかけている国の中間を基準とし、移行期間の間に各国が段階的にその基準に近づけていった。また、後に触れるように、関税と貿易に関する一般協定（ＧＡＴＴ）を通じた域外諸国との関税引き下げ交渉が並行して行われ、それと合わせて共通の域外関税の設定が目指された。

＊特定多数決制とは、一国一票の単純多数決ではなく、国によって票数を変える制度である。具体的には、加盟国が六カ国であった当時の場合、委員会が理事会に提案した案件については、フランス、西ドイツ、イタリアが各四票、オランダとベル

ギーが各二票、ルクセンブルクが一票を持ち、計一七票中、一二票の賛成でもって理事会の決定とされた。さらに委員会の提案に基づかない場合は、六カ国中少なくとも四カ国が賛成しなければならないという条件が加えられていた。仏独伊の三大国のみで決定し小国の利害が軽視されることを防止する措置であった。現在のEUの特定多数決制は、加盟国の増大に伴いさらに複雑なものとなっている。

EEC六カ国は五九年一月一日、最初の域内関税引き下げ（一〇％）を実施し、順調なスタートを切った。さらに、関税同盟は当初の予定よりも早く完成することになった。と言うのも、ハルシュタイン委員会により域内関税引き下げのペースを「加速」させるとの提案がなされ、それが六〇年五月に六カ国に受け入れられたからである。仏外相モーリス・クーヴ・ド・ミュルヴィルはこれを、EECが行った初めての重要な決定であると高く評価した。その後六二年七月までに域内関税が五〇％引き下げられ、六八年七月一日に、共通域外関税の実現とともに関税同盟が完成した。ローマ条約が予定していた期限よりも、一年半早く達成したことになる。

今日から振り返って見れば、関税同盟が成功裏に実現できたのは、良好な経済状況が背景にあったからであったと言えよう。五〇年代と六〇年代は、インフレなき成長と雇用増の時代であった。戦後復興を終えた西欧諸国は、高度経済成長期に入り、好景気に沸いた。非EEC諸国も含むが西欧全体の経済成長率は五〇～六〇年の平均が五・六％、六〇～七三年の平均は四・九％であった。EEC域内の貿易も活発化した。五八年から七二年までの間に、域外との輸出入も三倍に増加したが、域内では九倍の増加であった。EEC諸国の総輸出に占める域内輸出の割合も、五八年の時点では三二％であったのが、六九年には四八％にまで増加した。一人あたりの国民総生産（GNP）もEEC平均は、五七年には九五〇ドルであったのが、七一年には二八〇〇ドルにまで増えている。このような経済的背景がなければ、ローマ条約に基づく統合の進展はより困難であったかもしれない。

共同市場形成は、物の自由移動のみならず、人の自由移動の実現も目標としていた。だが注意すべきは、ローマ条約で想定されていた「人の自由移動」とは労働や雇用条件について国籍によって差別されないという意味であったという点である。つまり、ここでの「人」とはすべての人を指すのではなく、あくまでも労働者の自由移動であり、もっぱら経済統合の観点に基づいたものであった。学生や年金受給者などの移動は労働力とならないため当初は想定外であった。さらに労働者の自由移動といっても、当時は国境管理の廃止やパスポートの統一を意味したわけではなかった。具体的には、ＥＥＣ域内を移動し居住する権利を労働者に与え、移住者を受け入れた加盟国は国籍による差別の禁止を保障することが当初の「人の自由移動」の意味であった。とは言え六〇年代後半にはこの分野における進展が見られ、たとえば、働く本人のみならず、その家族にも移動・居住権を与え、その子どもには受け入れ国で教育を受ける権利が与えられるようになっていった。六〇年に設立された欧州社会基金も、共同市場内の労働力の移動を後押しすることを目的とし、農村地帯や炭鉱業などの斜陽産業から工業地帯へ移住するための助成に用いられた。

ただし実際に移動した労働者は、もっぱらイタリア南部から西ドイツへの移動に限られていた。そもそもローマ条約形成過程で労働者の自由移動を強く求めたのはイタリアであった。第二次世界大戦後の高い出生率によって人口圧力が高まっており、イタリア北部は奇跡の経済成長を遂げる一方で、農業中心の南部は十分な雇用の受け皿が発展しなかったからである。ＥＥＣ全体としては言葉や習慣の壁が高く、物の移動に比べＥＥＣ内の人の移動は微々たるものであった。ＥＥＣ諸国の高度経済成長は、むしろ域外の北アフリカやトルコなどの周辺国からの大量の労働移民をもたらした。当時は、不完全であるとは言え共通移民・難民政策を持つ今日の欧州連合（ＥＵ）とは異なり、ＥＥＣ域外からの人の流入を管理する権限は基本的にそれぞれの加盟国に委ねられたままであった。ＥＥＣ域外からの労働力が六〇年代の経済成長を下支えしたのであるが、彼らは次第にＥＥＣ域内で定着・定住し、やがて高度成長期が終わると今度は、移民排斥の標的にもされていくことになる。

対外政策の発展

欧州統合の発展過程は、域外世界と無関係ではありえない。一九六〇年代を通じてＥＥＣは共通通商政策の基盤を築き、また対外的な存在感を高めていった。ＥＥＣの共通通商政策は、とりわけ自由貿易を促進しようとするアメリカとのやりとりを通じて形成されていった。アメリカから見ると、農産物を含む共同市場を形成しようとする六カ国が、対外的に保護主義的で差別的になることが懸念された。それゆえアメリカは、ＧＡＴＴの枠組みの中で自由貿易交渉を進めることでヨーロッパにおける共同市場形成に対応しようとした。ＧＡＴＴとは、四七年に締結された無差別で自由な貿易を目指す協定であり、ＥＥＣ六カ国もすべてその締約国であった。ただし、自由貿易地域や関税同盟の形成はＧＡＴＴ第二四条で認められており、六カ国による共同市場創設自体がＧＡＴＴに反していたわけではない。また、これまで見てきたように、従来のアメリカ政権は超国家的な欧州統合の試みを強力に支持してきた。だが同時に、アメリカは多くの農産物を西欧諸国、とりわけ西ドイツに輸出していたこともあり、もし農産物を含む共同市場がＥＥＣ六カ国によって形成されればアメリカの農産物がそこから駆逐されてしまうことが懸念された。

そこでアメリカ政府は、新たな、そしてより野心的な交渉を提案した。ＧＡＴＴの枠組みではこれまでも何度か関税引き下げ交渉が行われてきたが、それらは主にそれぞれの輸出品目ごとに交渉されたものであった。それに対して、新たな提案は、一律に関税を五〇％削減し、各国がとくに保護すべきと考える品目のみを例外とするという野心的なものであった。さらに、従来の交渉は工業製品のみが対象であったのに対して、新たな提案は農産物も含む交渉とされた。西欧における地域統合の進展が、さらなる経済のグローバル化を促したとも言える。ケネディ・ラウンドと呼ばれたこの新たな多国間交渉は、六四年五月より開始された。

ケネディ・ラウンドに際して、ＥＥＣ六カ国は一致して交渉に当たる必要があった。というのも、前述のように共同市場実現は共通域外関税の実現を含んでいたため、ケネディ・ラウンドを通じて域外諸国とともに関税を引き下げるに際しても共通の域外関税を引き下げるという形にする必要があり、ＥＥＣ諸国が分裂していてはまともに交渉することなどできなかったからである。さらに、ケネディ・ラウンドの関税引き下げ交渉では農産物も扱うことになっていたため、ＥＥＣ諸国は共通農業政策を完成させたうえで、交渉の立場を決めなければならなかった。また何を一括関税引き下げの例外品目とするかも、ＥＥＣとしてとりまとめる必要があった。その結果、六カ国政府とＥＥＣ委員会が協議を行い、ケネディ・ラウンドに対する共通通商政策が作成されていった。またスイスのジュネーヴで行われていたケネディ・ラウンド交渉には、ＥＥＣ委員会がＥＥＣを代表して交渉に当たった。実際、六カ国が一致して交渉に臨んだことはＥＥＣの交渉力を著しく高め、交渉を有利に展開できた。六七年五月に交渉は妥結し、最終的に工業製品に関しては関税を三五％削減することとなった。他方で農産物に関しては、大きな成果は見られなかったが、それは独自の共通農業政策を重視するＥＥＣ側が望んだことであった。交渉後の同年六月、ハルシュタインＥＥＣ委員会の当時の対外関係担当委員でありケネディ・ラウンド交渉において中心的役割を果たしたジャン・レイは、「ＥＥＣは第三国に対して、一つの交渉者によって代表される一体として初めて現れ、共通の立場に基づいて交渉した」と述べている。ケネディ・ラウンド交渉を通じて、国際的アクターとしてのＥＥＣが生まれたのである。

ＥＥＣはまた、六〇年代以降、さまざまな協定を結ぶことで徐々に域外の国・地域との関係を広げていった。まず、そもそもローマ条約の第四編には、ＥＥＣ加盟国と「特別の関係」にある国、すなわち加盟国の植民地とＥＥＣが「連合」を形成するとされていた。対象が植民地であったため植民地側との交渉などなく、ローマ条約の発効と同時に、いわゆる「執行協定」が発効したが、その内容は大きく二つの特徴があった。一つは、ＥＥＣ加盟国の植民地を関税面で優遇し、ＥＥＣとともに一大自由貿易地域の形成を目指すというものである。もう一つが、新たに欧州開発基金を設立し、それを通じて植民地に開発援助を行うことであった。しかしほどなく、六〇年以降ほとんどの植民地が独立を果たすことになった。また執行協定は五年という期限付きのものであったため、ＥＥＣは六三年七月に、独立したアフリカの一八カ国とカメルーンの首都ヤウンデにおいて新たにヤウンデ協定を締結した。独立したばかりのアフリカ諸国も、ＥＥＣとの連合にとどまり貿易上の特権を維持することを望んだ結果であった。

さらにＥＥＣは、後に加盟国あるいは加盟候補国となる国をも含む地中海諸国とも連合協定を締結していった。[*]その第一号が、ギリシャである。ＥＥＣにもＥＦＴＡにも加盟していなかったギリシャはＥＥＣとの関係強化を望み、六一年に両者間でアテネ協定が締結された。アテネ協定は、移行期間の後にＥＥＣとギリシャが関税同盟を形成することを規定していた。しかし、六七年にギリシャでクーデターが勃発したことでその目標は棚上げとなり、ＥＥＣからの援助も停止された。第５章第４節で論じるようにギリシャは、民主化した後になって、八一年に後の欧州共同体（ＥＣ）に加盟することになる。ギリシャに次いで六三年に連合協定を締結したのが、トルコ（コラム8‐1参照）である。さらにＥＥＣは、フランスの旧植民地であったチュニジア、モロッコとは六九年に、そしてマルタ（七〇年）、キプロス（七二年）とも連合協定を締結した。七〇年には、フランシスコ・フランコ独裁時代のスペインとＥＥＣが通商協定を締結している。そのスペインも八六年に、ＥＦＴＡの加盟国であったポルトガルとともにＥＣに加盟することになる（第6章第1節参照）。

＊ここでの連合協定は、ローマ条約二三八条に基づく。

他方でＥＥＣ域外の国々も次々とＥＥＣを承認していった。アメリカはすでに欧州石炭鉄鋼共同体（ＥＣＳＣ）に代表を派遣していたが、ＥＥＣとしては五九年二月に、ブリュッセルに駐在するアメリカ大使を受け入れた。大使の派遣は、アメリカが新たに生まれた既存の国家とは異なる国際的存在であるＥＥＣを承認したことを意味した。これを皮切りに、七二年までに八五カ国がブリュッセルに大使を送り、ＥＥＣは共産主義陣営の国々を除く主要国の大半からその存在を認められることとなった。

司法クーデター

欧州司法裁判所の役割も、欧州統合の歴史を理解するうえで無視するわけにはいかない。とくに一九六〇年代前半に、それが超国家的な法制度の土台を確立したことが注目に値する。欧州統合の過程は、政治や経済のみならず、独自の法体系を構築する過程でもあった。ローマ条約などの設立条約を基盤とし、委員会の提案に基づき閣僚理事会が決定する法――規則、指令、決定、勧告などと呼ばれる――が共同市場（そして今日のＥＵ）を形作っていった。同じく重要なのが、欧州司法裁判所の判決である。欧州司法裁判所の判決は、設立条約についての解釈であり、それがまた判例法として共同体内のルールを充実させていった。いわば、ＥＣ・ＥＵは法と判決を積み重ねることで、自らの統治のあり方を自ら発展させられる独特な国際組織になったのである（コラム4‐2参照）。

だが初期の欧州司法裁判所の役割はきわめて限られたものであった。欧州司法裁判所は、ＥＣＳＣを創設したパリ条約の発効とともに誕生したが、それは基本的にはＥＣＳＣの最高機関がパリ条約で定められた権限の範囲を逸

コラム4-2　アキ・コミュノテール

EU について学び始めると，アキ・コミュノテールという聞き慣れない言葉に出会うことになる。アキ・コミュノテールとはフランス語で，EU 法の総体を意味する。アキ（acquis）が「獲得されたもの」「蓄積されたもの」を意味し，コミュノテール（communautaire）は「共同体の」という意味である。アキ・コミュノテールは主に，加盟国間で締結された条約，その条約に基づいて EU 諸機関で作られた法（規則，指令，決定），欧州司法裁判所の判決，その他加盟国間で合意された宣言や協定などからなる。これらはまさに ECSC の設立当初から今日に至るまで積み重ねられてきたものであり，EU 加盟国が従うべき法の巨大な体系を形成している。それをまとめて一言で，「アキ・コミュノテール」または短く「アキ」と呼ぶことになっている。

とりわけ後に EU に加盟することになった国は，すでに蓄積されたこの EU の法体系をすべて受け入れなければならない。それが加盟の条件であるが，その量は膨大であり（一説には 8 万頁を超えるとされる），自国の法をアキ・コミュノテールに合わせて修正し，自国の社会経済の仕組みを変える作業を行わなければならないのである。

脱していないかを法的に監視するための存在であった。もともとモネは強力な権限を持つ裁判所の創設を望んでおらず、常設の裁判所が設置されることにも消極的であった。他方で、当時西ドイツの交渉団代表で国際法学者であったハルシュタインは、設立される欧州司法裁判所がヨーロッパの憲法裁判所のようなものになることを望んだ。しかしその主張は受け入れられず、とりあえずは常設の裁判所が設置されることになったことで満足した。また、五四〜五八年までの間に欧州司法裁判所が下した判決はわずか二七であり、その役割は限定的であった。

ローマ条約では、制度としてはＥＣＳＣの司法裁判所をＥＥＣやユーラトムでも共有することになったが、六〇年代以降その役割が大きく発展することになった。だがその発展は、ローマ条約で規定された内容によってではなく、六〇年代前半に出された画期的な二つの司法判決によってもたらされた。そもそも国家は各国によって異なる法律を持つ。それらはそれぞれの国で歴史的に作られてきたものであり、当然ＥＥＣ六カ国の法律も大きく異なっていた。しかし欧州統合が進展していくためには、域内での統一的なルールが作られていく必要がある。

ＥＥＣの法革命の第一歩は、六三年にファンヘント・エン・ロース裁判と呼ばれる裁判で出された判決であった。* 国内裁判であれば、自国の法律に基づいて争われる。だがこの裁判は、オランダ国内法ではなくローマ条約の内容が適用されるか否かで争われた。ローマ条約が単なる国際条約であれば、通常は国家ではない一企業がそれに基づいて訴えることはできない。企業は国際条約の主体ではないからである。しかしながら、六三年に出された欧州司法裁判所の判決は、国家のみならず、企業などEEC加盟国内の「私人」であっても、ローマ条約に基づき国内裁判所で保護されるというものであった。つまり、ローマ条約の規定が加盟国内の「私人」に対して直接に法的効果を及ぼすとしたのである（それゆえ「直接効果原則」と呼ばれる）。これはEEC加盟国内のすべての人々や企業が、EEC条約という共通の「法」に基づいて裁判を起こすことができ、その法の解釈も欧州司法裁判所が統一的に行うことを意味した。この判決は、欧州司法裁判所が強調したように、「新しい法秩序」の構築の始まりであった。

＊ファンヘント・エン・ロース裁判とは、オランダのファンヘント・エン・ロース社がホルムアルデヒドを輸入した際、オランダ関税局が八％の関税を課したのに対して、EEC条約に基づけば三％の課税になるとして不服を申し立て訴訟となった事件の裁判。

さらに、もう一つの重要な判決が、いわゆる「EC法の優位性原則」を示したコスタ対エネル事件* の判決である。ルールが複数存在する場合、しばしばルールとルールがぶつかる場合がある。このコスタ対エネル事件の裁判では、EEC条約の規定とイタリア国内法の規定が抵触した際に、どちらが優先されるのかが争われた。六四年、欧州司法裁判所は、すべてのEC法が国内法よりも優位にあるとの画期的判決を下した。

＊コスタ対エネル事件とは、一九六二年にイタリアが電力会社を国有化した際、国有化されてしまった民間電力会社の株主であったコスタ氏は、電力公社（エネル）からの電気料金の支払い請求を拒否し、国有化そのものがEEC条約が規定する独占事業の創設禁止に反するとして裁判となった事件。

これら二つの判決により、「直接効果原則」と「EC法の優位性原則」が示され、EEC域内に新たな法秩序が形成され始めた。今や、直接効果原則によって、加盟国やEEC委員会のみならず、加盟国の国民や企業もEEC

条約に基づいて訴えることができるようになった。またEC法の優位性原則によって、判決次第ではEC法あるいは裁判所によるその解釈に加盟国が従う義務が発生するようにまでなったわけである。それゆえ、この二つの判決がEC法にもたらした変化は、「司法クーデター」とか「法革命」などと呼ばれている。

欧州司法裁判所の判決のみならず、EEC各国の裁判所も新たな法秩序の構築を後押しした。各国の最高裁判所は、EECに関係する訴訟については、独自に判断するのではなく、まず欧州司法裁判所の解釈を聞くという行動を積極的に採るようになったからである（「先決裁定」と言う）。こうして、欧州司法裁判所による統一的な法秩序の基盤が作られていった。それはローマ条約を作成し署名した各国政府の意図せざる結果であった。EC法はいわば国家を越える欧州レベルの存在となり、欧州司法裁判所も欧州統合を進展させる重要な牽引役を担っていくことになったのである。

2　共通農業政策

ローマ条約と農業

積極的統合と消極的統合という見方がある。消極的統合とは、加盟国間の垣根を低くすることを意味する。それに対し積極的統合は、加盟国が統一的政策を構築することを意味し、こちらの方がより困難であるとされる。関税同盟の実現は消極的統合と言えるが、一九六〇年代に達成された最も重要な積極的統合は、共通農業政策（CAP）の実現である。さらに共通農業政策は、草創期の欧州統合の象徴的存在でもあった。図4-1が示すように、EECの予算の内訳を見れば、農業関連の支出が突出しているのがわかるだろう。初期のEECの実態は、農業統合であったと言っても過言ではない。

多くの貿易交渉で見られるように、農産物に関する通商協定の締結はしばしばきわめて大きな困難を伴う。共通農業政策について合意に達する過程も例外ではなかった。それは農産物自体の特徴に由来する。まず農産物は天候に左右されやすい不安定な商品である。また長期保存に不向きで、短期市場で取引される商品である。加工によって付加価値を付けにくく、儲かりにくい商品でもある。その結果、農業従事者と工場労働者との間で収入格差が生まれやすい。そして何より、食料の安定供給は政治的安定と直結するため、農業は国家に管理されやすい産業である。そのため、各国政府はそれぞれが置かれた状況に合わせた独自の農業保護政策をとることになる。農家もまた政治に依存することになり、しばしば強力な圧力団体を形成し、農産物に関する貿易交渉において無視できない要因となる。同様に、共同市場において共通の農業政策を創設する際にも、各国独自の農業政策が衝突することになる。農業は、きわめて政治的なのである。にもかかわらず、そのような難しさを抱える農業分野において共通政策を作成できたことが、初期の欧州統合の最大の成果であった。それゆえ本節では、ローマ条約の発効以降、共通農業政策がどのように実現していったのかについて、その国際政治過程をやや詳しく見ていきたい。

五八年当時、ＥＥＣ域内の農業労働者は一六〇〇万人を数え、労働総人口の二五％を占めていた。だが、農業労働者の所得は工業労働者の半分しかなく、ＥＥＣ諸国にとって農業問題は重要課題であった。「枠組み条約」であったローマ条約では、共通農業政策を制定することは決まっていたものの、その詳細については規定がなかった。

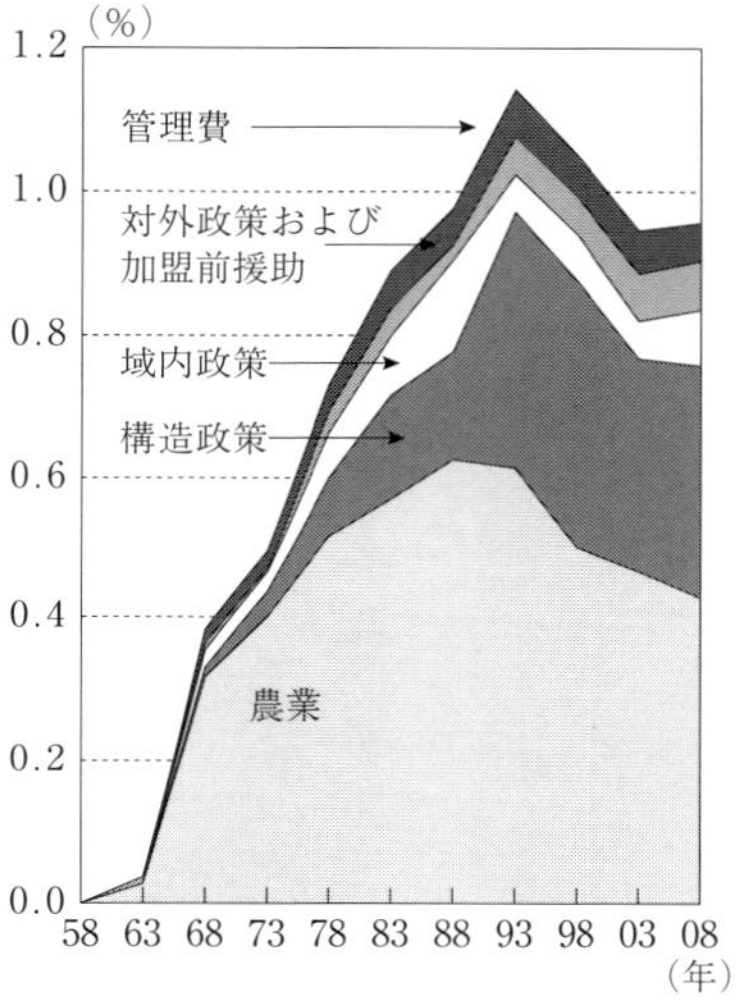

図4-1　EC・EU 財政支出（GNI［国民総所得］比，1958～2008年）
出典：田中素香・長部重康・久保広正・岩田健治『現代ヨーロッパ経済』［第5版］有斐閣，2018年。

生産性の向上、農業従事者の公正な生活水準の維持、農業市場の安定、供給の安定、消費者への合理的な価格設定という共通農業政策の五つの目的が合意されただけであった。これら一般的な目的は六カ国政府すべてに受け入れ可能な大雑把なものであったのだが、これをより具体的な政策として実現していく際に、各国の政治的利害が衝突することになる。ローマ条約では、その具体化作業を進める役割をＥＥＣ委員会に託し、その期限を関税同盟の完成と同様に六九年末と定めていた。

マンスホルトのイニシアティヴ

共通農業政策の作成において中心的な役割を果たしたのが、ハルシュタイン委員会の農業担当委員シッコ・マンスホルトである。マンスホルトはＥＥＣ委員会に入るまで、一九五〇年から八年もの長きにわたってオランダ政府の農相を務め、農業分野に精通した人物であり、ヨーロッパにおける五〇年代の農業に関するさまざまな政府間交渉に関与していた。ハルシュタイン委員長もまた、ＥＥＣ委員会は単なる官僚機構ではなく政治的主役にならなければならないと考え、農業分野はまさにＥＥＣ委員会が活躍する絶好の場であると認識し、マンスホルトを全面的に後押しした。ＥＥＣ委員会は共通農業政策の実現が欧州統合の中心的課題であると主張し、それへの反対は統合への反対であるとした。

マンスホルトはまず、農相時代に培ったネットワークを最大限利用した。五八年七月にＥＥＣ加盟各国の代表のみならず、各国の農業団体や消費者団体をイタリアの温泉町ストレーザに招待し、関係者の意見を幅広く聞く会議を開催した。各国・各団体の見解の隔たりは大きかったが、農業の重要性については合意された。ＥＥＣ委員会は、その後二年という時間をかけて、共通農業政策の素案を作成した。

六〇年六月末に閣僚理事会に提出されたＥＥＣ委員会の共通農業政策は、三つの原則から成り立っていた。まず、共同市場で流通する農産物の価格を統一する。また、共同体内の農産物を優先する。そして、共通農業政策を運営するための共同財源を創設する、という三つである。それらを実現するため、基金を設立し、それにより農産物の統一価格、ひいては農家の収入を補助し、国際価格と比べて割高になる場合は輸出補助金を出し、他方で域外から農産物を輸入する場合は可変課徴金を課すことで域内の農産物を優先して購入するよう促す。ＥＥＣ域内で決められる農産物の統一価格は国際価格よりも高く設定されるが、そのままでは輸入農産物の方が安くなるため、域内統一価格と国際価格の差額を課徴金として徴収することで、域内農産物が輸入農産物との競争に負けないようにしたのである。農産物の国際価格は常に変動するため、それに合わせて課徴金も変動することから、可変課徴金と呼ばれる。各国独自の農業保護政策に代えて、可変課徴金システムによるＥＥＣの統一的な農業保護体制を構築することが要点であった。

共通農業政策をめぐる交渉

このマンスホルトの共通農業政策案は、しかしながら、すべての加盟国に受け入れられなければ実現しない。かつては農業分野で利益をえられるフランスと、工業分野で利益がえられる西ドイツとの間で妥協によって共通農業政策が成立したといった解釈が支配的であった。だが史料に基づく歴史研究が進んだ現在、共通農業政策の成立過程に関するそのような単純な図式は修正を迫られている。

たしかにフランスは農業大国でもあり、実際、ＥＥＣ全体の耕地面積の約半分をフランスが占めており、共通農業政策が実現するうえでフランスは中心的な役割を果たした。だが、一九五七年にローマ条約が調印された当初から農業分野の統合に必ずしも熱心であったわけではなかった。シャルル・ドゴールのフランスがＥＥＣ委員会の提案する共通農業政策を強く支持するのは、六〇年になってからである。フランス国内ではこの頃から、経済が高度成長する中で取り残された形となった農民たちの怒りが、道路を封鎖したり、路上に野菜をぶちまけたりする行為として頻発し、フランス社会を揺るがしていた。ドゴールは、このような農民の不満に対処するため、農家の所得を保障することになるＥＥＣの共通農業政策に解決策を見出し、その実現に邁進するようになったのである。またオランダも積極的な農産物輸出国であり、もともと農産物を含む共同市場の創設を熱心に主張していたのはオランダであった。フランスのみならず、オランダもマンスホルトの共通農業政策案が可能な限り早期に実現することに賛同していたことが重要であった。

他方で、ＥＥＣ委員会案に強く抵抗したのが西ドイツであった。冷戦によるドイツの東西分断の結果、伝統的に農業の中心地であった東側が切り離され、西ドイツは農産物の輸入大国となっていた。それゆえ、ＥＥＣ優先の保護主義的な共通農業政策が実現すれば、アメリカからの安い農産物の代わりに割高な域内の農産物を購入しなければならなかった。また西ドイツには小規模農家が多く、農産物の価格も他のＥＥＣ加盟国と比して割高であり、農産物の共同市場の中で不利な立場に置かれると考えられた。なかでも、与党キリスト教民主同盟（ＣＤＵ）の支持母体であり、政府の農業省とも密接な繋がりのあるドイツ農業連合（ＤＢＶ）は圧力団体として大きな影響力を持っていた。ＥＥＣ委員会の共通農業政策案に従えば域内農産物の統一価格を設定することになっており、全農産物の基準となる穀物の統一価格は、西ドイツ内における平均価格よりも下がる見込みであった。それゆえ、農家の収入を維持するためにも、アデナウアー政権は、穀物価格の引き下げに断固として反対すると決定した。またドイツ農業連合は、農家への影響を少しでも小さくするため、共通農業政策開始までの移行期間を可能な限り先延ばしするよう主張した。

西ドイツのかたくなな抵抗がある中で、ＥＥＣ委員会が提案した共通農業政策は、合意可能な部分を確認する形で、数度の段階を経て実現していった。だがその過程は、仏独間の妥協というよりもむしろ、西ドイツの敗北の連続であった。まず六〇年末には、主要産品である穀物、砂糖、豚肉、鶏肉および家禽肉の共同市場を形成し、また輸入課徴金制度を導入することについて、法的拘束力のない閣僚理事会決議を行った。法的拘束力がなかったとは言え、これが既定路線となり、共通農業政策が西ドイツにとって負担の大きなものとなっていくのである。

共通農業政策に関する次の山場は、六一年末に訪れた。その年の一二月三一日が、ＥＥＣの移行期間の第二段階に進む期日だったからである。ドゴールは、農業問題の満足のいく解決なくして共同市場が発展し続けることはないと圧力をかけた。第二段階に進むには、フランスを含むＥＥＣ加盟国の全会一致による合意が必要であった。一口に共通農業政策といっても、穀物や肉類など個々の農産物にはそれぞれ独自の市場があり、それゆえＥＥＣ委員会が主要産品に関するより具体的な規則を提案していた。それらをめぐって一一月より二カ月を超える協議が続いていたが、一二月三一日の期限が迫ったとき、依然として合意のめどが立たなかった。共通農業政策に関して合意できなければ、ＥＥＣも第二段階に進むことはできなかった。そのため、苦肉の策として部屋の時計の針を止め、まだ期限は過ぎていないと偽りつつ、協議を継続した。そして六二年一月一四日にようやく、閣僚理事会は穀物、豚肉、卵、家禽肉、果物と野菜、そしてワインに関する具体的な規則について合意することができた。同時に、共通農業政策を支える欧州農業指導保証基金（ＦＥＯＧＡ）を設置することを決定した。野菜、果物、ワインといったイタリアの主力農産物が共通農業政策に加えられたことは、イタリアの同意をえるのに大いに貢献した。他方で西ドイツの反発と孤立がいっそう際立つことにもなった。移行期間の期限も六九年末とされ、さらに六二年一月一日に遡って、ＥＥＣは第二段階に移行したと宣言された。だが、西ドイツの抵抗が強かった穀物の共通価格や共通農業政策の恒久的財源といった困難な問題は先延ばしにされた。

統一穀物価格の成立と西ドイツの敗北

一九六一・六二年のマラソン協議を乗り切り、共通農業政策に関する重要な一歩を踏み出したその一年後、ＥＥＣ諸国に衝撃が走った。第3章第5節で論じたように、六三年一月にドゴール仏大統領がイギリスのＥＥＣ加盟申請を一方的に拒否したのである。ドゴールに対して、他の加盟国からは激しい批判がなされた。しかしながらこのときの危機は短期的なもので、ＥＥＣはすぐに平穏を取り戻した。イギリスの加盟を強く支持していたオランダも、共通農業政策の実現を優先させ、フランスとの決定的な対立を避けた。

他方で六三年から、共通農業政策の問題が先述のＧＡＴＴケネディ・ラウンド交渉と密接に関係するようになった。その理由の一つは、すでに述べたように、アメリカが農産物を貿易交渉の対象に含めるよう要請していたからである。さらにここで重要なのは、ＥＥＣ委員会とフランスが、西ドイツに圧力をかけるため、共通農業政策の問題とケネディ・ラウンド交渉を積極的にリンクさせようとしたことである。六三年のＧＡＴＴの閣僚会議において翌年五月より交渉が開始されることが決まると、ＥＥＣ六カ国はＥＥＣが一体として交渉に当たるため、共通の交渉方針を策定し、ＥＥＣ委員会がＥＥＣを代表して交渉できるようにする必要が生じた。そこでＥＥＣ委員会は、交渉方針のたたき台を作成するにあたり、懸案となっていた穀物の共通価格をＥＥＣ側が決定しなければケネディ・ラウンドにおいて農産物に関する交渉ができないと主張したのである。

穀物は、家畜の餌にもなるなど他の農産物への波及効果が大きいため、共通農業政策の中でも核となる農産物であると見なされていた。それゆえ、ＥＥＣ全体で穀物の価格をいくらに設定するのかがきわめて重要な問題となっていた。とりわけ国内の穀物価格が他国と比べて最も高かった西ドイツは、自国の農家の収入を維持するため、西ドイツの穀物価格に近い値を共通穀物価格にすべきと強く主張し続けていた。しかしマンスホルトが提案したのはＥＥＣ諸国の穀物価格の中間的な値であり、西ドイツの穀物価格が一一〜一五％下落することとなっていた。フランスはこのＥＥＣ委員会の提案を支持した。さらに、ドゴールは七月二九日の記者会見で、翌年春にケネディ・ラウンド交渉が始まる前に農業問題についての決定がなされなければならないと警告し、年末までに合意できなければＥＥＣの消滅を招くと脅していた。

結局、六三年末の閣僚理事会の交渉は、共通穀物価格の決定は再度先送りすることで何とか一定の合意を見た。ドゴールの脅しはブラフであると見なしていた西ドイツは、共通農業政策とケネディ・ラウンド交渉は別問題であると主張し、穀物価格に関してはかたくなな姿勢をとり続けた。しかし、共通農業政策規則を牛肉・米・乳製品へ適用する点について譲歩した。と言うのも、工業国西ドイツにとって、ＧＡＴＴを通じたグローバルな自由貿易の促進もまたきわめて重要だったからである。酪農王国オランダにとって乳製品に関する共通農業政策が合意に至ったことは大きな利益であった。フランスも、共通農業政策の進展を受けて、ＥＥＣ委員会が提案していたケネディ・ラウンドの交渉方針に合意したのであった。

だが、西ドイツの抵抗もここまでであった。ケネディ・ラウンド交渉は予定通り六四年五月に始まり、いずれにせよ穀物価格の問題に決着をつけなければならなかった。加えてＥＥＣ諸国はケネディ・ラウンド交渉のため、共通の例外品目リストを作成せねばならず、その期限が年末とされた。六三年一〇月より西ドイツの首相に就任していたルートヴィヒ・エアハルトは自由貿易主義者として名を馳せており、ドゴールがケネディ・ラウンド交渉を妨害することを懸念していた。さらにＥＥＣは六六年より移行期間の第三段階に入り、そこでは特定多数決制が導入されることになっていたため、共通穀物価格の問題で孤立していた西ドイツは投票の結果、自己の主張を維持できない事態に陥ることが予想されていた。エアハルトは国内農業を優先するのか、それともケネディ・ラウンドの成功と共通農業政策の実現、ひいてはＥＥＣ自体の決裂の回避をとるのかというディレンマに立たされた。

六四年一〇月末、エアハルトはついに低い穀物価格を受け入れる意向を固めた。一一月にはエアハルト自身がドイツ農業連合と直接交渉を行い、穀物価格の低下によってもたらされる農家の減収分を西ドイツ政府が補償することで国内の合意を取りつけた。一一月末、西ドイツ政府は閣僚理事会において、穀物価格の低下を受け入れる方針を他の五カ国に伝えた。フランスもそれを受け、ケネディ・ラウンド交渉のための例外品目リストの提出に同意した。そしてさらなる交渉の結果、最終的に一二月一五日、共通穀物価格を一トンあたり四二五マルクとすることで合意が成立した。共通農業政策の実現にとって最も困難な問題が決着した瞬間であった。

それは西ドイツの敗北でもあった。西ドイツは穀物価格の問題に固執しすぎて柔軟な交渉姿勢をとることができずＥＥＣ内で孤立していった。他方でフランスとオランダはＥＥＣ委員会の提案を積極的に支持し、穀物価格以外の問題を着実に実現していった。ＥＥＣ委員会によって共通農業政策が欧州統合の中心的課題であるとされ、穀物価格の問題をケネディ・ラウンド交渉ともリンクさせられた西ドイツには、欧州統合が西ドイツ外交の基軸でありＥＥＣを離脱するなどといった選択肢はありえないとするのであれば、最終的に譲歩する以外に選択肢はなかったのである。西ドイツにとっては敗北であったが、欧州統合の進展にとっては共通農業政策の実現はきわめて重要であった。その実現のため、まだ一つ重要な課題が残されていた。共通農業政策の財政の問題である。共通農業政策の財源として六二年に設立された欧州農業指導保証基金の財政規定は、六五年六月三〇日をもって効力を失うことになっていた。そして次節で見るように、これに関するＥＥＣ委員会の新たな提案が、ＥＥＣ草創期における最大の危機といわれる、いわゆる「空席危機」を招くことになるのである。

3　空席危機とルクセンブルクの妥協

ハルシュタインの挑戦

一九六〇年代半ば、ＥＥＣは後に「空席危機」と呼ばれる大きな試練に見舞われた。危機のきっかけは、ＥＥＣ委員長ハルシュタインの提案であった。穀物の統一価格で合意した六四年一二月の閣僚理事会は、ＥＥＣ委員会に翌年七月からの共通農業政策に関する財政規定を提案するよう要請していた。これがハルシュタインに大胆な提案を可能にする機会を与えることになった。彼は、ＥＥＣ委員会が欧州統合を進展させるうえで積極的な役割を果たすのに十分な権限を与えられていないと考えていた。草創期のＥＥ

Cは、その財源を加盟国からの分担拠出金に全面的に依存しており、独自の財源を持たないEEC委員会の活動は大いに制限されていた。また欧州議会には予算決定権がまったくなく、閣僚理事会が予算の最終決定権を掌握していた。それゆえ、かねてよりEEC委員会がより強力になることを望んでいたハルシュタインは、EECの予算問題を重視し、EEC委員会の予算が各国の拠出金に依存するのではなく、独自予算を持つことを理想とした。

そこでハルシュタインは、六五年七月以降の共通農業政策の新たな財政拠出規定を三月末に提示する際、大胆なパッケージ提案を行った。EECの関税引き下げペースが早められ、当初の予定よりも一年半早く六八年七月に関税同盟が完成することになったことはすでに本章第1節で述べたが、ハルシュタインはまず、そのペースに合わせて共通農業政策に基づく共通農業市場の実施も六八年七月に前倒しして実施するとした。さらに第二に、共通農業政策に規定されていた域外からの農産物の輸入の際に課される可変課徴金のみならず、共通域外関税が実施された後の関税収入も、各国ではなくEECの独自財源とすることを提案した。関税同盟の完成は、従来加盟国が持っていた関税徴収権の消滅を意味するため、EECの共通域外関税の収入はEECのものとなるとの考えからであった。加えて第三に、EEC自体がそのような財源を持つことを踏まえて、欧州議会にEECの予算決定に関して一定の権限を与えることを提案した。財源が各国からの分担金であるなら、その監督権限は各国議会にあることになる。しかしEECが固有の財源を持つというのであれば、その使われ方は欧州議会が監督するべきであるとの理屈であった。そしてハルシュタインは、これらを一つのパッケージ案としたのである。

このハルシュタイン案にすぐさま異を唱えたのが、フランスであった。そもそも超国家的な方向へEECが発展していくことに強く反発していたドゴール大統領にとって、EEC委員会や欧州議会の権限が強化されることは受け入れ難かった。六五年四月二七日のテレビ演説の中でドゴールは、欧州統合が国家主権を制限する形で進めば、ヨーロッパはアメリカの覇権に従属することになってしまうと警告した。それゆえフランス政府は、EEC委員会に提案の修正を求めた。

空席危機

一九六五・六六年にＥＥＣを襲った空席危機は、かつてはハルシュタインとドゴールの対決という図式で語られてきた。たしかにハルシュタインは、統合を推進するためにも、自らの提案を死守すると表明し、強く抵抗する姿勢を示した。だが実際のところ、ＥＥＣ委員会側には妥協する準備があったことが今日では明らかになっている。ハルシュタインの狙いはむしろ、高めの提案を出すことでＥＥＣ六カ国間の議論を活発化させ、フランスからも一定の妥協を引き出すことにあったのであり、ＥＥＣ委員会も最終的にその落とし所を受け入れる構えであった。

むしろより本質的な対立は、閣僚理事会内でのフランスと他の加盟国との間にあった。ハルシュタインの提案をきっかけに、フランス以外の加盟国が、フランスに挑戦したのである。とりわけ西ドイツやオランダが、フランスの譲歩を迫った。これまで見てきたように、西ドイツは共通農業政策に関してたびたび妥協を強いられてきた。それゆえ西ドイツは、ハルシュタインのパッケージ提案は、今度は逆にフランスに対して欧州統合を進展させる圧力をかける最後の重要な機会であると認識していた。

オランダもまた、ハルシュタインのパッケージ提案の内容は不可分であり、フランスにいいとこ取りはさせないとの立場であった。もともとオランダは、五〇年代半ばより、超国家的な統合が進展すれば、それは小国の影響力の拡大に繋がると考えるようになっていた。さらに、当時のオランダ議会は連邦主義者が多数派を占めており、欧州議会が、予算への権限を強化されるのみならず、その議員も直接選挙で選ばれ、さらには立法権も持つべきであると繰り返し主張していた。加えて、本章第2節で見たように共通農業政策をめぐってオランダはフランスとともにその実現に向けて手を組んだ形となったがそれは例外と言ってよく、とくにオランダ外相ヨゼフ・ルンスはドゴールに対する強い不信感を抱いていた。それゆえオランダ政府はハルシュタインの提案を強く支持し、とりわけパッケージ提案の三つの要素が不可分であると強調したのである。

西ドイツやオランダがフランスに対して強気の姿勢を示した背景には、もはやフランスがＥＥＣから離脱することはないとの認識があった。と言うのも、これまで合意された共通農業政策の内容は、フランス農業にとって非常に好ましい規定だったからである。六五年五月の閣僚理事会では、イタリアも、ハルシュタイン提案は合理的であると主張し、ベルギーもそれに賛同した。ルクセンブルクも、とりたてて反対を示すことはなかった。その結果、フランスは閣僚理事会の中で孤立することになった。だが共通農業政策をめぐって孤立し譲歩を強いられた西ドイツと異なり、フランスは孤立しても引かなかった。たしかに、もしハルシュタインの提案を受け入れれば、共通農業政策の財源は恒久的に安定することになり、その点だけ取り上げればフランス農業に大きな利益をもたらすはずであった。実際これまでフランスは共通農業政策の財源が中央に集められることを望んできた。しかしながらドゴールは、そのような経済的利益を反故にしてでも、欧州議会やＥＥＣ委員会の影響力が増大することに反対し、主権を守ることを選んだのである。そして、この閣僚理事会内での対立が、ＥＥＣの危機を招くことになった。

フランスは、自らの主張が他の五カ国に受け入れられないとわかると、七月一日の午前二時、突如としてハルシュタイン提案に関する協議を中断した。議長国であったフランスは、閣僚理事会の議論が行き詰まると、今回はこれまでのように時計の針を止めて議論を続けるということもせず、次回の会合日程を決めることなく協議を無期延期とした。数日後フランス政府は、ＥＥＣのさまざまな協議をボイコットすることを決定した。閣僚理事会のみならず、ブリュッセルの常駐代表部などからもフランス代表が引き揚げるという強硬手段に打って出たのである（ただし、いくつかの委員会にはとどまった）。フランス外相クーヴ・ド・ミュルヴィルの発案であった。ＥＥＣの決定機関におけるフランスの席が空席となったことから、「空席危機」と呼ばれた。その後ＥＥＣは、七カ月もの長期間にわたって機能が麻痺するという深刻な事態に陥ったのである。

ルクセンブルクの妥協

空席危機は、ドゴールの反発がボイコットという手段にとどまらなかったため、いっそう深刻なものとなった。ドゴールはさらに、ＥＥＣの特定多数決制を標的にしたのである。

彼は六五年九月九日にパリで記者会見を開き、欧州議会とＥＥＣ委員会に対して意図的に攻撃的な態度をとり、それらを「無国籍で無責任な専門官僚の最高評議会《アレオパゴス》（注：古代ギリシャの政治会議）」であるとけなすとともに、ローマ条約に規定されていた特定多数決制を激しく非難した。ローマ条約の規定では、翌六六年一月一日から移行期間の第三段階に入る予定であり、そこでは特定多数決制が導入されることになっていた。そのことは、もしフランス一国が反対しても、他の五カ国が合意すれば、その決定をフランスは受け入れなければならなくなることを意味した。それを回避するためにも、フランスは特定多数決制に関わる部分を含め、ローマ条約の改正を求めるようになった。これは、もともとのハルシュタインのパッケージ提案とは関係ない問題であり、ドゴールは空席危機を利用してフランスの要求をいっそう吊り上げたのであった。

だがこのドゴールの要求は、他の五カ国の態度をさらに硬化させることになった。空席危機が勃発した当初、西ドイツとオランダ、そしてイタリアはフランスに譲歩する準備はないとした一方で、ベルギーとルクセンブルクは、フランスを協議に戻すために譲歩する姿勢を示し、フランス抜きで協議を進めるべきではないと主張していた。しかしドゴールが特定多数決制を批判し始め、ローマ条約の改正を主張し始めると、五カ国は結束し共通の立場をとることで合意することとなった。フランスは二国間交渉で切り崩しを図ったが、無駄であった。

さらにフランス国内でも、ドゴールの姿勢に対する批判が強まっていった。とりわけ、このまま危機が続くことによって共通農業政策がご破算になることを恐れたフランスの農業団体が、ボイコット政策を止めEECの協議に復帰するよう要請するようになったのである。加えて、六五年一二月に行われたフランスの大統領選挙の結果がドゴールにとって大きな痛手となった。第一回目の投票でドゴールの得票率は四四％にとどまり、過半数が取れなかったのである。得票率で二位となったフランソワ・ミッテランとの決選投票ではドゴールは勝利し再選を果たすものの、フランス国民のドゴールへの支持に陰りが見え始めていた。

選挙後の一二月二四日、仏外相クーヴ・ド・ミュルヴィルは、EEC委員会抜きの六カ国で協議するというベルギー外相ポール＝アンリ・スパークの提案を受け入れた。ボイコットという強硬手段を取ったフランス側には、もともとEECを離脱するつもりはなかった。翌年一月、危機を回避するためのEECの特別閣僚理事会がルクセンブルクで開催された。フランスは超国家主義の象徴であるブリュッセルを「陰謀の巣」であると呼んで嫌ったため、ちょうど議長国の順番が回ってきたルクセンブルクにおいて協議することとなったのである。フランスはもはや、ローマ条約の改定は求めなかった。そして一月中に行われた二度目の特別閣僚理事会の後、いわゆる「ルクセンブルクの妥協」が宣言された。このルクセンブルクの妥協をもってして七カ月にわたる危機はひとまず収束し、フランスは元の席に復帰することとなったのである。

ルクセンブルクの妥協の神話？

従来ルクセンブルクの妥協は、欧州統合の発展に大きな影響を与えたと解釈されてきた。だが、ルクセンブルクの妥協の歴史的意義については今も論争が続いている。まず、ルクセンブルクの妥協によって加盟国に拒否権が与えられたというのは神話である。ルクセンブルクの妥協の文言とそこに至る議論の過程を丁寧に見れば、それがいわば「不合意の合意」であったことは明らかである。ルクセンブルクの妥協は、EEC加盟国の「きわめて重要な利益」に関して、閣僚理事会のメンバーは、「適切な期間に、全員によって採択できる解決に至る努力を行う」と述べている。だがそのすぐ後に、「フランス代表は、きわめて重要な利害がかかっている場合には、全会一致の合意に達するまで議論が続けられなければならないと考えている」との文言が続いている。つまり、これはフランスの一方的な解釈であり、六カ国の一致した見解に至らなかったことを意味する。特定多数決制についてのフランスと他の五カ国の不合意について書かれたのがルクセンブルクの妥協だったのであり、拒否権について六カ国の合意が成立したわけではないのである。

では、ルクセンブルクの妥協によって何かが大きく変わったのだろうか。これまで、ルクセンブルクの妥協は加盟国に事実上の拒否権を与え、特定多数決制に基づく統合の進展を著しく妨げたと言われてきた。しかし近年では歴史研究の側から、そのような見方に対する反論も提示されている。今日のEUは必ずしも単線的に超国家的組織へと進んでいるわけではなく、そもそもローマ条約自体もそれを定めたものではない。ルクセンブルクの妥協は紳士協定であり、ローマ条約に変更が加えられたわけでもない。ルクセンブルクの妥協の影響は、実際にはほとんどなかったとする議論もある。欧州統合は、今も昔も、委員会が重要なアイデアを提案し、加盟国は可能な限りコンセンサスを形成する形で合意を模索し、前進し続けてきたものである。さらにルクセンブルクの妥協は、フランスの側もまた妥協した結果の産物であった。空席危機は、フランスが望むようにローマ条約が改正されることなく収束したのである。今日から見て重要だったのは、むしろフランス以外の五カ国が結束し、フランスという大国によるボイコットという行動に対抗し、結果としてローマ条約を守ったことであったとも言えよう。ルクセンブルクの妥協や、ルクセンブルクの妥協を「克服した」とも評される一九八七年の単一欧州議定書（第6章第1節参照）が統合の進展に実際にどのような影響を与えたのかについて判断を下すには、さらなる実証的な研究が必要である。

他方でフランスは、ハルシュタインのパッケージ提案を切り崩すことには成功した。すなわち、ＥＥＣの固有財源の問題は先送りされ、六七年七月以降もＥＥＣ財政は加盟国の拠出金でまかなわれることとなり、欧州議会の権限強化についても棚上げにされたのである。第5章第3節で見るように、ＥＥＣの固有財源がスタートし、ＥＥＣ予算に対する欧州議会の権限が強化され、さらには欧州議会議員の直接選挙が行われるようになるのは、七〇年代に入るのを待たなければならない。

いずれにせよ、ルクセンブルクの妥協後、フランスがＥＥＣの協議に復帰したことで、止まっていた共通農業政策に関する議論が再開した。そして六六年五月の閣僚理事会で三つ目の山場となる共通農業政策の財政規定について合意に至り、六九年末までの財政支出は農産物の輸入課徴金と各国の拠出金でまかなわれることになった。また、穀物のみならず、乳製品、食肉、砂糖、牛乳、オリーブ油、米、野菜、果実などの統一価格導入についても合意され、六八年八月一日、域内の農産物のほとんどがカバーされる形で共通農業政策が実質的に始動することになった。もともとは、共通農業政策の財源問題から始まった空席危機は、こうして真の終わりを迎えた。だが、六〇年代の真の危機は、イギリスの第二次加盟申請に対してフランスが再び拒否することで引き起こされることになる。次の最終節で、それを見ていきたい。

4　イギリスの第二次加盟申請

ウィルソン政権とEEC

一九六一年にEECへの第一次加盟申請をしたイギリス（第3章第3節）は、その六年後、再度加盟申請を試みることとなる。一度目の申請が保守党政権時になされたのに対し、二度目は労働党政権のときに行われた。その労働党は、まだEECで空席危機が起こる前の六四年一〇月に実施された総選挙で勝利し、実に一三年ぶりに政権の座に着いていた。しかしながら、労働党は当初よりEEC加盟に積極的であったわけではない。むしろ労働党は、保守党に対抗すべく、野党時代からEEC加盟に際して五つもの条件を掲げていた。第一にコモンウェルスとの貿易を守ること。第二に、イギリス独自の外交政策を追求する自由を保持すること。第三に、EFTAの他の加盟国に対してイギリスが約束した義務を果たすこと。第四に、イギリス独自の経済計画についての自律性を確保すること。そして最後に、イギリス農業の利益が保護されることである。つまり労働党は、政権を奪取する以前から、イギリスのEEC加盟に関して自ら高いハードルを課していたのである。

そして何より、労働党を率いるハロルド・ウィルソン首相がEEC加盟に消極的であった。新政権発足当初、彼のもっぱらの関心は危機的なイギリス経済への対処にあり、とりわけ巨額の防衛費と八億ポンドもの貿易赤字を何とかしなければならなかった。ウィルソンはヨーロッパよりもむしろコモンウェルスやアメリカとの関係を重視し、イギリスの世界的な役割を放棄することはできないと語っていた。また彼は、六五年四月二九日に下院において「近い将来において、イギリスが共同市場に加盟することを求めたり、あるいは求められたりすることはまったく考えられない」と明言していた。コモンウェルスとの利害が守られなければEEC加盟の可能性はないと語っていたウィルソンの当初の対ヨーロッパ政策は、EECへの加盟ではなく、EECとEFTAの関係強化であった。労働党内にもEECに対する不信感を持つ者は少なくなく、政権内では商務相ダグラス・ジェイらがEEC反対派であった。

他方でウィルソン政権内には、EEC加盟支持派も存在した。最も熱心であったのが、労働党副党首で筆頭相兼経済相のジョージ・ブラウンである。また外相のマイケル・スチュワートも、外務省に後押しされてＥＥＣへの加盟に前向きな立場をとるべきであると考えるようになっていった。とりわけ六五年七月に前述の空席危機が起こると、ＥＥＣがフランスの支配下にあることは望ましくなく、ドゴールの挑戦に対抗するためにも、イギリスが役割を果たすべきだとスチュワートは主張した。また彼は、国際収支を安定させるためにも、イギリスが中東や極東に軍事的コミットメントを続けることは困難であり、世界規模の役割ではなく、ヨーロッパや北大西洋条約機構（ＮＡＴＯ）における役割を強化すべきであると力説した。

イギリス政府の官僚レベルの分析報告もまた、ＥＥＣ加盟を支持していた。それによると、経済的には、イギリスはより大きな市場に参加すべきであり、共同市場に統合する以外選択肢はないとされていた。またイギリスが強みを持つ先端技術産業にとっても、国内市場だけでは規模が不十分であることが強調された。さらに、ＥＥＣとＥＦＴＡの協力には政治的要素が欠けているとの問題が指摘された。アメリカとの関係に関しても、もしイギリスがＥＥＣに加盟しなければ、イギリスではなくＥＥＣがアメリカの主要パートナーとなる可能性が懸念された。むしろイギリスがＥＥＣに加盟し、内側から影響力を発揮することで、イギリスが単独で行うよりも、アメリカとの関係を強化できる可能性も示唆されていた。だが六六年になるまで、これらの意見がウィルソン首相に受け入れられることはなかった。

イギリスの方針転換

当初よりＥＥＣ加盟に消極的なウィルソン首相であったが、政権発足から約二年が経った一九六六年一一月、彼は議会でＥＥＣへの加盟を目指す決意を表明する。だがウィルソン時代の政府史料が公開され研究が進んだ現在でも、彼の方針転換をもたらした一つの決定的な要因のようなものが明らかになっているわけではない。史料に基づく近年の研究はむしろ、ウィルソンがＥＥＣ加盟へと転じた複数の環境要因を指摘する。

まず、イギリス外交にとってＥＥＣ加盟の他に選択肢がなくなったという点が強調される。すでに指摘したように、ＥＥＣ諸国は六〇年代を通じて域内の貿易を活発化させていた。しかしその一方で、労働党政権が期待したイギリスとコモンウェルス諸国との間の貿易は、同時期に伸び悩み、両者の関係が強化されることはなかった。他方でイギリスとアメリカとの関係は、ウィルソン政権期に悪化した。とくにヴェトナム戦争をめぐって、リンドン・ジョンソン米大統領が英軍の支援を要請したのに対して、ウィルソンはそれを拒否したからであった。さらに、ＥＥＣには加盟せず現状を維持するとの選択肢をとったとしても、イギリスはじり貧になるだけであると考えられていた。たしかに短期的には、ＥＥＣ加盟による経済的利益は小さいか、あるいはマイナスの影響もありうるとされていた。しかしながら、長期的には、ヨーロッパこそがイギリスの力の源泉になりうると考えられた。こうして、ヨーロッパ以外に選択肢がない中で、ウィルソンは「なし崩しの」形で加盟申請を行うことになった。

またイギリスのＥＥＣ加盟が、アメリカとの関係改善に繋がる国際状況が生まれていた。一つは、イギリスの世界的関与縮小の代替としてのＥＥＣ加盟である。政権発足当初より労働党政権は、イギリスの世界的な防衛負担の見直しを検討課題としてきた。しかし、六六年にイギリスを襲ったポンドの急落によって、政府内では、イギリスが世界大国であることの象徴でもあったスエズ以東における軍事基地を維持し続けることは財政的にもはや困難であるとの認識が持たれるようになっていた。だがアメリカのジョンソン政権は、ヴェトナム戦争のただ中にあって、イギリスがシンガポール基地を含む世界的なプレゼンスを維持することを切望していた。それゆえ、もしイギリスがスエズ以東から撤退すれば、アメリカから強い批判を招くのは明らかであった。イギリス政府は、それに代わる役割を示す必要があった。

いま一つは、フランスのドゴールとの関係である。ドゴール大統領は六〇年代を通じて西側同盟内において一貫してアメリカに反発する態度を取り続けており、六六年二月にはＮＡＴＯの軍事機構からフランスを脱退させると表明していた。さらに、同年六月のドゴールのソ連訪問に顕著に示されたように、フランスが東側陣営への接近を進めていたこともアメリカ政府の大きな懸念材料であった。それゆえジョンソン大統領は、イギリスがＥＥＣに加盟することで、西欧におけるリーダーシップを発揮し、西側陣営の結束を維持することを期待していた。イギリスにとってスエズ以東からの撤退が財政的に不可避である状況の中で、それによる対米関係への悪影響を相殺するためにも、アメリカが望むイギリスのＥＥＣへの加盟が米英関係に好ましい影響を与えると考えられたのである。それはまた、危機に陥っていたポンドを救うべく、アメリカの支援を要請するうえでも重要であった。

加えて、本章第2節で論じたＥＥＣにおける共通農業政策の進展は、ウィルソン政権が加盟申請を行ったタイミングを説明する背景要因となった。これまでの章で論じられたように、もともとイギリスは農業分野におけるヨーロッパ諸国との協調に消極的であった。しかし、もしイギリスにはＥＥＣ加盟しか選択肢がないのであれば、加盟は早い方が望ましかった。イギリスの農業人口の割合は当時ヨーロッパで最低となっており、それゆえイギリスは世界市場から農産物を輸入する国であった。ＥＥＣに加盟すれば、共通農業政策の規定に従い、世界市場よりも価格の高い域内農産物を輸入するか、課徴金を払って域外から輸入しなければならなくなる。その結果、イギリスがＥＥＣに加盟すれば、同国は共通農業政策の基金への最大の出資国になる一方で、補助金を受けるのが最も少ない国となることが予想されていた。それゆえ、ＥＥＣ加盟に伴う負担を軽減するためにも、共通農業政策の財政見直し交渉にイギリスが直接参加し、イギリスの立場を有利なものにする必要があった。六六年五月に合意された共通農業政策の財政規定は六九年末までに見直されることになっていた。この交渉に参加するためには、財政規定が固まる前に加盟を実現する必要があったのである。

こうして六七年四月末、ウィルソン政権は閣議で、ＥＥＣへ加盟申請することを承認した。その際、マクミラン時代の第一回加盟申請の失敗への反省から、無条件で加盟申請を行うこととなった。「五条件」が「無条件」となったわけで、労働党政権の大きな政策転換であった。かくしてイギリスは、六七年五月一一日、再びデンマークとアイルランドとともに正式に二度目の加盟申請を行った。ノルウェーもやや遅れて、議会が七月一三日に一三六対一三で賛成した後、二四日になって加盟申請することとなった。

ドゴールの二度目のノンとその影響

しかし、予想されたことではあったが、ドゴールはイギリスの二度目の加盟申請に対しても「ノン」を突きつけた。すでに一九六七年一月二四日にウィルソンがフランスを訪問した際、ドゴールはイギリスのＥＥＣ加盟について消極的な姿勢を隠そうとしなかった。フランスを除く五カ国がイギリスとの加盟交渉の開始を求めたのに対し、フランスはイギリスの加盟に関する分析報告を待つべきであるとした。だが九月末に提出されたEC委員会による報告書は、イギリスの加盟を支持する内容であった。EC側の交渉の立場がまとまらない一方で、ポンド危機に見舞われていたウィルソン政権は、一一月一八日、ついにポンドの切り下げを強いられた。フランス政府はすでに一〇月半ばにイギリスの加盟を拒否する方針を固めていたが、このポンド切り下げは、それを公にする絶好の機会をドゴールに与えた。一一月二七日、彼はポンド切り下げをイギリス経済の弱さの表れであるとし、イギリスは共同市場に加盟する準備が整っていないとして、加盟交渉すら始まりもしないうちにイギリスのEC加盟申請を再び一方的に拒否したのである。

しかしウィルソン英首相は、ドゴールに拒否されたにもかかわらず、翌二八日に英議会において、イギリスの加盟申請はテーブルの上に置かれ続けるとして申請を取り下げる意思のないことを強調した。イギリス政府の方針は、他の五カ国との協力を取りつけ、フランスを孤立させるというものであった。実際、以下で論じるように、ドゴールの一方的な拒否はフランスに対するより強い反発を惹起し、欧州統合の進展を麻痺させる深刻な危機をもたらすことになる。

ローマ条約は、六七年の時点で依然として未完のプロジェクトであった。たしかに関税同盟や共通農業政策は実現し、共通通商政策も始動し始めた。共通域外関税が実現したことで、加盟国は関税や貿易量を規定する権限をすべて委員会に移譲することとなった。それまで加盟国が域外諸国と締結していた通商協定はすべて破棄され、新たに委員会が主体となって域外諸国と通商協定を結ぶこととなった。

またECSCとEEC、そしてユーラトムの三共同体も一体化されることになった。ローマ条約発効時より、欧州議会と欧州司法裁判所はECSC、EEC、ユーラトムによって共有されていたが、執行機関と閣僚理事会は三共同体がそれぞれ独自の組織を持っていた。後者を共通にすべきとの議論は早くから存在し、それを実現するいわゆる融合条約が六五年四月に署名されてはいた。だが空席危機の勃発により、条約の発効は棚上げにされていた。六六年一月に空席危機が収束し、翌六七年五月二七日に開かれたローマ条約調印一〇周年を祝う首脳会議において、六カ国は改めて三共同体を融合することに合意した。また、三共同体の単一の執行機関として新たに発足することになったEC委員会の新委員長に、対外関係担当委員としてケネディ・ラウンド交渉などで尽力したベルギー人のレイを任命することを決定した。空席危機を引き起こしたハルシュタインに対するフランスの不信感は根強く、彼の再任が否定された結果でもあった。七月一日、融合条約が発効し、三共同体はECと呼ばれるようになり、単一のEC委員会の本部はブリュッセルに置かれることになった。今日のEUの「首都」がブリュッセルに定まったのはこのときであった。

しかし、ECの課題は山積していた。第二代目委員長のレイは、産業問題やエネルギー政策、地域政策、通貨政策、社会政策、税制、政治同盟など、モノ・ヒト・サービス・資本の自由移動を達成する共同市場の完成のみならず、ローマ条約の規定を超えて欧州統合をさらに発展させるために取り組むべきさまざまな課題を挙げた。ローマ条約に規定があった共通運輸政策についても、ほとんど進展していなかった。EC加盟国の市場を真に一体化するためには関税の引き下げのみならず、各国独自の規制などのいわゆる非関税障壁も撤廃しなければならないという考えはすでに六八年にEC委員会によって打ち出されていた。だが、それが実現するのは八〇年代以降のことである（第6章第1節参照）。

レイ委員長の訴えとは裏腹に、六八・六九年の間、六カ国は欧州統合の次の一歩について合意できなくなっていた。イギリスの加盟申請を一方的に拒否したフランスに対する他の加盟国の抵抗は、加盟候補国がECに加盟する際のハードルをこれ以上高めないようにするという形で現れたからである。共通農業政策が実現した六八年以降、フランス政府はそれに代わり、政治主導で主要産業の競争力強化を目指す産業政策をECレベルで発展させることを重視するようになっていた。フランス経済における農業はGNPの一〇％以下であり、世界経済の中でフランスの「偉大さ」を追求するためには産業政策が不可欠であるとされた。しかしイタリアやオランダは、イギリスなどの加盟候補国のEC加盟が先決であるとして、EC諸国による産業政策や、アメリカとの競争において不可欠な技術協力（航空、コンピュータ、宇宙開発など）の進展を妨害した。欧州統合の拡大と深化の問題が鋭く対立する事態になっていた。

フランスにとっての不利益は、とりわけ通貨協力の面で端的に表れることになった。六〇年代後半は国際通貨体制が非常に不安定になった時期であり、すでに見たイギリスの通貨ポンドのみならず、フランスの通貨フランも投機筋の標的とされた。きっかけは、六八年に世界各地で連鎖的に勃発した学生運動の高まりであった。高度成長と人口増加は、六〇年代に大学生の数をも激増させていた。だが学生の数に比して大学キャンパスの整備は追いつかず、学生の不満は社会、経済、政治に対する批判へと向かった。当時アメリカが行っていたヴェトナム戦争は学生の義憤をかき立て、学生運動の中心的問題となっていた。その学生運動が最も激しかったのがフランスであり、六八年五月に学生たちは大学キャンパスにおいて警官と衝突し、バリケードを築き上げた。さらにそこに労働者が合流し、反政府運動は五月二二日のゼネストへと発展していった。フランス社会は機能麻痺を起こし、それをきっかけに通貨フランが大量に売られることになったのである。

フラン危機を経験したフランスは、ＥＣ諸国間の通貨協力の重要性を痛感することになった。それはフランの問題のみならず、フランスに大きな利益をもたらしていた共通農業政策にも関係していた。単一通貨ユーロ（第7章第5節）が九九年に導入される以前のＥＣ諸国は各国それぞれが独自の通貨を持っていたが、異なる通貨を利用しつつＥＣ域内で農産物の統一価格制度を維持するためには各国通貨の安定が不可欠だったからである。しかしやはり他の五カ国は、イギリスの加盟申請を一方的に拒否したフランスに対して冷淡であった。ＥＣの専門家委員会の一つである通貨委員会では、オランダ代表やイタリア代表が六八年一〇月二二・二三日の会合において、通貨協力の方向に踏み出せば「共同体の拡大をいっそう難しくする可能性がある」と述べ、まずはＥＣ拡大の問題を解決しなければならないとしていた。ＥＣ統合が深化すればするほど、そこに新たに加盟しようとする国は、深化したＥＣに適応しなければならなくなり、ＥＣ拡大のハードルが高まることが懸念されたのである。

そのような中、六〇年代におけるさまざまな危機の中心人物であったドゴール大統領がついに辞任することとなった。六九年四月二七日、彼は地方分権化と上院の改革をめぐる国民投票を行った。国民に信を問うことで、前年の五月危機で揺らいだ政治基盤を立て直すつもりであった。だが五二％が「ノン」と投票し、ドゴールは敗北した。

翌二八日、ドゴールは政治の舞台から退く意向を表明した。それは五八年から一〇年以上続いたドゴール時代の終焉を告げると同時に、欧州統合の歴史が新たな段階を迎える知らせでもあった。

ローマ条約の発効の後、六九年まではその実現の移行期間とされていた。その草創期において、関税同盟や共通農業政策が実現し、ＥＣの対外的存在感は高まり、また法革命によって法による統合の基盤も形成されたが、六〇年代は欧州統合をめぐる危機の連続でもあった。その過程で課題も積み残され、ＥＣの拡大と深化が密接に結びつくようになった。イギリスなどが加盟することでＥＣが初めて拡大し、ローマ条約には規定のなかった分野においてＥＣがさらに深化し、さらには欧州理事会の制度化や欧州議会の直接投票の実施などＥＣの制度的発展を見ることになるのは次の七〇年代に入ってからのこととなる。

参考文献

川嶋周一『独仏関係と戦後ヨーロッパ国際秩序——ドゴール外交とヨーロッパの構築　一九五八—一九六九』創文社、二〇〇七年。

川嶋周一「ヨーロッパ共同体域内の〈一体的〉法・政治秩序生成の模索——二大憲法秩序原理の登場から第一次拡大交渉まで」『政経論叢』第八一巻第五・六号、二〇一三年。

倉科一希「ジョンソン政権とＧＡＴＴケネディ・ラウンド交渉」『法学新報』第一二三巻第七号、二〇一七年。

芝崎祐典「ウィルソン政権におけるイギリスの対ＥＥＣ政策——欧州「歴訪」と英欧関係、一九六七年」『現代史研究』第五二号、二〇〇六年。

橋口豊『戦後イギリス外交と英米間の「特別な関係」——国際秩序の変容と揺れる自画像、一九五七〜一九七四年』ミネルヴァ書房、二〇一六年。

益田実「「政策の空白」は存在したのか——保守党から労働党への政権交代とイギリスのＥＥＣ政策、一九六三年一月—六六年三月」『日本ＥＵ学会年報』第三〇号、二〇一〇年。

山本健「完成・深化・拡大——ヨーロッパ政治協力の進展と限界、一九六〇—一九七二年」遠藤乾・板橋拓己編著『複数のヨーロッパ――欧州統合史のフロンティア』北海道大学出版会、二〇一一年。
力久昌幸『イギリスの選択――欧州統合と政党政治』木鐸社、一九九六年。
渡邊啓貴『シャルル・ドゴール――民主主義の中のリーダーシップへの苦闘』慶應義塾大学出版会、二〇一三年。
Lucia Coppolaro, *The Making of a World Trading Power: The European Economic Community (EEC) in the GATT Kennedy Round Negotiations (1963-67)* (Farnham: Ashgate Publishing, 2013).
Oliver J. Daddow (ed.), *Harold Wilson and European Integration: Britain's Second Application to Join the EEC* (London: Frank Cass, 2002).
Michel Dumoulin (ed.), *The European Commission 1958-72: History and Memories* (Brussels: European Communities, 2007).
Ann-Christina Lauring Knudsen, *Farmers on Welfare: The Making of Europe's Common Agricultural Policy* (Ithaca: Cornell University Press, 2009).
Wilfried Loth (ed.), *Crises and Compromises: the European Project, 1963-1969* (Barden-Barden: Nomos Verlag, 2001).
N. Piers Ludlow, *The European Community and the Crises of the 1960s: Negotiating the Gaullist Challenge* (London: Routledge, 2006).
Alan S. Milward, 'The Hague Conference of 1969 and the United Kingdom's Accession to the European Economic Community', *Journal of European Integration History,* Vol. 9, No. 2, 2003.
Jean-Marie Palayret, Helen Wallace, and Pascaline Winand (eds.), *Visions, Votes, and Vetoes: The Empty Chair Crisis and the Luxembourg Compromise Forty Years On* (Brussels: P. I. E.-Peter Lang, 2006).
Helen Parr, *British Policy towards the European Community: Harold Wilson and Britain's World Role, 1964-1967* (London: Routledge, 2005).
Kiran Patel (ed.), *Fertile Ground for Europe? The History of European Integration and the Common Agricultural Policy since 1945* (Barden-Barden: Nomos Verlag, 2009).
Morten Rasmussen, 'The Origins of a Legal Revolution: The Early History of the European Court of Justice', *Journal of European Integration History,* Vol. 14, No. 2, 2008.

第5章　欧州統合の新段階
――長い一九七〇年代の光と影――

黒田友哉

英首相エドワード・ヒースのEC加盟条約署名（1972年1月22日，ベルギー・ブリュッセル）（©European Union, 1972/Source: EC-Audiovisual Service）

本章では、一九六九年ハーグ首脳会議後十数年間の欧州統合過程が直面した「停滞」とその中に存在した将来の発展に繫がる要素の双方に注目する。この時期、イギリス、アイルランド、デンマークという三カ国による第一次拡大が実現するとともに通貨統合を目指す機運も高まるが、その進路は折から生じた国際経済秩序の動揺に翻弄されることになった。しかし同時に制度的には、欧州政治協力の誕生・欧州理事会の創設・欧州議会の直接選挙、ヨーロッパ・アイデンティティの形成という欧州統合の進展も見られることになった。さらに七九年には、欧州通貨制度という形で通貨協力が強化されることになった。以下で、六九年から八四年までの「長い一九七〇年代」の欧州統合が経験した光と影を見ていこう。

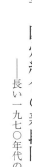

1　ハーグ会議――完成、深化、拡大

首脳会議と東方政策

一九六九年四月のシャルル・ドゴールの突然の辞任により、フランスで大統領選挙が始まった。ドゴール大統領時代に長く首相を務めていたジョルジュ・ポンピドゥーが後継者として立候補し、選挙運動最中の六月六日、欧州共同体（EC）六カ国による首脳会議を提唱した。この提案が、ローマ条約で定められた移行期間終了後のEC再出発を象徴するハーグ首脳会議開催への最初の一歩であった。選挙に無事当選し、第二代目のフランス第五共和制大統領となったポンピドゥーは、大統領就任後初の七月一〇日の記者会見で改めて首脳会議の開催を提案し、共通農業政策（CAP）の「完成」、新たな分野における統合の「深化」、そしてイギリスの加盟を含むECの「拡大」をその三本柱とした。なかでもイギリスのEC加盟に反対しない立場を明確にした点がまさにドゴール前大統領との大きな違いであり、欧州統合の新たな発展を示唆するものであった。

同年、ドイツ連邦共和国（西ドイツ）においても政権交代が見られた。ポンピドゥーが初めてEC首脳会議の構想を示した際、当時西ドイツの首相であったクルト・キージンガーは、すぐさまそれを受け入れ、年末の首脳会議開催を希望する旨を表明していた。だが九月二八日に行われた連邦議会総選挙の結果、キージンガー率いるキリスト教民主同盟（CDU）は議席数では第一党となるものの、それに対して社会民主党（SPD）と自由民主党（FDP）が連立を組み、政権交代を実現させたのである。SPDの党首ヴィリー・ブラントが新首相となり、西ドイツ成立以来政権を担ってきたCDUは下野することとなった。それは同時に、西ドイツ外交の転換をもたらすものでもあった。ブラントは、キージンガー政権での外相時代から、いわゆる「東方政策」を西ドイツ外交の新たな主軸に据えていたが、首相になることで、その動きがさらに促進されたのである。東方政策の最大の特徴は、長年その存在を事実上無視してきたドイツ民主共和国（東ドイツ）を国家として承認するという点にあった。一〇月二八日の首相就任演説においてブラントは、「一つのドイツ民族の中の二つの国家」という言葉を用いて東ドイツの存在

を承認する意向を示し、その後、ソ連および東ドイツを含む東欧諸国との関係改善を図っていくことになる。

しかし、その東方政策の成功のためにも、ブラントにとって西側諸国との良好な関係の維持が重要であった。なかでも直近の外交課題となっていたのが、ポンピドゥーが提唱していたEC首脳会議である。東側との関係のみならず西側諸国との関係も重視している姿勢を示すため、ブラントは先述の就任演説の中で、EC首脳会議が欧州統合の将来を決定づける重要な会議になると言及し、ECの深化と拡大、そして政治協力の強化について努力すると語った。ブラントによれば、「東方政策は西側に始まる」のであった。

ブラントが「西方政策」を重視したことは、首脳会議の成功に大きく貢献した。EC首脳会議は六九年一二月一日より二日間にわたってオランダのハーグで開催された。会議では、ポンピドゥーが提唱した通り、「完成、深化、拡大」という三大柱が議題として挙げられた。筆頭に掲げられた「完成」はポンピドゥーが最も重視した点であり、共通農業政策の完成を意味した。より具体的には、フランスに大きな利益を与えるCAPの予算を独自財源化していくことが目指された。これに対しブラントは、首脳会議開催前からフランス側と緊密な協議を進め、農業補助金の問題についても譲歩する姿勢を示していた。イギリスのEC加盟を最重要課題としていたブラントは、首脳会議において、加盟交渉を六カ月以内に開始することを条件に、フランスが望む「独自財源化」によるCAPの財政規則の確立を受け入れる準備があるとした。これは、共通農業政策の財源への最大の貢献国である西ドイツの負担を固定化することを意味したが、ブラントはその代償を受け入れたのである。そしてハーグ会議後の七〇年四月二二日、共通農業市場の完成に関する法案が通過することとなった。

ハーグ会議で掲げられた第二の柱が「深化」である。ローマ条約の中には規定のなかった共通政策分野を増やすことで統合をさらに深化させることがその狙いであったが、通貨の分野における深化の試みは次節で詳述するとして、ここでは政治協力の制度化を取り上げたい。

EC六カ国による政治協力を声高に主張していたのは、西ドイツであった。前首相のキージンガーがハーグ会議開催前からとりわけ熱心であったが、ブラントもまた、先述の首相就任演説において、政治協力の強化について努力すると語っていた。ブラントは、政治協力の問題をイギリスのＥＣ加盟と結びつけて考えていた。ハーグ首脳会議においては、まず六カ国での政治協力の枠組みを創設するよう外相に要請し、さらにそれを加盟申請国に広げていく方針であった。その結果、最終的に、ハーグ会議の最終コミュニケにおいて、「拡大を視野に入れつつ」政治協力の問題について検討するとの文言が盛り込まれることになった。もともとポンピドゥーは政治協力に消極的であったが、ハーグ会議を成功させるためのフランス側の譲歩でもあった。

このハーグ会議の合意を受け、七〇年三月に六カ国による外相会議が開かれ、後に欧州政治協力と呼ばれる新制度設立に向けての交渉が始まった。ブラントの思惑と異なり、加盟申請国は交渉に参加できなかったが、ベルギーの外交官エティエンヌ・ダヴィニョンを議長とする委員会が設置され、事務レベルの交渉が進められた。そして一〇月、いわゆるダヴィニョン報告が六カ国外相によって採択され、欧州政治協力が発足することとなった。年二回の外相会議と年四回の外務省政治局長レベルの協議が制度化されたのである。

では主唱者ポンピドゥーの動機はいかなるものだったのか。ハーグ会議の第三の柱であるイギリス加盟を受け入れた主な動機は、イギリス企業との競争・協力によって工業生産力を強化することであった。ドゴール主義者のポンピドゥーは偉大さの追求を試みたが、その基本に、持論であった産業の近代化を置いたのである。

第一次ＥＣ拡大

ハーグ会議の最後の柱が「拡大」である。これまでの章が論じてきたように、それはイギリスが一九六一年に最初に加盟申請を行ってからの懸案事項であり、フランス以外の五カ国が最も重視した問題であった。イギリスの加盟を原則として受け入れつつも、その優先順位を低く考えていたポンピドゥーが加盟交渉開始の日程を固定化することに抵抗したため、ハーグ会議の初日は紛糾した。結局ハーグ会議で明確な日程は決められなかったものの、七〇年六月九日の閣僚理事会において加盟交渉の再開が決定された。

ＥＣの第一次拡大に関しては、イギリス側の変化も重要であった。七〇年六月の総選挙で保守党が勝利し、党首のエドワード・ヒースが首相の座に着いた。ヒースは第一次加盟申請時の六一～六三年に加盟交渉に携わった人物であり、歴代のイギリス首相の中で最も欧州統合に熱心な首相であった。またヒースは、イギリスの衰退を打開する手段としてヨーロッパ諸国との協力が重要であると考えていた。イギリスは、その世界での地位に陰りを見せており、アメリカとの関係において、対等ではないジュニア・パートナーに甘んじていた。ヒースはイギリスをECに加盟させることで、アメリカと対等な関係に近づくことを目指したのである。実際の加盟交渉では、移行期間がイギリスにとって問題であった。当初一二、三年とされた移行期間を、ヒース政権は五年まで短縮させた。さらには移行期間の間、イギリスは発言権を確保し、その期間中はEC予算における負担を少なめにすることにも成功した。EC側ではどうか。そこには、先述のポンピドゥー大統領の当初の動機に加えて、彼の戦略が大きく働いていた。第一に、ポンピドゥーにとって重要だったのは、新規加盟国がアキ・コミュノテール（コラム4-2参照）をすべて受け入れるかどうかであった。第二に、ポンピドゥーは、政府間主義的なヨーロッパを理想としており、政府間主義のイギリスが加盟することで、超国家的統合に歯止めがかけられると考えたのである。第三に、東方政策で影響力を増す西ドイツのブラント政権に「疑念」を抱いており、西ドイツ以外のパートナーを欲したのである。最後に、CAPの完成が、ポンピドゥーがイギリス加盟を受け入れる条件であり、この点が合意されたことによって彼は最終的にイギリスのEC加盟に同意したのである

イギリスと同時に、デンマーク、アイルランド、そしてノルウェーも加盟申請を行った。デンマークの加盟申請は、デンマークの北欧諸国との協力、大陸ヨーロッパへの嫌悪感から考えれば驚くべきものだった。しかしデンマーク経済はイギリスとの農産品貿易に依存しており、イギリスとともにECに加盟することで国際収支が改善することが期待された。さらにデンマーク経済にとって、ドイツ市場も魅力であり、ECに加盟することでデンマークの農産物がドイツ市場に参入できた。逆にもしECに加盟しなければ、CAPを進めるECからデンマークの農産物が排除されてしまう恐れがあった。

第3章第3節で見たように、アイルランドもまたイギリスとともに六一年から加盟申請を行っていた。アイルランドの場合は、欧州自由貿易連合（EFTA）やコモンウェルスのメンバーでなかったことから加盟もスムーズに行くと見られたし、六一年以来、与党は加盟推進派で、EC加盟に対する国内の反対もほとんどなかった。またイ

コラム5-1　イギリス初の国民投票

石油危機をきっかけとするヨーロッパの経済不況は，イギリスにおいては政権交代に繋がった。イギリスをEC加盟に導いたのはヒース保守党政権であったが，本章で見たようにイギリスはスネイクから早々に離脱し，またヒースが熱心に求めた欧州開発基金も期待通りのものとはならなかった。ヒースのヨーロッパ戦略は，この経済不況のため，イギリス国民にアピールするものとはならなくなっていた。その結果，1974年10月の総選挙で保守党は敗北し，政権が労働党へと移ることになった。首相に返り咲いたハロルド・ウィルソンは，しかし，労働党内や党の支持基盤である労働組合の反ECの声に対処しなければならなかった。

そこでウィルソンがとった戦略が，EC加盟条約についての再交渉を行い，EC加盟の是非を問う国民投票を実施することであった。ウィルソンの戦略は功を奏した。再交渉の結果，イギリスはEC予算に対して過剰負担をした場合に約1億2500万ポンドの還付金が支払われることとなった。また，コモンウェルスの一国であり，伝統的にとりわけ酪農品においてイギリスへの輸出額が大きかったニュージーランドのバターに関して，EC市場へのアクセスが改善されることにもなった。1975年6月に実施されたイギリス憲政史上初となる国民投票では，EC残留が67%という圧倒的多数を占める結果となった。労働党の分裂は回避され，イギリスはECに留まることとなった。だがその40年後の2016年，再びEU残留をめぐる国民投票が行われることになる。

ギリスとの緊密な経済的関係があったため、イギリスと同時に加盟申請したことも自然な動きであった。さらに農業国であったアイルランドは、ECの共通農業政策から大きな経済的利益を期待できた。

ノルウェーのEC加盟申請にも、経済的要因が大きく働いた。もともとノルウェーは、欧州経済共同体（EEC）のような開放的な市場において自国の農業や漁業といった第一次産業がダメージを受けることを懸念しており、農産物が除外されている自由貿易地域（FTA）やEFTAを理想としていた。しかしイギリスやデンマークがECへの加盟を目指したことで、ノルウェー政府は、ノルウェーの経済的孤立化を懸念したのであった。

イギリス、デンマーク、アイルランド、そしてノルウェーの四カ国は、七二年までに加盟交渉を終え、加盟条約に署名することができた。しかしながらノルウェーのみは、労働党政権が加盟賛成のキャンペーンを大規模に展開したにもかかわらず、国民投票において、

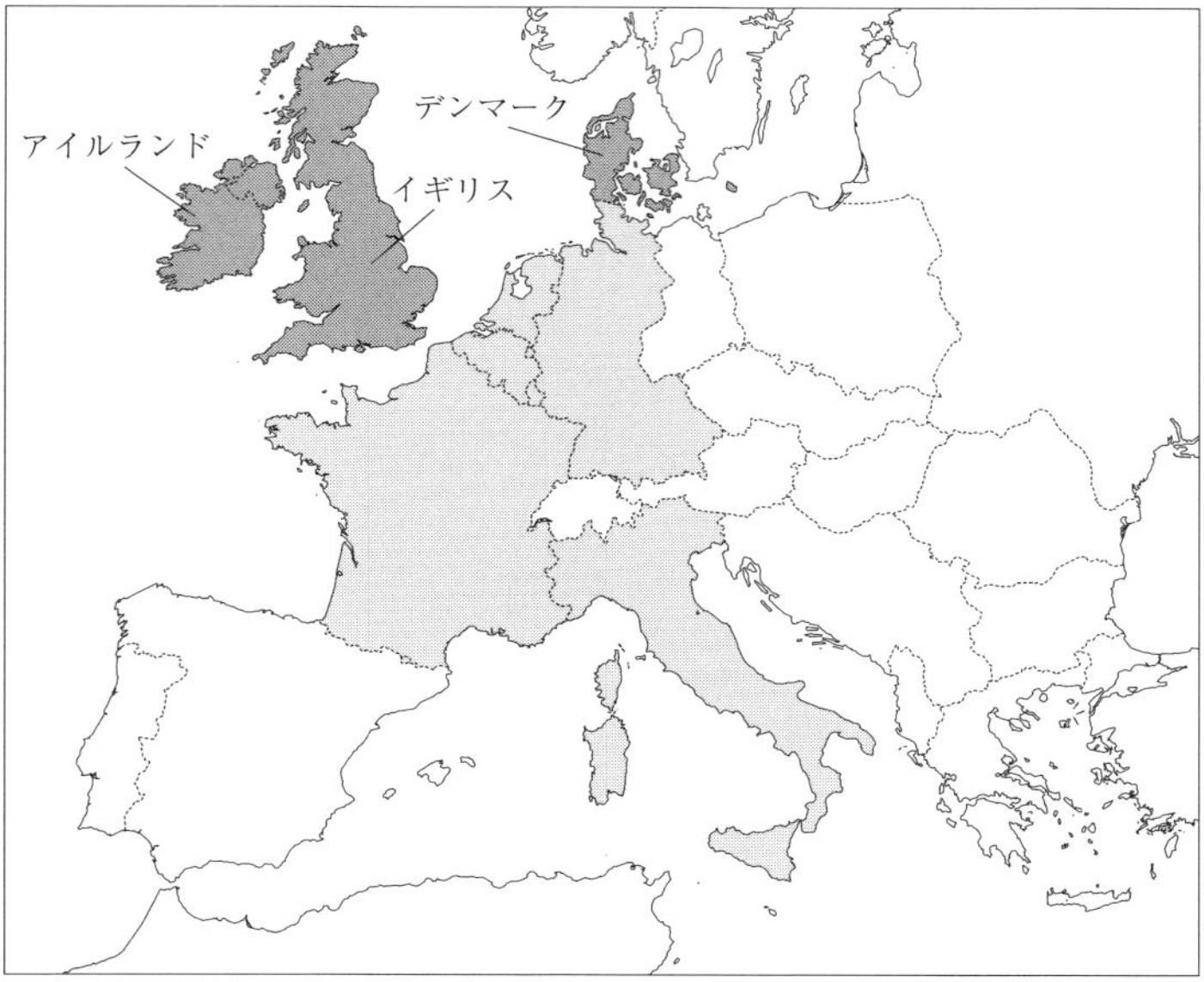

図5-1　第1次拡大加盟国（1973年1月）（濃い網掛が新加盟国）

反対五三％、賛成四七％で否決された。世論調査は、ノルウェー国民が主権の喪失を恐れたこと、そして農業と漁業への影響を懸念したことが否決の二大要因であったことを示している。* その結果、加盟条約が発効したことで七三年一月一日にEC加盟を果たしたのはイギリス、デンマーク、アイルランドの三カ国であり、この第一次拡大によってECは九カ国となった（図5-1）。

＊国民投票の結果を受けてEC加盟を見送ったノルウェーは、一九七三年五月一四日にECと自由貿易協定を締結した。EC加盟に伴いイギリスとデンマークはEFTAを脱退したが、ノルウェー以外のEFTAにとどまった国々（オーストリア、ポルトガル、フィンランド、スウェーデン、アイスランド、スイス）も、七二～七四年の間に、それぞれECと自由貿易協定を締結している。

共通漁業政策、地域開発基金、ロメ協定

ECの第一次拡大は、いわばその派生的効果として、三つの新たな展開をECにもたらした。第一に、共通漁業政策が発展した。すでにローマ条約第三八条に共通漁業政策に関する規定は存在したが、一九七〇年代までそれが実現することはなかった。五七～六二年にフランスへの海産物の輸入が急増した際、フランスは共通漁業政策の策定により自国漁業の保護を図ろうとしたが、農業問題担当のＥＣ委員シッコ・マンスホルトは賛同したものの、フランス以外の五カ国が反対したため、発展を見ることはなかった。

第一次拡大が実現する時期になって再び共通漁業政策策定への機運が高まることとなった。というのも、第一次拡大の加盟候補国はどれも漁業国であり、またイギリスやノルウェーの排他的経済水域にアクセスができれば、遠洋漁業を中心としたドイツやオランダにとっても利益があると考えられたからである。さらにマンスホルトが、新規加盟国が加わる前に、ＥＣ六カ国で共通漁業政策が策定されていることが必要であると主張した。フランスやイタリアも、ドイツやオランダに対してＣＡＰの基金から漁業向けに拠出しないという点で妥協した。このような経緯で、共通漁業政策が形成されていったのである。

第一次拡大に伴う第二の派生的発展が、地域開発基金の創設である。とりわけヒース政権が、イギリスにとってＥＣに加盟するメリットになることを期待してそれを望んでいた。実は、ＣＡＰが完成を迎えた後、ＥＣにとって次の最大の問題が地域政策であった。そもそも、五七年のローマ条約の前文で掲げられて以来、域内の経済格差をなくすことはＥＣの課題であった。当時よりイタリアの南北格差が認識されており、そのために、五八年にはインフラの整備、低開発地域の開発などを目的とした欧州投資銀行（ＥＩＢ）が設立されていた。

しかし第一次拡大を機に、このＥＩＢだけでは十分でないと考えられるようになった。なによりイギリスが、新たな地域開発基金の創設を求めた。というのも、農業国でないイギリスはＣＡＰへの拠出額の多さに対して、そこからのイギリスへの見返りの少なさに強い不満を持っており、それゆえにスコットランドなどイギリスの後進地域に対する開発基金をＥＣからえることで代わりの利益をえようとしたからである。

だが地域開発基金の創設交渉は難航した。誰が資金を出し、誰がそれを受け取るかがあまりにはっきりしていたからである。すなわち、後進地域をほとんどもたず、経済規模の大きい西ドイツが最大の貢献国となる見込みである一方、イギリス、アイルランド、イタリアが受益国と考えられていた。必然的に、一方的な拠出を求められるこ

コラム5-2　EC・アジア関係（中国，インド，ASEAN）

EC・アジア関係は，1970年代に大きく発展した。とくにデタントの中，西側陣営に限らず，アジア諸国との関係を段階的に制度化していったのが特徴である。まず73年12月には，インドとのEC=インド通商協定が結ばれ，最恵国待遇の供与に基づき貿易関係の促進が目標とされた。そして，75年には，EC委員会が中華人民共和国を承認し，外交関係を樹立する。そして，78年には通商協定が中国との間に結ばれた。ASEANに対しても，75年，EC委員会は，ASEAN諸国との間に共同研究グループを発足させた。さらに77年には大使級会合の設置，翌78年には，閣僚級会合を創設，80年には，EC=ASEAN協力協定の調印・発効に至るのである。

これらの関係を包括するアジア政策は当時EC委員会には存在しなかった。しかしこの時期に複数のアジア諸国との関係をECが発展させた背景には，共通する要因があった。その一つは，イギリスのEU加盟であった。これらどの地域も旧植民地であるなど，イギリスとの歴史的結びつきが強かった。また共通の要因のもう一つは，デタントである。アジアでも72年に米中首脳会談が実現し，ECはその外交地平を拡大しやすい環境に恵まれ，その機会を逃さなかったのである。

となる西ドイツの抵抗は大きかった。七二年一〇月のECパリ首脳会議において地域開発基金の創設自体は合意されたが、基金の規模をめぐっては、ドイツとイギリスの間で大きな隔たりがあった。

実際に欧州地域開発基金が創設されたのは、二年以上の後の七五年三月であった。ドイツがイギリスに妥協することはなかったものの、アイルランドとイタリアが、もし地域開発基金の合意が近々見られないならば、七四年一二月の首脳会議をボイコットすると威嚇したことが功を奏したからである。だが基金の規模の点では、かなり控えめなものとなり、EC予算の八％を上回ることはなかった。基金の規模が限定され負担が軽減されたがゆえに、西ドイツも受け入れることができた。しかし逆に、これはイギリス側に大きな不満を残す結果ともなった。

第三に、ECの拡大、とりわけイギリスの加盟は、ECの対外関係の幅を大きく広げることになった。というのも、イギリスとコモンウェルス諸国との関係が、いわばECに組み込まれることになったからである。第4章第1節で論じたように、すでにECはフランス・ベルギーの旧植民地を中心として独立したばかりのアフリカ諸国とヤウンデ協定を締結していたが、七三年一〇月にECは、それを拡大する形でアフリカ・カリブ海・太平洋（ACP）諸国四六カ国と、新たな交渉を開始した。交渉は七五年二月に結実し、新たにロメ協定が締結された。この第一次ロメ協定は、ヤウンデ協定と比べると、逆特恵を廃止し、STABEXと呼ばれる輸出所得安定化制度を含んでいるなど、開発途上国からの搾取の要素が少ない協定であると考えられている。[*] ヤウンデ協定からロメ協定へと変わり、ECはアフリカや地中海沿岸諸国のみならず、カリブ海や太平洋諸国とも関係を地理的に広げることとなった。それは後に、開発援助を通じて対外的影響力を行使するグローバルなアクターにECがなっていく基盤を作ることにもなったのである。

＊「逆特恵」とは、先進国から途上国に与える通常の特恵とは逆に、途上国が先進国に与える特恵制度のことである。「STABEX」とは、市場の急変動に際して、輸出収入の安定化を図るため、資金を供給する制度である。

2　通貨統合の機運――初の通貨統合の試み

ヴェルネル・プランからスネイクへ　ハーグ首脳会議において合意された統合の「深化」のもう一つの重要な分野が通貨統合であった。第4章第4節で見たように通貨統合の構想は一九六〇年代から存在したが、イギリスのEC加盟をフランスが原則的に認めたことで、通貨統合の試みも動き始めることとなった。だが七〇年代におけるその歩みは、まさに紆余曲折であった。七〇年代前半には通貨統合の構想が示され、その第一段階がスタートしたかに見えたが、すぐに挫折してしまう。七〇年代後半になって、通貨分野における協力への機運が再び盛り上がり、七九年に欧州通貨制度（EMS）が創設されることになるのである。

フランスはかねてより通貨分野におけるEC諸国間の協力を求めていたが、西ドイツのブラント首相もまた、六九年のハーグ首脳会議において経済通貨同盟（EMU）を創設することを提案した。他の四カ国もそれを歓迎したことから、同会議は、「経済通貨同盟の創設に向けた段階を追った計画を作成する」ことで合意した。この合意を具体化すべく、七〇年三月、ルクセンブルクの首相兼財務相ピエール・ヴェルネルが指揮する委員会が発足した。

言うまでもなく当時、ＥＣ各国はフランやマルクなど、異なる通貨を使用していた。それらをどのように統合するのか。もし共通の通貨を作るのであれば、まず各国通貨間の為替変動の幅を縮小し、最終段階において為替変動を廃絶し、単一通貨を導入するというおおまかなプロセスについては基本的な認識の一致があった。しかし、具体的にそれを実現する過程をめぐっては、各国間で根本的な対立があった。フランスやベルギー、ルクセンブルクは、まず通貨協力、すなわち為替変動幅の縮小を優先すべきとの立場であった（マネタリストと呼ばれた）。それに対し西ドイツやオランダは、各国の経済政策について協調できなければ通貨協力はできないと主張した。それは、インフレ抑制や経常収支の不均衡の是正など、経済パフォーマンスが収斂して初めて為替変動幅の縮小に着手できるとの立場であり、エコノミストと呼ばれた。結局、表向きは経済政策と通貨政策を同時に進行させるとして両者の妥協が図られたが、この基本的な対立が解消することはなかった。

ヴェルネル委員会の報告書（ヴェルネル・プラン）は七〇年一〇月に発表されたが、それはフランスの強い反発を招いた。報告書は三段階を経て、九年で通貨統合を完成させるとしていた。とりわけ完成時には単一通貨を導入し、さらにＥＣの経済政策に関する超国家機関と、通貨政策に関する超国家機関（中央銀行）を創設することが提言されていた。ただし三段階の内容は曖昧であり、超国家的な通貨統合を最終目標として掲げつつも、まずは第一段階として通貨協力制度を立ち上げるという提案となっていた。だがポンピドゥー仏大統領は、この報告書の連邦主義的性格に激しく反発した。ポンピドゥーは通貨分野における協力を望んでいたが、前任者のドゴールと同様、フランスの主権が制限されることは受け入れられなかった。その結果、最終段階としての通貨統合の部分が削除される形で、七一年二月の閣僚理事会においてヴェルネル・プランは採択された。

だが、ヴェルネル・プランの第一段階を実施するのに一年以上もかかった。もともと七一年六月一五日に第一段階である為替変動幅の縮小をスタートさせる予定であったが、五月初頭に激しいマルク売りの投機がなされ先延ばしされた。さらに八月一五日に、アメリカのリチャード・ニクソン大統領が、突如として金とドルの交換停止を発

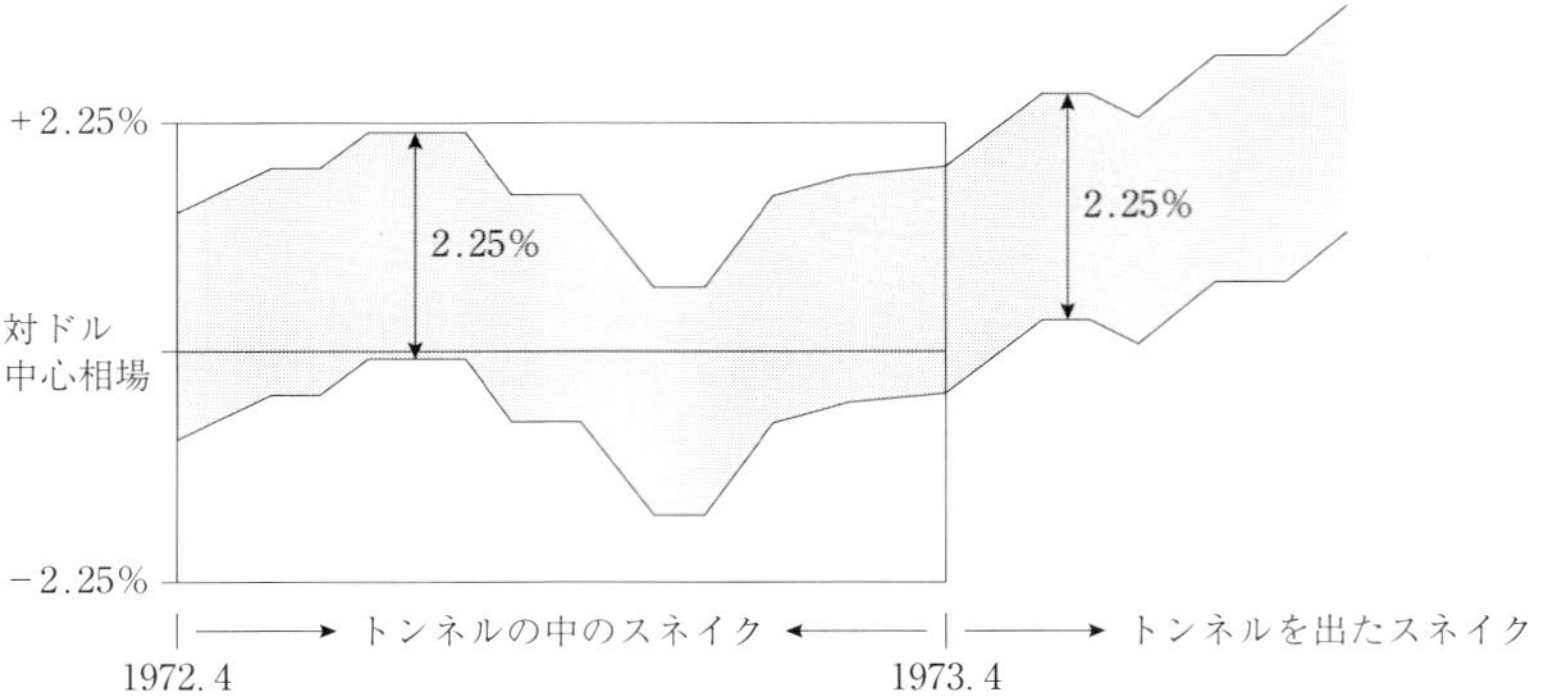

図5－2　「トンネルの中のスネイク」と「トンネルを出たスネイク」
出典：権上康男『通貨統合の歴史的起源』日本経済評論社，2013年（一部字句改変）。

表し、国際金融市場はパニックに陥った。金とドルの結びつきを基盤とした国際通貨システム、ブレトン・ウッズ体制は崩壊した。このいわゆるニクソン・ショックは、短期的には同年一二月に、先進一〇カ国財務相会議において、ドルを切り下げ、各国通貨をドルに対して変動幅上下二・二五%の範囲内で固定させる固定相場制を維持することで合意したため、いったんは落ち着いた。会議がワシントンのスミソニアン博物館で開かれたため、これはスミソニアン体制と呼ばれる。しかし、ブレトン・ウッズ体制で規定されていた上下一%の変動幅を上下二・二五%に拡大させたため、ＥＣ諸国の通貨も対ドルで四・五%、さらにＥＣ諸国通貨相互では最大九%も変動幅が開くことになってしまった。このことは、為替変動幅を縮小することで単一通貨の創設を目指す通貨統合の方向性に反するものであった。

それゆえ、ヴェルネル・プランの第一段階は、このスミソニアン体制に対応する形でようやく始められた。ＥＣ諸国は七二年三月、各国通貨間の変動幅を二・二五%とすることで合意した。これは、図5－2が示すように、スミソニアン体制のドルを中心とする変動幅四・五%（上下二・二五%）の「トンネル」の中で、ＥＣ諸国通貨がより狭い二・二五%の変動幅で蛇行する形となる。いわば、スミソニアン体制という世界レベルの通貨体制の枠内で、さらにＥＣレベルで各国通貨の為替変動を安定させることを目指したものであった。これは、まさに蛇に似たその姿から、「トンネルの中のスネイク（蛇）」と呼ばれた。

スネイクは七二年四月に発足し、ヴェルネル・プランの第一段階が始動したことになったのだが、しかし長続きしなかった。イギリスのポンドやイタリアのリラが国際投機資本の標的とされ、イギリスは七二年六月に、イタリアは七三年二月にスネイクを離脱した。同年一月にはドルも標的とされ、スミソニアン体制は崩壊し、ついに変動相場制へと移行することとなった。国際通貨システムの大変動であった。ＥＣ諸国の通貨協力は、もともとブレトン・ウッズ体制の固定相場制を前提として為替相場の安定を目指すものであったが、その前提が崩れてしまったのである。変動相場制へ移行したことでドルの「トンネル」がなくなり、スネイクも、七三年五月初めからＥＣ諸国の通貨間のみで固定相場制を維持する制度となった（ＥＣ諸国の通貨同士は共同で固定される一方で、ドルに対しては変動するため、「共同フロート」あるいは「トンネルを出たスネイク」と呼ばれる）。だがさらに、翌七四年一月には中心国フランスもスネイクから離脱し、スネイクは西ドイツの通貨マルクを中心とする「ミニ・スネイク」（西ドイツ、ベネルクス三国、デンマークの五カ国で構成される）と呼ばれるに至り、もはやＥＣの制度ですらなくなってしまった。こうして七〇年代前半の通貨統合の試みは事実上挫折することになったのである。

石油危機、スタグフレーション、社会政策

欧州通貨の不安定のみならず、一九七〇年代にはヨーロッパ（そして世界）が深刻な不況に陥った。きっかけは、七三年一〇月に起こった第一次石油危機である。第四次中東戦争を機に、石油輸出国機構（ＯＰＥＣ）が石油価格を引き上げ、以前の四倍にまで跳ね上がった。六〇年代は高度経済成長を経験したヨーロッパであったが、それは安い石油に依存したものであった。しかし石油価格が高騰し、ヨーロッパ経済は一気に悪化した。

ヨーロッパ諸国は、不況にもかかわらず、インフレにも苦しむこととなった。イギリス、ギリシャ、スペイン、ポルトガルなど、七〇年代を通じてインフレが一〇％を超える国も多く見られた。長期景気低迷（スタグネーション）とインフレーションを合わせて、スタグフレーションという新しい言葉も生まれた。この組み合わせはそれまでにない現象だったからであり、それゆえ、従来のケインズ主義*に基づく景気刺激策では不況を脱することはできなかった。七四〜八八年のＥＣ諸国の平均成長率（二・一％）は、六一〜七三年のもの（四・八％）と比べて半減し

た。失業率も高止まりし、各国は保護主義的になっていった。

＊ケインズ主義とは、総需要の管理により、景気を刺激し、完全雇用を目指す経済政策上の立場である。

そのような石油危機の余波から影響を受けたのが、ヨーロッパの社会政策である。もともと社会政策は、ＥＣの中では手薄な分野であった。五七年に署名されたローマ条約では、社会権に関する規定は、二四八条のうちわずか一二条であった。しかし、七〇年代に通貨統合に関するヴェルネル報告が発表されたことを受け、労働・雇用面にも通貨統合の影響が及ぶことから、各国経済社会の協調が必要とされるようになっていた。七〇年代に社会政策の分野が多少進展したもう一つの重要な背景は、六八年の五月革命である。学生運動から始まったこの運動は、労働組合を糾合し、欧州労働組合連盟（ＥＴＵＣ）を生んだ。このＥＴＵＣを中心に、ＥＣに対する社会権の要求が強まっていった。その結果、七二年にパリで開催されたＥＣ首脳会議において「経済通貨同盟を達成することと同様に社会分野での積極的な行動が重要である」と宣言され、ＥＣ委員会は「行動計画」を作成するよう要請されることとなった。

七四年一月、閣僚理事会（社会相理事会）は、委員会が提出した「社会行動計画」を採択した。それは三つの目標を掲げていた。第一に、完全雇用とよりよい雇用条件を達成すること、第二に、生活および労働条件の向上と協調、第三に、ＥＣの経済的および社会的決定における労使双方のよりいっそうの参加と労働者の企業の意思決定への参加拡大というものであった。ＥＣの権限を社会分野で強化したいとの願望も表れ、拘束力を持つ法令である指令によって一定の対策が達成されるよう規定が設けられ、労使の包摂も促進された。長期的にも、後の「ソーシャル・ヨーロッパ」（第7章第5節参照）に繋がる思想的基盤が用意され、「欧州社会意識」形成の第一歩となった。

しかしながら、第一次石油危機の勃発で、そこに掲げられた目標の達成は難しくなった。たしかに、不況に陥ったＥＣ諸国では若年失業率がとりわけ高く、それに対して欧州社会基金による対応がとられ、大量解雇に対する制限が設けられた。またＥＣ委員会の勧告により、週四〇時間労働は、七〇年代に多くの国で実現された。だがＥＣ各国は、不況から抜け出すため、ＥＣレベルではなく、各国バラバラの解決を模索するようになった。結局、労働者の経営参加に関しても合意に至らなかった。七四年のスネイクの破綻で、通貨政策と連動した社会政策のプロジェクトも破綻した。加えて、経済危機で資金も不足し、社会政策への資金供給もまた困難になってしまったのである。

欧州通貨制度の誕生

ヴェルネル・プランとスネイクの挫折の後、通貨協力の新たなイニシアティヴをとったのは、一九七七年一月にＥＣ委員会の新委員長に就任したイギリス労働党政権の元閣僚ロイ・ジェンキンズであった。同年一〇月二七日、ジェンキンズはイタリアのフィレンツェにある欧州大学院大学（ＥＵＩ）での演説の中で、経済通貨同盟の構想を取り上げたのである。彼は、ＥＣ内での為替変動を終わらせれば、投資を刺激し、インフレ圧力を弱め、失業問題に対してよりよい政策を打ち出すことができる可能性があると語った。この演説を機に、七〇年代後半、通貨分野におけるＥＣ諸国間の協力の機運が再び盛り上がることとなった。

だが、ジェンキンズのイニシアティヴのみならず、とりわけ通貨問題に関してフランスと西ドイツがより積極的かつ緊密に協力したことが、七〇年代末に欧州通貨制度（ＥＭＳ）と呼ばれる新たな制度を誕生させることに繋がった。くしくも同じ七四年の五月、西ドイツではヘルムート・シュミットが新たな首相に就任し、フランスではヴァレリー・ジスカールデスタンが大統領に就任していた。両者とも首脳になる前、財務相を経験しており、通貨問題についても造詣が深かった。シュミット自身、ジェンキンズの演説の半年後の七八年四月にＥＭＳの創設を提唱し、ジスカールデスタンもそれを強く後押しした。両者の関係は個人的にも「ボン＝パリ枢軸」と呼ばれるほど親密であり、七八年四月から六月にかけてシュミットとジスカールデスタンは秘密裏に協議を行った。二人は、共同市場が非関税障壁などにより「細分化」され問題となっていること、また欧州諸国で経済の収斂が起きてきていることなどについて認識を共有しており、かつてのマネタリストとエコノミストの対立は後景に退いていた。

七八年一二月に合意され翌七九年三月に発足したＥＭＳとはＥＣ内の固定為替相場制度[*1]である。それは欧州為替相場メカニズム（ＥＲＭ）、欧州通貨単位（ＥＣＵ《エキュ》）の導入、相互信用制度からなっている。とりわけ、ＥＣＵという独自の通貨単位が設定された所がスネイクと大きく異なる点である。ＥＣＵは加盟各国通貨の価値を加重平均した、いわゆる通貨バスケット[*2]である。為替相場メカニズムでは、参加国に上下二・二五％の為替変動幅が認められた。ただしイタリアだけはその為替相場の不安定性に鑑み、六％の拡大変動幅が認められた。だがＥＭＳでも、通貨統合の最終形態は曖昧にされた。ＥＣが欧州連合（ＥＵ）になり、単一通貨ユーロを導入するには、さらに二〇年の歳月を必要とすることになる。

＊1相互信用制度は、主にＥＭＳが介入した際に資金を融通する制度で、それまで存在していた信用メカニズムを大幅に拡充したり、使用条件を緩やかにしたものである。

＊2通貨バスケットとは、複数の通貨を入れた「バスケット」を想定し、加重平均された価値を仮想通貨と見立てて、それぞれの通貨との交換レートを算出する仕組みである。

当時ＥＣ九カ国の内、唯一ＥＭＳのＥＲＭに参加しなかったのがイギリスであった。七五年の国民投票（コラム5‐1参照）でＥＣに留まることを決めたイギリスであったが、ジェームズ・キャラハン首相の労働党政権は、欧州統合の発展に対しては全般的に消極的姿勢を取り続けた。キャラハン政権がＥＭＳにも不参加とした理由は二つあった。第一に、キャラハンはアメリカを含めたグローバルな通貨協調を目指していた。とくに、ＥＭＳが米ドルや欧州安全保障に対するアメリカのコミットメントに与える影響に配慮し、そこへの参加を見送った。第二に、与党労働党内の左派がＥＣを「資本主義クラブ」と見なし、イギリスの主権や同党が重視する社会主義的プログラムの将来を脅かすものであると考え敵対的であった。さらに野党保守党も、全般的には政府のＥＭＳへの態度に鋭い批判を加えていた。結局、イギリスはＥＭＳへの超党派的合意を形成できなかったのである。その結果、イギリスはＥＭＳのＥＲＭへの不参加を決定したのであった。

3　制度的発展——欧州理事会の創設、欧州議会の直接選挙

欧州理事会の創設

石油危機の勃発により深刻な経済不況に見舞われた一九七〇年代のヨーロッパであったが、その一方でＥＣは重要な制度的発展を遂げることにもなった。なかでも最も重要なのが、Ｅ

C諸国の首脳会議である欧州理事会の制度化であろう。それは、ジスカールデスタン仏大統領のイニシアティヴによって実現することとなった。

ポンピドゥーの急死により、七四年五月に新たに第三代目のフランス第五共和制大統領となったジスカールデスタンは七月、外相ジャン・ソヴァニャルグに対して、ヨーロッパ再出発に関する提案をするよう指示した。ソヴァニャルグに具体的なアイデアを提供したのが、あのジャン・モネであった。モネの提案を元に、九月にジスカールデスタン大統領に提出されたメモランダムには、「欧州理事会」の設立、欧州議会の直接選挙、閣僚理事会における特定多数決制の拡大、欧州統一パスポートの創設といった多様な構想が盛り込まれていた（欧州統一パスポートは八五年に実現する）。ソヴァニャルグはドゴール主義者として知られるが、しかしもはやフランス一国でフランスの「偉大さ」を実現することはできず、フランスの利益はヨーロッパの利益と分かちがたく結びついていると考えていた。

ソヴァニャルグのメモランダムに基づき、ジスカールデスタンは九月一四日に開かれたEC首脳による非公式のディナーの席で、ヨーロッパ再出発の構想を披露した。それは、政府間主義と超国家主義のバランスをとるものであった。首脳会議が制度化され、それが政策決定の中心となれば、それはECがより政府間主義を強めることを意味した。しかし他方で、欧州議会議員がEC諸国民による直接選挙によって選ばれれば、欧州議会の権限は強まり、超国家主義的性格が強まることを意味した。フランスの提案は政府間主義と超国家主義の両方が内包されたものであった。

EC首脳会議を制度化することに、他の八カ国から強い反対はなかった。背景として、ECが扱う問題が多くなり、閣僚理事会が非効率となり、ECにリーダーシップが欠如しているといった批判が存在していたことがあった。だが、ベルギーやオランダなどの小国は、政府間主義的な首脳会議が強い影響力を持つことを懸念した。それゆえオランダは、首脳会議が「公式の決定」を行うべきではないと主張した。また、欧州理事会を補佐する事務局が設置されることにも反対した。フランスも柔軟であった。EC諸国の首脳会議は、制度的にはECとは別のものであるとし、EC委員会など他の機関を欧州理事会がコントロールするのではなく、あくまでも補完的な存在であるとした。またEC委員会が首脳会議に参加することにも反対しなかった。かつてのドゴールのようにEC委員会を露骨に排除するような姿勢を示せば、他国から強い反発が起こっていただろう。結局、七四年一二月にパリで開かれたEC首脳会議において欧州理事会の設立について合意がなされ、EC首脳は年に三度会議を開くことで定例化することとなった。そしてそれ以後、この欧州理事会がECそして後のEUの方向性を決める場として重要な役割を果たしていくことになる。

この流れで注目すべきは、並行して行われた先進国首脳会議（サミット）の創設である。サミットは、日米カナダと欧州四カ国（英仏独伊）を含み、欧州理事会の設立から一年を経ずして、七五年一一月にG6として創設され、今日でも多国間協力の中心的舞台となっている。七七年には、ロンドンでのG7サミットにEC委員会が初めて参加することになった。欧州理事会が欧州諸国に限定される一方、サミットが日米欧先進国の参加に開かれたように、参加国の違いもあり、これまでは欧州理事会創設とサミット創設は別々のプロセスとして扱われることが多かった。しかし最近の研究では、この両首脳会議にとっての共通のルーツが指摘されている。

第一の共通のルーツはブレトン・ウッズ体制の崩壊のような通貨危機、経済危機に対応するための集団的リーダーシップである。これはシュミットの言葉を借りれば、「トップからのマネージメント」である。危機に対して、もはや一国では立ち向かうことができないので、ヨーロッパや先進国間の協調が求められたのである。第二の共通のルーツは、二つの首脳会議は、冷戦とも関係しているということである。東西冷戦においては、東西両陣営のイデオロギーの対立が重要な要素であったことが最近見直されているが、実際、欧州理事会およびサミットの両制度を通じて西側諸国が採用していた資本主義モデルを擁護し、危機を克服することが目指されていたのだった。

欧州議会の直接選挙と権限拡張

第4章第3節で触れたように、欧州議会の直接選挙とその権限拡大は、一九六〇年代からの課題であった。だがドゴールが欧州議会の権限拡大に激しく反対したため、六〇年代の欧州議会は依然として諮問機関的な役割しか果たすことができないままであった。ECの予算に関しても、ローマ条約には独自財源の規定はあるものの欧州議会の予算に関する権限については何ら規定がなく、実際の財源は加盟国からの分担拠出金にほとんど全面的に依拠してきたため、閣僚理事会が予算の最終決定権を掌握していた。

その状況に変化をもたらしたのが、本章第1節で論じた六九年一二月のハーグ首脳会議である。CAPの「完成」の一環として、CAPをECの独自財源でまかなうこととなり、同時にEC予算に対する欧州議会の権限が強化されることとなったのである。ハーグ会議の最終コミュニケ第五項では、「共同体予算の財政拠出を達成し、欧州議会の予算権限を強化すること」が謳われた。ただし、同会議ではポンピドゥー仏大統領が欧州議会の直接選挙について取り上げるのをかたくなに拒否したため、同じ第五項の中では「直接選挙の方法に関する問題は、現在閣僚理事会で検討中である」と述べられるにとどまった。

ECの独自財源と予算に対する欧州議会の権限拡大は、その後段階的に進められていった。まず七〇年四月に第一次予算条約が締結され、EC独自財源がスタートし、限定的ではあったが初めて欧州議会に予算決定権が付与された。七五年七月には第二次予算条約が調印された。それによって欧州議会も、義務的支出（CAPなどローマ条約ないし同条約にしたがって採択された法令から必然的に生じる支出）の配分変更権限、非義務的支出（地域開発基金など義務的支出以外の支出）の範囲拡大、予算案を全面的に否決する権限など、予算に関する権限を拡大した。さらに、この第二次予算条約に基づき、EC予算を監督する欧州会計監査院が七七年にルクセンブルクに設置されている。

欧州議会の直接選挙が実施されるに至る最初のきっかけは、すでに見たように、ジスカールデスタン新大統領が欧州理事会の設立を提案するとともにそれを受け入れたからであった。歴代フランス大統領が欧州議会の直接選挙を阻止してきたことに鑑みれば、それはフランス政府の大きな政策転換であったと言えよう。

欧州理事会の方は七四年末に制度化されたが、欧州議会の直接選挙については、議席配分などで各国が対立したため、それが本格的に議論され始めたのは七六年に入ってからとなった。人口比で議席配分がなされた当初案では、フランスの右派が、フランスの議席数がドイツより数議席少ないことは受け入れられないと不平を述べていた。その結果、ようやく同年七月のブリュッセル欧州理事会で、仏独伊英の四大国の議席数が八一で同数になるという形の解決がとられたのである。同時に欧州議会選挙法が制定され、九月には、七八年五・六月に初めての欧州議会直接選挙を実施することで合意した。実際には、第一回欧州議会選挙は七九年六月に実施された。フランスの左派共産党と右派ドゴール派やイギリスの政治家の間で、直接選挙に伴う欧州議会の権限拡大に対する懸念が見られたからである。そこで、権限拡大に関しては、条約改正やイギリス法による承認がその条件として必要であることで、一定程度歯止めがかけられた。その結果、直接選挙が一年遅れで七九年に実施されたのである。

欧州議会の直接選挙の実施により、文字通り欧州議会議員がEC加盟国の諸国民から民主的に直接選出されることとなった。それ以前の欧州議会議員は各国議会の議員が兼職していた。しかし直接選挙後は、兼職自体は禁止されなかったものの、ストラスブールにある欧州議会までの移動が不便であることもあって、各国議員が兼職する数は減っていった。欧州議会議員には、ブラント元西ドイツ首相や、新生欧州議会の初代議長となるフランスのシモーヌ・ヴェイユなど、著名な政治家が選ばれた。欧州議会議員が直接市民から選ばれることにより、欧州議会の正統性が高まったという意味で、この直接選挙が持った意味は大きかった。また、ECそして現在のEUが市民から直接選ばれる議会を持つことは、EC・EUが他の国際組織と大きく異なる特徴にもなった。だが依然として、欧州議会の権限は、立法権がないという点で限定的であったことも指摘しておく必要があるだろう。欧州議会が閣僚理事会とともに共同の立法権者としての地位をえるのは、九三年のマーストリヒト条約を待たなければならない。

4　「価値の共同体」の胎動──民主主義、人権、ヨーロッパ・アイデンティティ

ヨーロッパ・アイデンティティ宣言

一九七〇年代のECは、経済不況の中でも欧州理事会を発足させ、欧州議会の直接選挙を実現するなど制度面での発展を見てきた。だが同時に注目すべきは、ECが七〇年代を通じてそのアイデンティティを発展させてきた点である。ECは七三年にヨーロッパ・アイデンティティ宣言を打ち出し、七七年には基本的権利に関する共同宣言を、さらに翌七八年には民主主義宣言を採択している。その背景には、アメリカに対するヨーロッパの独自性の模索、人権面でのEC法の不備、そしてEC拡大と新規加盟国の政治体制の

問題があった。

話は七二年一〇月に開かれたパリにおけるＥＣ首脳会議に遡る。前節で論じた欧州理事会の誕生によって、ＥＣ首脳会議が制度化される前である。その前年の七一年九月、ポンピドゥー仏大統領は、当時まだ六カ国のＥＣ諸国と、加盟候補国の間で首脳会議を開催することを呼びかけていた。八月に突如、アメリカから一方的に打ち出された金とドルの兌換停止の方針（ニクソン・ショック）に対応するためであった。それゆえ七二年一〇月のパリ首脳会議では経済・通貨問題が主要議題であったが、同時に対外的にアメリカに対する形で拡大ＥＣのアイデンティティを確保すべきとの議論もなされた。ポンピドゥーは、アメリカに対してヨーロッパの人格が表明されなければならないと会議で述べた。その結果、パリ首脳会議の共同声明において、七〇年代末までに「欧州連合」を設立すると表明された。この時点で、「欧州連合」が何を意味するのかは曖昧であったが、ＥＣが政治的に前進する意思が示されることとなった。

だがさらに、より明確な形でＥＣ諸国にヨーロッパ・アイデンティティを表明させることになったのが、七三年のアメリカの新たなイニシアティヴであった。同年四月、ニクソン米大統領の安全保障問題担当補佐官であったヘンリー・キッシンジャーは、七三年を「ヨーロッパの年」と呼び、アメリカと西欧諸国との同盟関係を再強化するため、「新大西洋憲章」を作成することを提唱した。その背景には、冷戦の緊張緩和（デタント）があった。六九年に発足したニクソン政権は、中国およびソ連との関係改善を模索していた。七二年には、ニクソンがアメリカ大統領として初めて中国を訪問し、米中接近を達成した。次いでソ連にも初訪問し、戦略兵器制限条約（ＳＡＬＴ）Ⅰの調印に漕ぎ着けるなど、デタント政策を進めた。しかし七三年になると、国際的な緊張が緩和する一方で、西欧諸国との関係が弛緩することを懸念したキッシンジャーは、西側同盟を重視している姿勢を示し、同盟の再強化を訴えたのである。

キッシンジャーの演説は、しかし裏目に出た。とりわけキッシンジャーが、超大国アメリカはグローバルな利益と責任を持つのに対して、西欧諸国は「地域的パワー」であると位置づけたことに対して、フランスは激しく反発したのである。また、米欧関係の再編に当初積極的であったブラント西ドイツ首相やヒース英首相もアメリカの姿勢に不快感を示した。この「ヨーロッパの年」演説により米欧関係は一時的にかなり悪化した。EC側は、アメリカに対抗する形で、七三年一二月のコペンハーゲンにおける首脳会議でヨーロッパ・アイデンティティ宣言を打ち出し、EC諸国の結束を図ったのである。

ヨーロッパ・アイデンティティ宣言中でEC諸国は、共通の文明を基礎に、民主主義、人権の尊重などの諸原則を共有してきたと述べた。さらにこの文書は、ECのアイデンティティが動態的であり、今後、欧州連合に向かっていくと宣言したのである。加えて、途上国との間の関係についても、アフリカ、地中海、アジアなどとの関係に触れた後、開発途上の問題に取り組むことにも触れている。これも南北問題において「南」の国々に冷淡なアメリカとヨーロッパとの違いを示すものであった。このように、コペンハーゲン欧州理事会は、ヨーロッパの独自のアイデンティティを初めて公式に打ち出すこととなった。

ECと人権

一九七三年のヨーロッパ・アイデンティティ宣言では人権の尊重という原則が言及されたが、一九七〇年代はまさに人権の時代であった。一九七五年八月に欧州安全保障協力会議（CSCE）の首脳会議がフィンランドの首都ヘルシンキで開催され、東西ヨーロッパおよびアメリカ・カナダの首脳が一堂に会した。ヨーロッパにおけるデタントの頂点であったが、よく知られるように、そこで採択されたヘルシンキ宣言には人権と基本的自由の原則が盛り込まれ注目を集めた。それを受けて、一九七八年には国際NGO団体ヘルシンキ・ヒューマンライツ・ウォッチが設立された。その前年には、同じく人権問題に取り組む国際NGOアムネスティ・インターナショナルがノーベル平和賞を受賞していた。同じ一九七七年にアメリカ大統領に就任したジミー・カーターは、人権外交を展開した。

もともとローマ条約には人権に関する言及がまったく含まれていなかったが、ECもまた一九七〇年代を通じて、人権という価値をより重視する姿勢を明確にしていった。一九七三年のヨーロッパ・アイデンティティ宣言に続き、一九七五年のティンデマンス報告の中でも基本権（人権）の保障が謳われた。前述の一九七一年に開催されたパリ首脳会議において打ち出された欧州連合構想を受けて、一九七四年一二月に再びパリで開かれたEC首脳会議は、欧州理事会の制度化、欧州議会の直接選挙の導入に合意するとともに、欧州連合の具体的な姿に関する報告書の起草をベルギー首相レオ・ティンデマンスに依頼した。そして一年後の一九七五年一二月に欧州理事会に提示されたのが、ティンデマンス報告である。同報告書は全六章から成り、共通のヴィジョンや世界の中のヨーロッパ、経済社会政策の強化、制度改革などについての提言がなされた文章であるが、なかでも第四章の「市民のヨーロッパ」において基本的権利の擁護についての言及がある。「欧州諸機関がこの基本的権利を侵害した場合にはこれを擁護するために個人が欧州司法裁判所に直接提訴する権利を与えなければならない」とされたのである。しかし結局、このティンデマンス報告はその内容があまりに野心的であると見なされ、一九七六年一一月のハーグ欧州理事会で採択を見送られ、日の目を見ることはなかった。

だが基本権保護の問題はEC法との関連においてもはっきりと認識されるようになり、とくに欧州議会と欧州司法裁判所がこの問題を積極的に取り上げていった。欧州議会は一九七三年四月に、「共同体法起草における加盟国市民の基本権保護に関する決議」を採択した。その背景には、ローマ条約に基本権が含まれておらず、ECには基本権の保護に関して効果的な議会の統制が存在しなかったため、EC法の下で基本権を保護するという問題が解決されていないという事情があった。欧州議会は当時、人権問題を自らの権威と正統性を強化するうえで役に立つ領域であると認識しており、一九七三年から一九七九年にかけて人権に関する五三〇もの決議を採択していった。ECが人権という価値をアイデンティティの一つとして明確にしていくうえで、欧州議会の強い働きかけがあったことは間違いない。

欧州司法裁判所もまた、一九七四年に人権に関する重要な判決を示した。欧州司法裁判所は従来、ローマ条約などの基本条約とそこから派生したEC法を元に判決を行ってきた。だがすでに述べたように、そのローマ条約にはそもそも人権に関する規定が含まれていなかった。しかし司法裁判所は、五月に出されたノルト事件の判決において、EC加盟国の憲法の中で保護されている基本権と同水準の基本権保護をECレベルでも確保する姿勢を示し、さらに「人権保障に関する国際条約」（欧州人権条約）＊を欧州司法裁判所の「ガイドライン」とすることを宣言したのである。欧州司法裁判所は、判決を通じて基本権に関するローマ条約の「不備」を補おうとしたのだった。

＊欧州人権条約は、正式名称を「人権と基本的自由の保護のための条約」といい、欧州審議会が作成し、一九五〇年に調印された条約である（一九五三年発効）。

だが、西ドイツの連邦憲法裁判所が一九七四年五月二九日に出したゾーランゲ事件の判決が、ＥＣに人権に関するさらなる対応を迫ることになった。同判決で連邦憲法裁判所は、ＥＣに基本権を列挙したカタログが制定されない限り、基本権保護の分野においてはＥＣ法よりも西ドイツの基本法（憲法）が優越するとしたのである。この判決に驚きを受けたＥＣ委員会は、マックス・プランク研究所の国際法学者ルドルフ・ベルンハルト教授に問題点の研究調査を依頼した。そのようなカタログをすぐに作成することが難しい中、ベルンハルトは、欧州議会、ＥＣ委員会そして閣僚理事会が基本権の有効性についての宣言を出すべきだと提案した。

ＥＣ委員会はこのベルンハルト構想を受け入れた。ＥＣ委員会の中でも、ジェンキンズ委員長や対外関係担当委員のヴィルヘルム・ハーファーカンプは人権問題に強い関心を示していた。ハーファーカンプはアムネスティ・インターナショナルの熱心な支持者でもあった。一九七六年一〇月にＥＣ委員会は宣言の原案を作成し、欧州議会と閣僚理事会に提示し、修正を受けたうえで承認された。その結果、一九七七年四月五日、ルクセンブルクにおいてＥＣ委員会委員長、欧州議会議長、そして閣僚理事会が揃って「基本権に関する共同宣言」を採択したのである。同宣言において、加盟国憲法と欧州人権条約に掲げられている基本権を最大限擁護することが確認されることとなった。

後のＥＵが実際に独自のＥＵ基本権憲章を採択するのはようやく二〇〇〇年になってからであるが（第8章第1節参照）、ＥＣは一九七〇年代よりＥＣの人権外交（第7章第3節参照）のさきがけともなる行動も始めている。ＥＣ諸国は一九七七年より欧州政治協力の枠組みで、世界各国の人権状況を評価する年次報告書を作成することで合意した。また、一九七〇年代に世論において人権への関心が高まり、本章第1節で論じたロメ協定の締約国の中で著しく人権を侵害している国へのＥＣからの経済援助に対して厳しい批判がなされるようになった。それゆえ、ウガンダを皮切りに、赤道ギニアや中央アフリカ共和国、リベリアなどに対して開発支援の減額や支払いの先送りといった「経済制裁」がなされることとなった。またアムネスティ・インターナショナルの本部所在地でもあるイギリスは、ロメ協定の改定交渉の際に、人権状況の改善を援助の条件とするよう強く働きかけた。結局、一九七九年に締結された第二次ロメ協定ではＡＣＰ諸国側の激しい反発のため見送られたが、一九八四年締結の第三次ロメ協定では前文において「基本的人権および人間の尊厳の尊重」が高らかに謳われることになる。その後ＥＣ・ＥＵは、援助を武器に人権外交を強めていくことになる。

南方拡大と民主主義の確立

人権と同様、民主主義という価値もまたローマ条約の中に規定されてはいなかったが、一九七〇年代を通じて、とりわけＥＣの南方拡大の問題を通じてＥＣのアイデンティティとなっていった。というのも、どのような国家を新たな加盟国として受け入れるかという問題に向かい合う中で、ＥＣ自体がどのような存在で何を目的としているのかという問題に取り組まざるをえなくなったからである。ローマ条約の中で新規加盟について規定した第二三七条では、いかなるヨーロッパの国もＥＥＣに加盟申請できることになっており、当初は政治体制が民主的であることは加盟条件となっていなかった。最初に民主主義という価値を問題にしたのは欧州議会であった。六二年、当時フランシスコ・フランコ独裁体制の国であったスペインがＥＥＣとの連合協定締結を望んだ際、欧州議会議員の一人であるドイツ出身の左派政治家ヴィリー・ビルケルバッハが、報告書を提出し、採択されたのである。その報告書は、民主的正統性を有していることが新規加盟国の条件であるとする旨のものであった。連合協定の延長にＥＥＣへの正式加盟があり、スペインのような非民主主義国がＥＥＣ加盟国になる可能性があると考えられたからであった。欧州議会の決議に法的拘束力はなかったが、結局スペインは、七〇年に連合協定ではなく通商協定をＥＥＣと結ぶことになった。

スペインの次に問題になったのがギリシャである。第4章第1節で見たように、ギリシャは六一年にＥＥＣと連合協定を締結したが、その後、六七年にギリシャでクーデタが起こり、軍事政権が成立していたからである。ギリシャが非民主主義国に転落したことで、ＥＣは、締結していた連合協定への対応を求められることとなった。Ｅ

C内の足並みは揃っていなかった。独仏両国は、ギリシャがソ連の地中海進出に対する防波堤の役割を果たすと考え、軍事政権を公に非難することを躊躇した。一方ＥＣ委員会は、連合協定の破棄は見送り、その主な部分は執行しながらも、民主主義が回復されるまで金融協定など新たな問題に関しては交渉を行わず、財政的援助も凍結した。限定的ではあったが、ＥＣは民主主義の原則を重視しているとの立場を示したのである。

七年後にギリシャで軍事政権が崩壊すると、翌七五年にギリシャはＥＣに加盟申請を行い、ＥＣは改めて民主主義や自らのアイデンティティの問題に向き合うことになった。加盟交渉は七六年七月より始まったが、ギリシャ側は、ＥＣに受け入れてもらうことで民主主義体制への移行を成功させ、権威主義体制への逆戻りを防ぐことができると主張した。他方、ＥＣ側は当初、経済的に遅れたギリシャの加盟について不安と躊躇があった。しかし結局、ギリシャの加盟申請を支持することが政治的に重要であるとの結論に達した。そして七八年四月のコペンハーゲン欧州理事会では「民主主義宣言」を採択し、「欧州共同体に加盟するに際して、それぞれの国において代表制民主主義と人権が尊重され維持されることが不可欠である」との立場を明確にした。ＥＣはギリシャの加盟問題を通じて、ＥＣ加盟には民主主義が不可欠であると同時に、ＥＣもまた民主主義的価値の擁護者であるという自己認識を形成していったのである。

ギリシャの加盟交渉が進む中、世界はデタントから再び緊張が高まるフェーズに変わりつつあった。ヨーロッパでは、七六年にソ連が新型ミサイルＳＳ20を配備したことをきっかけに、ユーロミサイル危機が勃発した。それに対し北大西洋条約機構（ＮＡＴＯ）側も、七九年一二月に、ソ連とミサイル撤去について交渉する一方で、ソ連を射程に収める中距離ミサイルを西欧諸国に配備するという、いわゆる「二重決定」を行った。だがさらに、同月末、ソ連はアフガニスタンに軍事侵攻し、冷戦の緊張は一気に高まることになった。ギリシャは七九年五月に加盟条約に調印し、八一年一月一日に正式加盟を実現し、ＥＣは第二次拡大（図６‐１参照）を果たしたが、そのときすでにＥＣを取り巻く国際状況は「新冷戦」と呼ばれる時代に入っていたのである。

これまで見たようにＥＣは、七〇年代を通じて自らのアイデンティティを発展させていった。人権や民主主義といった価値は、後にマーストリヒト条約やアムステルダム条約の中に明言され「価値の共同体」としてのEC・EUの基盤を形成していく。それらはまた、九三年に制定されるEU加盟条件を明確にした「コペンハーゲン基準」の中心的な要素となっていくのである（第7章第3節参照）。

ゲンシャー＝コロンボ・プランの興亡　ヨーロッパのアイデンティティの模索に続いた一九八〇年代前半の大きな動きは、共通外交政策の発展を目指した一連の動きであろう。その中心となったのが、ゲンシャー＝コロンボ・プランである。これは、新冷戦という国際環境においてECが単なる関税同盟に留まることを懸念した西ドイツ外相のハンス＝ディートリヒ・ゲンシャーが、ECの政治改革を求めたことに端を発する。ゲンシャーはECの共通外交政策の基盤強化を求め、とりわけ共通政策を防衛政策に拡張することを目指した。イタリア外相エミリオ・コロンボが即座に支持を表明した。コロンボ自身はヨーロッパ制度の拡充とともに、文化領域における協力も求め、将来におけるECの教育政策の発展を期待していた（コラム7－1参照）。また当時のジスカールデスタンとシュミットの親密な関係に基礎を置いた仏独枢軸に楔を打ち込むという政治的狙いもあった。もしこのゲンシャー＝コロンボ・プランの大胆な提案が実現すれば、ECのさらなる飛躍となるはずだった。

他のEC諸国は、西ドイツ、イタリア両国の動きに対して冷淡な態度を示した。ジスカールデスタンは、この動きを国家主権の売り渡しとして捉えた。イギリスでも、マーガレット・サッチャー政権外相のピーター・キャリントン卿が、外交政策の協調には理解を示しつつも、さらなる制度の発展には難色を示した。

また、西ドイツ国内でさえも、ゲンシャー外相の行動を支持する動きは少なかった。首相のシュミットは、このプランが実現した場合の効用に疑問を投げかけた。また国防相のハンス・アーペルも、国防政策にヨーロッパの権限が及ぶことを嫌ったのである。それでも何とか西ドイツ政府とイタリア政府の間で共同のイニシアティヴとしてまとまり、八一年一一月四日に両国政府は共同草稿を出すに至った。

しかし八一年一一月下旬に開かれたロンドン欧州理事会では、ゲンシャー＝コロンボ・プランに関する協議は先延ばしにされた。ヨーロッパ制度の拡充や協力内容の拡充に難色が示されたのである。八二年一〇月にCDUのへルムート・コールが西ドイツの首相となると、「この一〇年の間にヨーロッパの政治統合への決定的ステップをとるつもりである」と発言し、一時このECの政治改革の議論が再び活気づいた。しかし、結局ゲンシャー＝コロンボ・プランは、八三年六月のシュトゥットガルト欧州理事会での「欧州連合に関する心からの宣言（Solemn Declaration on European Union）」によって事実上の棚上げにされた。同宣言には法的拘束力がなく、新しい分野での協力に向けた長期的な意思表明でしかなかった。これは実際には、死活的利益に関わることについては全会一致で決定するというフランス、イタリア、イギリス、ギリシャ、デンマークなどの立場に理解を示したものだったのである。

かつて七〇年代のECの時代像は、「暗黒の時代」であった。しかし本章で見てきたように、従来指摘されてきた経済・社会上の危機にまつわる「影」のみならず、「光」にも彩られていた。近年の欧州統合史研究が強調するように、欧州政治協力の設置、欧州理事会の創設、欧州議会の直接選挙、EMSの創設などの制度の発展や、人権、民主主義などのヨーロッパ・アイデンティティの発展などポジティブな要素が少なからず見られたのである。とは言え、石油危機に始まった経済不況がヨーロッパでは八〇年代前半まで長引き、多くの人が暗い時代という実感を持っていたことも確かである。前述のゲンシャー＝コロンボ・プランの帰結も、八〇年代に入ってもECが大きな発展へと踏み切れない証左でもあった。次章では、ECが八〇年代後半に単一欧州議定書を締結することで次の飛躍を経験し、ついにEUが誕生する過程を見ることになる。

参考文献

遠藤乾編『ヨーロッパ統合史』［増補版］名古屋大学出版会、二〇一四年。

権上康男『通貨統合の歴史的起源――資本主義世界の大転換とヨーロッパの選択』日本経済評論社、二〇一三年。

鈴木均『サッチャーと日産英国工場――誘致交渉の歴史一九七三―一九八六年』吉田書店、二〇一五年。

妹尾哲志『戦後西ドイツ外交の分水嶺――東方政策と分断克服の戦略、一九六三～一九七五年』晃洋書房、二〇一一年。

細谷雄一『迷走するイギリス――EU離脱と欧州の危機』慶應義塾大学出版会、二〇一六年。

益田実・小川浩之編著『欧米政治外交史 一八七一～二〇一二』ミネルヴァ書房、二〇一三年。
益田実・池田亮・青野利彦・齋藤嘉臣編著『冷戦史を問いなおす――「冷戦」と「非冷戦」の境界』ミネルヴァ書房、二〇一五年。
山本健『同盟外交の力学――ヨーロッパ・デタントの国際政治史一九六八―一九七三』勁草書房、二〇一〇年。
遠藤乾・板橋拓己編『複数のヨーロッパ――欧州統合史のフロンティア』北海道大学出版会、二〇一一年。
吉田徹編『ヨーロッパ統合とフランス――偉大さを求めた一世紀』法律文化社、二〇一二年。
Eric Bussière, Vincent Dujardin, and Michel Dumoulin (eds.), *The European Commission, 1973-1986: History and Memories of an Institution* (Brussels: European Commission, 2014).
Michel Dumoulin (ed.), *The European Commission, 1958-1972: History and Memories* (Brussels: European Commission, 2007).
Desmond Dinan (ed.), *Origins and Evolution of the European Union*, (2nd ed.) (Oxford: Oxford University Press, 2014).
Giuliano Garavini, *After Empires: European Integration, Decolonization, and the Challenge from the Global South 1957-1986* (Oxford: Oxford University Press, 2012).
Daisuke Ikemoto, *European Monetary Integration 1970-1979: British and French Experiences* (Houndmills: Palgrave Macmillan, 2011).
Claudia Hiepel (ed.), *Europe in a Globalising world: Global Challenges and European Responses in the "Long" 1970s* (Baden-Baden: Nomos Verlag, 2014).
Johnny Laursen (ed.), *The Institutions and Dynamics of the European Community, 1973-83* (Baden-Baden: Nomos Verlag, 2013).
Wilfried Loth, *Building Europe: A History of European Unification* (Berlin: De Gruyter, 2015).
Emmanuel Mourlon-Druol, *Europe Made of Money: The Emergence of the European Monetary System* (Ithaca: Cornell University Press, 2012).
Jan van der Harst (ed.), *Beyond the Customs Union: The European Community's Quest for Deepening, Widening, and Completion, 1969-1975* (Bruxelles: Bruylant, 2007).

第6章　欧州統合の再出発
――単一欧州議定書とマーストリヒト条約、一九八四～一九九三年――

池本大輔

マーストリヒト条約署名
(1992年2月7日, オランダ・マーストリヒト)
(©European Communities, 1992)

本章で扱う一九八〇年代中葉から九〇年代前半の時期は、欧州統合のプロジェクトがスペイン・ポルトガル両国の加盟によって「拡大」する一方、単一市場と経済通貨同盟（EMU）という二つの新しいプロジェクトが実現し、欧州連合（EU）が設立されるなど、大きな「深化」を見せた期間にあたる。単一市場の成功により、欧州統合は七〇年代から八〇年代前半の停滞期を抜け出し、新たな統合へのモメンタムが生み出された。冷戦終結とドイツ再統一によって、ドイツ問題が再度浮上した。深化した欧州統合の中に統一ドイツを組み込むため、経済通貨同盟が実現した。九〇年代以降は旧東側諸国が市場経済への体制転換を遂げる一方、中国やインドの経済が対外的に開放されたことで、グローバル経済の一体化が実現した。地域的な経済統合を目指す動きは、ヨーロッパ以外の地域にも波及していくことになる。

1　単一欧州議定書の締結

単一欧州議定書とは

一九八六年に締結された単一欧州議定書は、ヨーロッパ大の単一市場を建設すること、そのために多数決を欧州共同体（EC）の意思決定に再導入することを規定していた。単一市場は、国境を越えた経済活動に対する非関税障壁を撤廃することで、ヒト・モノ・サービス・資本の自由移動の実現を目指すものである。すでに欧州経済共同体（EEC）を創設したローマ条約は、四つの自由移動を実現するため、共同市場を創設することを謳っており、加盟国間の貿易にかかる関税は撤廃されていた。しかし七〇年代の石油危機以降世界経済が低迷する中、ヨーロッパ経済の落ち込みはアメリカや日本と比較してより深刻だった。各国の中では保護主義的な傾向が強まり、経済統合に逆行するような、非関税障壁を引き上げる動きも見られた。欧州統合の行き詰まりや「ヨーロッパ経済の硬化症（Eurosclerosis）」という言葉が人口に膾炙したのは、そのためである。

単一市場はヨーロッパ経済の低迷を打開しようとするプロジェクトであった。プロジェクトの主唱者たちによれば、ヨーロッパ経済が低迷した理由は、ヨーロッパ企業が日本やアメリカの競争相手に対し技術革新で遅れをとったことにあった。それは、各国の市場規模が小さく、企業がハイテク製品の開発費用を賄えないことが原因であった。単一市場プロジェクトは九二年までにヨーロッパ大の市場を創設することで、ヨーロッパ経済の競争力強化を目指した。単一市場実現に向けた動きは投資を促進し、八〇年代後半から九〇年代前半のヨーロッパ経済は順調に成長した。単一市場の成功によって、北米や南米、東南アジアなどヨーロッパ以外の地域にも地域統合への動きが波及することになった。本節では、単一市場の設立により欧州統合の「再出発」が可能になった理由と、単一市場の仕組みの概要について、順を追って説明することにしたい。

主要国の経済運営の収斂——仏ミッテラン政権の方針転換

経済的には、この時期に主要国の経済運営の方向が接近したことが重要であった。戦後の西欧では、戦前の大恐慌の反省から、完全雇用を実現するため各国政府がさまざまな形で経済に介入するようになった（戦後福祉国家）。しかし一九七〇年代になると、西欧諸国の経済が低迷しているのは、政府が経済に介入しすぎているためだという見方が強くなった。そこで八〇年代には、競争（市場）を重視し、政府はなるべく経済に介入すべきでないとする立場（新自由主義）が米英両国で有力になり、徐々に大陸ヨーロッパ諸国にも波及した。イギリスのマーガレット・サッチャー政権やドイツ連邦共和国（西ドイツ）のヘルムート・コール政権など、西欧諸国の大半では経済改革を支持する中道右派政党が政権を担うようになった。例外はフランスであり、八一年に行われた大統領選挙では、幅広い国家介入に基づく経済運営を公約した社会党のフランソワ・ミッテランが当選した。新政権の誕生は通貨危機を引き起こし、国家介入を継続するために欧州通貨制度（ＥＭＳ）から離脱するか、経済運営の方針を転換して同制度に残留するかが、政権内で激しく争われた。八三年にミッテラン政権が後者の道を選択したことで、仏独両国が主導して欧州統合を再出発させることが可能になった。フランスの方針転換は新自由主義が勝利したことの証拠とされている。しかし、単一市場が新自由主義の考え方をある程度まで反映する一方、ヨーロッパ経済を再建し、戦後福祉国家の中核的な部分を守ろうとしたという側面もあったことに留意が必要である。

デタントの危機

ヨーロッパ諸国の協力を促した原因の一つは、アメリカの外交路線に対する反発であった。一九七五年に開かれた欧州安全保障協力会議（ＣＳＣＥ）がヘルシンキ宣言を採択したあと、米ソ二大国間の緊張緩和（デタント）は下り坂に向かい、七九年に起きたソ連のアフガニスタン侵攻によって事実上終焉を迎えた。しかしヨーロッパにおける緊張緩和は持続し、東西ヨーロッパ間での経済的・文化的交流が行われていた。ヨーロッパ側から見れば、アメリカのジミー・カーター大統領の人権外交は、異なる政治体制を信奉する東西両陣営の平和的共存という、デタントの精神を踏みにじるものであった。カーターの後を継いだロナルド・レーガンはソ連を「悪の帝国」と形容し、大幅な軍事費増や東西間の貿易の削減を主張した。八一年にソ連の圧力を受けたポーランド政府が自主管理労組の「連帯」を非合法化して戒厳令を公布すると、デタントの成果を守りたいヨーロッパ諸国はアメリカが主張するソ連に対する経済制裁に反対し、欧米間の対立は深まった。

もっとも、こうしたヨーロッパ諸国のアメリカに対する不満は、ＥＣによる共通の外交・安全保障政策の発展には必ずしも繋がらなかった。第5章第4節で見たように、八一年には西ドイツのハンス＝ディートリヒ・ゲンシャー外相とイタリアのエミリオ・コロンボ外相が欧州政治協力の強化を訴え（ゲンシャー＝コロンボ・プラン）、八五年のミラノ欧州理事会前に仏独両国が作成した「欧州連合条約」案にも同趣旨の提案が盛り込まれていたが、目に見える成果を上げることはなかった。仏独英三カ国の間には、ＥＣが外交・安全保障面で果たすべき役割をめぐって、大きな見解の相違があったからである。ヨーロッパ諸国間の協力を緊密にしようという動きが成果を上げたのは、以下で見るように主として経済面であった。

イギリスの財政負担額をめぐる争いの決着

ＥＣ内部で長らく懸案だったイギリスの財政負担額をめぐる争いが一九八四年にようやく決着したことで、新たな統合の進展に関する主要国間の合意が可能になった。ＥＣの財政制度はイギリスの加盟前に決定されたので、イギリスにとっては非常に不利な制度だった。ＥＣの主な財源は第三国から輸入される工業製品への関税と域外農産物に対する課徴金、各国の間接税収入の一％相当の拠出金であり、ＥＣの歳出の大半は共通農業政策（ＣＡＰ）に費やされていた。そこで第三国からの輸入が多く、農業セクターが小さいために共通農業政策からの受け取りが少ないイギリスは、その国民一人あたり国内総生産（ＧＤＰ）がＥＣ平均を下回っていたにもかかわらず、ＥＣ予算に対して西ドイツに次ぐ額の貢献をしなければならない立場に置かれていたのである。七九年にイギリスの首相になったサッチャーは「私のお金を返しなさい」と要求し、八二年にはこの問題に対する恒常的な解決策が見つかるまで農産物価格の引き上げを拒否するという強硬姿勢をとった（コラム6－1参照）。最終的に引き上げは多数決で行われ、イギリス側が求めたルクセンブルクの妥協に基づく拒否権の行使は、重要な国益が含まれていないという理由で他の加盟国に拒絶された。

ミッテランが八三年に欧州統合の推進を政権の中核的な政策とする方向に舵を切ったことで、イギリスの財政負担をめぐる問題を解決することが可能になった。フランスが共通農業政策の支出の抑制に応じる一方、西ドイツは各国がＥＣ予算に拠出する間接税収入の比率を一％から一・四％に引き上げて予算を増額することに同意した。同

コラム6-1　サッチャーと欧州統合

サッチャー首相は欧州統合に敵対的な姿勢をとった政治家として描き出されることが多い。イギリス財政貢献問題をめぐる強硬な交渉姿勢や，経済通貨同盟への反対，後に欧州懐疑派のバイブル的存在となったブリュージュ演説など，このようなイメージが定着したのには理由がないわけではない。とは言え，サッチャーの欧州統合に対する姿勢を単に敵対的と形容したり，ブレグジット（イギリスのEU離脱）の先鞭をつけた人物と見なしたりするのは一面的だろう。彼女はEC・EUの最も成功したプロジェクトと言える単一市場の旗振り役であったし，現役の政治家であった間，イギリスのEC離脱を支持したこともなかった。ブリュージュ演説も，全体を見れば一方的にECを批判するような内容ではない。そして何より，議論に臨むうえでの姿勢や職務に対する勤勉さという観点から見れば，サッチャーは2016年の国民投票でEU離脱派のリーダー格であったボリス・ジョンソンのような人物とは対極に位置する存在である。

時に両国は、もしサッチャーが解決策に同意しない場合には、イギリス抜きで欧州統合を進める覚悟を固めていた。八四年のフォンテンブロー欧州理事会において、最終的にこの問題はイギリスに対するリベート（払戻金）の支払いという形で解決されることになった。

ＥＣ予算に関する対立が収束したことで、ＥＣの発展に関する話し合いも進捗した。イギリス政府は、フォンテンブロー理事会に「ヨーロッパ――その未来」と題するペーパーを提出し、その中でＥＣの共同市場の自由化や外交政策面での協力強化を訴えた。これを受けて各国首脳は、域内市場の完成によってヨーロッパの経済的発展を促すことで一致し、ＥＣを発展させる方策を検討するために、アイルランド元外相のジェームズ・ドゥージを長とするドゥージ委員会とイタリア人の欧州議会議員ピエトロ・アドニノを長とするアドニノ委員会の二つの委員会を設置した。

第三次拡大（スペイン・ポルトガル）　単一欧州議定書締結のもう一つの背景は、ギリシャ・ポルトガル・スペインという三つの地中海諸国へのＥＣの拡大である。既存の加盟国は、制度面での改革なしにＥＣが拡大すれば、統合の行き詰まりを招くのではないかと危惧したのであった。加えて、共通農業への依存度の高いこれら三カ国が加盟することは、共通

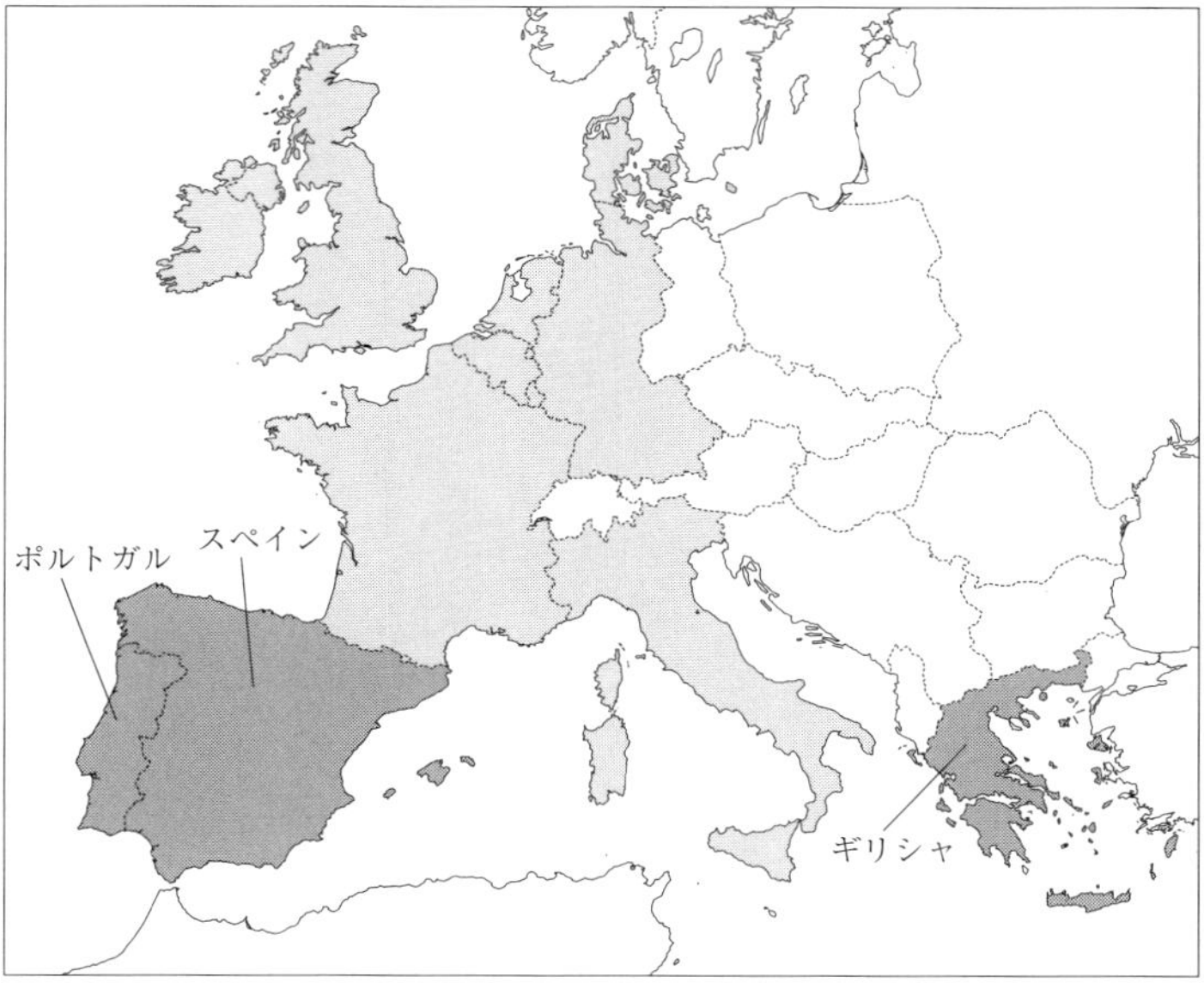

図6-1　第2・3次拡大加盟国（1982年1月・1986年1月）

農業政策やEC予算の改革への圧力を生み出した。このことは同時に、三カ国の加盟交渉がこれらの問題と必然的に結びつけられることも意味した。

　ギリシャ・ポルトガル・スペインの三カ国は権威主義体制や軍部独裁体制に支配されていたが、一九七〇年代に相次いで民主化を実現したことで、EC加盟への道が開かれた（図6-1）。このうち第5章第4節で見たように、ギリシャはいち早く八一年にECに加盟した。ポルトガルでは七四年に起きた民主化を求める国軍運動のクーデターの結果として、三三年にアントニオ・サラザールによって樹立された権威主義体制が崩壊した（カーネーション革命）。革命を支持した諸勢力の間で権力闘争が続いたが、七五年の制憲議会選挙で中道左派勢力の社会党が第一党となり、権力を掌握した。七六年には民主化後最初の総選挙と大統領選挙が行われ、社会党のリーダーのマリオ・ソアレスが首相に就任した。民主化の進展を受け、ポルトガルは七七年三月にEC加盟を申請した。ソアレスは、誕生したばかりの民主制の安定化に資するという理由で加盟を推進した。ポルトガルの後進的な経済に問題を引き起こすという一部の専門家の懸念は退けられた。

スペインでは七五年にフランシスコ・フランコが死亡し、フランコの後継者として指名されていた皇太子ファン・カルロスが国王として即位した。ファン・カルロス一世は大方の予想を裏切ってスペインの民主化を進め、七七年に民主化後初めての総選挙が行われた。八一年にはフランコ体制の復活を目論む一部将校によるクーデター未遂事件が起きたが、国王の介入により挫折し、八二年には初めてフランコ時代の反体制派勢力が政権に参加した。

スペインはポルトガルに少し遅れて七七年七月にEC加盟を申請した。スペインのアドルフォ・スアレス首相は、加盟を民主化の進展を象徴するものと位置づけていた。EC委員会はポルトガル・スペイン両国の加盟に好意的な意見を表明したが、ギリシャの場合と比較して加盟交渉は長期化した。交渉が難航した最大の理由は、両国の農産物がフランスやイタリアの産品と競合することにあった。加えて、ギリシャと比べてポルトガルやスペインの政治状況が安定していたことが、皮肉なことに加盟交渉の緊急性を低めることになった。八〇年にフランスが共通農業政策の拡充と共同体予算の増額を両国の加盟を認める条件としたことで、加盟交渉は事実上ストップすることになった。八三年のシュトゥットガルト欧州理事会が共通農業政策の改革を、八四年のフォンテンブロー欧州理事会が共同体予算の増額をそれぞれ決定したことで、フランスもポルトガルとスペインの加盟交渉を加速することに合意した。交渉は八五年に妥結し、両国は翌八六年にECに加盟することができた。南欧拡大の成功は、ECの役割の一つに民主化の促進・定着があるという認識を広めることにもなった。

ドロールのリーダーシップ

一九八五年に新たにEC委員会委員長に就任したジャック・ドロールのリーダーシップも、欧州統合の再スタートに貢献した。ドロールは仏ミッテラン政権の財務相として、経済運営路線転換の立役者となった人物である。ドロールは委員長就任にあたって、単一市場プロジェクトを中心的なテーマとして選択した。単一市場計画の具体化を担当したのは、イギリス出身のEC委員アーサー・コーフィールドであった。EC委員会は九二年末までに二八二の法案を通過させることで域内市場を完成させるよう求める白書を刊行し、八五年にミラノで開かれた欧州理事会はこれを受け入れた。

ヨーロッパ大の単一市場を創設し、ヒト・モノ・サービス・資本が国境を越えて自由に行き来できるようにするためには、関税やそれ以外のさまざまな障壁を取り除かなければならない。EECを創設したローマ条約では、加盟国間の貿易に対する関税や数量制限を廃止することと並んで、非関税障壁を撤廃することもすでに謳われていた。単一市場の中身の多くはそれまでにEC委員会が行った提案に基づくものであり、それを実現する手法も後述するように欧州司法裁判所の判決に依拠していた。その意味で、単一市場がこれまでの統合プロセスの蓄積の下に始めて実現したことは否定できない。しかし、たとえそうであっても、統合を進展させる機会をうまく摑んだドロールのリーダーシップの役割を過小評価すべきではない。

実のところ、ドロールの真の目的は経済通貨同盟（EMU）の実現にあったが、まずは国家主権にそれほど関わらず、政治的な抵抗の少ない市場統合を推進することを選んだと言われる。単一市場の創設は他の分野での統合を押し進める流れを生み出したので、ドロールの狙いはその意味では的中したと言える。このように統合の最終的な目的地を明確にしないまま段階的に統合を進める手法は、ジャン・モネにちなんでモネ・メソッドと呼ばれることが多い。近年のユーロ危機の中で、モネ・メソッドのようなエリート主義的な手法を用いて統合を進めることに対しては批判も強くなっている。

単一欧州議定書

単一市場の創設に合意したミラノ欧州理事会では、ECの制度改革を実現するための条約改正について話し合うため、政府間会議を開催することも併せて決定された。イギリス・デンマーク・ギリシャの三カ国は反対したが、政府間会議の開催は手続事項だという理由で、欧州理事会では前例のない多数決に基づく決定がなされた。多くの加盟国は、南方拡大によって加盟国数が増加する中、ECの意思決定を実効的なものとするためには、制度面での改革が不可欠だと考えていたのである。フォンテンブロー欧州理事会が設置したドゥージ委員会や欧州議会は、制度改革のための条約改正を支持していた。イギリス政府は単一市場の創設や外交政策での協力強化のために条約改正は必要ないという立場をとっていたが、単一市場の実現を重視していたので政府間会議をボイコットすることはなかった。

その結果として一九八六年に署名された単一欧州議定書は、九二年末までに単一市場を実現することを謳い、そのために閣僚理事会の意思決定に際して多数決を用いる事項を拡大した。ただし、税制・人の自由移動・労働者の権利に関わる問題には、多数決は適用されないものとされた。多数決の拡大によって、ルクセンブルクの妥協に基づく各国政府の拒否権は事実上消滅した。閣僚理事会の多数決の対象となる問題領域の多くにおいては、欧州議会に一定の関与を認める「協調手続」が導入され、ＥＣの新たな拡大の際には欧州議会の賛成が必要となったが、七九年の直接選挙導入時に期待されたような大幅な権限拡張は実現しなかった。単一欧州議定書では、ＥＣの社会政策・地域政策・環境政策に関する詳細な規定が初めて条約に明記された。外交・安全保障に関しては、初めて欧州政治協力（第5章第1節参照）が条約に明記されたものの、従来の枠組みが基本的に維持された。経済通貨同盟については、イギリスや西ドイツの消極的姿勢のため、きわめて曖昧な言及がなされるにとどまった。このため締結時点では、超国家的な統合の支持者を中心に、単一欧州議定書を期待外れと見る向きもあった。

単一欧州議定書が、単一市場を九二年までに実現するという計画を支持したことは、経済的な取引の妨げになる各国のルールを撤廃するという意味での、消極的統合を復活させた。同時に議定書は、単一市場に関わる事項について、税制・人の自由移動・労働者の権利を除いて、意思決定のルールを全会一致から特定多数決方式に変更し、かつ欧州議会の権限を強化することで、積極的統合（各国のルールに置き換わる共通のルールに合意すること）のための制度的な枠組みを変えた。消費者の保護など公共政策上の目的を達成しつつ貿易を自由化するためには、各国の異なるルールをヨーロッパの共通のルールによって置き換える必要がある。欧州連合（ＥＵ）の単一市場が規制緩和と再規制の両方の側面を持っていることは強調する価値があるだろう。

さて、単一市場はヒト・モノ・サービス・資本の自由移動の実現を目指したものであるが、この四つの自由は具体的に何を意味するのだろうか。

人の自由移動

人の自由移動とは、働き、学び、退職後の人生を享受するために加盟国間を自由に移動することができ、かつその国の市民と平等に扱われる権利のことを指す。ＥＣの経済的な性格を反映して、歴史的には「労働者の権利」と位置づけられていたが、一九八〇年代以降（働いているかどうかにかかわらず）「市民として有する権利」としての性格を帯びるようになった。八五年のミラノ欧州理事会は、アドニノ委員会の報告書『市民のヨーロッパ』を採択したが、この報告書の提言の中には人の自由移動の確立が含まれている。後述するように、マーストリヒト条約には、初めてEU市民権についての規定が置かれることになった。

人の自由移動と密接に絡む問題として、国境管理と警察・司法面での協力がある。八五年に、西ドイツ・フランス・オランダ・ベルギー・ルクセンブルクの五カ国はシェンゲン協定を締結し、参加国間での国境管理を廃止するとともに、第三国との国境管理について共通のルールを策定し、警察・司法面での協力を行うことで合意した。しかしシェンゲン協定の実施は当初の予定より遅れることになった。フランスがシェンゲン協定参加国間の国境管理を廃止する条件として、第三国からの難民申請やヴィザ申請への対応を厳格化することを求めたからである。EC全体の枠組みを作ろうとする動きもあったが、島国のイギリスやアイルランドにとっては、国境管理は治安対策としての有効性が高く経済的なコストも低いため、その廃止には消極的であった。

東西冷戦が終結に向かい、東欧諸国からの難民申請が急増したことが、交渉進展を促した。西ドイツの求めにフランスが譲歩する形で、九〇年にシェンゲン実施協定が締結された。この協定は、域内国境管理の撤廃、共通ヴィザ制度、難民申請、国境を越えた警察活動、データ共有のためのコンピュータ・データベースの創設などの内容を含んでいた。シェンゲン協定が適用される国々の間（シェンゲン圏）では、パスポートやヴィザの国境検査が廃止され、EU市民はもちろん、第三国の国民であっても、いったん域内に入れば自由に国境を越えて移動することが可能になった。イギリスは人の自由移動はEU市民にのみ適用されるという立場をとっているため、第三国の国民の移動をチェックするため国境管理を続けている。

九〇年には難民申請に関するダブリン協定も締結された。この協定は、EU内で難民申請を審査する国（基本的には難民が最初に到達した国）を定め、他の加盟国がその国に難民を移送することを認めるとともに、難民の受け入れ条件や難民資格に関する規定の共通化を図った。ダブリン協定の主な目的は庇護申請者が複数の国で難民申請を行うのを防ぐことにあった。

さらに本章第4節で見るように、マーストリヒト条約では司法・内務協力がEUの第三の柱として位置づけられることになる。

物と資本の自由移動

物の自由移動については、共同市場の時代から、第三国からの輸入に対しては共通関税が設定される一方、域内貿易に対する関税や数量制限を設けることは禁止されていた。しかし国ごとに製品について規制や基準が異なると、輸出するうえで障害（非関税障壁）になり、物の自由移動を実現することはできない。従来は各国の規制の一本化（ハーモナイゼーション）を目指す調和原則が用いられていたが、歴史や文化を反映した各国の規制を一本化することは現実には難しかった。そこで単一市場の創設にあたっては、相互承認原則（原産国で許可されている製品は原則として輸出可能という原則）が採用され、これが市場統合への突破口となった。相互承認原則の採用は、アルコール濃度が西ドイツ法の定める基準より低いフランス製果実酒の輸入を禁止することの是非が問われたカシス・ド・ディジョン事件について、欧州司法裁判所が一九七九年に下した判決を踏襲したものである。

ローマ条約では共同市場の実現に必要な限りで資本移動を自由化することが義務づけられたのみであり、他の三つの自由と比べて従属的な位置におかれていた。しかし九二年のマーストリヒト条約で、域内・第三国との間の資本移動に制限を課することが禁じられた。このことは、外貨の取得・外国企業の株式購入に対する制限や、海外投資に対して政府による許可を要求すること等の、資本管理が禁じられたことを意味する。

サービス業の相対的軽視

四つの自由のうちの一つであるサービスの自由移動により、国境を越えたサービスの提供が認められ、子会社設立規制の簡素化も進んだ。しかし単一市場が設立された一九八〇年代には規模の経済（生産量の増大に伴い、コストが低下して収益率が向上するという考え方）が重視される一方、サービス業は相対的に軽視されていたのは否定できない。しかし経済のグローバル化が進む中、国境を越えた生産・イノベーション・製品の差異化が重要となり、経済のデジタル化・知識集約化が進んでいる。サービス業の重要性が高まっていることを踏まえて、EUもやや遅ればせながら二〇〇〇年にリスボンで開催された欧州理事会で、サービスの自由移動への障壁を取り除くことで、「二〇一〇年までにEUを世界で最も活力がありダイナミックな知識集約型経済にする」と宣言した（リスボン宣言）。これを受けて、二〇〇六年にはサービス指令が採択された。

ヨーロッパ以外の地域への波及

単一市場は域外からの投資を促進し、一九八〇年代後半から九〇年代前半のヨーロッパ経済は順調に成長した。アメリカ・カナダ・メキシコが締結した北米自由貿易協定（NAFTA）や、南米南部共同市場（メルコスール）、東南アジア諸国連合（ASEAN）自由貿易地域など、九〇年代はヨーロッパ以外の地域にも地域統合への動きが波及した時代である。これには冷戦終結などさまざまな要因が関係しているが、EUの単一市場の成功に触発されたという面があることは否定できないだろう。

2　冷戦終結と経済通貨同盟

冷戦終結のインパクト

単一市場の成功によって再び高まった欧州統合の気運は、東西冷戦の終結後、一九九二年のマーストリヒト条約の締結という形で結実する。同条約はEUを設立し、その下に三つの柱が置かれることになった。従来のEECがEC〔European Community〕（非常に紛らわしいが、欧州石炭鉄鋼共同体（ECSC）・EEC・欧州原子力共同体（ユーラトム）の総称として従来用いられてきたEC〔European Communities〕とは異なる）と改称されて第一の柱となり、その中には域内市場と並んで、経済通貨同盟の実現と単一通貨ユーロの創設が盛り込まれた。第二と第三の柱は、それぞれ新設された共通外交・安全保障政策と司法・内務協力である。

これまで見てきたように、欧州統合は冷戦とヨーロッパの東西分断という国際状況を前提としつつ、ドイツ問題を解決するために推進されたプロジェクトであった。東西分断の象徴であったベルリンの壁が一九八九年に崩壊し、翌年にドイツ再統一が実現して、ヨーロッパにおける冷戦に終止符が打たれた。国際環境の激変に直面して、統合のあり方も大きく変化することになった。

第一に、ドイツが再統一されたことで、フランスをはじめとする周辺諸国との関係が改めて問い直されることになった。これは、既存の加盟国間の問題であり、経済通貨同盟の実現と単一通貨ユーロの創設はドイツ問題の解決策と見なされていた。しかしながら、加盟国数の増加や単一市場・ユーロの創設に対応する形でのEU財政制度の改革は、部分的にしか実現しなかった。そのため、加盟国間・各加盟国内で経済的な格差が拡大した。近年におけるユーロ危機の深刻化や各加盟国におけるポピュリズムの台頭のような問題の一因はこの点にあると言えよう。

第二に、安全保障面でも重要な変化が見られた。北大西洋条約機構（NATO）は存続したとは言え、ソ連という共通の敵が消滅したことで、米欧間で立場が相違する可能性が高くなった。加えて、冷戦終結には米ソ対立の中で沈静化していた民族紛争を再燃させた面があり、EUには周辺地域の紛争に対応する危機管理能力が求められるようになった。そのためEUは政治統合を前進させ、共通外交・安全保障政策を新たに設けた。しかし、EUが外交や安全保障の領域で十分に実効的なアクターになりえたとは言えないことは、近年のウクライナ危機や難民危機への対応を見れば明らかである。

第三に、冷戦終結と東欧諸国の民主化は東西に分断されたヨーロッパの一体性回復を可能にした。冷戦中は欧州統合の参加国は西側諸国に限定されていたが、冷戦終結により東西分断が克服されると、東欧諸国もEUに加わることが可能になった（東方拡大）。EUの加盟国数は冷戦終結時の一二から二八へと倍増することになる（二〇一九年三月にイギリスが離脱して二七になる見込み）。しかし南方拡大と東方拡大がもたらしたEUの多様化・加盟国数の増加は、ユーロ危機や難民危機といった現在のEUが抱える問題の背景となっている。

総じて言えば、本章で扱う冷戦終結前後の時期は、現在のEUの原型が形作られた期間と言える。EUは国際環境の変化に直面して大きな自己変革を遂げたが、それはいくつかの点で不十分だった。それゆえ、現在のEUが抱えるさまざまな問題の原因を考えるにあたっては、この時期に起きた一連の変化を学ぶことが不可欠だと言えよう。

欧州通貨制度の発展とフランスの不満

第5章第2節で述べたように、ヨーロッパの通貨統合は、ブレトン・ウッズ体制が一九七三年に崩壊したことを受け、EEC諸国がドルに対する共同フロート（トンネルを出たスネイク）を開始したことに端を発する。これは、アメリカ経済の消長やドルの乱高下が、貿易依存度の高い欧州経済を攪乱し、共通農業政策や共同市場のようなこれまでの統合の成果を台無しにすることを防ぐためであった。しかし固定相場制度が存続するためには、参加国の物価上昇率が収斂することが必要である。七三年の第一次石油危機のあと、各国は急激な物価上昇に苦しみ、西ドイツがインフレ抑止を重視する一方、イギリスやフランスは経済成長重視の姿勢をとるなど、その足並みは揃わなかった。欧州通貨の共同フロートはフランスが離脱し、失敗に終わる。

フランスはヨーロッパに地域的な通貨圏が誕生することで西ドイツの影響力が強まるのを嫌い、世界的な固定相場制度の再建を目指したが、アメリカの協力がえられず失敗した。そこで西ドイツ並みに物価上昇率を抑制する方向に経済運営の舵を切り、独仏協調路線に回帰した。七九年には西ドイツのヘルムート・シュミット首相とフランスのヴァレリー・ジスカールデスタン大統領のイニシアティヴに基づいて、EMSが設立された。EMSは為替レートの安定をもたらし、インフレの沈静化に貢献することで、その目的をおおむね達成したが、代償として各国は高い失業率に悩むことになった。

固定相場制の根本的な問題は、それを維持するためのコストを誰が負担するかという点にある。EMSの下では、強い通貨のマルクを擁する西ドイツの中央銀行（ドイツ連邦銀行）が金融政策を決定し、フランスやイタリアなど弱い通貨の国は事実上これに追随することになった。フランスは制度を公平な形に改めるよう要求したが、西ドイツ側は譲歩を拒んだ。単一市場の一環として加盟国間の資本移動が自由化されたことは、固定相場制を維持するコストを高め、コスト配分の問題をさらに深刻なものにした。八七年にはバーゼル・ニューボア合意が結ばれ、為替レートを防衛するための超短期融資の条件の緩和など弱い通貨国の側の負担を軽減する措置がとられたが、問題を根本的に解決するものではなかった。

経済通貨同盟が実現して単一通貨が創設され、金融政策が欧州中央銀行（ECB）によって決定されるようになれば、各国は金融政策の決定に際して平等な影響力を持つことが期待される。これはフランスにとって都合がよい。ユーロ創設が実現したのは、フランスの要求を西ドイツが受け入れたためであるが、なぜ西ドイツはフランスの要求を受け入れたのだろうか。この点に関して、専門家の見方は、経済的動機――インフレ抑止の信頼性向上――を重視するものと、東西冷戦の終焉とドイツ再統一という国際環境の激変を重視するものとに二分されるが、本章は後者の立場をとる。

西ドイツの主要な政治家の中で、最初に経済通貨同盟に好意的な立場をとるようになったのは外相のゲンシャーであった。ソ連をはじめとする東側諸国の経済的な低迷が明らかになる中、一九八五年にミハイル・ゴルバチョフがソ連共産党の書記長に就任した。ゴルバチョフはソ連内部で情報公開（グラスノスチ）や改革（ペレストロイカ）を進める一方で、ソ連の影響下にあった東欧諸国に対しても改革・開放を進めるよう促し、西側諸国との関係改善を進めた。ゲンシャーはその回顧録の中で、東西冷戦が終結に向かいドイツ統一がアジェンダとして浮上すると、周辺諸国はドイツの欧州統合に対するコミットメントに疑問の念を抱くことが予想されるが、そのような疑念を払拭するためには、ドイツが経済通貨同盟を支持することが必要だと考えたと述懐している。

ドロール委員会

八八年のハノーヴァー欧州理事会は、フランスやゲンシャーの提案を受け入れる形で、経済通貨同盟について検討するため委員会を設置することを決定した。委員会の構成は、ドロールが委員長となり、EC各国の中央銀行総裁が個人としての資格で参加し、その他に専門家数名が参加することになった。ドロール委員会は八九年四月に三段階で経済通貨同盟を実現することを提案する報告書を刊行した。最終段階ではECBが設立され、物価の安定を重視した金融政策を遂行することや、共同体通貨が創設されることが想定されていた。しかし西ドイツの中でも、財務省やドイツ連邦銀行は経済通貨同盟実現のための前提条件は充足されていないという立場をとっていたため、コール首相は慎重な態度をとり続けた。八九年六月にマドリッドで開催された欧州理事会では、経済通貨同盟の第一段階を九〇年七月に開始すること、経済通貨同盟の実現のために必要な条約改正について協議するため政府間会議を開くことが決定された。西ドイツが経済通貨同盟を受け入れた理由は経済的なものだという見方を支持する者は、八九年後半に国際環境が激変する直前に開かれた欧州理事会でこのような決定がなされたことを、その根拠として挙げる。しかしマドリッド理事会は、政府間会議の開催の具体的なスケジュールを明示しておらず、ドロール報告書とは異なって、経済通貨同盟の第一段階への参加が自動的に最終段階へのコミットメントを意味するという立場をとっていない。したがって、この時点で経済通貨同盟の最終段階に対する合意が存在したとは言えない。

冷戦終結・ドイツ再統一と経済通貨同盟

ゴルバチョフの改革はあくまで共産主義体制の立て直しを目指したものであったが、ソ連や東欧諸国の人々は共産主義に辟易していたので現実には体制の崩壊に繋がり、各国は相次いで複数政党制や市場経済を導入した。しかし共産主義を断念すれば存在意義がなくなるドイツ民主共和国（東ドイツ）では、改革の動きは遅々として進まなかった。東ドイツ市民が第三国経由で西ドイツに逃避する動きを食い止めるため、東ドイツ政府は一九八九年一一月九日に東西ドイツ間の旅行の自由化を発表したが、その発表を聞いた東西ドイツ市民がベルリンの壁に押し寄せ、東西分断の象徴だった壁は崩壊した。コール首相はドイツ統一への動きを押し進めるため、一〇項目提案を行った。しかし一八七一年のドイツ統一がヨーロッパの安全保障環境を著しく悪化させたこともあり、イギリス・フランス・ソ連は再統一に当初反対した（アメリカとこれら三カ国は、第二次世界大戦の戦勝国としてドイツ再統一までベルリンを共同管理する立場にあり、再統一問題に一定の発言力を有していた）。周辺諸国のこのような態度は、戦後五〇年近くが経過しても、ドイツに対する不信感が根強く存在していたことを示している。とりわけ、コールがドイツ統一を優先して、経済通貨同盟に関する政府間会議開催に消極的な態度をとるようになったことは、ミッテランとの関係を悪化させた。ミッテランはコールに対して、ドイツ統一を支持する条件として⑴経済通貨同盟に関する交渉の開始、⑵ポーランドと統一ドイツの国境がオーデル＝ナイセ線となること、⑶核保有の放棄、の三つを受け入れるよう迫った。コールが経済通貨同盟について譲歩した結果、一九八九年一二月のストラスブール欧州理事会では、経済通貨同盟に関する政府間会議を一九九〇年の一二月に開始することで合意した。この後もイギリスとフランスがドイツ統一を遅らせるために共同戦線を組むような動きが一時あったが、一九九〇年二月頃には、東ドイツの体制が事実上瓦解し、国家として存続できないことは誰の目にも明らかになった。三月に東ドイツで行われた議会選挙では、コール首相のキリスト教民主同盟（ＣＤＵ）が早期統一を訴えて勝利し、一〇月には東西ドイツ統一が実現した。
つまるところ、ミッテランとコールは、欧州統合を強化し、その中に統一ドイツを組み込むことで、周辺諸国に対する脅威にならない形でドイツ統一を実現できると考えたのである。そして欧州統合を強化する手段として選ばれたのがユーロの創設だった。コールは第二次世界大戦の記憶を持つ世代の政治家として、統一ドイツが周辺諸国から脅威と見なされることを望まなかった。このタイミングで経済通貨同盟が実現したことは、東西冷戦の終結とドイツ統一という国際環境の激変を抜きにしては説明できない。

単一通貨ユーロ導入までのプロセス

ひとたび経済通貨同盟を実現するという政治的合意が形成されれば、そのプロセスや仕組みについてはドロール報告書という青写真がすでに存在した。すでに見たように、ドロール報告書は経済通貨同盟を三段階で実現することを謳っていたが、第二段階の詳細や、それぞれの段階の開始時期・移行条件に関しては曖昧であり、政府間会議での議論はそれらの点に集中した。条約の規定は、早期の経済通貨同盟実現を望んだフランス側と、具体的な日取りではなく客観的な条件を定めようとしたドイツ（とりわけその財務省）との妥協を反映したものになった。第二段階への移行は一九九四年とされた。最終段階は、一九九六年末時点で過半数の国家が参加可能と判断されれば一九九七年一月に開始し、そうでない場合は、開始の最終的な期限は一九九九年一月とし、その半年前までにどの加盟国が参加するかを決定するものとされた。

最終段階に参加する国は収斂基準といわれる四つの条件を満たす必要があった。これは、経済的な格差のある諸国が単一通貨を導入するのは不可能なためである。最も達成が困難だったのは、単年度の財政赤字がＧＤＰ比三％以下で、かつ政府債務残高がＧＤＰ比で六〇％以下であることという条件である。各国は自国だけ取り残されることのないよう、財政赤字削減の圧力にさらされることになった。イギリスは最終段階に参加しない権利を認められ、デンマークは国民投票の結果を待つことになった。

フランスやＥＣ委員会はＥＣＢを第二段階で創設するよう求めていたが、最終的にはドイツ側の立場を反映する形で、最終段階まで創設されないことになった。その代わりに、第二段階でＥＣＢの前身にあたる欧州通貨機構

（ＥＭＩ）が創設され、最終段階への移行の準備作業にあたることになった。ＥＣＢの政治的独立と物価安定を最優先目標とすることに関してはすでに合意があったが、第三段階の開始までに各国は自国の中央銀行の政治的独立性を確保するものとされた。欧州中央銀行や各国中央銀行による政府債務の直接引き受けは禁止された。

このようにしてマーストリヒト条約の経済通貨同盟に関する規定は作られたが、ユーロ導入までの道のりは決して平坦ではなかった。東西ドイツの統一は、東ドイツの領域を西ドイツの州として編入する形で実現したが、統一はドイツ経済を混乱に陥れた。とりわけ、東ドイツ・マルクを二：一という比率で西ドイツ・マルクと交換したことは、両者の経済格差から見て非現実的であり、戦後西ドイツが経験したことのない高水準のインフレを引き起こした。ドイツ連邦銀行はドイツ以外のヨーロッパ諸国で景気が低迷する中、国内のインフレに対処するため金利を引き上げた。ＥＭＳの下でドイツの金融政策に追随せざるをえない他の参加国も金利を引き上げたが、そのため経済状況はさらに悪化し、各国はドイツを自己中心的だと強く批判した。各国の経済的状況が大きく異なる場合、すべての国にとって望ましい金融政策は存在しない。ユーロ導入は金融政策の一元化を意味するが、それが望ましいことなのか、疑問視されるようになった。

本章第4節で述べるように、各国におけるマーストリヒト条約の批准は、統合への反対が初めて政治的に表面化するきっかけになった。フランスやデンマークの国民投票の結果を受けて、外国為替市場ではユーロ導入が本当に実現するか疑問視されるようになり、一九九二年末から一九九三年にかけてＥＭＳ内の弱い通貨に対する大規模な投機が起きた。イギリス・ポンドやイタリア・リラはＥＭＳから離脱し、制度内部にとどまった通貨も、相互の変動幅は上下二・二五％から上下一五％に拡大された。そのため、ユーロ導入が予定どおり実現することはないという悲観的な見方が強まった。しかし、一九九〇年代後半になるとヨーロッパの経済状況は回復する。一九九七年に起きた東アジア通貨危機によって、通貨の安定が重要であることが改めて認識されたこともあり、ＥU各国はユーロ導入へと進むことになった。一九九九年一月にまず銀行間の取引にユーロが導入され、二〇〇二年には紙幣とコインの一般への流通が開始されることになる（第7章第5節参照）。

ユーロの仕組みとその問題点

ユーロのような単一通貨を運営するためには共通の金融政策が必要である。そこで一九九八年に設立されたＥＣＢが、ユーロ圏の金融政策を一元的に決定している。ＥＣＢの所在地はドイツのフランクフルトで、その主な任務は物価の安定を実現することである。そのため、ＥＣＢはＥＵの他の機関や各国政府に対して高い政治的な独立性を保障されている。これらの仕組みはドイツ連邦銀行の例にならったものであった。

金融政策とは対照的に、財政政策（予算）の決定は引き続き各国に委ねられた。そのため、両者の間の調整をいかに行うかが、ユーロを運営するうえで大きな課題となる。ＥＣＢが物価の安定を目標とする金融政策を実行しても、各国の政府がそれと矛盾する財政政策をとっては意味がないからである。そこでユーロ参加国は「安定・成長協定」を締結し、ユーロ創設後も財政面での規律を維持しようとした。各国の単年度の財政赤字はＧＤＰの三％以内、各国政府の債務残高はＧＤＰの六〇％以内でなければならないとされた。

ユーロの経済的な合理性については当初から疑問視する向きもあった。最大の問題点は、ユーロを導入した国同士の間では為替レートを変更できないことにある。したがって、不況に陥った国が為替レートの切り下げによって国際競争力を回復し、輸出主導で経済回復する道は閉ざされている。これがドイツをはじめとする北欧諸国と、ギリシャ・スペインなど南欧諸国の間で経済的な格差が拡大する原因である（リージョナル・インバランスと呼ばれる）。日本やアメリカなどの国家の内部でも同様の問題は存在するが、地域間の経済的な不均衡は労働力の移動や中央政府による財政移転によって緩和されている。ＥＵの場合には、言語の違いもあって国境を越えた労働力の移動が少なく、予算規模も先進国のそれと比較すれば小さいという構造的な問題がある。第９章第２節で見るように、これがグローバル金融危機の影響とあいまって、ユーロ危機を引き起こした。

3　欧州共同体予算の改革

予算から見たEC・EUの特徴　前節で述べたように、EU予算のあり方は経済通貨同盟の長期的な命運を左右する。現在のEUの財政支出の規模は年額約二〇兆円、その域内経済総生産の約一・二％に相当する。EUの予算は国際機関としてはきわめて多額であり、国際連合の予算が年額で三〇〇〇億円に満たないのと対照的である。しかし先進国の公的財政支出の規模は国内経済総生産の三〇％から五〇％であるため、EUの財政規模は民主的な国家のそれと比較すればはるかに小さい。一九八〇年代後半から九〇年代前半は、EC・EUの予算に関しても大きな変化が見られた時期である。

一九八八年改革とその限界　第一に、一九八八年の合意により、五〜七年間にわたる長期の財政計画を加盟国政府間の交渉によって策定し、その計画に基づいて理事会と欧州議会が各年度の予算を定める方式に切り替えられた。一九七〇年と一九七五年の予算条約は、ECに関税・農業課徴金と、各国の間接税の税率一％分を上限とする独自財源を与えた。通常の国際機関のように各国からの拠出金に依存するのでなく独自財源を有することは、その独立性を高めた。しかしEC予算の策定はしばしば加盟国間や閣僚理事会と欧州議会の間の対立で紛糾した。一九八八年合意は支出と歳入の均衡を図るとともに、共通農業政策の支出の増加を抑えるため、政策領域ごとに各年度の支出額の上限も定めた。これによりEC・EU予算をめぐる対立は（数年間に一度行われる長期計画の策定を除いて）沈静化した。いずれにせよ、各年度の予算が閣僚理事会と欧州議会によって決定されるといっても、一九八八年以降その大枠は加盟国政府によってあらかじめ決定されていることに留意が必要である。

第二の変化は予算の使途に関するものであった。一九八八年以前の予算は、フランスの主張を反映する形で共通農業政策に偏ったものであった。EC予算に関する一九八八年合意と、一九九一年に合意されたマクシャリー改革（後述）によって、EC・EUの歳出に占める共通農業政策の比率は低下した。それに代わって、歳出に占める割合が増加したのは結束政策（後述）と呼ばれる地域補助金である。ＥＣの拡大による加盟国間の経済格差の拡大と、単一市場・経済通貨同盟の実現により各加盟国が国内で格差を是正するためにとれる手段が減少したことが、ＥＵの結束政策の発展の背景にあった。この時期のＥＣ・ＥＵ予算の使途の改革を、「ドゴール的予算」から「ドロール的予算」への変化と形容することもある。

もっともこの時期の改革の対象は予算の策定過程と使途にとどまり、財政支出の規模を拡大することはなかった。ここ数十年にわたって、域内経済総生産比で見たＥＣ・ＥＵの財政支出はほとんど変化していない。このような小規模の予算の下で経済通貨同盟が存続可能なのかどうかは、二〇一〇年以降ユーロ危機への対処をめぐって激しく議論されているところである。

共通農業政策

共通農業政策は農業生産を増やすと同時に、製造業やサービス業と比較して所得が低くなりがちな農業従事者の支援を目的として一九六〇年代に始まった。

初期の共通農業政策は、域内農産物市場の一体性・共同体優先・財政的団結という三つの原則に基づいていた。このことは、ＥＣの内部では農産物の貿易が自由化される一方、域内農家の収入を守るために外部に対しては障壁を設けることを意味する。右の三つの原則を実現するため、価格保障・公的介入システム・輸入課徴金という三つの政策手段が用いられた。価格保障とは、農産物の価格が市場でなく政治的に決定されることを意味する。域内の価格が介入価格を下回った場合には、ＥＣが余剰生産物を買い上げることで価格を維持した。それに対して、第三国からの安い農産物の輸入に対しては、ＥＣの産品との差額分に相当する課徴金が課された。国際価格よりも高いＥＣの産品を輸出するために、補助金制度が設けられた。財政的団結の原則とは、これらの政策を実現するための資金が（加盟国ではなく）ＥＣの独自財源から拠出されることを意味する。そのために欧州農業指導保証基金（ＦＥＯＧＡ）が設立された。

過剰生産と改革の遅れ

共通農業政策は、生産を増やして自給自足を達成し、農家の所得を支持するという所期の目的を達成した。しかし人為的に価格を吊り上げたことで、一九七〇年代以降過剰生産の問題が深刻化し、

「バターの山」や「ワインの池」を生み出した。共通農業政策関連の支出は際限なく増加し、また保護主義的な政策は一次産品の輸出に依存する発展途上国にも悪影響を与えたため、国際的な非難も招いた。しかし七〇年代・八〇年代を通じて行われた共通農業政策の改革の試みは、目に見える成果を生まなかった。

なぜ共通農業政策を改革するのは難しかったのだろうか。その理由は政策決定の制度的な仕組みに求められる。一般的に共通農業政策は、古典的共同体方式と呼ばれるＥＣ独自の政策決定の方式（ＥＣ委員会の提案に基づき閣僚理事会が決定し、欧州議会の政策影響力は限定的）により決定されていると言われてきた。しかし実際には、共通農業政策は再分配政策としての性格が強いため、各国の得失はゼロサム的である。そのため、農務閣僚理事会が決定を行う際には、各大臣は自国のためにＥＣの農業予算からなるべく多くのものをえるよう国内から圧力がかかる。これが現状維持バイアスを生むのである。

外圧とマクシャリー改革

改革への端緒が開かれたのは外圧のためだった。一九八〇年代になると、経済協力開発機構（ＯＥＣＤ）などの場を通じて、貿易の妨げとなるような農業保護策、とりわけ共通農業政策のように市場メカニズムを阻害する度合いの高い政策に対する批判的な見方が、政策決定担当者の間では強まりつつあった。そこで八六年に始まった関税と貿易に関する一般協定（ＧＡＴＴ）ウルグアイ・ラウンドでは、初めて農業問題が取り上げられ、アメリカ・カナダ・オーストラリアなどの農業輸出国は強く貿易自由化を求めた。このような事態を受け、ＥＣ委員会は九一年の閣僚理事会に急進的な改革案を提出した。最終的には、コール首相とミッテラン大統領の決断により、従来の共通農業政策の政策コミュニティを迂回する形で（委員会提案よりやや薄められたものの）改革が実現した。このいわゆるマクシャリー改革によって、従来の市場介入によって価格を支持する保護策から、農家への直接支払によって所得を保障する仕組みへの転換が進むことになった。

所得再分配の観点から見た場合、共通農業政策には各国間で資金が不平等に配分されているという批判や、さまざまなタイプの農家の間で配分が公平を欠くという批判がなされている。どの国がどれだけＥＣの予算から利益をえているかは、イギリスの財政貢献をめぐってサッチャー首相が還付金を要求した際に初めて議論された問題だったが、この問題はＥＵの東方拡大の文脈の中で再浮上することになる。もう一つの問題点は、支援が大規模事業者や一定の産品の生産者に偏っていることである。この問題は以前から存在していたが、直接支払への切り替えによって透明性が増したことで、改めてクローズアップされるようになった。以上のように、共通農業政策には豊かな者から貧しい者への所得再分配とは言えない面もある。

結束政策

結束政策とは、ＥＣが加盟国・地域間の経済的格差の縮小を目指して、貧しい加盟国や地域の発展のために資金を配分する政策である。その端緒となったのは、一九七〇年代に創設された地域開発基金（地域政策）であった。八八年には欧州社会基金と欧州農業指導保証基金の指導部門が新たに構造基金規制の下に置かれ、地域開発基金と併せて「構造政策」と呼ばれるようになった。「結束政策」は九〇年代から用いられるようになった用語であり、マーストリヒト条約で合意された結束基金を含むため、概念的に最も広い。

結束政策の発展を促した要因は、大別して二つに分けることができる。第一は、ＥＣ・ＥＵの拡大による、加盟国間の経済的な格差の拡大である。第二は、単一市場や経済通貨同盟のような市場形成的政策の実現である。単一市場の形成は、経済発展を促す一方で各国の中で競争力のない産業（とそれが立地する地域）の衰退に繋がるし、経済通貨同盟の実現は、加盟国が為替レートの調整によって経済的な均衡を回復する能力を喪失させる。結束政策には、その埋め合わせとしての役割が期待されるわけである。

七〇年代の地域開発基金創設の原動力となったのは、ＥＣの第一次拡大（七三年）と、最初の経済通貨同盟の試みだった。とりわけ国民一人あたりＧＤＰの低いアイルランドや、当時の財政制度の下で財政貢献額が多額になることが予想されたイギリスが、その是正のために地域政策の発展を強く主張したのである。

八〇年代に入ると、単一市場の実現と南方拡大（第二次・第三次拡大）が構造政策強化への刺激となった。八八年に各国は、九三年までに諸基金への資金配分を倍増させることで合意した。このとき、加盟国が構造基金を自国の資金の代わりに用いることを禁じる追加原則が明確化され、資金を加盟国政府・地方自治体・ＥＣ委員会のパートナーシップに基づき管理することなど、一連の条件が設けられた。構造基金の約六五％は、最もそれを必要とする地域（一人あたりＧＤＰがＥＣ平均の七五％以下）に配分された。

結束基金は経済通貨同盟の実現を謳ったマーストリヒト条約に盛り込まれ、地域ではなくＧＤＰがＥＣ平均の九〇％以下の国（ギリシャ・アイルランド・ポルトガル・スペイン）を対象とすることになった。結束基金の条件が構造基金と比較して緩いのは、経済通貨同盟を目指す中で収斂基準を満たす必要があり、公共支出削減の圧力が強いことを考慮したためだといわれている。

マルチレベル・ガヴァナンスか、政府間主義か

追加原則やパートナーシップなど、貧しい地域への経済的支援と引き換えに加盟国にさまざまな条件を課した構造政策の枠組みは、ＥＣ委員会のイニシアティヴに帰せられることが多い。この点を踏まえて、政治学者のリースベット・フーグとゲイリー・マークスはＥＵの中では国家から超国家的なレベルへと「上向きに」に権限が移行しているだけでなく、国家内部で地方自治体への「下向きの」分権も進んでいるとして、ＥＵを複数の地理的なレベルの政治的単位に権限が拡散しているマルチレベル・ガヴァナンス（多層的統治）の仕組みとして描き出した。

しかし最近の研究は、この領域の政策決定がより政府間主義的であることを示している。それによれば、構造政策の枠組みへの支持は、主要国の選好の変化によって説明できるという。南方拡大によって、独仏英三カ国が受け取る構造資金の額は減少し、フランスもＥＣの財政に対する貢献国となった。そこでこれらの主要国は、ＥＣ委員会の介入は、資金の主な行き先である貧しい国に対する監視のために必要だと考えるようになった。一九九一年の結束基金の創設も、政府間主義的な解釈が一般的である。スペインに代表される貧しい国々が、経済通貨同盟への移行という文脈の中で、追加の補償的政策を求めたのである。

以上のように、共通農業政策も結束政策も、政策形成の方式としてはＥＵの機関よりも各国政府の交渉に委ねられる側面が強い。各国は自国の取り分が減る（あるいは負担が増える）改革には極力抵抗するため、現状維持バイアスが生じる。これが、ＥＵにおいて豊かな地域から貧しい地域への再分配政策の発展が立ち遅れている原因だと考えられる。

4　政治統合の進展

政治統合とは

マーストリヒト条約では、経済通貨同盟の実現と並んで、政治統合も一定程度進展した。ここでいう政治統合とは、主にECの制度改革と、外交・安全保障政策に関する協力の強化を指す。西ドイツのコール首相は、国内で経済通貨同盟に対する支持をえるためにも、ECをEUへと発展させ、その民主的正統性を強化するための制度改革を行うよう求めた。またコールは、東西の分断が克服され、東欧諸国で民族紛争が再燃する中、司法・内務協力をEUの活動範囲に含める必要性を感じていた。それに対して、フランスのミッテラン大統領は、冷戦後アメリカのヨーロッパにおけるプレゼンスが低下することに備え、ヨーロッパの国際的役割を高めたいと考えていた。そのため、経済通貨同盟に関する政府間会議と並行して、政治統合に関する政府間会議も開催されることになった。もっとも政治統合については（経済通貨同盟に関するドロール報告書のような）青写真と呼べるものがなかったため、政府間会議での議論は混乱し、最終的な成果も当初期待されたほどではなかった。以下では、まずマーストリヒト条約が作り出した神殿構造としてのEUについて説明する。そのうえで、EUの第二、第三の柱として位置づけられた共通外交・安全保障政策と司法・内務協力について概観しよう。

神殿構造としてのEU

一九五二年のパリ条約によってECSCが、五七年のローマ条約によってEECとユーラトムが設立された。三つの共同体が別々の機関を持つことによる無駄を避けるため、六七年に三共同体の機関を合併する融合条約が締結され、それ以降三つの共同体を総称してEC（European Communities）という呼称が一般化した。マーストリヒト条約はEUを設立するとともに、単一市場や経済通貨同盟を中核とするEECをEC（European Community）と改称し、これをEUの第一の柱として位置づけた。同時に、新設の共通外交・安全保障政策と司法・内務協力が、それぞれ第二の柱、第三の柱として位置づけられた。換言すれば、EUは三つの柱を有する神殿構造としてデザインされたのである。ECSCとユーラトムはEUとは別に存続することになった（その後ＥＣＳＣは二〇〇二年に条約が失効して消滅した）。神殿構造を提案したのはフランス代表であるが、その背後にあったのは、外交・安全保障や司法・内務協力は国家主権に深く関わる領域であるため、その決定は各国の代表からなる理事会に委ね、ＥＣ委員会や司法裁判所の影響力を排除すべきだという考え方であった。ベルギーやオランダ、ＥＣ委員会委員長のドロールはこれに抵抗したが、ドイツがフランスに同調したことで、最終的に神殿構造が採用された。

ＥＵ市民権

政治制度の面では、マーストリヒト条約は「共同決定」手続を導入することで欧州議会の権限を強化したほか、閣僚理事会の意思決定において多数決が用いられる事項の範囲を拡大した。それに加えて、加盟国の市民に対して、自らが国籍を持つ国の市民権に加えてＥＵ市民権を付与した。

ＥＵの加盟国やその一員であることを希望する国が、民主的な政治制度や人権保護のための仕組みを有さねばならないことは、長らく暗黙の前提とされてきた。一九九三年には、欧州理事会によってＥＵに加盟を希望する国が満たさなければならない条件が明文化され（コペンハーゲン基準）、民主主義・法の支配・人権やマイノリティの尊重が盛り込まれた。

しかしＥＵ自体は、比較的最近まで人権保護のための規定を有さなかった。ＥＥＣは、共同市場の実現のため、物・サービス・資本の自由移動に加えて、人の自由移動も目標として掲げていた。しかし実際に加盟国の市民に認められていたのは、労働のために域内を自由に移動し居住する権利に過ぎず、人間としての権利が保障されていたわけではなかった。

ＥＵ市民権には、国籍を有する国以外に居住している場合でも、欧州議会選挙での投票権や居住地で行われる地方選挙の投票権など政治的な権利、ＥＵ内での移動・居住・就労の自由を保障する自由移動の権利、ＥＵ条約に関わることで国籍による差別を受けない権利、自国の大使館・領事館がないＥＵ圏外の国に滞在している場合、他のＥＵ加盟国の大使館・領事館に保護を求める権利などが含まれている。このように、人を「市民」として労働と無関係に他の加盟国に居住する権利を認め、政治的権利を付与したことは、ＥＵが経済領域に限定された存在から政治的領域へも広がりつつあることを象徴する動きと言えよう。

ただし現在でも、加盟国の国籍を持つものなら誰でもＥＵ「市民」として条約上享受できる権利（ＥＵ機能条約第一八〜二一条）と、「労働者」のみがそれに加えて有する権利（同条約第四五条）とがある。労働者は、雇用・税制・社会保障上の権利の点で、加盟国からも雇用者からも差別されない。ＥＵ市民は他の加盟国に入国して三カ月まで滞在する権利を持つ。しかし三カ月以上滞在するためには⑴労働者（自営業含む）、⑵学生、⑶滞在期間中、当該国の社会扶助に依存しないで済むだけの十分な資力を有する、のいずれかの要件を満たす必要がある。滞在期間が五年に満たない場合、社会保障へのアクセスは制限される。居住期間五年で無条件に永住権を取得でき、社会保障上もその国の市民と平等に扱われる。

共通外交・安全保障政策

欧州統合はヨーロッパ諸国の間で再び戦争が起こることを防ぐ、という政治的な目的のために始まった。しかし一九五〇年代に欧州防衛共同体（ＥＤＣ）構想が失敗に終わった後、経済領域の統合が進む一方で、第三国に対する外交政策や安全保障面での統合はあまり進まなかった。外交面では七〇年代初頭に欧州政治協力という政府間協力の枠組みができたが、東西緊張緩和の中での東欧諸国への対応の調整など一部の例外を除き、それほど実効的ではなかった。安全保障面では、冷戦期に西欧諸国の防衛を担ったのはアメリカが中心的な地位をしめるＮＡＴＯであった。そのため、ヨーロッパは「非軍事的なパワー（civilian power）」であるという理解が定着した。

しかし冷戦が終結したことで、西側各国にとってソ連という共通の敵が消滅した。そのため、アメリカとヨーロッパ諸国が安全保障をめぐって見解を異にする可能性がこれまでより高くなった。そのためＥＵが外交・安全保障の領域でもより大きな役割を果たすべきだという声が強まった。加えて、ヨーロッパ諸国が外国の軍隊により攻撃を受ける可能性は低下し、かわりに旧ユーゴスラヴィア連邦における民族紛争のように、周辺地域で起きる紛争に対処する危機管理能力が求められるようになった（コラム6‐2参照）。そこでマーストリヒト条約では、共通外交・安全保障政策がＥＵの第二の柱として位置づけられた。単一市場や通貨同盟のようなＥＵの第一の柱とは異な

コラム6-2　旧ユーゴスラヴィア連邦内戦とEU

旧ユーゴは5つの民族から構成される多民族国家であった。第2次世界大戦中ユーゴを占領したドイツに対するパルチザン闘争を指揮したヨシプ・チトーの下，ユーゴスラヴィアはソ連からも一定の独立性を維持し，かつては東側の優等生と言われた。しかしチトーの晩年から民族間の対立が激化し，冷戦終結に伴いそれまで各民族を束ねてきた共産主義イデオロギーの正統性が失墜したことで，状況が著しく悪化した。最大民族のセルビア人が連邦の権限強化を図ったのに対して，反発したスロヴェニア・クロアチア両共和国が1991年6月に独立を宣言し，旧ユーゴは内戦状態に陥ったのである。冷戦後の新しい国際環境に適応を図るEUにとって，裏庭とも言える旧ユーゴでの内戦勃発は，最初の外交的挑戦となった。共通外交・安全保障政策創設のための政府間会議が続く中で，スロヴェニア・クロアチア独立の早期承認を支持するドイツと，消極的な英仏両国とが対立したため，EUが一体として行動することは困難になった。紛争がボスニアに飛び火すると，EUはさらなる試練に直面することになる。

り、共通外交・安全保障政策については政府間主義的な色彩の強い仕組みが採用され、委員会や欧州議会の関与は非常に限定されている。共通外交・安全保障政策は、ＥＵ各国の外交政策をできるかぎり近づけていくことを目標としたものだった。

司法・内務協力

マーストリヒト条約の第三の柱となったのが、司法・内務協力である。政府間での協力の具体的な対象となったのは、難民政策、対外国境管理、移民政策、警察・司法協力であった。単一市場の創設と域内自由移動の実現、東西冷戦の終結が、この分野での統合を促した。域内で国境の管理が撤廃されたことで、いったんＥＵ域内に入った者は自由に移動できるようになるため、対外的な国境管理や難民政策の一元化が求められた。また犯罪者が自由移動を悪用することを防ぐためには、各国の警察・司法の協力が不可欠である。

司法・内務協力がマーストリヒト条約でＥＵの第三の柱として位置づけられたことは、既存のネットワークを公式化したものであった。欧州刑事警察機構（ユーロポール）が新たに創設され、加盟国間の情報交換・分析、各国警察組織による捜査の支援などの任務にあたることになった。またそれ以外にも、シェンゲン情報システムやＥＵバイオメトリクス・

データベース（Eurodac：難民申請者や非正規の国境往来者から採取した指紋を記録する機関）などのデータベースが設置された。

しかしながら、司法・内務協力の進展は、決定手続きをめぐる対立、欧州議会や各国議会に対する民主的なアカウンタビリティの欠如、各国レベルでの実施を担保するメカニズムの不在といった、制度的な問題によって妨げられた。それに加えて、ＥＵの東方拡大が司法・内務協力の重要性を増す一方、全会一致での決定を困難にするだろうという予想が、制度面での変革を促すことになった。

最近では、難民問題や国境管理は、各加盟国で行われているＥＵをめぐる政治的論争の主要な対象となっている。その意味では、当初、欧州統合の中で周辺的な位置づけしか与えられていなかった司法・内務協力は、発足からわずか二〇年間で統合の中心的な問題へと変容を遂げたと言える。その理由は、司法・内務協力が国家主権と深く関わる領域であるとともに、自由と安全の間のバランスをどう図るかという点で、民主的な価値とも密接に絡む問題だという点に求められよう。

欧州懐疑主義の誕生

欧州統合は長らくエリート主導のプロジェクトであり、市民の「暗黙の了解」に基づいて進められてきた。欧州司法裁判所の判決（と各国裁判所による受容）によって「ＥＣ法の優位性」と「直接効果」の原則が確立した結果、ＥＣ法は早い段階で高いレベルの法的拘束力を有するようになった。そのため通常の国際法で見られるように、国家が条約の一部から選択的に離脱することは不可能である。と同時に、一九八〇年代までは、ルクセンブルクの妥協のために閣僚理事会による意思決定に際し多数決は事実上回避され、各国政府は拒否権を有していた。そのため、各国政府はＥＣへの権限委譲にそれほどの抵抗感を持たず、ローマ条約の下ですべての加盟国が同意すれば権限拡大が可能だとされていたこともあって、ＥＣの活動範囲は当初から条約に明示されていた領域を越えて拡大した。ＥＣに権限を委譲しても、各国政府は自国に都合の悪い決定には拒否権を行使すればよく、むしろＥＣの決定という形をとることで、政府が内心望んでいても、国内の政治的圧力のために実現できない政策を実行に移すことが可能だったからである。しかし単一市場や経済通貨同盟という形で欧州統合が人々の生活に大きな影響を与えるようになると、統合の進展により悪影響を受ける人々を中心に、統合に対して批判的な声が聞かれるようになる。マーストリヒト条約の批准は、多くの加盟国で統合への反対が初めて政治的に表面化するきっかけになった。

九二年六月に行われたデンマークの国民投票で、マーストリヒト条約の批准が僅差で否決されたことで、ユーロ導入に対する政治的な支持の弱さが浮き彫りになった。フランスでは、社会党のミッテラン大統領が条約の批准を国民投票にかけることを選択した。これは条約の重要性を踏まえた決定であったが、同時に右派勢力、とくにドゴール派内部に対立を引き起こすことを狙っていた。当初は批准賛成派が大きくリードしていると思われたが、国民投票の結果、賛成は五一％にとどまった。ドイツでは、戦後の経済的成功の象徴であるマルクへの愛着が強く、世論調査ではユーロ導入に対して批判的な意見が多かったが、連邦議会は圧倒的多数の賛成でマーストリヒト条約を批准した。ナチスの支配を正当化するために用いられたという歴史的な経緯から、国民投票は行われなかった。

とりわけ経済通貨同盟への強い反対が噴出したのは、歴史的に統合に対し積極的でなかったイギリスである。サッチャー首相は主権国家の協調としての欧州統合を支持し、単一市場実現の旗振り役となった。しかしサッチャーは、ドロールが加盟国の規制緩和を超えて、欧州レベルでの規制の再導入によってECに社会的側面を持たせようとしたことには抵抗し、八八年にブリュージュで行った有名な演説の中では、「私たちがイギリスで国家（介入）の境界線を押し戻したのは、欧州レベルでそれが再度押し返されるのを眺めるためではありません」と主張している。さらに単一通貨ユーロの創設は、超国家（連邦制）的なEUの誕生に繋がるとして断固反対した。ドロールが将来的に委員会・閣僚理事会・欧州議会をそれぞれヨーロッパの政府・上院・下院とすることを提案したのに対し、サッチャーがイギリス議会での演説で「ノー・ノー・ノー」と応じたことはよく知られている。サッチャー自身は、このような強硬姿勢がイギリスの孤立を招くことを懸念した閣僚たちの造反によって、九〇年一一月に首相の座を追われた。しかし彼女の姿勢はそれまで親ヨーロッパ的であった保守党の統合への姿勢を硬化させる契機となり、後任のジョン・メージャー首相はマーストリヒト条約をめぐる激しい党内対立に悩まされた。イギリスはデンマークとともにユーロへの参加を見送り、マーストリヒト条約の社会憲章にも参加しない権利を認められることになった。

参考文献

遠藤乾『統合の終焉――EUの実像と論理』岩波書店、二〇一三年。
高橋進『歴史としてのドイツ統一――指導者たちはどう動いたか』岩波書店、一九九九年。
中村民雄『EUとは何か――国家ではない未来の形』信山社、二〇一五年。
ジャンドメニコ・マヨーネ『欧州統合は行きすぎたのか（上）――失敗とその原因』『欧州統合は行きすぎたのか（下）――国民国家との共生の条件』（庄司克宏訳）岩波書店、二〇一七年。
ブランコ・ミラノヴィッチ『大不平等――エレファントカーブが予測する未来』（立木勝訳）みすず書房、二〇一七年。
カス・ミュデ、クリストバル・ロビラ・カルトワッセル『ポピュリズム――デモクラシーの友と敵』（永井大輔・高山裕二訳）白水社、二〇一八年。
吉田徹『ミッテラン社会党の転換――社会主義から欧州統合へ』法政大学出版局、二〇〇八年。
Michelle Cini and Nieves Pérez-Solórzano Borragán（eds.）, *European Union Politics*（5th ed.）（Oxford: Oxford University Press, 2016）.
Desmond Dinan（ed.）, *Origins and Evolution of the European Union*（2nd ed.）（Oxford: Oxford University Press, 2014）.
Kenneth Dyson and Kevin Featherstone, *The Road to Maastricht: Negotiating Economic and Monetary Union*（Oxford: Oxford University Press, 1999）.
Liesbet Hooghe and Gary Marks, *Multi-Level Governance and European Integration*（Maryland: Rowman & Littlefield, 2001）.
Daisuke Ikemoto, *European Monetary Integration 1970-79: British and French Experiences*（Basingstoke: Palgrave Macmillan, 2011）.

Wilfried Loth, *Building Europe : A History of European Unification* (tanslated by Robert F. Hogg) (Berlin: De Gruyter, 2015).

Luuk Van Middelaar, *The Passage to Europe : How a Continent Became a Union* (New Haven: Yale University Press, 2013).

Alan Milward, *The European Rescue of the Nation-State* (2nd ed.) (London: Routledge, 2000).

Andrew Moravcsik, *The Choice for Europe* (London: UCL Press, 1998).

Fritz Scharpf, *Governing in Europe* (Oxford: Oxford University Press, 1999).

Helen Wallace, Mark A. Pollack, and Alasdair R. Young (eds.), *Policy-Making in the European Union*, (7th ed.) (Oxford: Oxford University Press, 2015).

Laurent Warlouzet, *Governing Europe in a Globalizing World : Neoliberalism and its Alternatives following the 1973 Oil Crisis* (London: Routledge, 2017).

Joseph Weiler, *The Constitution of Europe* (Cambridge: Cambridge University Press, 1999).

第Ⅲ部　欧州連合の時代

第7章　冷戦後世界へのダイビング

――一九九〇年代の野心と不安――

山本　直

ユーロ紙幣のデザインを発表する欧州中央銀行のウィム・ドイセンベルク総裁（ドイツ・フランクフルト）（©Banque centrale européenne）

欧州共同体（ＥＣ）に加盟するヨーロッパ一二カ国は、マーストリヒト条約を通じてどうにか欧州連合（ＥＵ）を誕生させた。しかし課題は山積していた。近隣諸国は、「西側」の機構であったＥＵへの加盟を我先にと希望するようになった。歴史的に関係の深いバルカン半島やアフリカでは、民族と宗教を大義とする紛争が多発した。冷戦後世界を主導しようとするアメリカとどのような距離感を保つのか、ＥＵとして対応を迫られるようにもなった。一九九〇年代のＥＵと加盟国は、このような状況に正面から身を投じていく。その様は野心的であり、さながらダイビングであるかのようであった。とは言え方向性と一体感を失えば、ＥＵ全体がたちまち漂流する危うさもそこにあったのである。本章では、加盟国とＥＵ機関が九〇年代をどのように受け止め、かつどのように乗り切ろうとしたかを見ていこう。

1　欧州連合における政治・行政システムの構築

ＥＵ委員会と欧州司法裁判所の存在感

域内市場白書と単一欧州議定書によって始動したプロジェクトは、一九九三年一月に単一市場が発足したことで区切りを迎えた。モノ・ヒト・サービス・資本の自由移動を実現するために必要とされた二八〇もの法令の大半を、欧州連合（ＥＵ）は採択し終えつつあったからである。もっとも、すべての加盟国がそれらの法令を国内法に転換しないことには単一市場は十分機能しない。一部の加盟国では、転換の遅れが顕著であった。単一市場のルールを誤って解釈する加盟国や企業もあった。このような状況を引き締めるうえでとりわけ存在感を示したのがＥＵ委員会であった。

ＥＵ委員会は、国内法に早期に転換するよう加盟国に圧力をかけた。企業間の公正な競争を促すために、大企業同士の合併計画を見直すようにも迫った。利益の独占を目的とするカルテル等、ＥＵ法に違反する企業には躊躇なく巨額の課徴金を科すようにもなったのである（コラム9－1参照）。加盟国の企業のみならず、ヨーロッパに進出するアメリカや日本の企業もその対象となった。双方ともにアメリカの大手航空機メーカーであったボーイング社とマクドネル・ダグラス社による九七年の合併は、ＥＵ委員会の要求にボーイング社が譲歩して初めて円滑に実現した。違法な協定で運賃を決めたという理由から、ＥＵ委員会は九八年九月、日本郵船といった日本企業を含む一五の海運会社に課徴金を科した。総額二億七〇〇〇万ユーロ（約三五〇億円）を超える巨額の課徴金であった。

ＥＵ委員会に呼応したわけではないだろうが、欧州司法裁判所も単一市場の運営に積極的に関与した。前章まで見たように、欧州司法裁判所は、モノ・ヒト・サービス・資本という四つの自由移動を基本的に支持する判決を出してきた。その方向性は、単一市場の発足後も続いた。

その象徴となる判決はいくつかあるが、ここでは二つ挙げておこう。一つは、九五年一二月のボスマン判決である。ベルギーのプロサッカー選手名を冠するこの判決は、ＥＵ市民であるスポーツ選手が他の加盟国のクラブに移籍する際の欧州サッカー連盟（ＵＥＦＡ）の規則をめぐるものであった。判決において欧州司法裁判所は、プロ選手も労働者として扱うべきであるとした。そのうえで、移籍金制度や外国人選手枠制度を見直すことにより、ＵＥＦＡは彼らの自由移動を確保しなければならないとしたのである。この判決は、プロ選手の移籍をヨーロッパ規模で活性化させるというインパクトを与えた。

もう一つの判決は、九九年三月のセントロス社判決である。この判決において欧州司法裁判所は、いずれかの加盟国で登記された企業であれば、その支店を他の加盟国で自由に開けることを明確にした。その企業が、たとえ経営実態のないペーパー・カンパニーであってもである。この判決によって、加盟国のみならずＥＵ域外の企業もまた、域内でのビジネスを手軽に展開できるようになった。後述するように、ＥＵは北欧や中東欧へのさらなる拡大を控えていた。そのようなＥＵであるだけに、企業の投資欲はさらに刺激されることになった。

九五年一月には、従来の関税と貿易に関する一般協定（ＧＡＴＴ）を発展させる形で世界貿易機関（ＷＴＯ）が発足した。日本でも金融ビッグ・バンが叫ばれるなど、企業活動のボーダレス化が急速に進んだのがこの時代であった。そのような中でＥＵは、ヨーロッパの産業を支援あるいは保護しながらも、同時に競争を促さなければならないという「根本的な二義性」（スーザン・ストレンジ）の狭間に立たされた。そのような狭間において下されるＥＵ委員会と欧州司法裁判所の判断は、ヨーロッパ内外から否応なく注目を集めた。

理事会における特定多数決の定着

理事会と欧州議会の行動も、より活発となった。まず、各国の閣僚級の人物からなる理事会では、一九六六年の「ルクセンブルクの妥協」がほぼ完全に力を失っていた。決定できないＥＵという殻を打ち破るために、ＥＵの条約が定める特定多数決での決定をすべての加盟国が甘受するようになっていた。

その道が平坦であったわけではない。オーストリア、スウェーデンおよびフィンランドへのＥＵ拡大を控えた九四年に、加盟国であるスペインとイギリスは、これら諸国へとＥＵが拡大した後も拡大前の阻止少数（ブロッキング・マイノリティ）を維持するように要求した。理事会は、この要求を一部受諾することを決定したのである。理事会が開催された地名を冠して「イオニアの妥協」と呼ばれるこの決定は、「ルクセンブルクの妥協」と似ているが異なる点もあった。法案に反対する国が一定数に達しなければ採決は延期されない。つまり、たとえフランスやイギリスといった大国であっても、一国のみの反対では採決を阻止できないことが違っていた。しかも、採決が延期されるにせよ、欧州共同体（ＥＣ）条約に定める期限までには理事会は採決をとるものとされたのである。とは言え、このような妥協が改めて要請されたこと自体、特定多数決がいまだ各国にとって敏感な問題であることを示していた。

特定多数決は定着しつつあったものの、多数派となる賛成国が少数派の反対を押し切るというパターンが日常的に見られたわけではなかった。実際には、賛成する加盟国が、理事会議長国やＥＵ委員会とともに、法案に否定的な加盟国の説得にあたる。それでも不調であった場合にのみ採決に諮るという慣行ができ上がったのである。このことは、特定多数決で採択できる法案であっても、その八割以上で反対国と棄権国のいずれも出ていないというデータに表れた。強引な採決で負けた少数の諸国は、反発心から、採択された法案の国内実施を意図的に滞らせる恐れがある。あるいは、理事会の審議には、各国の閣僚と常駐代表のみならず、さまざまなレベルの国家官僚が日常的に参加する。それらの審議を通じて、とうてい受諾できない法案でない限りは受諾しようという雰囲気が醸成されることになった。

理事会と欧州議会の共同立法　理事会で特定多数決が定着する一方で、欧州議会にも変化があった。マーストリヒト条約で共同決定手続きが導入されたことにより、ＥＵ立法に向けた欧州議会の発言権が格段に増したのである。共同決定手続きでは、ＥＵ委員会が作成および提出したＥＵの法案を、理事会と欧州議会がそれぞれ三回まで審議できる（各回の審議は「読会」と呼ばれる）。審議に至る流れはやや入り組んでいるが、理事会が自らの判断で法案を廃案にできることは欧州経済共同体（ＥＥＣ）の発足以来一貫して変わらない。共同決定手続きで変わったのは、理事会だけでなく、欧州議会もまた廃案にできるようになった点である。

理事会と欧州議会のいずれかが法案をなかなか承認できない場合、双方から同数の代表団が集まり調停委員会が設置される。この調停委員会を通じていずれかの機関が納得できなければ、その法案は廃案となることにしたのである（図7－1）。*

＊共同決定手続きは、後のリスボン条約で通常立法手続きへと改称された。文字通りそれは、EUの通常の立法で用いる手続きと位置づけられたことになる。安保防衛や刑事分野等での立法に際しては、特別立法手続きという別の手続きが用いられる。特別立法手続きの下では、欧州議会の発言権は弱い。

このような欧州議会の発言権は、一九九九年五月に発効するアムステルダム条約によって確固たるものとなる。ひとたび廃案となった法案を理事会が復活成立できなくしたのが、同条約によってだったからである。こうした趨勢の中、少なくない法案が欧州議会によって廃案に追いやられるようになった。たとえばEU委員会は、電気通信分野での単一市場を築くための集大成の一つとして、電話事業の自由化を目指す法案を理事会と欧州議会に提出した。しかし欧州議会は九四年、自由化実現後の運営に自らが直接に関与できないという理由から、理事会が示した修正案やEU委員会の調停案をはねつけたのである。当時においては、電話事業に関する法案のほか、証券評議会をEUに設置する法案、バイオ技術の特許についての法案、株式公開買いつけに関する法案、ならびに郵便事業の自由化を目的とする法案等も、さまざまな理由から欧州議会によって廃案となっている（後に成立した法案もある）。

欧州議会が廃案に追い込んだ例をいくつか示したが、EUの立法を阻止するために欧州議会が存在しているわけではもちろんない。共同決定手続きが重要であるのは、「民主主義の赤字」を減らすこと、つまりEU市民の声を、彼・彼女らの直接普通選挙で選出された機関を通じてEU立法に届けるところにあった（ロング・コラム2参照）。このことは、官僚組織の性格が色濃いEU委員会、ならびに国家間の利害調整に目が行きがちな理事会を市民の代表が監視するという新たな緊張感を持たせることを意味した。この手続きが導入されて以降、EU委員会は、法案を構想および作成する初期の段階から欧州議会の意向により注意を払うようになった。理事会もまた、先述のように特定多数決が定着したこともあり、国家利益に固執する姿勢を軟化するようになった。

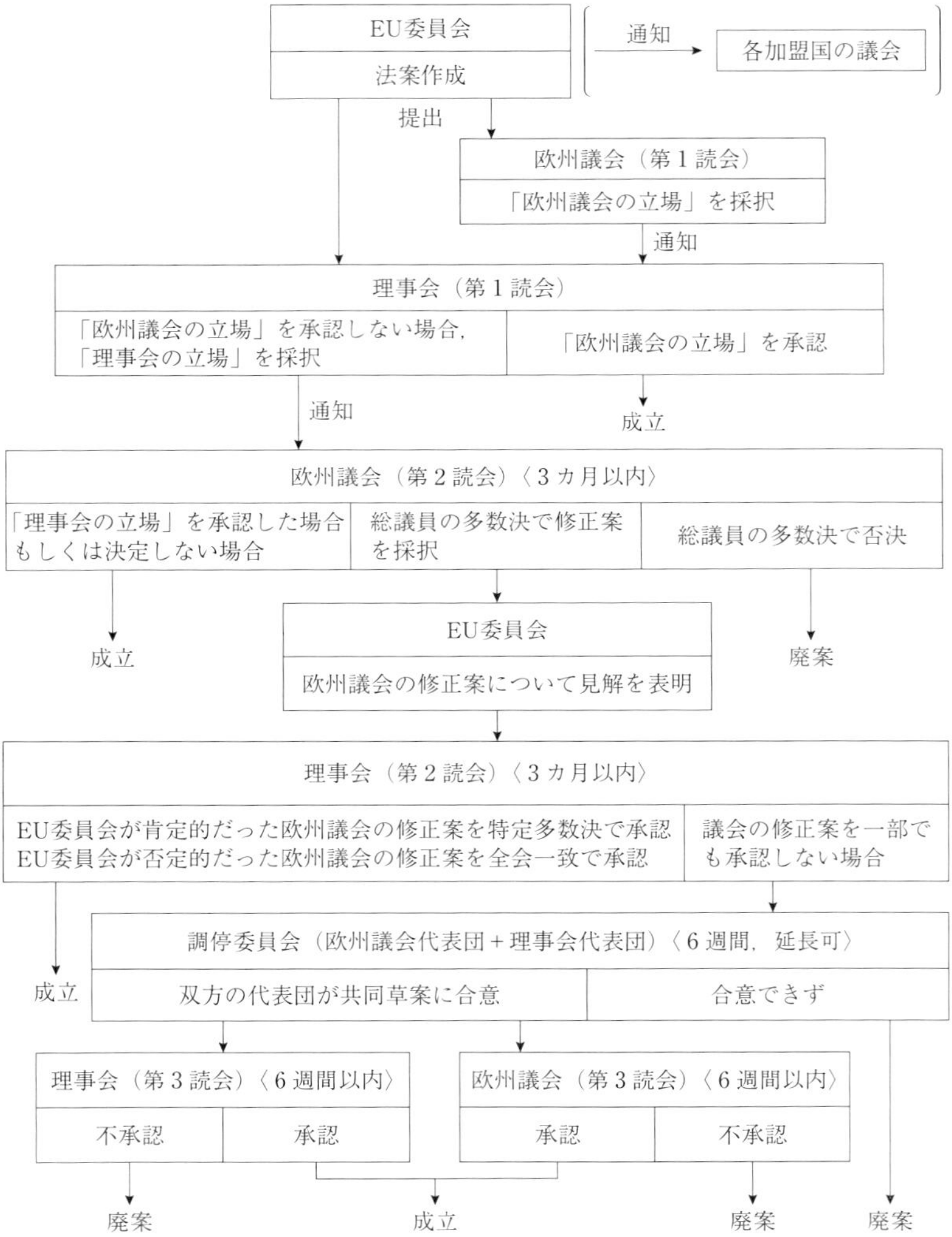

図7－1　共同決定手続き

注：図示しているのは，通常立法手続きと呼ばれる現行の手続きを概略したものである（EU運営条約第294条）。理事会では，とくに明記したものを除き特定多数決で決定される。

出典：鷲江義勝編著『リスボン条約による欧州統合の新展開』ミネルヴァ書房，2009年；Neill Nugent, *The Government and Politics of the European Union, Seventh edition*, Palgrave Macmillan, 2010を一部改変。

各加盟国の首脳とEU委員会委員長からなる欧州理事会は、この機関の性質上、EUの立法に直接関わることはなかった。しかしそれは、ヨーロッパ内外の情勢を見極めながらEU全体の舵とりを行う。当時すでに、一部の加盟国における通貨危機のほか、旧ユーゴスラヴィアやアフリカのルワンダにおける民族紛争と大量虐殺、独裁国家による民主化運動の抑圧、気候変動、難民・国内避難民の発生といった問題も深刻になっていた。このような時代の要請もあり、平均して年数回に過ぎなかった開催回数を、少なくとも半年に二回、つまり年四回に増やすことで機動的な対応を試みることになった。

EUの制度拡充

マーストリヒト条約では、既存のEU機関に加えて、多様な任務を担うさらなる機関が創設された。加盟国の地方政府、自治体あるいは都市の代表者からなる地域委員会もその一つであった。地域委員会に期待されたのは、諮問機関として地域や地方の声をEUに届ける役割である。それとともに、EUが制定した法を加盟国の国内各地で確実に実施させるためでもあった。二二二名で始まった地域委員会は、フランス南部にあるランドック＝ルシヨン地方のジャック・ブラン地方議会議長を初代委員長に選出した。その後、二八カ国のEUで最大三五〇名のメンバーを数えることになる。マーストリヒト条約ではさらに、EUの行政に対する苦情を市民や企業から受けつける欧州オンブズマンも新設された。欧州オンブズマンは、欧州議会によって任命されるポストであり、受けつけた苦情を関係するEU機関に照会し、三カ月以内に回答を得る。申し立てた本人は、回答の内容や対応をオンブズマンから通知されることになる。初代の欧州オンブズマンには、フィンランドで国会オンブズマンを務めたヤコブ・サーデルマンが任命された。

エージェンシーと呼ばれる独立的な行政機関が設置ラッシュを迎えたのも、この頃である。一九七〇年代には、欧州職業訓練センターと欧州生活労働条件改善基金が、それぞれ西ベルリン（後に移転）とアイルランドのダブリンに設置されていた。それ以降目立った動きはなかったのだが、九〇年代に入り、EUの政策分野が広がるにつれこのような行政機関が順次設置された。たとえば、欧州環境庁がデンマークのコペンハーゲンに、薬物問題監視センターがポルトガルのリスボンに、域内市場調整局がスペインのアリカンテに、植物品種権事務所がフランスのアンジェに、欧州銀行監督機構と欧州医薬品庁がイギリスのロンドンに、翻訳センターがルクセンブルクに、人種主義・外国人排斥監視センターがオーストリアのウィーンにそれぞれ設置された。これらの機関の運営費は、EUの主要機関と同じくEUの固有財源から大半が拠出される。自国民の雇用創出にもなるために、加盟国はこれらの機関を先を争って誘致した。

補完性原理、ヨーロッパ化、マルチレベル・ガヴァナンス

このように一九九〇年代は、国家首脳らの協調がより要請されるとともに、EUの政治・行政システムが順調に構築された時代でもあった。もっとも、EUが一元的に決定を下しつつ、その決定を加盟国がトップダウン式に実行するようになったとは単純には言えない。たとえば、いくつかの加盟国からなるグループが、それらの諸国にとって好ましい政策をボトムアップ式にEUに取り入れさせる。このような試みも珍しいものではなくなっていく。あるいは、マーストリヒト条約で補完性原理が明記されたことも触れておかねばならない。すなわち、同条約によって改定されたEC条約（旧ローマ条約）には、次の一文が備わることになった。「全面的な権能を持たない分野では、共同体は、補完性原理に従って、提案された行動の目的が…加盟国によって十分に達成できない場合にのみ行動するものとする」。このような一文が備わったことは、EUがさらに集権化する余地をすべての加盟国が許容したという議論を呼んだ。しかし他方では、まさしくこの条文を根拠にして、各加盟国の議会（国会）をEUの立法審議に関わらせるようにもなっていくのである。

こうしたダイナミックな動向は、「ヨーロッパ化」や「マルチレベル・ガヴァナンス」といった言葉によって説明することが試みられた。ヨーロッパ化という言葉には、EUの下での集権化や制度化といった従来の視点に収まらない意味あいが込められた。それぞれの加盟国によって蓄積されてきた政治と行政の姿かたちが、EUの次元で築かれる全体的なシステムの一部に変質していく。その態様を捉えようという関心がそこには込められた。

マルチレベル・ガヴァナンスは、本来は国家ごとになされてきた統治（ガヴァナンス）が、EU、加盟国および地方という三層に分化しながらなされる状況を表そうとするものであった。加盟国は、EUの活動分野が広がることを受け入れつつ、分権化を求める地方の声を軽視することもできない。マルチレベル・ガヴァナンスが論じられ

る背景には、このような切迫した事情があった。とは言え、EU―加盟国―地方の三層は、単に互いに作用するだけではない。それらは互いに作用しながらも、たとえば地方・地域という下位の次元でさえ国境を越えた統治が展開されうる。そのような可能性が新しいヨーロッパの一端を示すものと注目された。

2 第四次拡大――一五カ国の欧州連合へ

単一市場の求心力

欧州単一市場の形成は、加盟国の企業のみならず、EU域外にあるアメリカや日本の企業をも魅了した。しかし、より切迫感を持って対応を迫られたのは、EUに加盟していない近隣のヨーロッパ諸国であった。これら近隣の諸国にとっても単一市場は魅力的であったものの、逆にそこから排除されることがリスクにもなりえたのである。一九八五年にミハイル・ゴルバチョフがソ連の書記長に就任して以降、同国が中立諸国に及ぼす政治的な圧力も目に見えて弱まった。このような事情から、八九年七月にまずオーストリアがECへの加盟申請に踏み切った。九一年七月には、スウェーデンがこれに続いた。翌九二年の三月から一一月にかけては、フィンランド、スイスおよびノルウェーも順次、加盟を申請することになる。

これら近隣の五カ国は、いずれも欧州自由貿易連合（EFTA）の加盟国であった。第3章第2節で見たように、イギリスが主導するEFTAに五カ国が参加したのは、EC諸国による経済統合を意識してのことであった。七〇年代にイギリス等が抜けはするものの、五カ国はその後もEFTAを組織し続けた。けれどもついに、単一市場を備えるEUの軍門に降ろうとしたのである。

EUは当初、欧州広域の経済圏を創ることでこれら五カ国との関係を保とうとした。五カ国のおのおのを一方の当事者とし、すべてのEU加盟国を他方の当事者とする二者間合意を通じた経済圏という構想である。EUに加盟せずして単一市場に参加できることがその特徴であった。この経済圏は、欧州経済地域（EEA）と命名され、創設のための協定が九二年五月に署名された。

ＥＥＡの創設は、ＥＵとその加盟国による大盤振る舞いであるように見える。それは、苦心して創り上げた単一市場を近隣の域外国にあっさりと開放するものだからである。しかしＥＥＡは、ＥＵ側の大盤振る舞いだと一概には言えない。加盟国がさらに増えれば、ＥＵ機関の意思決定がそれだけ非効率になる。多くは中立主義をとるこれら五カ国が加盟すれば、共通化を進めたい外交・安全保障政策の足かせになる恐れもある。ＥＵにとってＥＥＡ創設は、単一市場にＥＦＴＡ諸国を参加させながらもＥＵとしての意思決定や外交安保には関わらせずにすむという妙案であった。

外交安保はさて置き、ＥＵ機関の意思決定に関われないことの不都合を五カ国も重々わかっていた。これらの諸国のうち、ＥＵに正式に加盟する道を歩むことにしたのはオーストリア、スウェーデンおよびフィンランドの三カ国であった。ノルウェーも同じ道を歩もうとしたが、国民投票で反対票が上回り断念した。スイスは、結局のところＥＥＡにさえ参加しようとしなかった。

このような「五者三様」を、ＥＵとその加盟諸国は最終的に受け入れることになった。九二年六月のリスボン欧州理事会は、加盟を申請したＥＦＴＡ諸国と加盟交渉を行うことで合意した。ＥＦＴＡ諸国の政治経済体制は中東欧諸国とは異なり既存の加盟国のそれと似ており、ＥＵが決定する各種の政策も円滑に実施できると見なされた。ドイツやイギリスは、単一市場が地理的に拡張することに利益を見出していた。ＥＦＴＡ諸国の経済水準がＥＵ財政への貢献を見込めたことも、悪くない条件であった。

他方でやはり懸念されたのは、メンバーの増大によってＥＵ機関の運営効率が落ちることであった。しかしそうした懸念の一部はほどなく解決した。諸国の人口規模はいずれも大きくなかったため、欧州議会の定数をどのように配分するかという問題は早期にクリアした。理事会での票配分については、既存の一部加盟国が提起した要望を先述の「イオニアの妥協」という形で受け入れなければならなかった。解決がより困難であったのは、ＥＵ委員会の委員数である。三カ国から委員を迎え入れたために、委員数は一七名から二〇名へと純増した。その結果、委員会組織がさらに肥大化したのである。こうした問題が残りはしたが、当面それを棚上げする形で三カ国と加盟条約が結ばれた。史上四度目となるEU拡大は、九五年一月一日に実現を見た。一五カ国のEUとなったのである（図7－2）。

オーストリア・スウェーデン・フィンランドの中立主義とEU加盟

EU加盟を選んだオーストリア、スウェーデンおよびフィンランドであるが、それぞれの安全保障観や過去の経験から、いずれの国も中立主義をとっていた。これらはともにソ連・ロシアの勢力圏に近く、その軍事的な脅威や政治的な圧力を間近に感じていた国でもある。もっとも、加盟に対する三カ国の姿勢には違いも見られた。

加盟申請が三カ国中最も早かったオーストリアは、EFTAが結成された当初から西欧との経済関係を強めることに前向きであった。企業の海外進出が他のEFTA諸国ほど進んでおらず、西欧諸国への輸出依存度がとりわけ高かったことがその背景にある。経済停滞も一九八〇年代半ばには恒常化していたため、ゴルバチョフとの良好な関係を確認するや否や、オーストリアは先駆けて加盟を検討することになった。

スウェーデンとフィンランドも、主には経済上の理由からEU加盟を申請した。スウェーデンは、オーストリアと同じく経済停滞に喘ぐ一方で、精密機械や情報産業に強みがあった。その点において、EUの単一市場と競争政策に適合しやすいことが早期より指摘されていたのである。にもかかわらず申請がオーストリアに遅れたのは、中立主義とのバランスを図りかねたことに一因がある。東西冷戦期に中立主義をとったオーストリアやフィンランドとは異なり、スウェーデンは、それを一九世紀以来掲げていると自負していた。そのような意識を持つだけにEU加盟には慎重であった。

フィンランドもやはり経済不振から抜け出せずにいたが、加盟申請に踏み切れずにいた。共通農業政策をはじめ、EUが実施する政策の一部に抵抗感を持っていたからである。しかしソ連圏の経済協力組織であった経済相互援助会議（COMECON）との関係が長年密接であった同国は、ソ連経済が崩壊する影響をまともに受けた。それゆえ背に腹は代えられず、スウェーデンを追って加盟への道を歩んでいる。

このように、同じ時期に加盟した三カ国にもそれぞれに異なる事情があった。もっとも、EU加盟後の中立主義

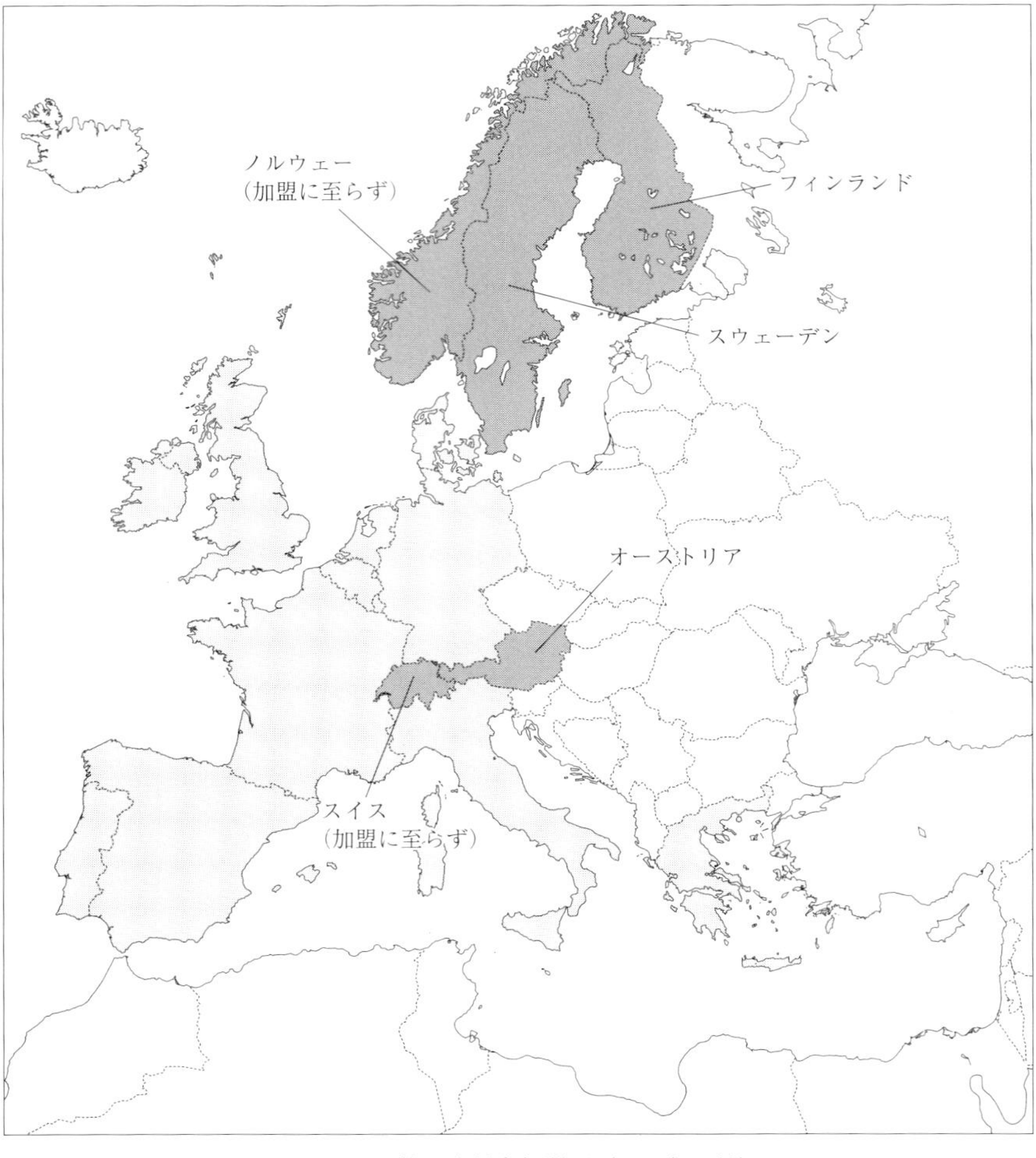

図７－２　第４次拡大加盟国（1995年１月）

のあり方については、いずれの国でも議論が続いた。たしかに三カ国は、EUの共通外交・安全保障政策（CFSP）への参加に留保を付けたり、あるいは参加しない権利を要求したりすることはなかった。こうしたことをせずにすんだのは、CFSPがいまだ超国家的な意思決定によるものでなかったからである。他方で三カ国は、西欧諸国の軍事協力組織であった西欧連合（WEU）（第2章第1節参照）のフルメンバーになることは辞退し、オブザーバーとして参加するにとどめた。またアメリカおよびヨーロッパ諸国の軍事同盟である北大西洋条約機構（NATO）に加盟することもなかった。NATOには、広範な諸国が信頼を醸成するための「平和のためのパートナーシップ」と呼ばれるプログラムがあった。三カ国はこのプログラムには参加したが、ロシアやベラルーシ、あるいはウクライナといった旧ソ連諸国も参加するものであったため、どのような安全保障像をEU内で共有していくかが問われることになった。

ノルウェーによる加盟の見送り

これら三カ国と同様にEUに加盟しようとしたものの、見送る結果となったのがノルウェーとスイスである。

ノルウェーが加盟しなかったのは、先述のように、国民投票で反対票が上回ったからであった。同国政府は、EU加盟国を相手とする加盟条約に一九九四年七月に署名した。けれども、加盟の是非を問うた同年一一月の国民投票で反対票が五二・二%となり、賛成票の四七・八%を上回ってしまったのである。そのためアイスランドやリヒテンシュタイン等とともに、EFTAの一員としてEEAへの参加にとどまることになった。

ノルウェーの国民投票で加盟反対派が勝利したのは、七二年九月の国民投票以来二度目のことであった。賛成派が負けた理由はいくつか挙げられる。ノルウェー経済は、スウェーデンやフィンランドの経済ほどは停滞していなかった。同国の主力産品は北海油田の石油であったが、これもEU市場にすでに低関税で輸出されており、EUに加盟するビジネス上の動機も強くなかった。加えて、EUの農業政策や漁業政策に賛同しない加盟反対運動も奏功したからであった。

九五年一月に加盟した三カ国とは異なり、ノルウェーは、NATOの結成当初からその正式メンバーであった。

同国は、すでに八〇年代にはＥＣの欧州政治協力とも連携するようになっていた。そのために、ゴルバチョフの登場やソ連崩壊といった政治的変化にも、中立国の三カ国ほど敏感になる必要がなかった。

ノルウェーは、ＥＵ諸国と加盟条約を結んだものの、ＥＵに加盟するには至らなかった。

スイス・ＥＵ・ＥＥＡ

それに対して、加盟条約さえ結ばず、それどころかＥＥＡへの参加までも見送ることになったのがスイスである。一九九二年一二月にスイス政府は、ＥＵ加盟を念頭に置きながらも、まずはＥＥＡに参加する是非を国民投票で問うた。その投票結果が参加賛成四九・七％、反対五〇・三％となり、参加に反対する票がわずかながらも優勢となったのである。それに加えて、賛成票が上回った州も六州および二つの準州にとどまった。反対が一三州と四準州であったことを考えれば、政府の読みが甘かったと言わざるをえない。政府は、ＥＵ加盟ばかりか、ＥＥＡに参加する計画までも凍結するほかなかった。

反対票が優勢であった理由の一つは、国の伝統である直接民主主義をスイス人が守ろうとしたからと考えられる。ひとたびＥＥＡに参加すれば、ＥＥＡの取決めが自国にも早速に適用されてくる。そしてこのことは、国民投票で是非を問う機会そのものを制約するだろうと人々は警戒したのである。人々の間ではまた、近隣諸国からの移民流入に対する拒否感が強まっていた。スイスが誇ってきた多言語文化は慎重に保たれるべきであるが、移民の流入はその均衡を崩しかねない。そうなれば、国民としてのアイデンティティも動揺しかねないと危惧された。

ＥＵとＥＥＡの双方に入らなかったスイスは、その後、ＥＵと二者間協定を結ぶことによって単一市場に参加することになった。第一弾となる協定は一九九九年に署名され、二〇〇二年に発効した。さらにスイスとＥＵは、農産物貿易や人の自由移動など個別案件をベースとする協定を蓄積していった。とは言え、経済規模で優位に立つＥＵと対等に交渉することは、スイスにとって容易ではなかった。単一市場にどうにか参加できたところで、これを運営するルールはＥＵ主導で決められる。ＥＥＡにさえ参加しないスイスの言い分がどれだけ聞き入れられるかは心もとないものであった。

3　人権外交の展開

人権外交の背景

一九九〇年代のヨーロッパでは、人権外交をEUとして行う試みも顕著になった。諸国家が外交を行うのは、経済協力を互いに促進したり、安全保障をめぐる緊張を緩和したりするためである。このような外交に人権尊重や民主主義といった規範の要素を付け加えるものが人権外交と呼ばれる。これらの規範を重んじる国には協力と支援を強める一方で、これらを軽んじる相手への協力と支援は弱めるか、あるいは弱めると脅す。このような行動の様式が、人権外交の基調をなす。

国際社会において人権外交は、七〇年代には観察されていた。率先しようとしたのは、西側陣営の盟主であったアメリカである。道義や倫理を考慮せず、自国の利益を確保しさえすればよいとする従来の外交に、当時のアメリカ国内では批判が出ていた。大統領に就任したジミー・カーターならびに彼のあとを襲ったロナルド・レーガンは、従来の政権との差別化を図るためにも「新しい外交」としての人権外交を実践しようとした。オランダやイギリスをはじめいくつかのEU加盟国も、欧州域外の発展途上国との開発協力に人権と民主主義を連結し始めていた（第5章第4節参照）。

欧米諸国の人権外交が活発になる契機となったのが、東西冷戦の終結である。共産党による一党支配や計画経済といった体制を根拠づけていた価値観は、ソ連が弱体化し、ついには解体するとともにその正当性を格段に弱めた。その結果、西側諸国の体制の基礎となっていた自由主義、多党制および市場経済が、新たな国際秩序に向けた中核的な価値観として信用を高めたのである。

欧州統合と人権外交

EUが人権外交を行うようになるのは、このような変化に欧州統合の動態が重なったことによる。第一に、EUとして積極的な外交を行う機運が以前にも増して高まっていた。単一市場を完成させつつあったEUは、一九九〇年代半ばまでには、アメリカ、カナダおよび日本等と共同宣言もしくは行動計画を採択し終えることになった。九五年一二月には、ブラジルやアルゼンチンを含む南米南部共同市場（メルコスール）諸国と地域単位で経済協力を進めることに合意した。東アジア諸国ならびに東南アジア諸国連合（ASEAN）諸国とも、アジア欧州会合（ASEM）を通じた定期対話の枠組みを設けた。ASEMの第一回会合は、九六年三月にタイのバンコクで開かれている。多方面で多角的な関係を築くことにより、EUは経済協力を促しつつ、人権や民主主義の規範を伝達する機会を探るようになっていった。

第二に、九三年に発効したマーストリヒト条約において、EUの基本条約として初めて人権尊重の重要性が謳われた。EUは、五〇年代の三共同体設立時から人権に注意を払う組織であったわけではない。欧州司法裁判所の判決や欧州議会の活動を素地にして、徐々にそれを重視するようになった。第5章第4節で見たように、七七年には欧州議会、EC委員会および理事会の三機関が基本権の順守を謳う宣言を採択した。八〇年代になると、欧州議会が起草した八四年の欧州連合設立条約案や八七年発効の単一欧州議定書が、各加盟国の憲法が定める人権および欧州人権条約との関係に言及するようになっていた。

欧州議会の欧州連合設立条約案は、加盟国や他のEC機関の支持をえられなかったために発効しなかった。単一欧州議定書においては、人権と民主主義の言葉は、本文でなく前文で簡潔に触れられるにとどまっていた。EUの基本条約の本文で基本権尊重が謳われるのは、欧州統合史上、マーストリヒト条約が初めてであった。

マーストリヒト条約は、対外政策を実行するEUに基本的権利を意識づけしようともした。というのも、CFSPや開発協力政策において「人権と自由を尊重すること」を、「民主主義と法の支配を強化すること」とともにEUが寄与すべき目標に据えたからである。EUの基本条約におけるこのような文面は、後述するアムステルダム条約でも、いくつかのマイナー・チェンジを加えつつ継承された。

そして第三に、西欧諸国が主導するいくつかの地域的国際組織が、EUに先駆けて人権規範を強調するようになっていた。冷戦終結期の九一年四月にロンドンを拠点に発足した欧州復興開発銀行（EBRD）は、そうした国際組織の中で象徴的なものであった。この銀行の設立協定では、「多党制民主主義、多元主義および市場経済の諸原則を受け入れ、かつそれらを採用する」中東欧諸国を支援することが同銀行の目的であると明記された。それとともに、このような目的にそぐわない政策を実施する国への融資は凍結する旨も規定されたのである。

四九年五月の設立以来、法の支配や人権の分野で国家間協力を進めてきた欧州審議会（第1章第3節参照）もまた、ソ連の勢力圏にあった諸国に門戸を開き始めていた。九〇年一一月から翌九一年にかけて、ハンガリーとポーランドが先陣を切って審議会に加盟した。その後、多くの旧社会主義国もこれに倣うのであるが、ロシアの加盟については論争を呼んだ。ロシアは当時、自国のチェチェン自治州で起きた反政府運動を武力で鎮圧しようとしたことで国際社会の批判を浴びていたのである。そのため加盟の時期はやや遅れたものの、九六年二月にようやく審議会加盟国として迎え入れられた。

欧州審議会に加盟するには、欧州人権条約をはじめ、審議会の下で効力を持つ諸々の条約を締約しなければならない。これらの条約を旧共産圏諸国が従順に受け入れていく様子は、人権外交へと舵を切るEUに自信を与えたであろう。

おりしも、バルカン諸国における大量虐殺が世界的に報道されていた。国連やNATOのみならず、EUとしてもそれへの対応が求められた。開発協力を行ってきた発展途上諸国に対しては、いわゆる援助疲れの感覚もあった。さらには、米ソ冷戦期に東西対話のフォーラムとなっていた欧州安全保障協力会議（CSCE）は、九五年一月に欧州安全保障協力機構（OSCE）へと改称され、各国選挙の監視をはじめとする規範的な役割をより積極的に担い始めた。このような状況の下でEU加盟国は、EUの下で結束しつつ、内政不干渉原則に配慮する従来の外交からの転換を図るようになった。

コンディショナリティの導入へ

EUは以前から域外諸国と通商協定を締約し、あるいは途上国への開発協力を行ってきた。こうした協定や協力を進める条件として人権尊重や民主主義を持ち出すことは、一般的にコンディショナリティと呼ばれる。典型的なコンディショナリティは、これらの価値観を重視しない相手国との協定や協力を停止することである。ただし、いきなり停止すれば強引な行為だと非難されかねない。そのような非難を避けるため、協定や協力を停止する可能性を事前に了承させるという布石が打たれることになる。

そのような布石の先駆けは、アフリカ・カリブ海・太平洋（ACP）諸国と締結した一九八九年一二月の開発協力協定（第四次ロメ協定）で見られた。次いで、翌九〇年以降に中南米、中東および東南アジア地域の国々との間で順次合意していった経済協定でもコンディショナリティは見てとることができる。「協力は人権の推進に寄与するべきである」、「この協定は、民主主義の諸原則と人権尊重に基礎を置くものとする」等々、人権や民主主義に言及する条文をこれら諸国との協定に挿入していったのである。一九九一年一一月にブリュッセルで開かれた開発担当大臣からなる理事会は、「重大かつ継続的な人権侵害、民主化過程の深刻な中断」のある相手国には「適切な対応を考慮しなければならない」と決議した。理事会は一九九二年五月にも会合を持ち、この「適切な対応」を実行可能にする条文を、域外国とのすべての協定に挿入していく決意を示した。

コンディショナリティは、対外関係に関するEUのいくつかの政策で顕著になった。たとえば、冷戦終結とともに胎動した東方拡大政策では、前出の条文を備える協力協定――欧州協定と呼ばれた――を中東欧の各国と締約していった。そのうえで、一九九三年六月にデンマークの首都コペンハーゲンで開催された欧州理事会が、中東欧諸国のEU加盟について次のように表明するのである。「加盟に向けて加盟候補国は、安定した制度を備えることによって、民主主義、法の支配、人権および少数者の尊重とその保護、機能する市場経済の存在、ならびにEU内で競争の重圧と市場の力に立ち向かう力量を持つことを保証しなければならない」。こうした条件は、欧州理事会の開催地を冠してコペンハーゲン基準と呼ばれ、中東欧各国の進捗状況をEUとして点検するための根拠になっていく（第8章第2節参照）。

ACP諸国を対象とする開発協力政策においてもコンディショナリティは強化された。ACP諸国と一九七〇年代以降締約してきたロメ協定は、何度か改定を経ながらも、これら諸国との対話を進めるフォーラムの役割を担ってきた。このような諸国との関係性を変える契機となったのが、アフリカ西部のベナンで二〇〇〇年六月に署名されたコトヌー協定であった。ACP七七カ国（当時）と結んだこの協定では、人権尊重、民主主義および法の支配

コラム7-1　EUの教育政策

EC時代の教育政策は当初，学校教育でなく，自営業者らが持つ資格や免許を加盟国間で認め合いつつ，労働者の転職訓練を支援することを主軸として始まった。ECが教育全般に関心を示すのは，経済統合の社会的側面にも目を向けられるようになった1970年代のことである。1980年代には，「欧州規模での広がり」という概念を用いることによって，若者らの欧州人アイデンティティを育もうとした。フレデリック・ドルーシュ編『ヨーロッパの歴史』（邦訳あり）に代表される共通の教科書が出版されるのも，こうした流れの延長線上にある。

EUの教育政策の中核を長年担ってきたのは，エラスムスと呼ばれるプログラムである。2013年から実施されている「エラスムス・プラス」は，７年間で総額16億ユーロ（約2000億円）の予算を備える。このプログラムの下，2016年の１年間でEU内外の72万5000人が留学したという。その他，共同の教育プロジェクトや若者，移民らの社会包摂の支援にも力を入れている。エラスムスを所管するのはEU委員会であるが，直接の運営は独立行政機関である教育・オーディオビジュアル・文化行政機関が担っている。

という義務を十分に果たしていないと見られる国とEUとが協議するルールが整備された。そのうえで、協議を経ても解決策を見出せなかったり、あるいは協議が拒否されたりした場合には、ＥＵは「適切な措置」をとれると明記されたのである。ここで言う「適切な措置」には、開発援助を凍結したり、政府関係者のＥＵ訪問を拒否したりする措置が含まれると想定された。

人権外交の成果と批判　ＥＵのコンディショナリティは、それなりに成果があったと言えよう。ＥＵ加盟国の開発担当大臣からなる理事会は、ＡＣＰの一角を占めるハイチ、フィジー、コートジボアール、ジンバブエ、中央アフリカあるいはトーゴといった諸国への開発援助を凍結する等の決定を順次下した。国家権力をクーデターによって掌握したこと、反政府運動を武力で鎮圧したこと、あるいは、実施した国政選挙で国内法を順守しなかったこと等を理由に、先に述べた「適切な措置」をとっていったのである。ＡＣＰ諸国以外でも、たとえばミャンマーに対して、同国市民を強制労働に従事させたことを理由に、一九九七年三月に通商上の優遇措置をとり消している。

コンディショナリティにかかわらず、より広い意味での人権外交においてもEUは一定の貢献をなしたと見なせる。一九九〇年代の国連では、戦争犯罪者を裁き始めた旧ユーゴスラヴィア刑事法廷やルワンダ刑事法廷のような国際法廷を、世界規模で常設化する動きがあった。二〇〇二年三月の国際刑事裁判所（ICC）設立に結実するそのような動きは、EU首脳からなる欧州理事会が「強い賛同」を表明したために加速した面がある。あるいは、後年にもEUは、国連障害者権利条約（二〇〇七年九月署名、翌〇八年五月発効）をその締約当事者に順守させる制度を提案しつつ、いわゆる合理的配慮の概念を条約に盛り込ませることに一役買った。国連加盟国の九割が締約するこの条約には、EUに加盟する諸国とともにEU自らも締約当事者となっている。

EUの人権外交は、このように肯定的に評価できる反面、さまざまな観点から批判されもした。似たような人権侵害を行った国でも、大国であったりEUにとって外交上重要な国であったりした場合には、EUは対応することをしばしば躊躇した。このような姿勢は、国際人権団体から及び腰であり、二重基準であると批判された。人権外交はまた、特定の価値観を強制する政治的な企てであるとして域外国から反発を浴びた。マレーシアのマハティール・ビン・モハマド首相やシンガポールのリー・クワンユー元首相は一九九〇年代初頭、人権と民主主義はたしかに普遍的な価値であろうが、清廉な統治等、他の普遍的な価値との兼ね合いも考慮しなければならないと主張した。このような主張は、「アジア的価値」を擁護するものと捉えられた。

しかしなにより問題視されたのは、EUに加盟する諸国自体があらゆる人権を高水準で保護したわけでは必ずしもなかったことである。EUが設置した前出の人種主義・外国人排斥監視センターは、少なくない数の加盟国が国内の外国人や異教徒をはじめとする少数者への差別を放置していると指摘した。同センターを引き継いで二〇〇七年に設置された基本権庁も、従来の人種差別に加え、近隣諸国からの移民および難民の保護、亡命申請者の収容環境、家庭内暴力、子供の権利、同性愛者に対する嫌悪といった分野で各国の取り組みが不十分であると表明し続けるのである。

4　アムステルダム条約による改革

マーストリヒト条約の見直し　一九九三年一一月に発効したマーストリヒト条約は、ＥＵの制度と政策のあり方を大きく変更しようとするものであった。しかしそれは、ドイツの再統一や冷戦終結といった時代状況から加盟国間の合意を急いだこともあり、細部の詰めが甘い内容であると認識されていた。そのためこの条約では、来たる九六年に加盟国政府の代表者からなる会議を招集すると明記されていた。

九四年六月にギリシャのコルフ島で開かれた欧州理事会は、このような会議を準備する「省察グループ」を翌年開くことで合意した。スペインのカルロス・ウェステンドルプ欧州担当相を議長とする同グループには、各国外相のほか、ＥＵ委員会委員長および欧州議会の議員二名が参加することになった。条約の起草から政府間合意に至る過程が不透明であったという批判が、マーストリヒト条約時にはあった。その批判を踏まえて今回は、各国の代表に加えて、欧州共通の利益を促す立場にあるＥＵ委員会委員長、ならびにＥＵ市民の直接選挙で選ばれる欧州議会議員も参加させることにより、「民主主義と開放性の精神を持ちながら」（コルフ欧州理事会の議長総括）協議することが目指されたのである。

省察グループの最終報告に基づいて政府代表者会議が開かれたが、九七年六月には基本合意に達した。理事会議長国であったオランダの首都で基本合意に達したために、マーストリヒト条約を改定する条約はアムステルダム条約と呼ばれた。アムステルダム条約は、同年一〇月に正式に署名された。マーストリヒト時の「デンマーク・ショック」（第６章第４節参照）のような出来事もなく、この条約はすべての加盟国によって順調に批准された。発効を見たのは、九九年五月のことである。

立憲主義の強調、制度の強化　アムステルダム条約の正式名は、「ＥＵ条約、欧州諸共同体を設立する条約ならびに一部の関係議定書を改定する条約」である。単一欧州議定書とマーストリヒト条約を引き継ぐＥＵの基本条約であった。

この条約は、ＥＵの原則、制度および政策にさまざまな変更を加えることになった。とくに確認するべきは、民主主義に加え、人権や法の支配といった立憲的な原則をより強調していることである。アムステルダム条約は、「自由、民主主義、人権・基本的自由の尊重、法の支配」を加盟国に共通する原則であると位置づけた。そのうえで、ＥＵはこれらの原則に基づいて設立されると述べたのである。たしかにマーストリヒト条約においても、「欧州人権条約が保護する基本権」と「加盟国に共通する憲法的伝統から生じる基本権」を、「共同体法の一般原則」として尊重すると明記されていた。アムステルダム条約での変更はこうした流れの延長線上にあるのだが、重要なのは、これら共通の原則に重大かつ継続的に違反する加盟国が出た場合の対策も講じられているところにある。すなわち、そのような国が出た場合、欧州議会の同意と各国首脳の全会一致の決定をもって、理事会での投票権等、当該国が享受する諸権利を停止できるようにした。各国首脳が決定する際には、当該国の首脳はもちろん参加できない。

こうした変更は、ＥＵの権限が強まる中で、その規範、原則および価値観をより明確にすべきという関心の下で実現した。すでに触れたように、域外の加盟候補国やＡＣＰ諸国にはコンディショナリティを導入していた。その手前、自らの襟を正す必要もあった。

アムステルダム条約がＥＵにもたらした制度面の変更は、「民主主義の赤字」を解消しながらもＥＵ機関の指導力を高めねばならないという課題に基づいていた。具体的には、ＥＵの意思決定全般において、欧州議会の立場がさらに尊重されることになった。マーストリヒト条約で導入した共同決定手続きが簡素化されたうえ、この手続きをより多くの政策分野で用いることになったのである。従来はいくつかの段階において理事会が法案を復活成立させることができたが、それも不可能となるように変更した。以上の変更により、法案の審議過程における欧州議会の立場を向上させることが目指された。

指導力の点では、ＥＵ委員会委員長の支持基盤をより強めることになった。ＥＵ委員会の委員長候補者は、これまで加盟国の合意があるだけで委員長に就任できていた。アムステルダム条約では、加盟国の合意だけでなく、欧州議会も同意して初めて就任できるようにしたのである。それとともに、従来は各加盟国が指名していたＥＵ委員会委員を、委員長候補者と加盟国の合意の下で指名するようにした。「委員会はその委員長の政治的指導の下で活動する」という条文が設けられたのも、アムステルダム条約においてであった。

先行統合制度の導入

これらの変更に加えて見逃せないのは、一部の加盟国が他の加盟国に先んじて統合を進める制度を導入したことである。一九八〇年代半ばまでは、ＥＣ諸国はほぼ完全に歩調を合わせて統合を進めていた。しかしそれ以降、出入国管理の分野におけるシェンゲン協定のように、一部の有志諸国がＥＣ・ＥＵの枠外で統合を進める動きが見られるようになる。このような動きは、九〇年代に入り、主に二つの理由からＥＵとして取り組むべき課題と見なされ始めた。一つは、ＥＵが関わらない統合では、意思決定の透明性と合法性、さらには人権保護といった点で不安が残ることである。そこにおいてはＥＵ委員会や欧州議会が関与しないため、一部の国による統合の正当性と説明責任が保証できないのではないかと考えられた。もう一つは、ＥＵの第四次拡大で加盟国が増えたうえ、今後も中東欧諸国をはじめ加盟国数の急増が見込まれたことである。そうなれば、さらなる統合に向けてより多くの国の理解をえなければならない。ドイツやフランスといった統合深化に積極的な諸国はフラストレーションを抱えざるをえないのである。

アムステルダム条約で導入された先行統合の制度は、「より緊密な協力」と名づけられた。「より緊密な協力」は、今後の先行統合をＥＵの枠内で進めやすくするものであった。

このように制度化された先行統合であるが、ＥＵにどのような影響をもたらすのか明確な将来像が描かれていたわけではない。ＥＵの広範な政策分野のうち自国が望むものだけを選べるモデルは、「アラカルトのヨーロッパ」と呼ばれた。このモデルは大半の加盟国で不人気であったが、他のいかなるモデルを追求するべきかで基本的な合意があったわけでもなかった。一部の加盟国のみで統合した後に他の加盟国を追いつかせようとする「多速度のヨーロッパ」もしくは「二速度のヨーロッパ」と呼ばれるモデルを念頭に置くのか。あるいは、統合の速度には重きを置かず、中心と周辺のように地理的な差異が生じることを前提にする「可変翼のヨーロッパ」または「中心メンバーのいるヨーロッパ」と呼ばれるモデルを想定するのか。「より緊密な協力」を活用する例は近年ようやく増え始めたものの、＊将来像はいまだ明らかになっていない。

＊「より緊密な協力」は二〇一〇年に家族法の分野で活用されたのを皮切りに、金融取引税、特許保護および検察協力といった分野で活用、ないし活用を検討されている。

ＥＵの活動分野の広がり　アムステルダム条約によってＥＵは、その活動分野をさらに広げることにもなった。同条約ではまず、労働者の権利保護に取り組む姿勢が示された。一九八九年に起草されていた「労働者のための基本的社会権の共同体憲章」（社会憲章）がＥＵの基本条約に編入されたのである。この憲章は、単一市場の構築が企業間の競争を激化させ、ひいては労働者の権利を侵害しうるという懸念から起草されていた。だが基本条約への編入が可能になったのは、労働団体の要請もさることながら、イギリスの政権交代によるところが大きかった。七九年にマーガレット・サッチャーが保守党政権を率いて以降、同国は、ＥＣ・ＥＵが労働者の権利保護に乗り出すことを徹底的に拒否していた。その流れは次のジョン・メージャー首相も引き継いだものの、保守党は九七年五月の総選挙で一八年ぶりに労働党に政権の座を明け渡した。若きトニー・ブレアを首相とする労働党政権は、アムステルダム条約交渉の最終局面において、この憲章が編入されることを受諾した。この憲章が編入されたことによって、各種の労働問題、たとえば労働条件、労働者への情報開示と協議、雇用機会と労働待遇についての男女平等といった問題にＥＵ機関が取り組めることになった。ＥＵ法を実施する際に加盟国で労使協定が結ばれることも条約に明記された。雇用分野でも、ＥＵ機関が独自の戦略を立てたり、加盟国間の協力を促したりできるようにした。

環境保護分野でもＥＵの活動は広がった。環境保護の重要性はマーストリヒト条約でも記されていたが、「ＥＵの諸政策を実施するときは環境保護の要件を組み込まねばならない」旨をアムステルダム条約はより決然と謳うことになった。アムステルダム条約ではさらに、「とくに持続可能な開発を促すという関心を持って」という表現が補足されたのである。持続可能な開発、あるいは持続可能性といった概念は、国連の開発目標等でその後重視され

コラム7－2　EUの環境政策

EC・EUが環境政策に本腰を入れるのは，環境保護運動が活発になった1970年代以降のことである。環境に関係する規制や規格が加盟国で異なっていては不満足な単一市場になりかねないという固有の事情もあった。1987年の単一欧州議定書では，ECとして環境を保護する必要性を基本条約として初めて謳うことになった。「各加盟国の次元よりもさらに達成できる程度」においてECが環境保護を進めるという議定書の規定は，マーストリヒト条約で導入される補完性の原理の先駆けにもなった。

その後EUでは，環境のための金融支援や欧州環境庁の設立を進めながら，未然防止，予防的行動あるいは汚染者負担といった原則を確立していった。1997年12月の京都議定書をはじめとする一連の気候変動対策は，EUが国際社会でリーダーシップを発揮しえた例である。もっとも，2000年代後半の欧州で起きたユーロ・財政危機は，野心的な政策を推進する基礎体力をEUから奪ってしまった。従来の環境保護でなく競争力の強化に主眼をおく「緑の経済」という考え方が，そのような事情を反映する形で提起されるようになった。

るようになった。この概念を先駆けて取り入れた国際機構がEUであった。

九〇年代のヨーロッパでは、環境保護への関心が急速に高まっていた。九四年にEUが欧州環境庁を設置したのは、環境に関する情報の収集と分析にあたらせるためであった。九七年一二月には気候変動に関する京都議定書が国連で採択されたが、その過程でもEUとその加盟国は、温暖化防止に向けて指導的な役割の一端を担った。こうしてEUは、国際社会において環境保護を率先する主体になっていった（コラム7－2参照）。

共通外交・安全保障政策、司法・内務協力の強化

マーストリヒト条約で導入された共通外交・安全保障政策（CFSP）は、加盟国に「共通」するものでなければ「外交・安全保障」の核心に触れるものでもなく、あるいは「政策」に値する取り組みでさえもない、と痛烈に揶揄する声があった。そうした揶揄は、アムステルダム条約によって多少とも払拭されることになった。

まず、EUに「共通の戦略」を立案するという役割を与えつつ、マーストリヒト条約で導入した「共通の立場」と「統一行動」の採択に向けた手続きを簡素なものにした。CFSPの実施に際しては、引き続き各国の拒否権を認める一方で、理事会で棄権した国の義務を免除する「建設的な棄権」と呼ばれる制度が設けられた。これまでいくつかの加盟国は、自国が新たな義務を負いたくないと思しき理由だけで実施案に反対することがあった。「建設的な棄権」が導入されたことにより、そのような行いが減り、政策が円滑に実施される見通しが高まった。

共通外交・安全保障政策上級代表のポストを新設したことも、CFSPの強化に繋がった。上級代表は、CFSPについてEUを代表する立場にある理事会議長国を補佐する役割を担う。このような上級代表職が新設されたのは、CFSPの決定過程の透明性を高めるためであり、通商政策や開発協力政策といった他の政策との一貫性を保つためでもあった。初代の上級代表には、スペインの外相経験者であり、NATOの事務総長を務めていたハビエル・ソラナが着任した。ソラナは、欧州内外の情勢に対応しようとしただけでなく、NATOとの共存といった課題にも取り組んだ。その権限と役割には制約もあったが、二〇〇九年まで一〇年にわたり務めることになり、この分野の発展に貢献した。

アムステルダム条約は、当時はEUの第三の柱と呼ばれた司法・内務協力も強化しようとするものであった。一九八五年にシェンゲン協定が、次いで一九九〇年にシェンゲン実施協定がそれぞれ締結されていたが、一九九五年三月にようやく協定は発効した。これによりフランス、ドイツ、ベルギー、オランダ、ルクセンブルク、スペインおよびポルトガルの七カ国の間で出入国管理が撤廃された。シェンゲン協定締約国間に限定されはするものの、「モノ・ヒト・サービス・資本」のうちとくに出遅れていた人の自由移動が大きく前進したのである。これら七カ国の市民は、たとえば互いの国境や空港の国際線においてパスポートや荷物の検査を受けずにすむようになった。人々は互いに国境を越えて企業に出勤したり、気軽に買い物を楽しんだりできるようにもなった。旅行者も、シェンゲン締約国のいずれか一国に合法的に入国すれば、他のすべての締約国をその後自由に移動できるようになった。このような「シェンゲン圏」が生まれたのである。

シェンゲン協定とシェンゲン実施協定は、有志諸国がEUの枠外で締約した多国間条約であった。しかしこれらの協定によってシェンゲン圏が生まれたのを機に、すべての加盟国はこれらをEUの枠内に統合することで合意した。それとともに、司法・内務協力に含まれていた人の自由移動、移民、難民・亡命庇護およびビザに関する政策を、政府間協力の性格が色濃い司法・内務協力でなく、ECの超国家的な決定に服するよう変更することでも合意した。*

＊ただし、これらの政策は、加盟国にとって敏感な問題を含んでいた。そのため、共同決定手続きはすぐには用いられず、五年の過渡期間を置くか、あるいはこの手続きを用いることの是非が改めて協議されることになった。

第三の柱として残った司法・内務協力は、「警察・刑事司法協力」に改定された。テロリズム、人身売買、児童虐待、不法薬物・武器の売買、汚職・詐欺といった課題の解決に向けて、加盟国間でより密接に協力することになったのである。オランダのハーグに設置された欧州刑事警察機構（ユーロポール）の活動が本格化したこともその背景にあった。

こうして司法・内務協力も強化されたのであるが、分野によっては一部の加盟国による不参加を他の加盟国が認める適用除外（オプト・アウト）が定着することになった。シェンゲン圏への不参加は、イギリスとアイルランドに対して認められた。イギリスは、入国管理を行う自国の権限をEUに移譲することに賛同しなかった。そのイギリスと入国管理分野で密接な協力を行ってきたアイルランドも、シェンゲン圏に参加することに消極的であった。他方、ノルウェーやアイスランド、スイスといったEUに加盟していない諸国が参加したこともシェンゲン圏の特徴となった。警察・刑事司法協力については、イギリスとアイルランドに加えて、デンマークといった他の加盟国にも状況に応じて適用除外が認められた。

アムステルダム条約の評価

このようにアムステルダム条約は、マーストリヒト条約ほど注目を集めなかったものの、広範な変更をEUに加えた。人権の尊重、民主主義および法の支配といった価値をEUの核心部に位置づけつつ、「民主主義の赤字」を解消するための方策が模索された。労働者の権利、環境保護、外交・安全保障および司法・内務協力といった政策面では、EUの活動を活性化させようという決意が見てとれた。

先述のように、アムステルダム条約を準備する作業には、各国の外相に加えてEU機関の代表者も参加した。EUの基本条約を改定する過程にEU機関の代表者が関わる方式は、後に欧州憲法条約を起草する際に参照されることになる。もっとも、ＥＵの基本条約に署名するのが加盟国の代表者であることは、欧州石炭鉄鋼共同体（ＥＣＳＣ）、ＥＥＣおよび欧州原子力共同体（ユーラトム）の三共同体が設立された一九五〇年代から変わらない。そのため、アムステルダム条約でも各国の思惑が依然鍵を握ったものの、各国はおおむね順調に交渉を進めることができたのである。

この国家間の交渉では、ミシェル・バルニエとデイヴィッド・デーヴィスがそれぞれフランスとイギリスの代表団に加わっていた。中堅政治家としてキャリア形成期にあった両名は、イギリスのＥＵ離脱に向けて二〇一七年に始まった交渉で二〇年ぶりに再会することになる――デイヴィスがやはりイギリスを代表する一方、バルニエは同国を除くＥＵ二七カ国側の首席交渉官として。しかし両者間の交渉はお世辞にも順調とはいかず、デイヴィスは二〇一八年七月にＥＵ離脱担当大臣を辞任した。一加盟国が離脱するための交渉は、基本条約を改定する交渉よりもよほど高度な技量が求められるのである。

アムステルダム条約には否定的な評価もあった。理事会における「イオニアの妥協」やＥＵ委員会の肥大化に手を打てなかったことは、ＥＵの効果的な意思決定を望む人々によって問題視された。ＥＵ立法では欧州議会の立場がより尊重されることになりはしたが、それが「民主主義の赤字」の解消に寄与したかも疑わしかった。実際、この条約が発効した直後に通算五度目となる欧州議会選挙が実施されたものの、全体の投票率は四九・五％にとどまった。この数字は、一九九四年に行われた前回選挙時の五六・七％と比べても低いものであった。いかにＥＵを改革しようが、欧州議会への加盟国国民の関心が高まらないことがここに明らかとなった。

労働者の権利が明記されたことは画期的ではあったが、それをどのように保護するのか道筋を描くものでもなかった。たしかにＥＵは、アムステルダム条約によって労働環境や労働条件を改善するためのＥＵ法を制定できるようになった。しかしそのようなＥＵ法は、「各加盟国の条件と規則に配慮」した、「漸進的」な実施のための「最低限の」要件を定めるとしか述べないものであった。このような規定は、ＥＵとして十分な保護を行わないと述べるに等しいものであった。逆に、欧州産業経営者円卓会議（ＥＲＴ）や欧州産業雇用主協会（ＵＮＩＣＥ）といった企業側の団体は、自らのロビイング活動がアムステルダム条約に反映されたと満足の意を表した。雇用者側は、この条約が労働者の権利をそれほど強化しないであろうことを看破していたのである。

5　ミレニアムの欧州連合へ

単一通貨ユーロの導入

一九九〇年代前半のヨーロッパは、深刻な不況に陥っていた。しかし一九九〇年代半ばに景気が上向くと、マーストリヒト条約で合意された通貨統合の現実味は高まった。通貨統合のための準備組織として、欧州中央銀行（ECB）の前身となる欧州通貨機構（EMI）が一九九四年一月、ドイツのフランクフルトで発足した。単一通貨の名称は「ユーロ」となり、紙幣や硬貨のデザインも次第に固まっていった。

一九九八年五月には、ユーロを導入する第一陣となる諸国が選定された。ECの原加盟であった六カ国のほか、アイルランド、スペイン、ポルトガル、ならびにEUに加盟して間もないオーストリアとフィンランドの一一カ国である。さらには、加盟国と特別の関係にあるモナコ、バチカンおよびサンマリノがユーロを導入することも承認された。導入に名乗りを上げた加盟国ギリシャは、ユーロの導入に向けた条件が満たされていないとされた。そのため、同国は二年遅れでの導入となった。

一九九八年六月にEMIは改組され、正式にECBが発足した。ECBの初代総裁に就いたのは、オランダ人のウィム・ドイセンベルクである。元オランダ銀行総裁であり、EMI理事長も務めた彼の手腕は疑うべくもない。もっとも、ECBの本部は引き続きフランクフルトに置かれた。ドイツ人以外からECB総裁を選任したのは、総裁の能力を重視するだけでなく、とかく強まりがちなドイツの影響力を抑制するためでもあった。このことは、第二代総裁がフランス人のジャン＝クロード・トリシェ（在任二〇〇三～一一年）、第三代がイタリア人のマリオ・ドラギ（在任二〇一一～一九年予定）とドイツ人以外の人選が続いたことから推測できる。

ユーロを導入する諸国の通貨とユーロの為替レートは、一九九八年一二月、ECBによってついに固定された。

たとえばオランダ通貨で言えば二・二〇三七一ギルダーが、あるいはスペイン通貨では一六六・三八六ペセタがそれぞれ一ユーロとなるように固定されたのである。翌九九年一月以降は、ユーロ導入国の電子決済はユーロのみで行われることになった。各国独自のデザインが片面に刻印されたユーロ硬貨が、スターター・キットとして各地で販売された。五ユーロ紙幣から五〇〇ユーロ紙幣まで七種類の紙幣が流通し始めるのは、二〇〇二年一月からである。国内銀行でユーロへの両替が進められるとともに、一定期間の経過後は旧貨幣が使えないことになった。こうしてユーロ圏ではユーロのみが流通するようになった。

二〇〇九年ギリシャ危機の遠因

EU加盟諸国が通貨統合を進めたことには世界的な反響があった。たしかにそれは、加盟国相互の恒久平和を樹立するためであり、あるいはヨーロッパ規模で最適通貨圏を築くためであるという理由で正当化された。とは言えEUの通貨統合は、国家のみが通貨を発行および管理するべきだとする伝統的な考えと根本から対立するものであった。それだけに、ユーロは果敢な挑戦であるという好意的なものから、無謀な実験だという批判的なものまで、さまざまな反応が見られた。

いずれにせよ、二〇〇九年に始まるギリシャ危機、ならびにユーロ危機を経験した昨今、ユーロ運営のあり方が万全であったと考える者はまずいない。ギリシャ危機の発端は、ユーロ導入国である同国の財政赤字とその累積残高が想定を大幅に上回ると暴露されたことであった。ギリシャが債務不履行（デフォルト）になることを恐れた金融市場はたちまち混乱に陥った。他のEU加盟国とりわけドイツは、財政支援を行う条件として財政を極度に緊縮化するようにギリシャに要求した。しかしそのようなドイツの要求が、今度は緊縮財政に耐えかねたギリシャ国民の反発を招いたのである（以上、詳しくは第9章第2節参照）。ギリシャ危機をもたらした遠因は、一九九〇年代におけるユーロの制度設計にもあった。第一に、マーストリヒト条約では、EUと加盟国が国家政府の債務を保証することも、あるいはそのような債務を引き受けることもないと規定されていた。ある加盟国の債務を保証し、あるいはそれを引き受けることができれば、それに甘える国が現れ、ひいては道徳上の危険（モラル・ハザード）が起こりかねない。このような状況を避けるためにそうした規定が設けられていた。ギリシャ危機では、この規定があったがゆえに加盟国間で対応方針を決めることに手間取った。

第二に、一九九七年六月の欧州理事会は、アムステルダム条約に基本合意する傍ら、安定・成長協定と呼ばれる協定を採択していた。この協定は、経済通貨同盟（EMU）を強固なものにする必要から、すべての加盟国の財政を規律しつつ経済成長を促そうとするものであった。しかし実際のところ、協定の内容は、財政赤字と政府債務を国内総生産（GDP）比でそれぞれ三%・六〇%以内に抑えることに主眼を置く、財政規律重視に偏ることになったのである。そのため、安定・成長協定の締約を率先したドイツやフランス自らが、経済成長を優先するあまり協定に恒常的に違反するようになったのは問題であった。けれども、これら両国よりも市場の信用が低いギリシャ等で状況はより深刻であった。ギリシャ等では、自国の信用を保つため財政赤字を過少に公表したいという動機が働いた。そのような動機が、自国の粉飾決算を招くことになった。

イギリスがユーロを導入する見通しも、一九九〇年代を通じて一向に立たなかった。同国のメージャー保守党政権には、ケネス・クラーク財務相やマイケル・ヘーゼルタイン副首相をはじめ、ユーロを導入することに前向きな勢力もあった。しかし欧州為替相場メカニズム（ERM）からの離脱を決断した一九九二年九月以降、メージャー政権は、EUの通貨政策における指導力を格段に弱めていた。国家主権が大幅に失われるという理由から導入に反対する与党議員も多く、政府として明確な立場を示すことができなかった。このような曖昧な姿勢もあいまって、一九九七年のイギリス総選挙で保守党はブレア率いる労働党に大敗を喫したのである。もっとも、新たに成立したブレア政権も、ユーロ導入の是非について決然と向き合ったわけではなかった。

遠のくソーシャル・ヨーロッパと排外主義の伸張

ユーロの導入とともに重視された課題の一つは、社会的弱者に配慮するソーシャル・ヨーロッパをどのように実現するかであった。競争原理に基づく市場経済が一九九〇年代を通じてヨーロッパ全域に浸透しつつあった。市場経済だけが理由ではなかったものの、いずれの加盟国においても雇用情勢は構造的に悪化し、その社会政策や福祉政策が守勢に立たされるようになっていたのである。EU委員会のジャック・ドロール委員長は、一九九三年一二月に『成長・競争・雇用――二一世紀への挑戦と方法』（「ドロール白書」）

と題する白書を公表し、ヨーロッパ規模での雇用創出に向けて提言を行った。翌一九九四年一二月のエッセン欧州理事会や一九九七年一一月のルクセンブルク欧州理事会も、ＥＵとして社会問題や雇用問題に取り組む姿勢を示した。加盟国で中道左派政権が相次いで生まれたことが、このような取り組みを進める追い風となった。前出のイギリスのブレア政権をはじめ、イタリアのロマーノ・プローディ政権、フランスのリオネル・ジョスパン政権、そしてドイツのゲアハルト・シュレーダー政権は、いずれも中道左派に位置していた。こうした情勢も手伝い、ポルトガルの首都リスボンで開かれた二〇〇〇年三月の欧州理事会は、雇用と社会的結束に配慮する行動計画（「リスボン戦略」）の採択に漕ぎ着けたのである。

とは言え、社会問題や雇用問題に関するこのような取り組みはほとんど効果を生まなかった。各国の政権は、自らの路線は左右両派を超えた「第三の道」だと唱えて支持を集めようとした。しかし各国の政策は、結局のところ市場経済を通じた雇用の改善を頼りにするほかないものであった。ＥＵは、各国の進捗状況のチェックや、他国の成功例を参考にする「よい実践」の共有を進めたものの、やはり目立った成果を得ることはなかったのである。

このようにＥＵと加盟国の双方において社会政策が閉塞する一方で、国内の少数者や移民、あるいは外国人に対する嫌悪と排斥の感情が人々の間で表面化し始める。一九八〇年代から欧州議会に議席をえていたフランスの国民戦線をはじめ、ベルギーのフラームス・ブロックやイタリアの北部同盟といった排外主義を掲げる政党が各国で支持を伸ばした*。その背景には、長期にわたる経済低迷に加え、外国人労働者の増大と移民の流入によって不安と不満が高まったことがある。さらには、東西冷戦が終結したことにより、人々の間に精神的な空白が生まれたこともあっただろう。

＊フラームス・ブロックは、二〇〇四年にフラームス・ベランフへと改名した。国民戦線と北部同盟は、二〇一八年にそれぞれ国民連合、同盟へと改名している。

排外主義政党の勢力拡大は、人権尊重を共通の価値と見なすＥＵにとって脅威であった。象徴的な出来事となったのは、オーストリア政府にそのような政党が連立参加したことである。一九九五年一月にＥＵに加盟して間もない同国ではあったが、一九九八年上半期にはＥＵ理事会の議長国を務めるなど、他の加盟国からの信用は上々であった。しかし一九九九年一〇月に実施された国政選挙の結果、ドイツ民族主義を唱えるオーストリア自由党が躍進し、入閣することになったのである。ナチス・ドイツの政策を憚りなく肯定するイェルク・ハイダーが同党の指導者であったこともあり、入閣のニュースは欧州内外に衝撃を与えた。

先述のように、アムステルダム条約によってＥＵは、人権尊重のほか、民主主義や法の支配の原則に重大かつ継続的に違反する加盟国の権利を停止できるようになっていた。オーストリアを除く一四カ国（当時）は、ＥＵとしてこのような権限を発動することは見送った。とは言え、二〇〇〇年上半期の議長国ポルトガルが代表する形で一四カ国は、オーストリアとの政治的交流は受けつけず、技術的にしか応対しないと声明したのである。公式にはそれは、一四カ国それぞれによる二国間の外交制裁であり、ＥＵとしてのそれではなかった。けれども、理事会をはじめとするＥＵ機関ばかりか、ＯＳＣＥといった他の国際機構においても、オーストリア代表の演説をボイコットするＥＵ加盟国代表があった。理事会において同国代表との記念撮影を拒否する加盟国代表もいた。

二〇〇〇年一月から始まった外交制裁は、夏まで続いた。欧州人権裁判所の裁判長が指名した三名の賢人達――フィンランド前大統領のマルッティ・アハティサーリ、欧州人権委員会元副委員長のヨヘン・フロヴァイン、スペイン元外相でＥＵ委員会元委員のマルセリーノ・オレハである――は、九月八日、オーストリア連立政権は欧州共通の価値を重んじていると見なせると発表した。この発表を潮時に、一四カ国はオーストリアへの制裁を解除することに合意した。

しかし「オーストリア問題」が解決したように見えたのは、ほんの一ときであった。二〇〇八年一〇月にハイダーは交通事故で急死した。それによってナチス・ドイツの政策に積極的に言及する政治家はたしかにいなくなった。とは言え、排外主義を唱える勢力は、反ＥＵや反グローバル化を訴える勢力とも合流しつつ、オーストリアのみならず、他の多くのＥＵ加盟国でも強まっていく。オーストリアに対する外交制裁の経験は、ＥＵが排外主義に手を焼き続けることを予感させるものであった。

参考文献

上原史子「冷戦の終焉とオーストリアの中立」『国際政治』第一五七号、二〇〇九年。

遠藤乾編『ヨーロッパ統合史』［増補版］名古屋大学出版会、二〇一四年。

大隈宏「ロメ協定と人権コンディショナリティ」成城大学法学会編『二一世紀を展望する法学と政治学』信山社、一九九九年。

金丸輝男編著『EUアムステルダム条約――自由・安全・公正な社会をめざして』ジェトロ、二〇〇〇年。

小久保康之「スイスのEU政策」『日本EU学会年報』第三六号、二〇一六年。

児玉昌己『欧州議会と欧州統合――EUにおける議会制民主主義の形成と展開』成文堂、二〇〇四年。

坂井一成編『ヨーロッパ統合の国際関係論』芦書房、二〇〇三年。

須網隆夫・中村民雄編著『EU法基本判例集』［第二版］日本評論社、二〇一〇年。

スーザン・ストレンジ『国家の退場――グローバル経済の新しい主役たち』（櫻井公人訳）岩波書店、二〇一一年。

辰巳浅嗣『EUの外交・安全保障政策――欧州政治統合の歩み』成文堂、二〇〇一年。

辰巳浅嗣編著『EU　欧州統合の現在』［第三版］創元社、二〇一二年。

田中素香『ユーロ危機とギリシャ反乱』岩波新書、二〇一六年。

田中俊郎『EUの政治』岩波書店、一九九八年。

中村健吾『欧州統合と近代国家の変容――EUの多次元的ネットワーク・ガバナンス』昭和堂、二〇〇五年。

福田耕治編著『EU・欧州統合研究――〝Brexit〟以後の欧州ガバナンス』［改訂版］成文堂、二〇一六年。

ジャック・ペルクマンス『EUの経済統合――深化と拡大の総合分析』（田中素香監訳）文眞堂、二〇〇四年。

前田啓一『EUの開発援助政策――ロメ協定の研究――パートナーシップからコンディショナリティーへ』御茶の水書房、二〇〇〇年。

山口定・高橋進編『ヨーロッパ新右翼』朝日新聞社、一九九八年。

山本直『EU共同体のゆくえ――贈与・価値・先行統合』ミネルヴァ書房、二〇一八年。

力久昌幸『ユーロとイギリス――欧州通貨統合をめぐる二大政党の政治制度戦略』木鐸社、二〇〇三年。

鷲江義勝「EUの共同決定手続きについての一考察――音声電話命令の政策決定過程を中心として」『同志社法学』第四八巻第四号、一九九六年。

ロング・コラム2　「民主主義の赤字」

　ＥＵは、しょせんエリート達の組織であるに過ぎず、我々民衆の思いや考えを汲んでくれそうもない。自国の国会がすべてを決定していた昔の政治の方がよかった――。「民主主義の赤字」とは、民衆が持ちうるこのような感覚を表現するものである。

　問題の発端は、各国の閣僚からなる理事会の合意がそのままＥＣの決定に繋がる仕組みにあった。ＥＣ委員会の立法案の可否を理事会が主体となって決定するとなれば、各国の国会が従来有していた地位は相対的に下がらざるをえないからである。しかも一九八〇年代半ば以降の理事会は、単一市場を完成するために特定多数決を多用するようになった。これと連動する形で、ＥＣ委員会（のちＥＵ委員会）の影響力も強まることになった。特定多数決で国家の「拒否権」を奪いつつ、委員会という「顔の見えない官僚機構」の存在感が増大する。ＥＣ・ＥＵにおけるこのような動向が、国家間の熟議を基調とする民主主義や国内の代議制民主主義を侵していると批判されるようになった。

　民主主義をめぐるこうした批判を、加盟国とＥＵ機関が受け流してきたわけではない。「赤字」の解消に向けた期待を背負ったのは、当初は共同総会と名づけられていた欧州議会だった。各国の国会議員が互選していた欧州議会の議員を、加盟国は、各国の国民に直接選挙で選出させることにした。そうして選出された議員を、ＥＣの立法や予算決定、あるいはＥＣ委員会の任免に関与させようとした。このような制度改革を進めることにより、市民に近いＥＣ・ＥＵを目指した。

　しかしながら、このような試みにもかかわらず、ＥＣ・ＥＵから「赤字」を解消することは容易ではない。五年に一度行われる欧州議会の議員選挙では、投票率が伸び悩むどころか、回を追うごとに下がる傾向にある。ブリュッセルやストラスブールに本部があるＥＵは、多くの加盟国市民にとって、地理的にも心理的にも遠い存在となっている。大企業と金持ちを優遇し、あるいは難民の受け入れを強要しているといった反発心も自ずと高まることになる。

　「民主主義の赤字」を解消する試みは、現在でも続いている。ＥＵ委員会が提出する法案を、他のＥＵ機関だけでなく各国の国会にも審議させる制度を新たに導入した。少なくとも七つの加盟国から一〇〇万人の署名が集まれば、必要な対応を提案するようＥＵ委員会に要求できる「欧州市民発議」も新設された。とは言え、ＥＵの活動に対する人々の不満と不信は、多くの加盟国で高止まりした状況となっている。

（山本　直）

第8章　ビッグ・バン拡大からリスボン条約へ

――危機の序章としての二〇〇〇年代――

東野篤子

リスボン条約署名式
（2007年12月13日，ポルトガル・リスボン）
（©European Communities, 2007）

二〇〇〇年代は、〇二年のユーロ通貨流通開始、〇四年の中東欧への拡大の実現などに見られる通り、大方順風満帆に滑り出したと思われていた。欧州憲法条約を策定するという新しい試みも開始され、欧州統合がまた新たな段階に達してゆくことが期待されていた。しかし、フランスとオランダが欧州憲法条約草案を〇五年の国民投票で否決すると、それまでの楽観論に一気に冷や水が浴びせられることになった。憲法条約をどのように「救済」するのか、それ以前にどのようなヨーロッパの将来像を求めるのか――欧州連合（EU）は二〇〇〇年代後半を通じて、こうした難問解決への糸口を探り続けた。さらに、ようやくリスボン条約の締結に漕ぎ着けるや否や、ギリシャ債務問題が発覚し、ヨーロッパは大混乱に陥っていく。対外政策的には、中東欧諸国のEU新規加盟の帰結の一つとして、主に旧ソ連諸国と地中海の非EU加盟諸国を対象とした欧州近隣諸国政策が策定された。しかし、旧ソ連諸国へのEUおよび北大西洋条約機構（NATO）のアプローチはロシアからの疑念を呼び起こすことになり、〇八年のロシア・グルジア戦争や第9章で扱うウクライナ危機に繋がっていく。

1　ニース条約への道

嵐の前の静けさ？

二一世紀を迎えたヨーロッパの統合は、一見非常に順調に進展しているかのように見られていた。二〇〇〇年五月には、シューマン宣言（第1章第4節参照）五〇周年がヨーロッパの各地で盛大に祝われていた。通貨統合実現への準備は着々と進められ、〇二年一月にはユーロ紙幣およびコインが市場に流通した。それまでの経済の常識を覆す地域的な通貨統合という試みを、ヨーロッパの外の世界はおしなべて批判的・悲観的に見ていたが、ユーロは発足直後から大きな混乱もなく普及し、人々の生活に定着していった。さらに、〇四年には中東欧諸国を対象としていわゆる「第五次拡大」（「東方拡大」）が実現する一方で、欧州統合史上初の「欧州憲法条約」がまとめ上げられた。まさにこのために、二〇〇〇年代前半には、欧州統合が未曾有のレベルに到達したとの印象が広がっていた。また、〇二年には欧州石炭鉄鋼共同体（ECSC）が終了し、第二次世界大戦終了直後における欧州統合の黎明期を支えた機構がその役割を終えた。このこともまた、欧州統合がまた新たな段階へと進化していくとの印象を与えることになった。

しかし二〇〇〇年代の欧州統合には、とりわけ一〇年代に次々と顕在化する諸問題の萌芽が多く含まれていた。そして統合をめぐる評価も、二〇〇〇年代前半の楽観論から、後半の混乱と悲観論へと目まぐるしく変化してきた。このことは、この時期の欧州統合が、複数にわたる未曾有のヨーロッパ内外の挑戦に同時並行で取り組んでいたことと無関係ではない。第五次拡大の実現、ユーロの導入、イラク戦争開戦、そして欧州憲法条約の策定と挫折――。これらの重量級の出来事はすべてほぼ同時期に進行しており、対応に追われる欧州連合（EU）は次第に疲弊していくのである。

ニース条約交渉時の論点

一九九九年五月に発効したアムステルダム条約（第6章第4節参照）は、将来的な加盟国の増大と意思決定プロセスの改善という課題に十分に取り組むものではなかった。まさにこのために、同条約発効からわずか一カ月後の一九九九年六月に開催されたケルン欧州理事会で、新たな政府間会議（ＩＧＣ）の招集が決定され、同条約で扱いきれなかった課題に取り組むことが決定された。

このＩＧＣでの課題は、中東欧諸国のＥＵ加盟が現実味を帯びてくる中、ＥＵが機能不全に陥らないようにするための具体的方策を打ち出すことであった。とりわけ、拡大による人口増加に対応するための意思決定システム改善――理事会の票数の見直し、欧州議会の議席数配分の見直し、理事会における特定多数決の対象となる政策領域の拡張等――が急務と見なされていた。また、ＥＵ委員会の規模と構成の見直しも、アムステルダム条約で積み残した問題であった。当時ＥＵ委員会の委員は、イギリス、フランス、ドイツ、イタリア、スペインの五大国には二名が割り当てられていただけではなく、加盟国が増えるごとに委員の数が増えていった。中東欧諸国や地中海諸国の拡大が実現すれば、この制度が破綻を来すことは明らかであった。さらに、全会一致がえられなくとも、意欲のある加盟国が複数集まれば、共同の行動を開始することができる、いわゆる先行統合である「より緊密な協力（closer cooperation）」についても改革が求められていた。つまり先行統合に関しては、従来のような過半数加盟国の同意が必要かつ拒否権の発動が可能な運用方法では、新たな共通政策を開始することがきわめて困難であると指摘されていたことから、適用の柔軟化が目指されていた。これら一連の改革は、拡大が一段と現実味を帯びてくる二〇〇二年末までになされるべきという認識が、ＩＧＣ開始当初からすでに存在していた。

しかし、機構改革に関する合意形成はきわめて困難なものとなることが予想されていた。たとえばＥＵ委員会の委員を一定期間ごとにローテーションさせる案は、大国は支持していたものの、小国が反対していた。理事会における各国の票数の見直しも、大国と小国間の対立だけではなく、ドイツとフランスの間などの大国間同士の見解の相違も浮き彫りにし始めていた。

改正条約の採択を目指して二〇〇〇年一二月七日にスタートしたニース欧州理事会は、一一日未明までの四日間にもわたる、前代未聞の長丁場に及んだ。議長国フランスが欧州理事会直前まで明確な提案を行うことがなかったこともあり、同国の采配に対する批判的な声が噴出するという後味の悪さも残した。最も激しい対立をもたらしたのは、ＥＵ理事会（以下、「理事会とだけ表記し、首脳会議である欧州理事会と区別する」）における票数の再配分問題であった。当初、議長国フランスがニース欧州理事会ぎりぎりまで具体的な案を提示せず、これが調整の遅れをもたらしたことは否めなかった。さらに、開催直前となってようやくフランスから提示された票数案は、大国に有利であるとする反発を小国から呼び起こした。この問題は同欧州理事会で最も時間を費やして議論された結果、当初のフランスの提案からは異なる形で、大国の票数を抑え、小国に有利な票数で合意に達した。また、特定多数決を否決するための最低限の票である「阻止少数（ブロッキング・マイノリティ）」票数の設定についても、合意形成はきわめて困難であった。

ＥＵ委員会の委員数問題も大きな議論となったが、最終的に、委員数を二〇〇五年一月一日以降には一カ国一名とすることで合意された。また同条約において、委員の数は二六を超えないことが定められた。このことは、将来的な拡大によってＥＵ加盟国の数が二七を超えた場合には、委員の数は加盟国数よりも少なくなることを意味していた。欧州議会の議席数も、アムステルダム条約で設定されていた上限の七〇〇が、七三二に修正された。また、アムステルダム条約で設置された「より緊密な協力」は、ニース条約で「緊密化統合」と改称されたが、この柔軟な運用方法に関しても、八カ国が同意すれば新たな共通政策を開始できることになった。これらの合意内容からもわかるように、ニース条約を策定するための検討内容は概して、意思決定システムの改善に特化された、非常に技術的な側面の強いものであったと言えよう。

この他ニース条約では、ＥＵ基本権憲章が採択されていた。このＥＵ基本権憲章とは、ＥＵ市民およびＥＵ域内に居住する者の政治的、社会的、経済的権利を定め、ＥＵの民主主義をめぐる基本原理が明確化された文書である。第5章第4節で論じたように、もともとローマ条約には基本権に関する言及がなく、一九七〇年代よりＥＣ・ＥＵの基本権カタログの作成が課題とされてきた。ＥＵ基本権憲章の内容には画期的なところがあるわけではなく、どちらかといえば従来のＥＵにおける司法上の実践を明文化するという意味合いが強かったが、ニース条約によって長年の課題がようやく実現することとなったのである。ニース条約が採択された際には、同憲章は法的拘束力を持たない政治宣言として採択されたが、後述するように、二〇〇四年の欧州憲法条約草案およびリスボン条約策定時には、このEU基本権憲章に法的拘束力を持たせるか否かが大きな議論の対象となる。

アイルランド国民投票の衝撃とニース条約の採択

ニース条約は二〇〇一年二月二六日に署名されたが、その後の道のりも決してスムーズではなかった。アイルランドが同年六月七日の国民投票で、同条約を否決したのである。考えうる理由としては、中立を国是としてきた同国にとって、マーストリヒト条約以降のEUレベルでの安全保障政策の進展に対し、同国民が忌避感を持ったためと指摘されている。また、厳格なカトリック教徒が大半を占める同国では、堕胎などの社会的・宗教的タブーが統合の進展によってなし崩し的に認められていくことになるのではないかという懸念が根強く存在していたともされる。ともあれ、一九七〇年代に「ヨーロッパの最貧国」として統合に参加し、その後は統合の恩恵を最大限に享受しながら繁栄への道を辿ってきたと見られてきた同国による条約否決の衝撃は小さくなかった。

その後EUと同国との間でただちに交渉が行われた結果、EUの共通外交・安全保障政策への自動参加義務をアイルランドに対して免除し（「適用除外」）、それによって同国の中立政策は損なわれないことを保証した。二〇〇二年一〇月二〇日の再投票の結果、賛成六二・九％、反対三七・一％と、賛成が反対を大きく上回り、ようやく同国でニース条約が可決された。これを受けて、ニース条約はようやく二〇〇三年二月一日に発効に漕ぎ着けた。

ただしニース条約が発効しても、EUの改革は継続されることになっていた。同条約の付属文書では、拡大実現にあたって必要な制度的改革を検討するため、再度IGCを開催する必要性について言及されており、その意味ではニース条約は、次なる交渉への道筋をすでに織り込んだ条約だったのである。さらなる改革については本章第4節において論じることにする。

2　第五次拡大の実現と新たな拡大プロセス

一九九〇年代の「東方拡大」プロセス

ニース条約の策定・批准プロセスとほぼ並行する形で、第五次拡大の実現に向けた準備が進んでいた。繰り返しになるが、ニース条約から欧州憲法条約草案、そしてリスボン条約に至る二〇〇〇年代の一連の動きは、この「ビッグ・バン拡大」とも称された旧共産諸国の大量加盟がもはや避けられないという事態を目前にして、EUが機能不全に陥ることを防ぐために検討されたものだった。拡大の見通しはEUにとって、機構改革に向けた強いモチベーションを与えるものだったのである。

ここでいったん、一九九〇年代の第五次拡大に向けたプロセスを振り返っておきたい。旧共産圏に属していた中東欧諸国は冷戦終結後、次々にEUへの加盟の意思を明確にした。これを受け、一九九三年六月のコペンハーゲン欧州理事会では、中東欧諸国の将来的なEU加盟の可能性について言及すると同時に、これらの国々がEU加盟を果たすにあたってクリアしなければならない条件――政治基準、経済基準、EU基準やEU法の体系（アキ・コミュノテール）の受け入れ――である「コペンハーゲン基準」を採択した。その後、一九九七年七月にはEU委員会が「アジェンダ二〇〇〇」において、チェコ、ポーランド、ハンガリー、スロヴェニア、エストニア、キプロスとの間で加盟交渉を開始するよう提案した。これが一九九九年一二月のルクセンブルク欧州理事会で了承されたため、これら六カ国（いわゆる「第一陣」諸国）との加盟交渉が一九九八年に開始された。同じく加盟申請を行っていたラトヴィア、リトアニア、スロヴァキア、ルーマニア、ブルガリア、マルタは取り残された格好となっていたが（いわゆる「第二陣」諸国）、一九九八年から一九九九年にかけて深刻化していたコソヴォ紛争の影響が南東欧を中心に広がりつつあったことを受け、一九九九年一二月のヘルシンキ欧州理事会で、すべての第二陣諸国との間で加盟交渉を開始することが決定され、二〇〇〇年に交渉が開始されていた。*

＊なお、一九九八年には、チェコ、ポーランド、ハンガリーの三カ国を対象として、冷戦後初めての北大西洋条約機構（NA

TO）拡大も実現していた。EUとNATOの拡大が一時的にシンクロしていたため、当時はEUとNATOが「二重拡大」を進めているとも見られていたが、その後両プロセスは互いに調整することもなく、別々のロジックに基づいて拡大を続けていくことになる。その後、クロアチアとアルバニアは二〇〇九年に、モンテネグロは二〇一七年に、それぞれNATOに加盟している。

「コペンハーゲンからコペンハーゲンへ」

二〇〇〇年代の拡大プロセスは、上記で見てきたような一九九〇年代におけるプロセスの本格化を受け、新規加盟の実現に向けた調整を行っていた。しかし、中東欧諸国の多くが依然として社会主義的政治・経済からの体制転換に苦慮していたさなかのことでもあり、加盟交渉においてEUから示された諸条件の充足は容易なことではなかった。またEU側としても、中東欧諸国を新規加盟国として受け入れる経済的なメリットは、少なくとも短期的には明白には意識されない状況にあった。とりわけ農業分野の補助金や、加盟実現後の人の移動などの領域における移行期間等をめぐっては、加盟候補諸国がEU側の示す条件に不満をあらわにすることも多く、交渉は困難を極めた。

それでも、二〇〇一年一二月のラーケン欧州理事会は、中東欧と地中海の一〇カ国との加盟交渉を二〇〇二年末までに終える方向性を確認した。後述するように、このラーケン欧州理事会で二〇〇二年末という目標日程が定められたことが、ニース後の新たな機構改革が喫緊の問題として迫ってきたことをEUに再確認させ、欧州憲法条約策定のためのプロセスの開始も促すことになったのである。

ラーケンで目標とされた二〇〇二年一二月までの交渉終結を目指す道のりも、決して平坦ではなかった。加盟候補国の中でも、とりわけポーランドが農産物の生産割り当てや農業補助金等でよりよい加盟条件を目指してEU側と幾度となく激しく議論する場面が散見された。きわめて困難な交渉の結果、ラーケンで設定された期限の二〇〇二年末のコペンハーゲン欧州理事会で、中東欧の八カ国（チェコ、ポーランド、ハンガリー、スロヴァキア、エストニア、ラトヴィア、リトアニア、スロヴェニア）と地中海の二カ国（マルタとキプロス）の加盟が認められた。ブルガリアとルーマニアに関しては、まだ加盟準備が整っていないとの理由から引き続き交渉が続けられることが確認されたうえ

図８－１　第５次拡大加盟国（2004年５月および2007年１月）

で、目標加盟実現時期が二〇〇七年に再設定された。

こうしてEUの第五次拡大は、中東欧諸国のEU加盟条件を初めて設定した一九九三年のコペンハーゲン欧州理事会から九年を経て、二〇〇二年のコペンハーゲン欧州理事会において実現した。ヨーロッパにとって冷戦終焉後の新秩序構築にあたって最重要課題であったこの拡大プロセスはしばしば「コペンハーゲンからコペンハーゲンへ」と称された。

コペンハーゲン欧州理事会で加盟を認められた一〇カ国は、二〇〇四年五月一日に、正式にEUへの加盟を果たした。ブルガリアとルーマニアに関しては、二〇〇四年末に加盟交渉を妥結し、二〇〇七年一月一日に加盟を実現させている（図8－1）。

とりわけ、このルーマニアおよびブルガリアの加盟は、後に思わぬところでEUを揺るがす深刻な事態へと発展する。それまで、中東欧諸国への拡大には好意的な姿勢を見せていたイギリスが、二〇〇七年のこの両国の拡大以降、その立場を徐々に硬化させていくのである。イギリスはとりわけ、EU域内の中東欧からの移民の数の増加に対し、懸念を募らせることになった。単一市場の最大のメリットの一つである人の自由移動を用いて、新規加盟諸国からの移民が流入することが、イギリス国内で強い危機感を持って語られるようになった。これが二〇一六年六月のイギリスの国民投票への重要な伏線となるのである。

新たな拡大へ

第五次拡大プロセスの終結と同時並行で、新たな拡大への動きも生じてきた。とりわけ二〇〇〇年代の特徴としては、西バルカン諸国（アルバニアおよび旧ユーゴスラヴィアの共和国であるクロアチア、マケドニア、ボスニア・ヘルツェゴヴィナ、セルビア、モンテネグロ）およびトルコとの加盟プロセスの具体化が挙げられる。

そもそも、西バルカン諸国のEU加盟は、第五次拡大の対象諸国と比較すると大きく立ち遅れてきた。ハンガリーやポーランド等の中東欧諸国からの正式な加盟申請が続いていた一九九三年からの数年間は、ボスニア紛争が熾烈をきわめていた時期でもあり、旧ユーゴ諸国のEU加盟を検討しうるような状況になかった。さらには旧ユーゴ諸国間でも、解体や内戦からいち早く立ち直ったスロヴェニアやクロアチアと、長きにわたって戦火に見舞われ続けたボスニアやセルビア等との間には、大きな格差が生じていた。このような事情から、一九九八年にEUとの加盟交渉を開始したスロヴェニアを除いて、旧ユーゴ諸国は一九九〇年代終盤までの時期において、EU拡大プロセスからは除外されていた。

この状況を大きく変化させたのは、前述の第五次拡大と同様、一九九八年に急激に悪化したコソヴォ紛争であった。旧ユーゴ諸国で一向に途絶えることのない紛争を封じ込めるためには、外交交渉や経済支援等、これまでの手段とは異なる新たな策が必要とされるとの認識が、EU内部で支配的になっていった。この背景として、当時開始されていた中東欧諸国のEU加盟プロセスにより、これら諸国の政治的・経済的安定が急速に達成されたため、この経験を旧ユーゴ諸国にも生かすべきであるとの認識がEU内部に存在していたことが挙げられる。

こうしてEUは、中東欧諸国だけではなく、旧ユーゴ諸国にも将来的な加盟の道筋を示し、それによってこの地域の安定化を図ろうとした。一九九九年六月には、旧ユーゴ諸国にアルバニアを加えた、通称「西バルカン諸国」を対象とした「安定化・連合プロセス（SAP）」と呼ばれる支援枠組みの開始が欧州理事会で合意された。これにより、西バルカン諸国が「将来的なEUへの加盟」の可能性を有することが確認された。EU側が自ら（すなわち、対象国からの要請を受けることなしに）、域外国の将来的な加盟の実現可能性について言及したことは、欧州統合史上これが初めてのことであった。さらに、二〇〇〇年六月のフェイラ欧州理事会、二〇〇三年六月のテッサロニキ欧州理事会における諸決定を経て、西バルカン諸国のEU加盟に向けた支援体制の骨子が固まった。ただし、二〇〇〇年代における同諸国の加盟プロセスに関しては、クロアチアが二〇〇五年に加盟交渉を開始し、また同年にはマケドニアが加盟候補国認定を受けたにとどまり、他の西バルカン諸国に関しては、二〇〇〇年代はほぼSAPの枠組みに沿った諸改革の進展に費やされたと言える。

二〇〇〇年代における拡大プロセスにおいてもう一つきわめて重要なのは、トルコとの加盟交渉の開始とその停滞である。第9章第1節で述べるように、クロアチアは後にEU加盟を実現することとなる一方、トルコの加盟プ

コラム8－1　EUとトルコ

EUとトルコの関係は，1959年にトルコが当時のEEC参加の意思を表明した際に，加盟のいわば代替措置として連合協定（通称「アンカラ協定」）を1963年に締結したことに端を発する。その後トルコは1987年4月に正式な加盟申請を行うが，ECは時期尚早であるとしてこの申請を事実上却下した。そして，同国との加盟交渉の代替措置として，アンカラ協定の目標の一つであった関税同盟を実現した（1996年1月1日に実現）。しかし，冷戦終焉後に加盟申請を行った中東欧諸国の拡大プロセスが（少なくともトルコからすれば）着実に進展していたのにひきかえ，トルコとの加盟交渉開始には消極的なEUに対し，歴代のトルコ政府はしばしば強い不満を表明してきた。

結局，トルコのEU加盟交渉正式開始は2005年10月を待たねばならなかったが，それからわずか1年後の2006年12月にEUは加盟交渉を一部凍結する。その最大の理由としては，トルコがすでにEU加盟国となっているキプロスを国家承認していないことがあったが，それ以外にも，ドイツに次ぐ人口を有するトルコがEUに加盟すれば，多くの理事会票数や欧州議会での議席を獲得することになり，EUの意思決定がトルコに独占されるのではないかとの懸念が持たれていることもある。

近年，トルコのレジェップ・タイイップ・エルドアン政権の強権化と民主主義の退行により，EUとトルコとの関係は冷却化しており，加盟交渉の進展は望めない状況にある。しかし，欧州難民危機では多くの難民がトルコからエーゲ海を渡ってギリシャに押し寄せたため，EUとトルコは2016年3月に難民に関する取り決めを結んだ。EUとしては，トルコの協力なしには難民危機への対処を行うことが出来ないため，トルコとの関係を断ち切ることも難しい状況にある。これに加え，発足から20年以上が経過した関税同盟の見直しも両者間の課題であるが，EU側がトルコとの間で新たな交渉を開始することに消極的であり，事態の進展は見込めない状況である。

図8－2　EU・トルコ首脳会議（2018年3月）

ロセスは困難を極め、ＥＵ・トルコ関係は徐々に冷却化していく。二〇一〇年代のＥＵ・トルコ関係は完全に袋小路に入るが、二〇〇〇年代の段階ですでに、後のＥＵ・トルコ関係に関する多くの問題点は顕在化していた（コラム８－１参照）。

3 近隣諸国政策の展開と対ロシア関係の低迷

欧州近隣諸国政策の発展

第五次拡大の実現によって、ＥＵはウクライナやモルドヴァなどの旧ソ連諸国と国境を接することになった。このため、第五次拡大の論理的帰結として、こうしたＥＵ近隣地域の諸国との関係構築も急がれることになった。これらの国々は、政治的・経済的・社会的な改革の遅れが著しく、とりわけ汚職や組織犯罪などの深刻化が懸念されていた。このため、ＥＵへの加盟は少なくとも短・中期的には想定しえない状況にあるこれらの隣国がＥＵに不安定要因を「輸出」するという事態を防ぐためにも、旧ソ連諸国に対する支援体制の構築が急務と見なされていた。こうした認識を基に、二〇〇〇年代以降構築されたＥＵの近隣諸国への支援枠組みを欧州近隣諸国政策（ＥＮＰ）と呼ぶ。

旧ソ連諸国との関係構築に向けたイニシアティヴは、第五次拡大が目前に迫った二〇〇二年に、当時のロマーノ・プローディＥＵ委員長によって開始された。プローディは、ＥＵとその近隣諸国が「制度以外のすべてを共有する」ような「友人の環」を構築することを目指すとする「ワイダー・ヨーロッパ（広域欧州圏）」構想を打ち出した。当時、プローディはロシアとウクライナを足掛かりにこの構想を進める予定であったとされているが、対象国は徐々にモルドヴァ、グルジア、アゼルバイジャン*、アルメニア、ベラルーシへと広がっていった。この背景として、グルジアにおける二〇〇三年のバラ革命、ウクライナにおける二〇〇四年のオレンジ革命など、旧ソ連諸国において民主化を求める「カラー革命」が進展し、これがＥＵをはじめとする西側世界の広範な支持を集めていったことなどが挙げられる。この一方でロシアは同構想の対象となることに関心を示さなかったこともあり、別枠での関係構築を探ることになった（詳細については次項を参照）。

＊日本では二〇一五年に、「グルジア」の国名呼称を「ジョージア」に変更したが、本章では二〇〇〇年代を扱う都合上、同国の呼称はグルジアで統一した。

一方、こうしてＥＵの「東」側の国々との関係構築の機運が高まると、フランスやイタリア、スペインなどのＥＵの加盟諸国が、ＥＵの「南」――すなわち、チュニジア、アルジェリア、モロッコなどの、いわゆるマグレブ諸国や、エジプトなどの地中海に面した非ＥＵ加盟諸国――との関係構築も同時に進めるべきとの主張を強めるようになった。こうした南の諸国との関係に関しては、すでに一九九五年一一月に、当時のＥＵ加盟一五カ国と地中海の一四カ国との間で、二〇一〇年までにＥＵと地中海諸国との間で自由貿易地域の構築を目指す「欧州・地中海パートナーシップ（バルセロナ・プロセス）」が創設されていたが、この対象諸国が、ＥＮＰ対象諸国にそのまま含まれることになった（図８-３）。こうした背景から、ＥＵの「東」と「南」を同時に包括した「欧州近隣諸国政策（ＥＮＰ）」が二〇〇四年以降徐々に具体化し、対象諸国の発展段階に応じてＥＵがきめ細かく支援方針を見直すような「テーラーメイド」な「バイラテラル関係」の構築を目指すことになった。

とは言え、旧ソ連諸国と地中海諸国という、明らかに性質の異なる二つの地域をＥＵ側の事情で単一の政策枠組みにおいて扱うＥＮＰに対しては、ＥＵ内部からの批判も少なくなかった。こうした事情もあり、二〇〇八年以降、ＥＵの「東」と「南」の双方で、ほぼ同時進行で、ＥＮＰよりも踏み込んだ関係の構築を図るような枠組みの構築が進められた。まず、ＥＮＰの「東」の旧ソ連六カ国に対しては、二〇〇八年五月以降、東方パートナーシップ（ＥａＰ）構築の動きが進んだ。これは、旧ソ連諸国を対象とし、従来のＥＮＰを補完しつつ、将来的な加盟も意識した関係強化を、ポーランドとスウェーデンが提案したことに端を発する。さらに、同年八月にロシア・グルジア戦争（詳細については次項で後述）が勃発したことによって、ＥＵが同地域により強力に関わる必要性が強調されるようになった。このＥａＰにおいては、対象諸国とＥＵとの間で新しい連合協定を締結することが目指された。新しい連合協定は「政治対話と外交・安全保障政策」、「司法・自由・治安」、「経済・部門協力」、そして「深く包括

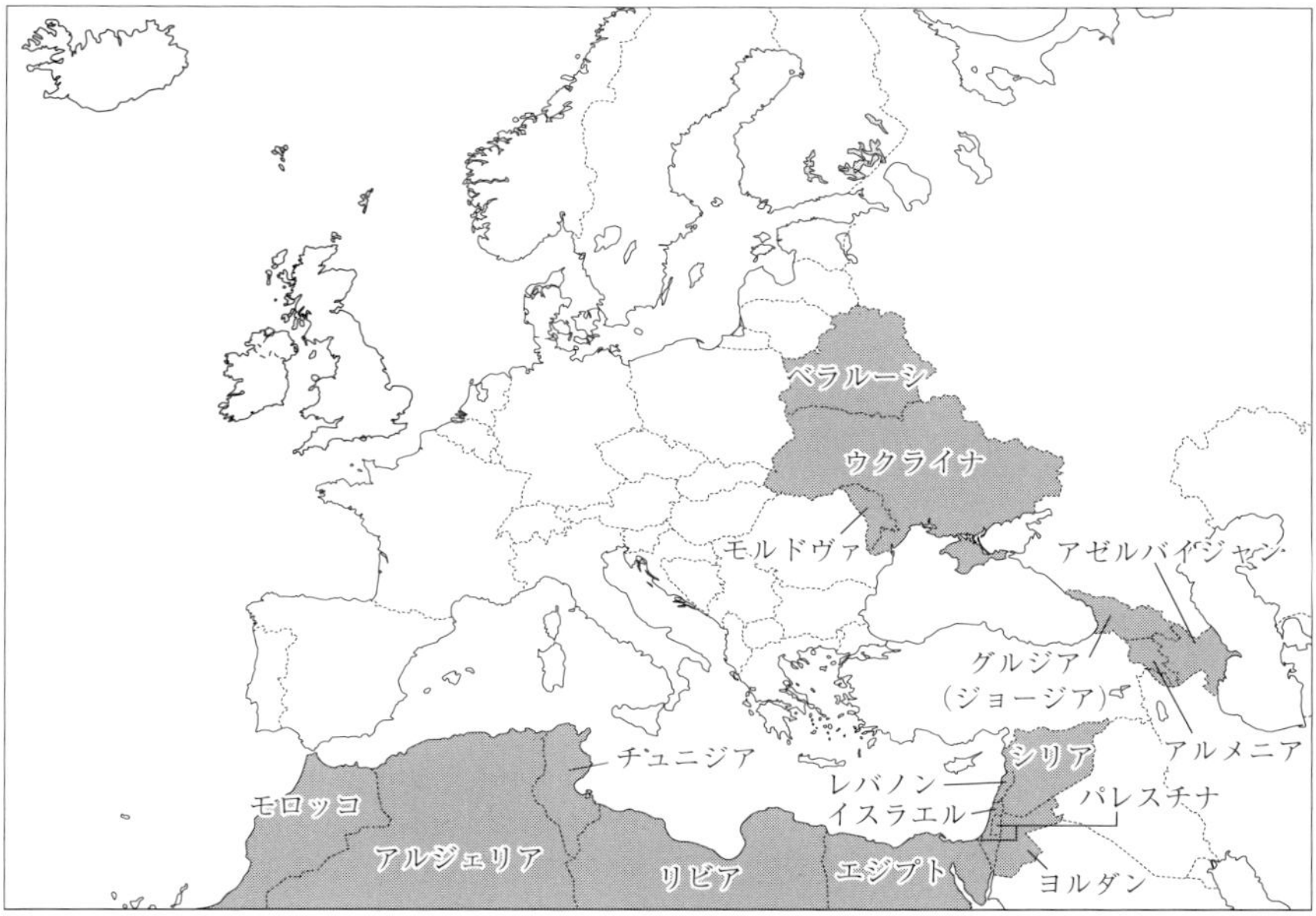

図８-３　欧州近隣諸国政策対象諸国

的な自由貿易協定」という、四つの柱で構成された。

この一方で、ＥＵの「南」に関しても、当時のニコラ・サルコジ仏大統領のイニシアティヴで二〇〇八年七月に欧州・地中海連合が発足した。これは、前述の欧州・地中海パートナーシップのいわば発展形であり、当時のＥＵ加盟二七カ国、ＥＵ加盟候補国および潜在的加盟候補国のボスニア・ヘルツェゴヴィナ、クロアチア（二〇一三年にＥＵ加盟）、アルバニア、モンテネグロ、トルコの五カ国、地中海沿岸のアルジェリア、エジプト、モナコ、モロッコ、パレスチナ、チュニジア、イスラエル、ヨルダン、レバノン、モーリタニア、シリアの一一の国と地域の、合計四三の国と地域が参加して発足したものだった。この枠組みは、ＥＵと地中海諸国との政治・経済・社会関係の強化を図ることを狙いとし、地中海における環境対策、海運・陸運の改善、市民の保護、代替エネルギー、教育・研究、ビジネス振興の六分野が優先的政策分野に指定されていた。また、二〇〇〇年代を通じて、地中海地域からＥＵへの不法な人の移動はすでにＥＵ側から問題視されており、こうした移民のコントロールも重要なアジェンダとして認識はされていた。

こうした枠組みの構築によって、ＥＵと地中海との関係は徐々に強化されてきたかのように思われた。しかし、二〇〇〇年代において着実に積み重ねてきたかに思われたＥＵと「南」諸国との関係は、結局のところは皮相的なものにとどまる。二〇一〇年以降、チュニジア、エジプト、リビア、シリア等といったＥＵのＥＮＰの対象諸国に「アラブの春」が波及し、地中海地域は大混乱に陥ることとなるのだが、これは間接的には、そうした状況を未然に食い止めるだけの求心力と効果をＥＮＰがもたらしえなかったことを意味していた。一九九〇年代の欧州・地中海パートナーシップから二〇〇〇年代のＥＮＰの策定および欧州・地中海連合へと至る流れの中で、ＥＵは制度面ではこの地域との関係を強化してきたが、同地域の安定化と民主化の着実な定着にはほとんど貢献することができていなかったことになる。こうした強烈な失敗認識は、二〇一〇年以降のＥＵのＥＮＰ文書等でも率直に示されていくことになるのだが、この地域の政治的・社会的混乱への抜本的な対処方法を示すには至らなかった。そしてこの状況が、二〇一〇年代に入って悪化の一途を辿った欧州難民危機の遠因ともなっていくのである。

新たな対ロシア政策の頓挫

既述の通り、ＥＵの近隣諸国政策は、第五次拡大の論理的帰結として、二〇〇〇年代に急速に発展してきた。しかしこれとは対照的に、拡大ＥＵにとっての最大の隣人であったはずのロシアに関しては、この時期に関係が進展することはほとんどなかった。

冷戦終結後のロシアとの関係においては、一九九四年にパートナーシップ・協力協定がＥＵとの間で締結されていた（一九九七年に発効）。しかしこの協定は二〇〇七年に期限を迎えることになっていたため、これに代わる新たな協定締結や関係構築に向けたさまざまな動きは存在していた。前述の通り、ＥＵ側、とりわけプローディ委員長を中心としたＥＵ委員会の一部は当初、ロシアとの関係構築を前述の「ワイダー・ヨーロッパ」構想のなかで発展させることを想定していた。しかし、ロシアはこの案にまったく関心を示さなかったため、「ワイダー・ヨーロッパ」ないしＥＮＰにロシアを取り込むとの案は早々に立ち消え、ロシアとはそれに代わるような独自の枠組みを構築していくというアプローチに切り替わった。こうした新アプローチの一つが、二〇〇三年五月のＥＵ・ロシア首脳会議で原則合意された「経済」「自由・治安・司法」「対外・安全保障」「研究・教育・文化」の四つからなる「共通空間」の構築を目指し、それぞれの共通空間の実現のためにロードマップを採択するというものであった。しかしこの構想も、ほとんど具体化されないまま立ち消えとなる。その最大の要因は、ＥＵとロシアとの間の決定的な認識の相違であったと指摘されている。ＥＵは第五次拡大というこれまでの経験から、対象諸国をＥＵ基準に可能な限り近づけることを非常に重要な「支援」と見なす傾向にある。このためロシアとの共通空間構築においても、ＥＵ側からの提案はロシア側に踏み込んだ改革を求めるものが少なくなかった。これに対してロシアは、体制転換のための提言をＥＵに求めていたわけではそもそもなく、ＥＵとはあくまでも対等な関係を構築することを目指していた。この点において両者の思惑は決定的に食い違い、両者ともに構想実現に向けた意欲を失っていくことになる。

共通空間構想がほぼ頓挫しかけた二〇〇六年六月には、ＥＵとロシアとの間で、当時「新戦略パートナーシップ協定」と暫定的に呼ばれていた新協定の交渉が開始されている。これは、前述のパートナーシップ協力協定の後継協定となるべきものであった。しかし結局、この協定実現に向けた交渉も実を結ばなかった。二〇〇四年にＥＵに加盟したばかりのポーランドが、ロシアとの貿易摩擦問題を理由に同国との新協定締結に反発したうえ、協定の内容に関してもＥＵとロシアとの間の主張の隔たりは大きかった。こうした背景もあり、ＥＵ・ロシア関係を強力に後押しするような原動力がロシアとＥＵの双方において欠如する中、交渉は中断され、その後も新たな協定の締結には至っていない。

こういった事柄の積み重ねの中から、ＥＵは徐々に、ロシアとの関係構築のモチベーションを失っていき、ロシアとの関係構築が進まないことに対する危機感すらも共有されることは少なくなっていった。その一方、ＥaＰ諸国との関係構築は地道に進められた。これは結果的に、ＥＵ・ロシア間の意思疎通の機会が次第に失われていき、それに伴ってヨーロッパに対するロシアの猜疑心を徐々に強めていくことにも繋がってしまった。

これが、二〇〇八年のロシア・グルジア戦争の、そして二〇一〇年代のウクライナ危機への伏線となっていったと言える。ここでは本章の対象期間に生じたロシア・グルジア戦争に絞って言及すると、南オセチアに駐留していたロシア軍に対し、グルジアが二〇〇八年八月七日に同地で戦闘行為を開始したものである。この戦争においてEUは冷戦終焉後初めて、国家対国家という古典的な形態の戦争を自らの近隣において経験することになった。EUはこれに一丸となって対処することはできず、問題解決はEU内部の大国、とくに当時の議長国であったフランスの手に委ねられた。このときは当時のサルコジ大統領の仲介が功を奏したこともあり、比較的短期間のうちに戦闘そのものは終結するものの、南オセチアおよびアブハジア問題は、旧ソ連地域に点在する「凍結された紛争」の一つとして燻り続けることになる。さらにこのときの経験は、その後のEUの対ロ関係および対旧ソ連諸国との関係には生かされず、二〇一〇年代に生じたウクライナ危機へと連なっていくのである。

4　欧州憲法条約の策定と挫折

さまざまなアイディア

本章第1節ですでに述べた通り、ニース条約には次なるIGCの開催がすでに織り込まれていた。運用面・技術面の改革に徹したニース条約とは異なり、欧州統合そのものの在り方を根本的に検討することが、次なる課題として求められてきた。すでにニース条約の締結以前から、拡大後の欧州統合に関するさまざまなアイディアが示され、大きな議論を呼び起こすこともしばしばあった。

その代表的な例が、二〇〇〇年五月に当時のドイツ外相であったヨシュカ・フィッシャーが行った、「国家連合（confederacy）から連邦（federation）へ」と題されたスピーチである。そのタイトルの通り、EUがより連邦主義的な方向を目指して大胆に統合を進めていくべきであるとするこのスピーチは当時大きな反響を巻き起こし、後の欧州憲法条約草案作成に向けて重要なインスピレーションを与えたとされる。さらに、〇二年一〇月にイギリスのジャック・ストロー外相が英エコノミスト誌に寄稿した記事も、憲法条約草案策定を強力に後押しするものと受け止められた。ストローは、国連憲章もアメリカ憲法も、「私の上着のポケットに楽に入る」が、EUの諸条約はきわめて長大であると指摘し、よりコンパクトでアクセスしやすい「憲法」をEUが持つことの重要性を訴えたのであった。ここでのストローの提案は、前述のフィッシャー演説のように、EUのさらなる連邦化を目指したものではまったくなく、あくまでもEUの諸条約の簡素化に力点を置いたものであるという違いには留意しておく必要がある。しかしともあれ、このように、ニース後のヨーロッパにおいては、統合の進むべき方向性に関する議論が著しく活性化し、さまざまなアイディアや構想が飛び交っていた。あまりに急激な改革に対しては、たしかに懐疑的な声も一部では聞かれていた。しかし本章冒頭で述べた通り、ユーロ流通開始の成功体験等も後押しとなり、当時のヨーロッパにおいては統合の将来に関する期待と楽観論がそうした声をかき消していた。また当時、第五次拡大を目前に控えていた時期ということもあり、大幅な改革に取り組まなければEUが単なる広大な自由貿易地域になり下がってしまいかねないという危機感も強調されていた。こうした期待と楽観論、そして危機感があいまって、欧州統合史上例のない、共通の憲法条約を策定しようという動きが活性化してゆくことになる。

ラーケンからコンベンション、欧州憲法条約草案の策定へ

こうした背景の中、二〇〇一年一二月に開催されたラーケン欧州理事会は、「ヨーロッパの未来に関するラーケン宣言」（通称「ラーケン宣言」）を採択した。この中でEUは、さらなる制度改革とEUの国際的役割の強化に取り組むことを謳い、ヨーロッパの将来のためのコンベンション（日本語では「諮問会議」などと訳されることも多いが、以下「コンベンション」とする）を設置してIGC開催のための準備作業を行うことが合意された。

コンベンションは〇二年二月に作業を開始した。当初コンベンションは、新条約策定のためのIGCを開催するに先立ち、アイディアを出し合い、諮問的な活動を行うものとされていた。しかし、元フランス大統領のヴァレリー・ジスカールデスタンを議長としたコンベンションは最終的に、EU加盟国政府、加盟国議会の議員、欧州議会議員、一二の加盟候補諸国およびトルコの代表、そしてEU諸機関からの代表等、一〇五名に上る大所帯へと膨れ上がった。さらにジスカールデスタン等の大物政治家の欧州統合観がコンベンションでの議論に強く反映されたこ

と、またコンベンションに各国政府関係者が数多く含まれていたことから、コンベンションの権威は大きくなっていったと指摘されている。こうした背景から、コンベンションは欧州憲法条約（Constitutional Treaty）草案起草という、前代未聞の大作業へと足を踏み入れていった。そして、〇三年六月のテッサロニキ欧州理事会でＥＵ各国首脳に対して草案を提示するまでの作業を行った。

欧州憲法条約草案はＩＧＣで再検討され、随所で激しい議論は展開されたものの、草案の内容のおよそ九五％をそのまま受け入れた文面を採択する形で、〇四年六月の欧州理事会で基本合意に至った。後述するように、特定多数決や理事会の票数をめぐる改革に関しては激しい議論が交わされる局面もあったものの、コンベンションの開催から憲法条約の基本合意までのプロセスは、概して順調なものであったと言えよう。そしてこの憲法条約が合意されたことは、欧州統合がまた新たな高みに達しようとしているとの印象を、ほんのわずかな期間においてではあったが、ヨーロッパ内外に与えるものとなった。

欧州憲法条約草案の基本内容

欧州憲法条約草案の最大の特徴は、すべての既存のＥＵの条約を単一の文書にまとめるというものであった。これまでのＥＵは条約改正を繰り返した結果、その法体系がきわめて複雑化し、ＥＵ市民からすれば非常に理解しにくいといった批判が挙がっていた。そしてこの理解しにくさこそが、ＥＵから市民を遠ざける最大の原因なのではないかとの指摘もかねてから存在していた。このため欧州憲法条約はこの複雑なＥＵの法体系を一つの枠組みにまとめて、一般市民から見た理解のしやすさやアクセシビリティの向上を目指していた。とは言え、コンベンションで協議を繰り返すうち、アメリカ合衆国憲法のような「ポケットに入る」憲法を目指したはずの憲法条約草案は、四四八条にも及ぶ、電話帳のごとき長大なものへと膨れ上がってしまっていた。

憲法条約でとくに意識して目指されたものは、ＥＵ意思決定における透明性の向上と簡素化であり、ニース条約の合意事項も全面的に見直された。ニースに続き、コンベンションおよびＩＧＣでも激しい議論となり、合意形成までに多くの時間を有したのは、特定多数決対象領域の拡張および理事会での票数の配分であった。まず特定多数決の拡張については、従来のように三つの段階を要する特定多数決の手続きは複雑すぎるとして、改善の必要性が指摘されていた。三つの段階とは、全三四五票のうち二五五票（約七四％）以上が支持していること、加盟国の過半数が支持していること、支持国全体の人口が全ＥＵ人口の六二％以上に達していること、というものであった。この改革方法については最後まで厳しい議論が続いたが、最終的に二〇〇四年六月の欧州理事会において、新たな二段階の特定多数決手続きを導入することで合意された。この新しい方式は、支持国が加盟国の五五％以上であり、かつそれがＥＵ人口の六五％以上ある場合に可決されるというもので、「二重多数決」と呼ばれることになった。また、特定多数決が及ぶ分野も四四へと拡大され、従来は政府間主義的手法を用いて意思決定を行っていた領域も特定多数決で決定することが可能となった。これにより、不法移民やテロ、国境を越える犯罪などといった新たな諸問題への対処のための体制を整えることを意図していた。

理事会での票数配分問題については、ニース条約で辛うじて合意された票の配分問題が再び俎上に載せられた。ニース条約において、とくにスペインとポーランドに対して「大国並み」の票数が認められたことに不満を募らせていた加盟国は少なくなく、ドイツをはじめとした他の加盟諸国が変更を試みていた。両国は当然のことながら反発したが、スペインに関しては〇四年三月に当時の政権が選挙で敗北し、次政権が票数の削減に合意した。ポーランドも後に妥協を行い、〇四年六月の合意に至ることになるが、ポーランドの票数問題は後にリスボン条約を交渉する際、歴史問題にまで結びつく形で再燃することになる（後述）。

またこの欧州憲法条約草案では、新たな重要ポストが二つ追加されていた。一つ目は、欧州理事会常任議長の新設である（日本での報道ではしばしば「ＥＵ大統領」と称される）。これは、すべての加盟国による半年ごとの議長ローテーションシステムは維持しつつ、常任の議長を設置するというもので、ＥＵの諸政策の連続性確保を目指すものとなった。二つ目は、ＥＵ外務大臣の新設である。これは、既存の理事会における外交政策上級代表とＥＵ委員会の対外関係担当委員のポストを統合したもので、ＥＵ外交のいっそうの一貫性確保を目指すとしていた。

これ以外にも、ＥＵの防衛政策の強化（一部の国の希望に応じ、理事会における多数決で承認された場合には、軍事に関する協力を強化することを認める）や、ニース条約時に策定されたＥＵ基本権憲章（本章第１節参照）を憲法条約草案マで署名され、〇六年一一月末までの発効が目指されていた。

の第二部に統合し、法的拘束力を持たせる等の改革が多くなされていた。憲法条約は〇四年一〇月二九日にロー

第五〇条の衝撃

なお、欧州憲法条約草案で挿入され、後にリスボン条約へと引き継がれた一部分に、その後の欧州統合に大きな衝撃を与えることになる条文が挿入されていた。加盟国の自発的離脱のための手続きに関する第五〇条である。これまでEUにおいては、デンマークの一部であるグリーンランドが自治権の確保への懸念を理由として、一九八五年に欧州共同体（EC）から離脱した事例はあったものの、加盟国の資格停止や離脱に関する規定は、条約上は存在していなかった。新たに加えられたリスボン条約第五〇条では、離脱を希望する国が欧州理事会にその旨の通告を行った後、EUと交渉を行い、離脱の取り決めに関する協定を締結することとなっている。

この条文が挿入された経緯については諸説あるが、従来の条約に新規加盟に関する条文が入っているので、離脱についても何らかの取り決めが必要であるとされたとも言われる。また、離脱条項を設けることで、加盟国が自らの意思でEUに加盟していることを改めて自覚させ、統合に対する建設的な姿勢を促す意図があったともされている。

ただし、欧州憲法条約草案およびリスボン条約起草当初は、特定の加盟国の離脱の可能性を念頭に置いていたわけではなく、ましてやイギリスが二〇一七年に実際にこの第五〇条を発動することをこの時点で想定していたわけではまったくなかった。イギリスの離脱問題が深刻化するまで、この条文は「忘れられた条文」であったのであり、二〇一六年六月の国民投票の結果を受けて改めて、この第五〇条の存在に注目が集まることになる（第9章第4節参照）。

憲法条約草案の頓挫

比較的順調に合意に達したかに思われた欧州憲法条約草案は、これまで中心となって欧州統合を担ってきた加盟国二カ国の国民投票によって否決され、あっけなく頓挫してしまう。二〇〇五年五月二九日にフランスで実施された国民投票では反対派が五四・五％、その数日後の六月一日にオランダ

で実施された国民投票でも反対派が六一・六%という結果であった。さらに、これまで欧州統合志向がきわめて高いとされていたルクセンブルクにおいても、国民投票の結果、賛成五六・五二%に対して反対四三・四八%と、賛否が拮抗した。

それ以外の国々では、欧州憲法条約草案はすでに批准されてはいたものの、同草案はすでに死亡宣告を受けたも同様であった。フランスとオランダの二カ国のノーは、前述のアイルランドによるニース条約否決とはまったく異なるインパクトを有していたからである。統合開始時から参加していた「オリジナル・シックス」と称される原加盟国のうち、二カ国もが支持を拒否したとあっては、アイルランドのニース条約拒否の際のような微調整で済ませられないことは明らかであった。二つの国民投票は、そもそもEU市民が、ヨーロッパ規模の憲法策定という一大プロジェクトをほとんど理解も支持もしていなかったことを露呈してしまったのである。

フランスやオランダでの国民投票による条約草案の否決や、他国における支持の低迷には、単一の理由が存在するわけではない。加盟国政府が、憲法条約の必要性や、憲法条約がもたらしうる変化（あるいはもたらさない変化）について、自国民に説明を尽くさなかったという側面もある。また、欧州レベルでの連帯感やアイデンティティが十分に育っていない中で、共通の憲法を有するという発想自体に無理があったとの指摘もある。

さらに多くの国において、憲法条約草案の採択と国家主権の浸食が、おそらくは誤解に基づいて同一視された傾向は一定程度認めることができる。多くのヨーロッパ人が、欧州憲法条約が従来の各国憲法に「置き換えられる」と誤解したのは、その一例であろう。条約の内容に関する情報が十分に国民に理解されていたとは言い難かったこともあり、難解な印象を与えた条約草案に対してとりあえず反対票を投じる傾向もあった。さらに、欧州憲法条約草案とはまったく無関係に、自国の政治・経済状況に対する異議申し立てとして国民投票が使われた側面もあった。

国民投票で条約草案を否決したフランスとオランダにおいて、憲法条約草案が発効すればトルコの加盟を促進するとの誤解が根強く存在していたことも重要である。このため両国において、「憲法条約へのノーは、トルコ加盟へのノー」を掲げて欧州憲法条約に反対するキャンペーンを行う団体が複数存在していた。これに対して両国政府関係者は「憲法条約草案はEU加盟（当時）二五カ国のみに関わるものであり、トルコに関わる部分は一切含まれていない」（フランスのミシェル・バルニエ外相）と主張していた。そもそも憲法条約草案の中心的起草者であるジスカールデスタンからして、トルコのEU加盟に関する強硬な反対論者として知られていたため、欧州憲法条約草案はトルコの加盟問題とは無関係であることは明らかであった。しかし、トルコ加盟をめぐって流布された誤情報の持つ力は、欧州憲法条約草案を葬り去る一因となっていったのであった。

一方イギリスでは、次第に欧州懐疑派が大勢を占めるようになっていた保守党が、欧州憲法条約草案を厳しく批判していた。第7章第4節で見た通り、一九九七年に政権についていた労働党のトニー・ブレア首相は、イギリスのユーロ導入こそ見送ったものの、社会憲章を受け入れたり、EU諸国間の防衛協力にも積極的となるなど、保守党から見ると非常に明白な親ヨーロッパ路線をとっていた。こうした状況に危機感を覚えた保守党は、憲法条約はイギリスの主権を脅かすと主張し、この採択のためには国民投票を実施すべきであるとブレア政権に迫った。ブレアはこれを受け入れ、二〇〇五年には国民投票法案が可決されたことで、憲法条約草案をめぐる国民投票の実施は既定路線となっていた。

しかし、前述のオランダとフランスの国民投票結果を受け、イギリス政府は国民投票実施の見送りを決定した。当時のイギリス国内世論は欧州憲法条約草案への反対論が強まっていたこともあり、仮に投票が実施されていれば厳しい結果が予想できたため、フランスとオランダの投票結果は皮肉なことに、当時のイギリスの労働党政権の窮地を救ったことになったのだった。

5　リスボン条約へ

「熟慮期間」　フランスとオランダによる国民投票否決後、欧州憲法条約草案をめぐるさらなる検討は小休止を余儀なくされた。二つの投票の約二週間後にブリュッセルで開催された欧州理事会は、今後しばらく

ＥＵの条約交渉に関する活動を控える「熟慮期間」を設けることで合意した。この二つの国民投票が統合のモメンタムに与えたダメージは計り知れず、しばらく無為の時をやり過ごす以外に方法がなかったのである。「熟慮期間」は約二年間にも及んだ。しかしその間にも、二〇〇七年一月にはルーマニアとブルガリアがＥＵ加盟を実現させ、加盟国は二七カ国に増大していた。加盟国が増え、さらにＥＵの意思決定が困難になることが予想される中、統合の停滞を打破することが急務となっていた。

そのような状況下で、加盟国の間からは、欧州憲法条約草案の救済策が挙がってくるようになった。イギリスやフランスは、欧州憲法条約は破棄し、代わりに従来の条約にマイナー・チェンジを施す「改革条約」（フランスのサルコジ政権でしばしば用いられた用語では「ミニ条約」）の策定を目指すことを主張していた。

こうした背景の下、〇七年前半の議長国ドイツがイニシアティヴをとり、〇七年三月のローマ条約署名五〇周年記念の機会に、欧州憲法条約草案に代わる新しい枠組みを〇九年六月までに発効することで合意が成立した。そしてこの合意以降約三カ月間をかけて「改革条約」策定への基礎的合意に向けた外交交渉が行われた。〇七年六月の欧州理事会では、ＩＧＣに付託する一六頁の文書に関する合意がまとまった。この交渉結果をベースとして、〇七年後半の議長国ポルトガルの下で新たなＩＧＣが招集され、条約策定のための作業が本格的に復活したのであった。

この一連の交渉で目指されたのは、「憲法」イメージの徹底した払拭である。新しい条約から「憲法」という用語そのものが削除されたのはもちろんのこと、旗や歌など、憲法をイメージさせるものはすべて注意深く除かれた。こうした一連の作業は、ＥＵが「スーパー国家（super-state）」へと変わっていくのではないかとの疑念の払拭に役立つと考えられたのである。欧州憲法条約草案がそもそもの目標としていた「ＥＵに関するすべての規則や政策、手続きをまとめ、簡素でわかりやすい単一の文書を作る」ことは断念され、あくまで既存の条約の修正であるとする位置づけが、交渉中何度も確認され、強調された。

しかし同時に、一見矛盾するようではあるが、憲法条約草案の基本部分をいかに残すかという側面もきわめて重要であった。非常に限られた時間的制約の中、改革条約を一から策定し直すことを望む加盟国もほとんど見られなかったのである。したがって、欧州憲法条約草案から憲法を連想させるような要素がひとたび取り除かれたなら、残りの要素は実質的にはそのまま維持されることになった。たとえば、欧州憲法条約草案で設置が提案されていたＥＵ外務大臣についても、従来の名称に近い「外務・安全保障政策上級代表（High Representative for Foreign Affairs and Security Policy）」に変更されたものの、その職責に関しては欧州憲法条約草案の構想がほとんどそのまま残されている。こうしたさまざまな苦肉の策の結果、改革条約の約九〇％に関しては憲法条約草案の内容が継承されたと言われる。

ただ、憲法条約草案からは様相を変えた要素もなくはなかった。ＥＵ基本権憲章である。憲法条約草案交渉時には、同憲章を条約第二部に統合し、法的根拠を与えることに対して、コンセンサスがえられていた（本章第4節参照）。しかし、リスボン条約交渉のための交渉が開始されると、イギリス、ポーランド、チェコの三カ国が、同憲章に参加しない権利を求め始めた。結局、同憲章には法的拘束力を持たせつつ、上記三カ国に対しては、「基本権憲章の適用に関する議定書」を別途採択し、憲章への不参加を認めることとなった（イギリスについては本章第4節参照、チェコとポーランドに関しては後述）。

ＩＧＣが取りまとめた条約案は一〇月のリスボン欧州理事会で承認され、新条約は「リスボン条約」と称されることになった。新条約は〇七年一二月一三日に、リスボンで署名に漕ぎ着けた。

リスボン条約の内容　リスボン条約は、ＥＵの大原則を示したＥＵ条約と、ＥＵの具体的な権能や各政策領域における取り決めなどに関するＥＵ機能条約の二本立てとなっている。リスボン条約がもたらすＥＵ構造上の変化としては、マーストリヒト条約で設定された欧州共同体（ＥＣ）、共通外交・安全保障政策（ＣＦＳＰ）および司法・内務協力（ＣＪＨＡ、アムステルダム条約以降は警察・刑事司法協力〔ＰＪＣＣ〕に改称）という三つの制度的な柱に基づく「神殿構造」が廃止され、すべてをＥＵという単一の法人格の中に包摂することになった。ただし、外交や安全保障、防衛などの領域においては、政府間主義的な性質を残している。また意思決定方式に関しても、特定多数決の適用領域の拡大や、欧州議会の権限の拡大などが盛り込まれた。

ＥＵの対外関係の能力向上の観点から注目を集めたのが、ＥＵの外務省にあたるとされる欧州対外行動庁（ＥＥＡＳ）の創設である。そもそもアムステルダム条約では、共通外交・安全保障政策上級代表が設置されていたが、リスボン条約ではその役割を強化し、上級代表がＥＥＡＳのトップと欧州委員会の副委員長を兼ねることになった。ＥＥＡＳの主な役割としては、ＥＵの対外行動においてＥＵの一つの声を確保し、他のＥＵの政策との一貫性を担保すること、またＥＵ加盟国やＥＵの各組織との調整を図ること、そして世界中のＥＵの在外代表部を管轄することとなっている。構成としては、アジア・太平洋、アフリカなど、地域ごとの部局と、国際・多国間協調など、政策領域ごとの部局に分かれている。ＥＥＡＳには、外交・安全保障政策を提案し、実行する権限はあるが、政策決定の権限は外務理事会が有することになっている。ＥＥＡＳは二〇一一年に実質的な稼働を開始している。

リスボン条約の批准・発効へ

リスボン条約批准プロセスも、スムーズには進まなかった。大方のＥＵ加盟国は、フランスとオランダによる欧州憲法条約草案の否決という苦い経験から、国民投票は実施せず、各国の議会において批准手続きを行うことを決めていた。リスボン条約はあくまで従来の条約のマイナーチェンジであるため、国民投票までを必要とするような大規模な改革ではないというのが、各国政府の立場であった。

これに対して唯一アイルランドのみは、憲法の規定により国民投票を実施せざるをえなかった。投票が二〇〇八年六月一二日に実施されたところ、賛成四六・六％、反対五三・四％で、同条約が否決されてしまった。すると、そもそもリスボン条約に対して懐疑的な立場をとっていたチェコは、アイルランドでの結果を受けて議会における批准手続きを中止した。またポーランドにおいても、そもそも同国議会がアイルランドの国民投票に先立つ〇八年四月に批准法案をすでに圧倒的多数で可決していたにもかかわらず、当時のレフ・カチンスキ大統領はすぐにリスボン条約批准書に署名を行わなかった。そしてアイルランドの国民投票の結果が明らかになると、「アイルランドが国民投票でリスボン条約を批准しない限り、私も条約批准書には署名を行わない」として、批准法案への署名を拒否した。

チェコとポーランドのケースは、東西の分断が解消されたかに見られた統合ヨーロッパにおいて、「歴史問題」

が根強く残っていることを浮き彫りにしたケースであるが、この二カ国の事例については次項に譲り、ここではアイルランドのリスボン条約否決をめぐる問題がどのように解決されたのかについて見ていくこととする。アイルランドによる否決はリスボン条約の存続自体を揺るがすものであってはならず、部分的な再交渉および妥協で対処可能であるという理解が、EU内部では支配的であった。本章第1節ですでに見たように、アイルランドにおける妊娠中絶問題や中立政策継続への懸念はすでに広く知られており、今回のリスボン条約ではこれに加え、アイルランドの低い法人税に対し、EUが修正するよう圧力をかけているとの理解が、同国民の反EU感情を増強しているとの指摘がなされていた。しかしいずれにしろ、ニース条約の際に体験したような対処方法は、今回の条約否決にも適用可能であるとみなされたのである。

〇八年後半議長国のフランスが主たる調整役にあたり、アイルランドに対する措置が交渉された。この交渉の真っ最中の九月には、国際金融危機（リーマン・ショック）が発生し（本章第6節参照）、多くのEU加盟国も深刻な影響を被ったことで、リスボン条約妥結への道が危ぶまれる場面も少なくなかった。しかし、アイルランド問題に関しては、新条約は同国の主権を侵すものではないとする点を再度確認し、交渉は〇八年一二月に妥結した。この結果、〇九年一〇月二日に実施された再度の国民投票では、六七・一％賛成、三二・九％反対でリスボン条約が可決された。これにより、リスボン条約批准への道が開けた。アイルランド再投票の結果を受け、ポーランドのカチンスキ大統領も批准法案に署名し、リスボン条約は〇九年一二月一日にようやく発効に漕ぎ着けた。

歴史問題の再燃？　一方、ポーランドとチェコによるリスボン条約への留保は、期せずしてヨーロッパにおける歴史問題をあぶりだすことになった。ポーランドでは、アイルランドの国民投票結果を受けてレフ・カチンスキ大統領が同条約批准法案への署名を拒否したことは既述の通りであるが、実はより深刻な問題が二〇〇七年六月の欧州理事会における最終的な交渉の際に露呈していた。同国は閣僚理事会の票数が、人口比に応じて配分されることに抵抗し、「大国並み」の票数をポーランドに割り振ることを強く主張していた。この文脈において、当時のヤロスラウ・カチンスキ首相*は、国内メディアを用いて以下のように主張していた。「仮にポーランドが一九三九年から一九四五年までの時期を経験していなければ、現在のポーランドの人口は（二〇〇七年当時の三八〇〇万人ではなく）、六六〇〇万人に達していたであろう」。すなわち、ポーランドは第二次世界大戦中にナチス・ドイツからの大量殺戮を受けたために大幅に人口を減らしたことを持ち出したうえで、ポーランドに大国並みの票数を配分することを、このような過去の「償い」として要求すると受け取られる趣旨の発言を行ったのである。憲法条約草案否決後の欧州統合を救済するための交渉の場で、歴史問題を盾に理事会での票数保持を求めるカチンスキ首相の発言は、まさにEUの「傷口に塩を塗りこむもの」（英BBCの報道）に他ならなかった。しかし、こうした姿勢はかえって他のEU加盟諸国の反感を買い、この発言が大きく取り上げられることはなく、ポーランドの主張は黙殺された形となった。

＊当時のポーランド大統領のレフ・カチンスキと、首相のヤロスラウ・カチンスキは双子の兄弟である。

チェコにおいては、そもそも欧州統合に懐疑的な立場をとっていたヴァーツラフ・クラウス大統領が、リスボン条約によってEU基本権憲章が法的拘束力を有するようになることを懸念し、チェコが同憲章の適用から除外されるよう求めていた。クラウス大統領をはじめとした同国の右派政治家たちは、第二次世界大戦後に出された、当時チェコ内に居住していたドイツ人を国外追放した大統領令「ベネシュ布告」が、EU基本権憲章に抵触するものとして欧州司法裁判所に提訴されかねないとして警戒していたのである。このためチェコは、リスボン条約の批准にあたっては、すでにポーランドやイギリスが求めていたような基本権憲章の適用除外と同等の措置を署名の条件としていた。最終的に他のEU加盟諸国はこれを容認し、二〇〇七年一〇月の欧州理事会で承認された。また、チェコの憲法裁判所がリスボン条約は合憲との判断を出したこともあり、クラウス大統領も最終的には同年一一月にリスボン条約批准書に署名した。

条約批准プロセス最終段階においてチェコやポーランドがドイツとの歴史問題に絡む主張を行ったことは、批准プロセスに強烈な後味の悪さを残すことになった。歴史をめぐる加盟国間の相克は依然として解決されておらず、非常に困難な場面において政治交渉に用いられかねないということが、欧州統合を停滞から救うためのリスボン条約交渉の場で明らかになってしまったのである。しかし、欧州統合はこうした厳しい局面を「受け流す」度量も、その歴史の中で体得していた。第二次世界大戦中にドイツ支配下で受けた被害に言及してドイツから政治的妥協を引き出そうというやり方は、たとえば二〇一五年、ギリシャに対する金融支援と引き換えに厳しい財政規律を求めたドイツに対し、ギリシャのアレクシス・チプラス政権がナチス・ドイツの占領による損害の賠償を求めることをちらつかせた際にも見られたものではあった。しかし、ヨーロッパの暗い過去を持ち出して自らの国に有利な条件を引き出そうとするかのようなこうした主張は、往々にして黙殺される傾向にあったのである。

こうして見てきたように、コンベンションの始動から欧州憲法条約の策定とその頓挫、そしてリスボン条約発効に至るまで、ＥＵ改革問題は大きな混乱を続けた。しかしともあれ、マーストリヒト、アムステルダム、ニース、欧州憲法条約草案と、ほとんどブランクなしに続いてきたＥＵの条約策定作業は、リスボン条約の発効とともに一段落を迎えたのも事実である。これ以降のＥＵは、リスボンで導入されたさまざまな改革を実施しつつ、二〇一〇年代に次々とＥＵを見舞うさまざまな問題への対処に追われるようになる。

6　安全保障アクターとしての欧州連合の発展

共通外交・安全保障政策の発展

一九九〇年代の終盤から二〇〇〇年代にかけての時期は、ＥＵの安全保障をめぐる議論が深まり、制度が徐々に整い、実質的な活動が開始された時期でもあった。すでにアムステルダム条約では、マーストリヒト条約で設置されたＣＦＳＰを改革し、共通外交・安全保障政策上級代表・ＥＵ理事会事務総長（ＨＲ／ＳＧ：以下「上級代表」）のポストを新設していた。上級代表は、ＥＵ理事会の事務総長を兼務し、当該政策についてＥＵを代表する議長国を補佐することとなった。さらに同条約は、新たに「共通の戦略」を立案する任務や、ピータースバーグ任務と呼ばれる人道的・救助的任務や平和維持の任務などもＥＵに与えていた。*

＊ピータースバーグ任務とは、冷戦期の集団防衛組織であった西欧連合（ＷＥＵ）（第2章第1節参照）が、一九九二年六月

にドイツのボン近郊のホテル・ピータースバーグで採択した宣言に基づく。WEUは冷戦中はECの枠外に存在していたが、冷戦後、その機能と能力をEUに移管し、その後二〇一一年六月末に任務を終了している。

一九九八年から一九九九年に深刻化したコソヴォ情勢は、EUの安全保障・防衛面での協力強化をめぐる議論を活性化する一つの重要な契機となった。こうした中、一九九八年一二月にフランスのサン・マロで実施されたブレア首相とジャック・シラク大統領による英仏首脳会談は、EUが「国際危機に対応できるよう、信頼に足る軍事力に裏打ちされた自律的な行動能力と、その行使を決定する手段およびその心構えとを備える」べきであるとの共同宣言を打ち出した。これは、それまでEUに安全保障上の役割を担わせることに消極的であったイギリスの方向転換とも言うべきものであった。この共同声明を重要な契機として、一九九九年六月のケルン欧州理事会では、EUが国際的な危機に自律的に対応することを可能とするような軍事能力を有すべきという点で合意し、CFSPの一環として欧州安全保障・防衛政策（ESDP）が創出される。さらに、同年一二月のヘルシンキ欧州理事会では、EUが二〇〇三年までに、一年以上持続可能な最大六万人程度の軍隊を六〇日以内に派遣可能な体制を整えることを目標とした（「ヘルシンキ・ヘッドライン・ゴール」と称される）。

こうした中、CFSPに基づくEUの対外活動も開始された。二〇〇三年一月には、初めての域外向け危機管理ミッションとして、ボスニア・ヘルツェゴヴィナに対し、EU警察ミッション（EUPM）が派遣された。このように、この時期のEUは、主にEU域外を中心とした国際的な役割を果たす体制を徐々に整えていくようになった。

イラク戦争と引き裂かれたヨーロッパ？

しかし、二〇〇三年三月に勃発したイラク戦争はEUを深く分断することになった。アメリカのジョージ・W・ブッシュ政権の開戦決定に対し、フランスとドイツが強くそれに反対した一方で、イギリス、イタリア、スペインや、当時EU加盟を目前に控えていた中東欧諸国がイラク戦争を支持し、EUの一体性の欠如が浮き彫りになった。さらに、当時のアメリカの国防長官のドナルド・ラムズフェルドが、アメリカの対イラク開戦に反対するフランスやドイツを「古いヨーロッパ」、支持する中東欧諸国を「新しいヨーロッパ」と揶揄的に表現したことも、すでに険悪化していた米欧関係をいっそう冷却化させる効果を与えただけではなく、こうした重大問題に対するヨーロッパ諸国間の立場やアプローチの違いをも際立たせることとなった。
イラク戦争が一段落して以降のEUにおいては、同戦争であからさまになったEU内部での見解の相違を克服し、安全保障アクターとしてのEUの一体性を追求する努力が地道に続けられていった。欧州安全保障戦略（European Security Strategy: ESS）が〇三年一二月に公表されたのは、こうした文脈においてであった。同文書はEUの安全保障政策における基本認識を初めて示したものとなり、EUの脅威認識として、「テロリズム」「大量破壊兵器の拡散」「地域紛争」「国家破綻」「組織的犯罪」の五つが挙げられていた。そのうえでEUとしては、バルカン、南コーカサス、地中海など自らの近隣諸国・地域への取り組みを優先課題とすること、脅威への対応にあたっては、軍事的対処方法のみならず、EUの対外政策が持つさまざまな手段を有機的に組み合わせて実施することがEUの比較優位であること、「国際的なルールに基づく秩序の強化」を「効果的な多国間主義」を通じて推進することなどが挙げられている。この文書は、アメリカの国家安全保障戦略（National Security Strategy: NSS）を意識しつつ、アメリカの安全保障戦略とのアプローチの差異を強調する意図もあったと指摘されている。さらに、アメリカ、カナダ、日本、中国、ロシアなどといった主要国とのバイラテラルな戦略関係を構築する「戦略的パートナーシップ」などの新概念が打ち出され、EUはあくまで国際社会との連携を軸として、国際的な諸問題への対処に当たることが強調された。

拡大する共通安全保障・防衛政策ミッション

このようにして、一九九〇年代後半に安全保障面での制度構築が進んだことを受け、二〇〇〇年代のEUは、EU域外における活動を本格化するようになってきた。EUが実施する共通安全保障・防衛政策（CSDP）ミッション（リスボン条約を受け、ESDPがCSDPへと改称された。ESDPに関しては前々項参照）は、平和維持や軍隊の訓練、紛争後の安定化等に関与する軍事オペレーションと、「警察」「法の支配」「民政」「文民保護」「監視ミッション」等の支援を優先的に行う文民ミッションの二つに分類される。CSDPの前身であるESDPの本格的な活動は前々項で述べた通り二〇〇三年に開始され、二〇〇〇年代中は旧ユーゴ（ボスニア、マケドニア、コソヴォ）、アフリカ（コンゴ民主共和国、スーダン、チャド、中央アフリカ、ソマリア）、

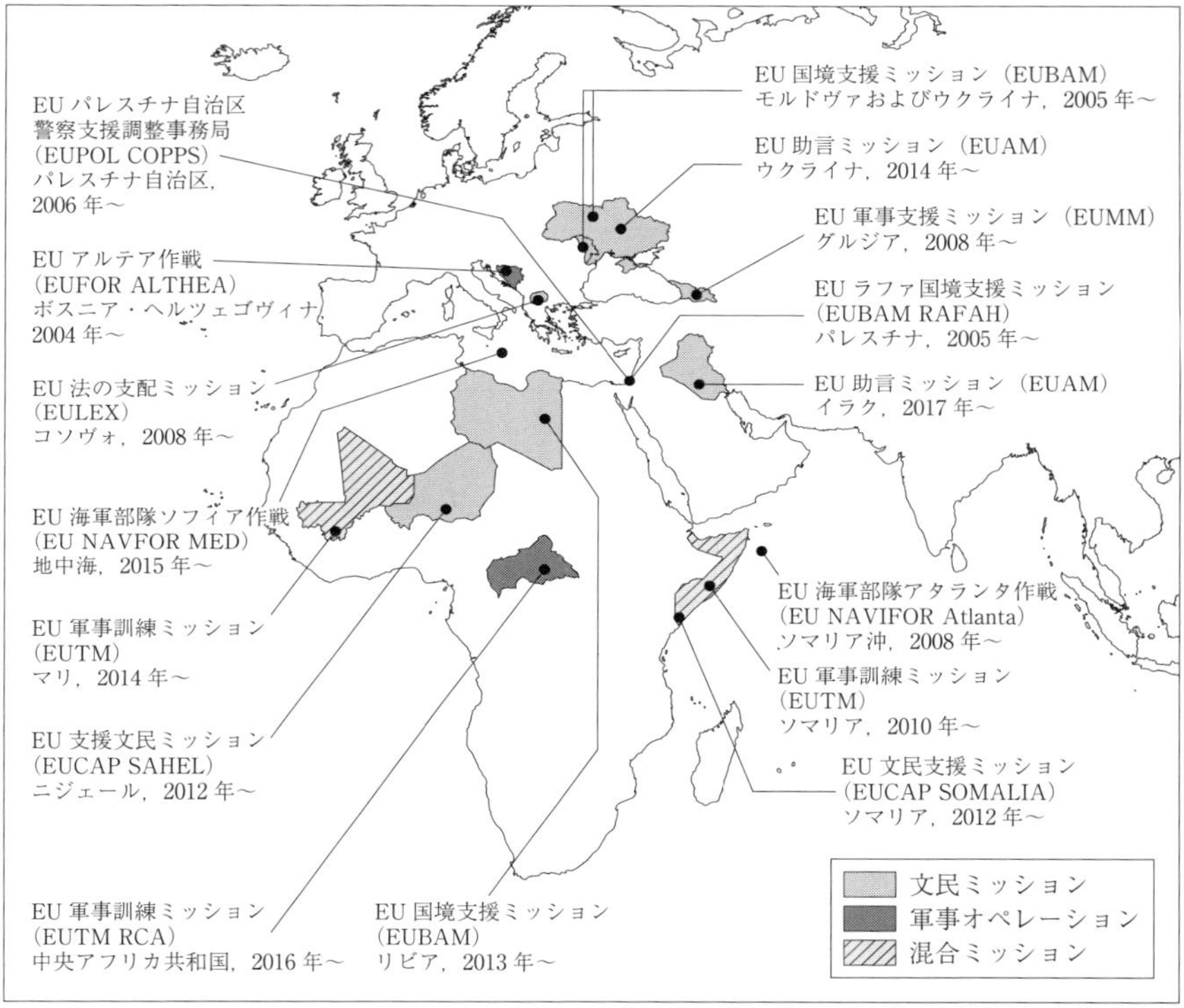

図8－4　進行中の CSDP ミッション（2018年11月現在）

中東（パレスチナ、イラク、アフガニスタン）、旧ソ連諸国（グルジア）などへと徐々に活動実績を増やしてきた。二〇〇三年の開始当初から現在に至るまで、文民ミッションの派遣数が常に軍事オペレーションを上回っており、法の支配強化支援や行政改革支援を安全保障関連活動の重要な軸として実施していくEUの独自スタイルが二〇〇〇年代以降定着してきたと言える（図8－4）。

さらに、EUの安全保障能力を発揮するうえで不可欠なNATOとの関係においても、二〇〇三年三月に「ベルリン・プラス」と呼ばれる合意が成立した。これによって、EU主導の危機管理作戦（すなわち、NATOが関与しない紛争への対処）の際に、EUがNATOの能力・施設にアクセスすることが可能となった。この「ベルリン・プラス」の枠組みを用いて、二〇〇三年一二月にはEU初の軍事作戦であるコンコルディア作戦（Operation Concordia、対象はマケドニア）が、二〇〇四年にはアルテア作戦（EUFOR Althea、対象はボスニア・ヘルツェゴヴィナ）が実施された。こうしたEU・NATO協力体制の整備は、二〇一〇年代の米欧関係においても引き続き重要なテーマであり続けてきたバードン・シェアリング（責任分担）の観点からも大きな出来事であり、その意味では、二〇〇三年の「ベルリン・プラス」はその重要な先駆けを形成したと言える。

なお、二〇〇四年六月の欧州理事会において、前述の「ヘルシンキ・ヘッドライン・ゴール」の修正版である「ヘッドライン・ゴール二〇一〇」が合意された。ここでは、「三〇人から最長一二〇日持続可能な」EUのバトルグループ（一ユニット一五〇〇人）を、一五日以内に派遣することを、二〇〇七年までに可能とすることを目標とすることになった。

バブルの崩壊からユーロ危機へ

二〇〇〇年代初頭のEUは、本章冒頭においてもすでに述べた通り、ユーロの紙幣・コイン流通開始という一つの到達点を経験した。ユーロ導入が比較的スムーズになされたことは市場から安心材料として受け止められ、ユーロ相場はしばしの間は当初の想定よりも高値で取り引きされ、「ご祝儀相場」とも揶揄された。

しかし、ユーロは流通開始当初から大きな問題を抱えていた。そもそもユーロ開始にあたって、共通通貨の導入に必要な政治的・経済的一体性は十分に確保されていなかったにもかかわらず、ユーロを発進させてしまったことも、後々のひずみを生む遠因となった。また最大の問題は、その財政状況からユーロ参加が危ぶまれていたギリシャが、さまざまな紆余曲折を経て、流通開始直前の二〇〇一年段階でユーロに参加することが決定されたことであった。このとき、ギリシャのユーロ参加をめぐる疑念や消極論は、単一通貨の流通開始という歴史的な出来事を前にした多幸感の中でかき消されがちであった。二〇一二年にドイツの『シュピーゲル』誌でヘルムート・シュミット元ドイツ首相と対談したジスカールデスタン元フランス大統領は、ユーロ導入時の「判断の誤り」を以下のように辛辣な口調で振り返っている。

コラム8-2　EUとはいかなる「パワー」か？

2000年代には，EUがどのような国際的アクターであるのか，あるいはEUは自らをどのように定義するのかをめぐる議論が盛んとなった。それはしばしば，EUはいかなる「パワー」であるのかに関する考察という形をとった。このコラムでは，EUの「パワー」をめぐる議論を概観してみよう。

EUを何らかのパワーとして見なす議論は1970年代に遡る。当時，「シビリアン・パワー（文民パワー，民政的パワー等の訳語があてられている）」という概念が注目され，冷戦時のヨーロッパが軍事力を増強していくべきか，それとも非軍事的手段で国際的な影響力を増強していくべきかをめぐって，フランソワ・デュシェーヌやヘドレー・ブルらを中心として議論がなされてきた。

冷戦終焉後も，国際情勢の激変に伴い，EUの国際的な立ち位置をめぐる議論は続いていた。こうした中，イアン・マナーズは2000年に，EUの国際的特徴は「シビリアンであるか否か」という点にではなく，EUに内在する規範を対外的に推進していくという点にこそあるとして，「規範パワー」という概念枠組みを発表した。EUを「規範パワー」であると自己規定するこの枠組みはヨーロッパ内外で大きな論議を呼び，EU対外関係研究における一大潮流を作り上げた。

一方本章でも述べた通り，2004年および2007年に実現した第5次拡大は，EUにとって重要な「成功体験」であった。長らく共産圏にあった中東欧諸国に対し，将来的なEU加盟を約束することによって，当該諸国の政治的・経済的・社会的改革を成し遂げたというのである。ヘザー・グレイビーは，このように拡大の魅力によって近隣諸国の変革を促す力はEU独自のものであるとして，これを「変革パワー」と名づけた。

「規範パワー」も「変革パワー」も，EU対外政策の「長所」や「成功」を説明しようとする概念枠組みであり，2000年代のEUから溢れていた自信をうかがわせるものであった。しかし，本章および第9章で見るように，EUはその後，ユーロ危機や難民危機といった数々の試練への対処に追われ，徐々に自信を喪失していく。それに従い，EUを何らかの「パワー」として自己規定する議論もまた，勢いを失ってゆくのである。

本当に正直に言えば、ギリシャを（ユーロ圏に）受け入れたことが間違いだったのだ。ギリシャは単に、その準備ができていなかったんだよ。ギリシャは基本的に、オリエンタルな国なんだな。ヘルムート、ギリシャが一九八一年にEC加盟を認められたとき、君が難色を示していたことを思い出すよ。君の方が僕より賢かったってことだな。ユーロ圏は、際限なく拡大していってはならないのだよ。

ヨーロッパ経済そのものも、大きなアップダウンを繰り返した。二〇〇〇年代初頭のヨーロッパ経済は、アメリカのITバブル崩壊のあおりを受け、ドイツ経済が深刻な不況に陥っていたことなどから低迷していた。しかし、二〇〇五年以降には景気が大きく改善した。その一つの牽引役となったのが、スペインやイタリアなどの南欧諸国であった。これらの国々は、ユーロ導入後の低金利と物価安定の恩恵を受け、消費ブーム、不動産ブーム、住宅ブームに沸いた。中東欧の新規EU加盟諸国の一部も、好調な経済の恩恵を受けていた。

ところが、二〇〇八年九月に、いわゆるリーマン・ショックがヨーロッパに大打撃を与える。これにより、ユーロ圏でも、とくに財政赤字の問題を抱えていたポルトガル、アイルランド、ギリシャ、スペインなどといった国々が影響を受けた。

なかでもギリシャをめぐる問題は深刻であった。危機が進行する中で、同国は二〇〇九年一〇月に政権交代を迎えたが、同国がそもそもユーロ参加時に、財政赤字を国家ぐるみで粉飾し、ユーロ参加基準を満たしていたかのように装っていたことが新政権によって明らかにされたのである。第9章第2節でも指摘する通り、ギリシャ問題への対策は、その後の数年間にわたり、EUに大きな負担としてのしかかることになった。またこの問題は、ギリシャに代表される放漫財政の加盟国と、ドイツの緊縮財政のアプローチの違いを際立たせることになる。こうしてヨーロッパの二〇〇〇年代は、ユーロ圏経済をめぐる問題が次々と顕在化する中で幕を閉じ、ユーロ崩壊の懸念までささやかれるような混乱と危機の時代へと繋がっていったのである。

参考文献

遠藤乾編『ヨーロッパ統合史』［増補版］名古屋大学出版会、二〇一四年。

遠藤乾『欧州複合危機――苦悶するEU、揺れる世界』中央公論新社、二〇一六年。

小笠原高雪他編『国際関係・安全保障用語辞典』［第2版］ミネルヴァ書房、二〇一七年。

アンソニー・ギデンズ『揺れる大欧州――未来への変革の時』（脇阪紀行訳）岩波書店、二〇一五年。

ロバート・ケーガン『ネオコンの論理――アメリカ新保守主義の世界戦略』（山岡洋一訳）光文社、二〇〇三年。

庄司克宏「リスボン条約（EU）の概要と評価――「一層緊密化する連合」への回帰と課題」『慶應法学』第一〇号、二〇〇八年。

中西優美子「欧州憲法条約における脱退条項」『国際法外交雑誌』第一〇三巻第四号、二〇〇五年。

蓮見雄「欧州近隣諸国政策とは何か」『慶應法学』第二号、二〇〇五年。

東野篤子「EUの拡大」森井裕一編『ヨーロッパ政治経済・入門』有斐閣、二〇一二年。

東野篤子「国際関係と政治――西バルカン諸国とEU・NATO」月村太郎編『解体後のユーゴスラヴィア』晃洋書房、二〇一七年。

細谷雄一『倫理的な戦争――トニー・ブレアの栄光と挫折』慶應義塾大学出版会、二〇〇九年。

渡邊啓貴編『ヨーロッパ国際関係史――繁栄と凋落、そして再生』有斐閣、二〇〇八年。

Alasdair Blair, *The European Union since 1945* (2nd ed.) (Harlow, UK: Pearson Education Limited, 2010).

Joschka Fischer, 'From Confederacy to Federation: Thoughts on the finality of European integration', Speech at the Humboldt University in Berlin, 12 May 2000. http://ec.europa.eu/dorie/fileDownload. do?docId=192161&cardId=192161
Heather Grabbe, *The EU's Transformative Power : Europeanization Through Conditionality in Central and Eastern Europe* (Basingstoke: Palgrave-Macmillan, 2006).

Helmut Schmidt and Valery Giscard d'Estang, 'European Luminaries Reflect on Euro - Seventeen Countries were far too many', *Spiegel Online international*, 9 November 2012. http://www.spiegel.de/international/europe/spiegel-interview-with-helmut-schmidt-and-valery-giscard-d-estaing-a-855127.html

Atsuko Higashino, 'For the Sake of "Peace and Security"? The Role of Security in the European Union Enlargement Eastwards', *Cooperation and Conflict*, Vol. 39, Issue 4, 2004.

Dick Leonard and Robert Taylor, *The Routledge Guide to the European Union* (London and New York: Routledge, 2016).

Mark Leonard, *Why Europe Will Run the 21st Century* (London: Forth Estate, 2005).

Paul Taylor, *The End of European Integration : Anti-Europeanism Examined* (London and New York: Routledge, 2008).

第9章　試練の中の欧州連合
——二〇一〇年代とブレグジット——

山本　健

EU側のイギリス離脱問題担当交渉官ミシェル・バルニエ
（©European Union, 2018）

本章では、まず共通政策の発展、制度の発展、そして欧州連合（EU）拡大の三つの観点から本書におけるこれまでの議論を概観する。次いで、二〇一〇年代にEUが直面した三つの試練について論じる。一つ目の試練が、ユーロ危機である。〇九年に勃発したギリシャ危機は、アイルランドやスペイン、ポルトガルやイタリアなどにも波及し、ユーロ危機をもたらすこととなった。第二の試練が、シリア内戦のため、一四年以降に激増した難民によってもたらされた危機である。難民危機は、ユーロ危機によってもたらされた不況やテロに対する恐怖とあいまって、反EU政党をかつてなく勢いづかせることになった。そして第三の試練が、一六年の国民投票でイギリスが決めたEU離脱の問題である。EUがその歴史の中で初めて縮小という問題に取り組むこととなった。加盟国がEUから離脱するとは何を意味するのか。本章は、そのような観点から離脱交渉過程を見ることで、さらにEUを理解する一助とすることを試みる。さらに最後に、イギリス離脱後のEUを歴史の中で展望する。

1　欧州連合の発展

共通政策の広がり

まずは、本書で論じてきたこれまでの欧州共同体（ＥＣ）・欧州連合（ＥＵ）の歩みを手短に整理しておこう。欧州統合の歴史は、「深化」と「拡大」という言葉でしばしば言い表されるが、「深化」に関しては、さらに制度の発展と共通政策の発展の二つの側面があった。最初に、後者から見ていきたい。

過去七〇年の間に、ＥＣ・ＥＵが扱う政策領域は、加盟各国の利害と時代の変化に合わせて広がっていった。それはどの分野をＥＣ・ＥＵが担い、どの分野を各国の権限として維持するのかを模索する過程でもあった。戦後の欧州統合は、石炭鉄鋼という特定の分野から始まった。だが、一九五八年に発効したローマ条約によって共同市場形成という包括的統合を進める路線へと発展したことで、経済分野を中心に加盟国がさまざまな分野で協力する基盤が作られた。関税領域はＥＣ・ＥＵが完全に扱う分野となり、関税と貿易に関する一般協定（ＧＡＴＴ）での交渉にＥＣとして臨むため共通通商政策も形成された。とりわけ農業という各国の利害が錯綜する分野において共通農業政策（ＣＡＰ）が作られたことは、初期の統合の最も大きな成果であった（コラム９－２参照）。一九八七年に発効した単一欧州議定書では、今ではＥＵを代表する共通政策となった環境分野が導入された（コラム７－２参照）。消費者保護や競争促進のための競争政策も、一九八〇年代以降進展していった。他方で、たとえば欧州レベルの社会政策のように目立った成果を得られていない分野もある。ソーシャル・ヨーロッパの夢は実現されず、欧州統合は新自由主義的色彩の強い方向へと進んでいくこととなった。

一九九三年に発効したマーストリヒト条約は単一市場を形成し、モノ・ヒト・サービス・資本の四つの自由移動をおおむね実現させ、ＥＵが扱う領域をさらに飛躍させた。まず単一通貨ユーロの導入を決定し、一九九八年の欧州中央銀行（ＥＣＢ）の設立後、ユーロ参加国の通貨政策がＥＵの権限に移されることになった。また非経済領域である、共通外交・安全保障政策と司法・内務協力（アムステルダム条約発効以降は、警察・刑事司法協力）の分野もＥＵで扱う領域となった。これらは当初、ＥＣの枠外で作られた欧州政治協力やトレヴィ・グループと呼ばれる警察分野での政府間協力体制が、ＥＣ・ＥＵに取り込まれる形で進展した。警察・刑事司法協力の制度化の一環で、一九九九年には欧州刑事警察機構（ユーロポール）が、二〇〇二年には欧州司法機構（ユーロジャスト）が設置された。*外交・安全保障分野では、アムステルダム条約で「共通外交・安全保障政策上級代表」というポストが新設され、さらにリスボン条約では「外務・安全保障政策上級代表」となり、欧州委員会副委員長を兼任すると同時に、閣僚理事会の一つである外務理事会の議長も務めることとなった。加えて、二〇一一年からは「上級代表」を補佐する欧州対外行動庁も始動し、ＥＵは安全保障アクターとしてさまざまなミッションを実施するまでになった。

＊ユーロポールは、二〇一七年に正式名称が"the European Union Agency for Law Enforcement Cooperation"に変更された。またユーロジャストは、「欧州検察機構」とも訳される。

このようにＥＵはそれがカバーする共通政策分野を広げていったわけだが、だからといって今やＥＵがすべてを決め、加盟国を指導しているというわけではない。マーストリヒト条約には、「補完性原理」と呼ばれる考えが盛り込まれている。補完性原理とは、諸政策はできるだけ市民に近い下位レベルで実行されるべきであり、下位レベルでは非効率な政策のみをより上位のレベルで行うべきという基本原則である。市民に近い「地方」のレベルでうまくいかない場合には「国家」のレベルで、さらに必要な場合は「ＥＵ」のレベルで政策を遂行することが望ましいということになる。そして実際、最上位であるＥＵが排他的権限を持つとされる政策は、現在のところ、関税同盟や競争政策（コラム9-1参照）、共通通商政策、ユーロ諸国の通貨政策、そして共通漁業政策の中の海洋生物資源保護のわずか五つに限られている。

他方で農業や漁業、環境保護や地域政策、移民・難民政策などほとんどの分野はＥＵと加盟国の間で権限が共有されており（共有権限分野）、新たにＥＵ法が制定された場合に各国はそれに従うことになっている。文化政策や教育政策（コラム7-1参照）といった分野はＥＵ内で協力はするものの、ＥＵ法を立法することはできず、それゆえ

コラム９-１　最も成功した共通政策――EU 競争政策

EU の競争政策は，EU の共通政策の中で最も超国家的なものの一つである。日本の独占禁止法にあたる EU 競争法は，EU の「経済憲法」とも言われ，カルテルや談合，独占の禁止など，単一市場を健全に運営するうえで重要な役割を果たしている。競争政策は，価格の引き下げや品質向上，選択肢の拡大など消費者に多くの利益をもたらすものでもある。また，小規模な企業合併などは各国政府の管轄だが，EU 規模を持つ大型合併の案件に関しては欧州委員会の競争総局が強力な権限を持ち，競争政策はもっぱら EU レベルで取り扱われる分野となっている。競争政策は超国家的統合のモデルともみなされ，最も成功した共通政策とされてきた。

競争政策に関する近年の象徴的事例を紹介しよう。欧州委員会は2017年10月，ルクセンブルク政府がアマゾン・ドット・コムに対して行ってきた税の優遇措置は違法であるとして，同社に対して約２億5000万ユーロの追徴課税を命じた。また2018年７月，欧州委員会は，グーグルが OS アンドロイドに，自社の検索・閲覧ソフトを「抱き合わせ」たことが不当な優遇であり，EU 競争法に違反するとして過去最高額の43億4000万ユーロの制裁金を科した。

欧州議会や欧州司法裁判所が影響を及ぼすこともない。また雇用や社会保障、徴税権や警察権などはもっぱら加盟各国の権限にとどまっている。このように、ＥＵの共通政策と一口に言っても、それぞれの分野の性質や各国の利害と歴史的経緯の結果、その協力のあり方はさまざまなものとなっている。それゆえ、それがＥＵを捉えがたくしている原因の一つとも言えよう。

複雑化するＥＵ

これまでの歩みの中で、ＥＵは制度的に巨大かつ複雑な組織となった。欧州石炭鉄鋼共同体（ＥＣＳＣ）は、欧州委員会や閣僚理事会、欧州議会、そして欧州司法裁判所という制度的基盤を誕生させたが、それはローマ条約にも受け継がれた。超国家的な行政府である欧州委員会の総局と呼ばれる「省庁」は、発足当初は九つに過ぎなかったが、今では三一を数えるまでに増加した。そこで働くユーロクラットは約三万二五〇〇人を数えるまでになった。このことは、ＥＵが携わる領域がいかに増えたのかを示している。

従来、実質的な立法権を握ってきた閣僚理事会も、ＥＵ全般の運営に関わる問題を扱う総務理事会のみならず、経済財務理事会や司法内務理事会など、現在で

コラム9-2　共通農業政策の今

ECは農業分野での共通政策の作成を実現した。しかし，それはECの財政を圧迫するという問題をもたらした。過剰に生産された農産物を，ECが無制限に買い取ることになったためである。「バターの山，ワインの池」と称された問題は，早くも1970年代に明らかになった。

共通農業政策がEUの財政を圧迫していたことに加え，輸出補助金付きの輸出に対してアメリカから強い批判がなされていたこともあり，1990年代に入りようやく共通農業政策の改革が進められた。その結果，高い農産物価格を維持するのではなく，農家に直接補助金を支払う方向へと転換することとなった。それによって生産調整が進められたが，大規模農家ほど多くの直接支払を受け取ることができる制度であり，小規模農家に不利であるとの批判がある。

またかつての共通農業政策による過剰生産が環境汚染を引き起こしたことから，きちんと環境問題に配慮している農家に対して直接支払がなされる仕組みになっている。さらに農産物の生産に直接関わらない農村部の住民の生活水準向上のためにも，現在の共通農業政策は農村開発を第二の柱としている。

は一〇の理事会が開かれるようになった。さらにEC・EUは、政策決定における非効率とリーダーシップの欠如の問題を解消すべく、欧州理事会という首脳会議も制度化した。欧州理事会自体には立法権はないものの、今ではそれがEUの大きな方向性を決める場として定着している。現在は定例の欧州理事会は年四回開催されることになっているが、難民問題など特定の議題のために開催される臨時の首脳会議の数も少なくなく、EU加盟国の首脳は頻繁に協議を行っている。だが、この欧州理事会ではドイツやフランスなどのEUの大国が大きな影響力を持っており、小国はしばしばそれに反発し、国家の利害がぶつかり合う政府間主義的な面を色濃く残す。二〇〇九年に発効したリスボン条約では欧州理事会に常任議長のポストが新設され、EUの顔として定着した感がある。

草創期には限定的な役割しか果たせなかった欧州司法裁判所と欧州議会は、ECSCの発足以来、徐々にその存在感を高めていった。第4章第1節で論じたように、欧州司法裁判所が欧州統合の進展の中で重要性を増すきっかけとなったのが、一九六〇年代初めの「司法クーデター」、すなわちEC・EU法の直接効果と国内法に対する優越性の確立であった。これを基盤に「法による統合」が進展し、EC・EU法と欧州司法裁判所の判決は超国家的な影響力を持つようになった。数多くのEC・EU法が制定されるのと同時に、欧州司法裁判所に持ち込まれる訴訟は年々増加し、判例を通じてローマ条約やマーストリヒト条約の解釈が積み重ねられることにより、EU全域に統一的な司法空間が形成されていったのである。一九八〇年代後半以降は年間で約二〇〇〇〜三〇〇〇件のEU法が採択され、EU法に関わる訴訟の数も激増し、欧州司法裁判所は今では年に三五〇を超える判決を行っている。欧州司法裁判所の任務は、判決の遅延化が問題になるほど拡大することとなった。*

＊欧州司法裁判所は一九五二年にルクセンブルクに設けられたが、裁判所の処理能力を増加させるため、一九八八年に第一審裁判所（現総合裁判所）が設置された。さらに、二〇〇四年にはEU職員法廷も加えられ、現在は三裁判所体制となっている。

EUの制度の中でも、制度的権限を最も拡大させたと言われるのが欧州議会である。もともと諮問機関的な役割しか与えられていなかった欧州議会は、一九七〇年代になってようやく、まず限定的ながらも当時のECの予算案審議に対する権限が認められ、次いで一九七九年から直接選挙により議員が選ばれるようになった。さらにマーストリヒト条約によって政策決定への関与の道が開かれた。それまでは、EU法の立法権を閣僚理事会が独占していたが、現在では閣僚理事会のみならず欧州議会も立法に関する対等な権限を分有することになった。つまり、閣僚理事会と欧州議会の両方が承認して初めてEU法が成立するのが、今のEUである（図7-1参照）。欧州議会は、EU加盟国の増大により、定数七五一名の巨大議会となった（後述するように、イギリスのEU離脱により定数は減少する）。しかしながら、五年に一度行われる欧州議会選挙の投票率は回を重ねるごとに低下しており、EU市民の関心の低さが指摘されている。一九七九年から始まった欧州議会選挙の第一回目の投票率は六一・九%だったが、第八回となる二〇一四年欧州議会選挙の投票率は史上最低の四二・五四%まで落ち込んだ。欧州議会の権限が高まるのに反比例するかのように投票率が下がっていったのは、EUの民主主義にとって厳しい現実を示している。また後に論じるように、欧州議会における反EU勢力の増大も近年の特徴となっている。

欧州統合の歴史は拡大の歴史でもある。ECSC発足時の加盟国は、フランス、ドイツ連邦共和国（西ドイツ）、イタリア、ベネルクス三国のわずか六カ国であった。イギリスの不参加もあり、EECも発足時の加盟国数は変わらず、ECSC設立からの約二〇年間は六カ国のみで統合が進められた。それが初めて拡大したのが一九七三年である。第一次拡大としてイギリス、デンマーク、アイルランドの三カ国が加わった。次いで、第二次拡大として一九八一年にはギリシャが、第三次として一九八六年にはスペインとポルトガルが加わり、ECは南方へと拡大し、加盟国は一二カ国となった。注目すべきは、EC拡大がEC自体の変化をもたらしたことである。第5章第4節や第6章第1節で示したように、一九七〇年代に民主化した南欧三カ国を加盟させる中で、ECは単に経済共同体であるのみならず、民主主義や人権を重視する「価値の共同体」へと変貌していったのである。

限界に達したＥＵ拡大

冷戦時代の欧州統合は、実質的に、西ヨーロッパの統合であった（ロング・コラム1参照）。しかし冷戦の終結は、ヨーロッパを東西に分断していた壁を消し去り、東欧諸国の将来の加盟への扉を開いた。さらには、EUが受け皿になることで、冷戦秩序崩壊後の混乱を抑えることが期待された。東方拡大を見越して、一九九三年に新規加盟の基準を明確にすべく、欧州理事会は「コペンハーゲン基準」を打ち出した。既存のEU法を総体的に受け入れること（アキ・コミュノテール〔コラム4－2参照〕の受容）、民主主義、人権の保障、法の支配の確立、そして市場経済の確立がその基準とされたが、これは冷戦時代に政治体制の異なっていた旧共産主義国を受け入れるためであると同時に、EUとは何かを示すアイデンティティを表すものでもあった。どの国をどのような条件でEC・EUの加盟国として受け入れるかを模索する過程で、EC・EUは自己イメージを明確化させていったのである。コペンハーゲン基準は、その集大成であった。一九九五年には第四次拡大としてオーストリア、フィンランド、スウェーデンがEUに加盟し、地理的には北方へと広がった。一九九七年に調印されたアムステルダム条約には、EUの共通原則として、自由、民主主義、人権および基本的自由の尊重、法の支配が明記された。そして、二〇〇四年にEUは東方拡大し、一挙に一〇カ国が加盟した。この時遅れたルーマニアとブルガリアも、二〇〇七年にEU加盟を果た

図9-1　第6次拡大加盟国（2013年7月）

した。この第五次拡大で、EU加盟国は一二を数えた。さらに二〇一三年にクロアチアが加わり（第六次拡大）、EUは二八カ国にまで拡大した（図9-1）。総人口も、ローマ条約調印時の一九五七年の一億六五〇〇万人（六カ国の人口の総計）と比べて三倍以上に増え、同じく総面積も三倍以上に広がった。*

*二〇一七年のEUの総人口は、五億一一八〇万人と推定されている。六カ国時代の総面積は約一二八万平方キロだったが、イギリスを含むEU二八カ国の総面積は四二九万平方キロである。

EC・EUの拡大に伴い、いったいどこまでがヨーロッパなのかとしばしば問いが投げられてきたが、今やEU拡大はほぼ限界にまで来た感がある。EU加盟国となったポーランド、スロヴァキア、ハンガリー、ルーマニアと国境を接するウクライナは、一九九八年に「EU・ウクライナ・パートナーシップ協定」を締結したが、EU側に同国を将来EU加盟国にする考えはなかった。二〇〇四年のオレンジ革命以降ウクライナはEUとの関係をさらに発展させたが、その一方で東部ウクライナやクリミア半島はロシアとの経済的・文化的な関係が深く、EUとロシアとの距離の取り方はウクライナを二分する大争点に発展し、二〇一三年、ついにウクライナ危機が勃発した。二〇一四年三月にはロシアは武力でクリミア半島を併合し、またウクライナ東部のロシア語地域はロシアへの編入を求め、ウクライナは内戦状態に陥った。EUはロシアに経済制裁を科し、EU・ロシア関係も決定的に悪化した。二〇一五年に親ロシア派とウクライナ政府は休戦協定を締結したが、対立はなお続いており、これまでの武力衝突で六〇〇〇人以上が犠牲になったと言われる。ウクライナは二〇一四年にEUと自由貿易協定を柱とする連合協定を締結したが（二〇一七年九月発効）、今後EU諸国が、EUの東部地域の国際関係を不安定化させてまでウクライナをEUの一員として受け入れ、さらに東方に拡大する可能性は低いだろう。

トルコのEU加盟も困難に直面している。すでに一九八七年から加盟申請をしているトルコでは、レジェップ・タイイップ・エルドアン大統領が国民の支持を背景にトルコのイスラーム化を積極的に進めている。また近年はエルドアンがEUに対して敵対的態度を示し、EUに加盟する見通しは大きく後退している。とりわけ二〇一六年にトルコで起きたクーデター未遂事件以来エルドアン政権はさらに強権的姿勢を強め、トルコ国内での人権侵害や言論弾圧を加速させ法の支配をないがしろにしたことで、トルコとEUの溝はかつてなく深まった。たしかにボスニア・ヘルツェゴヴィナやコソヴォ、そしてアルバニアといったバルカン諸国は今後の潜在的加盟候補国とされており（第8章第3節参照）、影響力を増す中国やロシアに対抗するためにもEUはこれら西バルカン諸国の将来のEU加盟を重視している。だが、EUの東部域外境界線はほぼ画定されたと言えそうである。さらに本章第4節で見るように、イギリスが二〇一六年の国民投票でEUから離脱することを決めた。拡大を続けてきた欧州統合の歴史の中で、初めて「縮小」という試練に直面することになったのである。

また、拡大する中で形成されてきた「価値の共同体」としてのEUのアイデンティティも揺らいでいる。中東欧諸国がEUへの加盟を希望した主な動機は経済的利益であった。冷戦後の新規加盟国は、EU加盟のためコペンハーゲン基準を満たすべく、まさに痛みを伴う改革を行った。それは新規加盟国の側からすれば押しつけられたEUの価値であり、EUが「帝国」的な影響力を発露したものでもあった。基準を満たして加盟したとは言え、新旧加盟各国の間の社会・経済の発展段階には大きな格差があり、各国の利害も優先事項も大きく異なっている。とりわけ加盟後は、改革が停滞しがちになった。むしろ民主的選挙を経て選ばれたハンガリーのオルバン・ヴィクトル政権や、ポーランドの右派政党「法と正義」による単独政権が独裁色を強め、EUが重視する価値に反する政策をとり始めている。両国において政府に有利な形でメディア統制や司法統制が進められ、民主主義や法の支配が後退する事態が見られる一方で、EUにはいったん加盟した加盟国にEUの共通の価値を守らせる効果的な手段が備わっていないという弱点が露呈することになった。さらにテロの頻発や、本章第3節で見る難民の殺到は、人権や自由さらには寛容という価値と、安全という価値とが衝突する状況を生むこととなった。

2　単一通貨の試練

二〇一〇年代に入ると、EUはかつてなく多くの試練にさらされることになった。本章では以下に、ユーロ危機（本節）、難民問題（第3節）、そしてイギリスのEU離脱（第4節）という三つの試練を順に取り上げていく。

ここではまず、通貨統合の歩みを振り返りつつ、ユーロ危機について見ていきたい。共同市場には単一通貨が必要であるとの考えは、一九六〇年代より存在した。しかし通貨統合の実現には長い時間がかかった。一九七〇～八〇年代には、まず各国通貨の為替の変動幅を一定に抑える形での通貨協力が試みられた。その後、EC各国間の通貨当局や銀行の決済手段やEC予算における計算単位として欧州通貨単位ECU《エキュ》が導入され、また資本移動の自由も進められた。単一通貨の導入に道筋を付けたのは一九九三年に発効したマーストリヒト条約である。一九九八年には、ユーロを発行する欧州中央銀行が設立された。そして一九九九年に、ついに単一通貨ユーロ導入が始まった。通貨統合の実現には、実に四〇年近くの時間がかかったことになる。当初、単一通貨への参加国は一一を数えたが、二〇一五年のリトアニアのユーロ参加により、今ではEU二八カ国中一九カ国がユーロを導入している（図9-2）。

ギリシャ危機

滑り出しは順調であったユーロを危機に陥れたのがギリシャであった。きっかけは、ギリシャ財政の粉飾が明るみに出たことであった。軍事政権の後、一九七四年に民主化したギリシャは、一九八一年にEC加盟を果たした（第5章第4節参照）。民主化後のギリシャ政治は、新民主主義党（ND）と全ギリシャ社会主義運動（PASOK）という二大政党が、ギリシャ危機が勃発するまで交互に政権を担ってきた。しかし両党とも、ポピュリズムの政治手法に染まっていった。国民の支持をえるため、どちらも放漫財政を続けたのである。そのギリシャは、二〇〇一年にユーロを導入することになった。ユーロ参加のための基準の一つに、財政赤字額の国内総生産（GDP）比が三％を超えず、政府債務残高がGDP比で六〇％以内という条件があったが、この時、基準を満たしたとされた数字

図9-2　ユーロ圏

が実は粉飾されたものであった。ギリシャは、財政赤字はGDPの一％であると偽ってユーロに加盟したのである。もし正しい数字が明らかになっていたら、ギリシャはユーロに参加できていなかっただろう。

信用度の高かったユーロの導入により低金利で国債を発行できるようになったため、ギリシャ政府はさらに借金を重ね赤字を膨らませた。西欧諸国の銀行から資金が流入し、バブルが膨らんだ。二〇〇四年に開催されたアテネ五輪はその頂点だった。だが、二〇〇九年一〇月の総選挙で政権交代が起こり、新政権が国家財政を見直すと、表向きはGDP比で四％と発表されていた財政赤字が一三・六％にまで達していることが判明した。その結果ギリシャ国債は一気に売られ、価格は暴落し金利が急騰し、ギリシャ国債は「投資不適格」に格づけされた。ギリシャは、新たな国債の発行が困難になった。

国債の大量償還、つまり借金の返済期限がくると、ギリシャはデフォルト（債務不履行）の危機に陥り、ユーロ圏には衝撃が走った。というのも、西欧諸国の大銀行が大量のギリシャ国債を保有していたからである。ギリシャが財政破綻すれば、ギリシャ国債が紙くずとなり、銀行は多額の損失を抱え、ユーロ圏金融市場に深刻なダメージを与えかねなかった。だが当初EU諸国、とりわけアンゲラ・メルケル首相率いるドイツは、ギリシャの自己責任であるとしたためギリシャ支援が遅れ、対応が後手に回り、危機はさらに長引いた。ヨーロッパ諸国と国際通貨基金（IMF）がようやく支援に踏み切ったのは、二〇一〇年五月になってのことである。支援総額は約二四〇〇億ユーロ（約三二兆円）に達したが、これにより最初のギリシャ危機は回避された。

ユーロ危機の波及とその沈静化

だが、ユーロ危機がまさにユーロ危機と呼ばれたのは、ギリシャ危機がギリシャにとどまらなかったからである。ギリシャの危機は、アイルランドや、ポルトガル、スペイン、イタリアといった南欧諸国へと広がっていった。二〇〇七年のサブプライムローン問題と二〇〇八年九月に起こったリーマン・ショックに端を発するグローバルな金融危機の勃発と世界的な不況を背景に、これらの国々でバブルが弾け、またEU各国も不況対策などで政府債務を急増させたために信用不安がもたらされたことが原因であった。ギリシャに対する不信は、財政赤字を抱える他のユーロ圏諸国に対する注目を集めさせることになった。

信用度が高かったユーロの導入により低金利でお金を借りられるようになった銀行や政府は、バブルを引き起こし、財政赤字を膨らませた。アイルランドでは住宅バブルが、ポルトガルでは公共事業バブルが、スペインでは不動産バブルが起こり、そして弾けた。イタリアの政府債務残高も突出して高く、ＧＤＰ比で一二〇％にも上っていた。二〇一〇年以降、これらの国々の国債価格は下落し金利は跳ね上がり、国債利回りは危険水域の七％に達し、大量の国債償還を前に各国はデフォルト寸前に陥った。イタリアやスペインの経済規模は、人口一〇〇〇万人程度でＥＵのＧＤＰの二％以下に過ぎないギリシャの比ではなく、これらの国々の財政破綻への懸念が、まさにユーロ圏全体の危機となったのである。

ＥＵはこのユーロ危機を何とか乗り切った。危機に陥った各国がＥＵとＩＭＦの緊急救済措置を受け入れ、財政再建を中心とする経済改革に乗り出したことに加え、とりわけ欧州中央銀行のマリオ・ドラギ総裁のパフォーマンスと、ユーロ圏諸国を中心とするＥＵによる一連の制度改革がユーロ危機からの脱却に大きく貢献したからである。順に見ていきたい。

まず、危機の終息に際して、二〇一一年に欧州中央銀行総裁に就任したイタリア出身のドラギの手腕が高く評価されている。彼は就任早々から翌二〇一二年初頭にかけて、総計一兆ユーロの金融緩和政策を発表し、欧州中央銀行が市場に大量のお金を流し込むことで、金融危機に陥っていたユーロ市場の流動性回復を図った。金利一％の低金利でユーロ圏の銀行に資金が供与されたことで、銀行破綻が回避された。さらに同年七月五日、ドラギ総裁は「欧州中央銀行はユーロを守るためには、いかなることでもする用意がある」と発言し、危機にあるユーロ諸国の国債を欧州中央銀行が無制限に買い取る姿勢を示した。この発言の影響力は大きく、国債利回りは低下し、市場も落ち着きを取り戻した。このような「ドラギ・マジック」によって、政府債務危機は沈静化することとなった。

次に、ＥＵもまた、ユーロの弱点を克服し危機の再発を防ぐため三つの改革を進めた。第一に、欧州安定メカニズムの創設である。二〇一二年、総額七〇〇〇億ユーロの金融支援基金を設立し、金融危機が発生した際に、迅速に支援金を拠出できる制度を構築した。これは一九六〇年代に構想された「欧州積立金」や、一九七九年の欧州通貨制度（ＥＭＳ）（第5章第2節参照）に実は規定されていた「欧州通貨基金」が、二一世紀になってようやく実現したものと見ることができる。現在は、欧州安定メカニズムをヨーロッパ版ＩＭＦに発展させる計画が進んでいる。第二の措置が、財政協定の締結である。二〇一三年に発効したこの新協定によって、各国の財政赤字に関する従来の規定が守られているかを財務相会議が予算編成の段階で相互に監視することとなった。ギリシャが行ったような「粉飾」を未然に防ぐためである。また財政規律違反には、罰則を科すことにもなった。そして第三の改革が、銀行同盟の設立である。これは二〇二四年の完成を目指す現在進行形の改革であるが、超国家的組織である欧州中央銀行が、ユーロ圏内のすべての銀行を一元的に監視する制度である。危機に陥った銀行に対して、各国ではなく欧州中央銀行が迅速に対応することで、ユーロ圏全体に波及しかねない危機の連鎖を止めることがその狙いの一つである。こうして、ユーロ・システムは再強化され、発足当初の「ユーロ一・〇」は今や「ユーロ二・〇」にアップデートされたと言われる。アイルランド、ポルトガル、スペインでは二〇一三年以降財政健全化が順調に進み、順に金融支援プログラムから脱却していった。二〇一九年一月に発足から二〇年を迎えたユーロは、一時は「崩壊」も囁かれたが、かなりの柔軟性を発揮してきた。とは言え、第6章第2節で指摘したように、そもそも各国の経済状況が異なる中で、ユーロ導入により金融政策を一元化したこと自体への批判は今も少なくない。

ユーロ危機は乗り越えられたが、しかし深刻な傷跡を残した。まずユーロ危機は、単一通貨ユーロに対する不信感を高めた。さらに、財政赤字削減のため緊縮財政という痛みを伴う改革を強いられた国々では景気が悪化した。緊縮財政は、公共料金の引き上げや年金支給額の削減など国民生活を直撃し、そのしわ寄せは社会的弱者に及んだ。庶民の怒りは高まり、その矛先はＥＵにも向かい、ＥＵこそが問題であるとして反ＥＵや反ユーロを掲げるポピュリズム政党の躍進に繋がったのである。その一つ、ギリシャの政党シリザ（急進左派連合）が二〇一五年の総選挙で勝利し、党首のアレクシス・チプラスが首相に就任した。チプラス政権の強硬姿勢は再度ギリシャのデフォルトとユーロからの離脱の可能性を引き起こした。第二のギリシャ危機である。だがＥＵ、とりわけドイツは妥協を示さず、ユーロにとどまることを選んだチプラスには、融資をえるため厳しい構造改革と緊縮財政を受け入れるしか選択肢はなかった。ユーロを使い続ける以上、ギリシャに通貨主権は残されていなかった。こうして第二のギリシャ危機も回避された。ギリシャはようやく二〇一七年になり経済成長がプラスに転じ、政府の財政も健全化したことで国債市場に復帰した。二〇一八年八月にはギリシャも金融支援を卒業することとなったが、依然として債務残高は三〇〇〇億ユーロ（約四〇兆円）を超え、GDPの約一八〇％と高い水準にある。イタリアでも、二〇一八年にポピュリスト政権が誕生し、EUの財政規律に反発する姿勢を示した。ユーロ危機の火種は依然として燻り続けている。

EU域内格差と地域政策

ユーロ危機の構造的背景としては、EU域内の経済格差の問題も指摘されている。この問題に対してEC・EUは、これまで何もしてこなかったのだろうか。戦後の欧州統合の歴史の中で、EC・EUは、地域政策*という形でこの問題に取り組んできた。ここではEC・EUの地域政策に着目し、その発展過程と限界を確認しておこう。

＊地域政策は、結束政策や構造政策とも呼ばれ、呼び名が一致しない。本章では地域政策で統一する。EUの地域政策の原資は、農業構造基金、欧州社会基金、欧州地域開発基金などの構造基金から成っている。

地域格差に対する認識は、実は欧州統合の最初期から見られた。とりわけイタリアの南北格差を念頭に格差是正が唱えられ、一九五八年には低開発地域の開発などを目的とした欧州投資銀行が設立された。一九六〇年には小規模ながらも欧州社会基金も創設され、さらに一九六七年には融合条約による三共同体の統合後に新たに発足したEC委員会の中に「地域政策総局」も新設された。しかし当時、国内の地域格差解消は、もっぱら各国政府の役割であると考えられていた。また、経済成長すれば格差は自然に解決するとの楽観もあり、ECの地域政策は大きく進展することはなかった。

ECの地域政策の発展は、EC拡大と並行して進んだ。というのも、EC・EUの拡大は域内格差の拡大の歴史でもあったからである。イギリスやアイルランドが加盟した第一次拡大の後、一九七五年に欧州地域開発基金が創設されたのは、イギリスがECから利益を取り戻すためのみならず、西欧の最貧国アイルランドをECが抱えたからでもあった。ECレベルでの地域政策は、この欧州地域開発基金によって実質的に始動したと言われる。とは言え、地域格差解消のためには相対的に豊かな国が基金に多く拠出する必要があり、西ドイツなどは負担増に強く抵抗した。その結果、一九八〇年代末までこの基金の予算はECの予算の一〇%に満たなかった。

　地域政策の予算がさらに拡大したきっかけは、一九八〇年代の南方への拡大と単一市場の構築である。一九八五年にEC委員長に就任したジャック・ドロールは、単一市場の構築と域内の地域格差の問題は一体であると考えていた。なぜなら、市場統合がさらに進めば、域内の競争が激しさを増し、貧しい地域と富める地域との格差をさらに広げる可能性があったからである。地域間格差を是正するため、一九八七年に発効した単一欧州議定書では「結束の強化、とくに地域格差の縮小」が謳われ、ドロール委員会が提示した予算案（ドロール・パッケージI）では、地域政策関連の予算を一九九三年までに倍増することが提案された。これには新自由主義を信奉するマーガレット・サッチャー英首相が強く反発したが、一九八八年から議長国となった西ドイツのヘルムート・コール首相が負担増を受け入れ、実現することとなった。地域政策関連の予算は、今では予算全体の約三六%を占めるまで増大し、農業関連の支出と肩を並べるまでになった。それは単一通貨ユーロの導入をめぐる交渉の中で、スペインを筆頭にギリシャ、ポルトガル、アイルランドが地域政策のさらなる拡大を求めたからであり、またさらに貧しい地域である中東欧諸国の加盟を受け入れていったからである。

　このように、これまでEC・EUは域内格差の問題に無頓着であったわけでなく、地域政策の形で取り組んできた。そして地域政策は、これまで一定の成果を上げてきたと言われる。しかしながら、EU域内格差の解消にはほど遠いのが現実である。地域政策がEU予算の中で大きな割合を占めるようになったとは言え、人口五億人を抱えるEUの地域格差を、EU全体のGDPの一%程度しか予算のないEUの取り組みだけで大きく是正することは不可能である。EUの予算は毎年一八~二〇兆円ほどが計上されているが、*一〇〇兆円を超えるドイツなどの国家予算の規模と比べれば、遥かに見劣りするのがわかるだろう。格差問題への取り組みには長い歴史があり、地域政策というEU内での財政移転の仕組みがないわけではないが、依然としてEUには南北間、東西間、さらに加盟各国の国内に大きな経済格差があるのが現状である。しかもユーロ危機以後、域内格差は再び拡大する傾向をみせている。

＊二〇一六年度のEU予算は、約一四〇〇億ユーロ。

3　押し寄せる難民

二〇一〇年代にEUを襲った第二の試練が難民の急増である。ここでも、難民と移民の問題を人の移動という観点から広く捉え、まずはその背景を振り返っておこう。

シェンゲン圏の誕生

共同市場の設立以来、人の自由移動はEC・EUの中核的な原則であった。しかし当初、「人」とは「域内の労働者」を意味し、人の自由移動とは加盟国国民が主に他の加盟国において働く際に差別されないことを意味した。その点でEC法の整備は進んだが、入国管理がなくなったわけではなかった。EC加盟国の国民がEC域内を移動する際も、国境におけるパスポートのチェックは当然とされていた。

画期となったのが、一九八五年に調印されたシェンゲン協定の締結である。EC・EUにおける人の自由移動は、入国管理が撤廃されることで、さらに「国境のないヨーロッパ」という理想へと近づいた。シェンゲン協定は、一九九〇年に締結されたシェンゲン実施協定とともに、一九九五年に発効し、協定締結国の入国管理が撤廃されるシェンゲン体制が実際にスタートした。EU加盟国であるイギリスやアイルランドはこの協定に参加していないが、非EU加盟国であるノルウェーやアイスランドも参加し、現在では二六カ国によって入国審査なしで域内移動できるシェンゲン圏が作られている（図9‐3）。こうしてシェンゲン域内と域外という新たな境界が生まれ、史上初めて国家主権の象徴たる国境管理を協定締結国が共同で行うことになったのである。共同で加盟国の域外国境管理を支援するためEUは、二〇〇五年から欧州対外国境管理協力庁（フロンテックス）も発足させた。

だが、そもそもEC域内の住民は、加盟国国民だけではなかった。一九五〇～六〇年代の高度経済成長期に、深

図9-3　シェンゲン圏

刻な人手不足にあったEC諸国は域外から多数の移民を労働力として受け入れていた。とりわけ旧植民地やトルコからの移民がEC域内には数多く存在した。一九七〇年代に不況の時期に入ると域外からの移民の流入は厳しく制限されたが、すでにEC内で働いている移民労働者の多くは帰国せず、むしろ送金できなくなったために逆に母国から家族を呼び寄せ定住していった。他方で加盟国国民には、一九九三年に発効したマーストリヒト条約によって「EU市民権」が与えられ、自由移動は労働者のみならずすべてのEU市民に開かれることになった。

こうして人の自由移動が進められたEC・EU内には、二種類の移民が存在することになった。一つは、域内で他の加盟国に移動した加盟国国民である。もう一つが、域外の第三国からの移民である。自国民（第一国国民）やEU市民（他の加盟国＝第二国国民）に対して、「第三国国民」とも呼ばれる。第三国国民は、いわばEUの外国人である。現在EU内に、第三国国民は二〇〇〇万人以上いると推定されている。だが現実には、EU市民であろうが第三国国民であろうが「よそ者」はすべてひとくくりに「移民」と認識されることも少なくない一方で、かつての移民の二世・三世は、国籍上は自国民であっても「移民」として差別されることもある。とりわけ、後述する反移民・反EU政党とその支持者にはゼノフォビア（外国人嫌い）が顕著である。難民の殺到はこれらの政党を勢いづかせることになった。

EUと難民危機

EUが難民政策に取り組むようになったのは、一九九〇年代に入ってからである。その背景として、一つにはシェンゲン協定の締結によって域内の入国管理が撤廃されることに伴い、域外からの難民に対して共同で対応する必要が生まれたことが挙げられる。もう一つは、一九八九年の東欧革命とベルリンの壁崩壊によって、さらに一九九一年に勃発したユーゴスラヴィア紛争（コラム6-2参照）によって西欧諸国に難民が殺到したことに対処しなければならなかったからである。当時の西ドイツ首相コールの提案により、司法・内務協力がマーストリヒト条約の第三の柱に加えられ、移民政策や域外国境管理、そして難民庇護などがここに組み込まれることになった。

一九九〇年には難民庇護に関するダブリン協定が締結された。ヨーロッパに逃れてきた難民は初めに入国した国で庇護申請をしなければならず、EC・EU全域で一カ国でしか申請をできないという原則を確立した。* 難民がたらい回しにされたり、ある一国で庇護申請をして拒否された難民が、他のEU加盟国で次々と繰り返し申請するのを防ぐのが狙いであった。逆に、いったん難民として認められれば、理屈としては、ダブリン協定締約国のすべてが難民として受け入れることを意味した。だがこの制度には、一つ大きな問題があった。難民が最初に辿り着く国の負担が大きくなり、EU内で負担の公平性の問題が生じたのである。その公平性の問題が、EUの結束を揺るがすこととなる。

＊ダブリン協定は当初、EUの枠外でシェンゲン協定諸国を中心に締結されたものであったが、一九九九年にアムステルダム条約に組み込まれ、EU諸国が従うEU法の一部となった。二〇〇三年には一部修正されダブリンⅡ規則として発効し、さらに難民の入口国の審査負担の偏りを緩和するため改正されたダブリンⅢ規則が二〇一四年から施行されている。

難民問題が「危機」と言われるまでになったのは、二〇一〇年代半ばに入ってからである。ユーゴ紛争のため一九九二年には難民庇護申請の数が約六七万人にまで達したが、その後二〇〇〇年代半ばまではEU全体で年に三〇～四〇万で推移していた。しかし二〇〇〇年代後半になると、戦争状態に陥ったイラクやアフガニスタンといった国や、アフリカの独裁国家エリトリア、破綻国家ソマリアなどから逃れてきた人々によって増加し始めた。そして二〇一〇～一二年に発生した「アラブの春」とその後のアラブ諸国での混乱、さらに長期化したシリア内戦のため、EUへの難民が激増することとなった。二〇一四年には六〇万人を超え、二〇一五年には約一三二万人の難民がヨーロッパに殺到した。* 欧州近隣諸国政策（第8章第3節参照）はEUの周辺国を安定させ、それにより移民難民の発生を防ぐことが狙いの一つであったが、その限界が露呈することにもなった。

＊ただし、トルコは一国で難民を三〇〇万人受け入れており、シリア難民の七割以上は、トルコ、ヨルダン、イラク、エジプトの周辺諸国にとどまっている。ヨーロッパに辿り着いた難民は、実はわずか八％に過ぎない。欧州域外を含めた難民の全体像にも目を向ける必要がある。

欧州委員会はフロンテックスの地中海域の活動を増強し、EU各国の沿岸警備隊の協力を得て難民船に乗った難民を保護し、密航業者を取り締まった。またドイツのメルケル首相は、二〇一五年八月三一日、シリア難民の受け入れを表明し、「私たちにはできる」と述べた。それを受け、クロード・ユンカー欧州委員長も、難民の負担を分担する案を欧州理事会に提示した。「緊急再定住措置」として、最前線にあるイタリアとギリシャに入国した難民の受け入れを、EU加盟国が人口やGDPの大きさなどに応じて分担することを要請したのである。だが、これに対して激しい反発が沸き起こった。とりわけ難民受け入れ反対の強硬姿勢を示したのが、ハンガリー、ポーランド、チェコ、スロヴァキアの四カ国であった。それでも、難民の再配分案は司法・内務理事会において特定多数決制による強行採決が行われ、賛成多数で採択された。しかし、ハンガリーとスロヴァキアは「EUの押しつけ」であるとして難民分担の受け入れをかたくなに拒否し、逆に欧州司法裁判所に提訴した。難民危機は加盟国間の亀裂をもたらし、EUの結束を大きく揺るがす結果となってしまった。二〇一七年九月五日の欧州司法裁判所の判決で、ハンガリーとスロヴァキアは敗訴した。だが、ハンガリーのオルバン政権はEU批判を続けている。

EUはトルコと二〇一六年に難民に関する取り決めを結び（コラム8-1参照）、二〇一七年に入るとシリア内戦が沈静化し、また難民のヨーロッパへの流入ルートが封鎖されたため、二〇一五年のピーク時と比べ難民数は約九割減少することとなった。しかし難民危機は、国境を越えて移動するテロリストに対する脅威ともあいまって、国境に対する意識をEU各国で再び高め、「国境のないヨーロッパ」という理念を脅かすこととなった。

反EU政党の台頭　移民・難民問題はさらに、反EUを掲げる政党を勢いづかせEUの結束を内側から揺さぶるという、より深刻な事態をもたらした。今日、EU各国には反EUを掲げるさまざまな政党が存在するが、その多くは極右団体を起源とする。それらは当初ネオ・ナチズム的団体であり、政治的にも社会的にも周辺的な存在でしかなかった。しかし、一九八〇年代に入ると、「新しい右翼」が出現するようになった。その典型がフランスの極右政党「国民戦線」である。国民戦線は、ジャン＝マリー・ルペンによって一九七二年に結成された。最初の一〇年は泡沫政党に過ぎなかったが、一九八〇年代に入ると移民排斥を掲げるようになり、これが成功した。一九六〇年代から七〇年代まで世論は移民政策に対して関心が薄かった。しかし長引く不況を背景に、移民問題を失業や犯罪の増加と結びつけた国民戦線の主張が受け入れられるようになっていた。一九八三年に国民戦線は、突如として選挙で一〇％以上の票を集めるようになった。

反移民や外国人排斥は、自国民優先の裏返しである。国民戦線は「まずフランス人を」と唱えたが、さらにその主張を福祉の問題と結びつけた。西欧諸国の福祉制度が充実する中で、移民は福祉給付を受けるために貧しい国からやってきていると非難したのである。福祉の恩恵は移民ではなく、自国民に優先的に与えられるべきだと主張された。いわゆる「福祉ナショナリズム」である。このような立場はフランスの国民戦線のみならず、オーストリアの自由党やオランダのフォルタイン党、イタリアのフォルツァ・イタリアや北部同盟などにも共有された。これら新しい極右政党は、一九九〇年代後半以降、低学歴で経済的に下層の労働者層から支持され、各地で急成長していった。ナチズムの反省に立ち、ナショナリズムへの警戒心が強かったドイツにおいても、ギリシャ危機を契機に、二〇一三年、自らの税金が南欧諸国の支援に回されるのに反対する「ドイツのための選択肢（AfD）」という右派政党が結成された。「EUから主権を取り戻すべきだ」と訴え、ユーロからの離脱を主張する「ドイツのための選択肢」は、反移民・難民の声をさらなる追い風にして、二〇一七年九月の連邦議会選挙において一二・六％を得票し第三党に躍り出た。「西洋のイスラーム化に反対する欧州愛国者（ペギーダ）」という排外主義的な政治団体も、二〇一四年からドレスデンを中心に反移民デモを繰り返すようになった。これらの自国民優先の立場は、人の自由移動を原則とするEUに対する反対へと繋がっていった。

さらに二〇〇一年のアメリカ同時多発テロは、ヨーロッパにおいても反イスラーム的感情を世論に広め、フランスの国民戦線なども、反移民から反イスラームへ焦点を移していった。加えてリーマン・ショック以降、国民戦線は、ユーロとEUへの攻撃を強化し、EU脱退を唱えるようになった。二〇一一年には国民戦線の党首が、ジャン＝マリー・ルペンの娘であるマリーヌ・ルペンへと変わり、反EUの姿勢をさらに明確にした。そして二〇一四年に行われた欧州議会選挙では国民戦線が二五％近くの得票率を獲得し、ついにフランスで第一党に躍り出たのである。

二〇一四年の欧州議会選挙の結果は、ＥＵ支持者に大きな衝撃を与えた。デンマークでも、反ＥＵの極右政党デンマーク人民党が欧州議会選挙で二六・六％の票を得て、第一位になった。二〇一四年欧州議会選挙では、全体としては統合を推進してきた既成政党が七割以上を占めたものの前回よりも大幅に議席を減らす一方で、欧州懐疑派が議席を増やす結果となった。欧州議会選挙は比例代表制をとっている国もあり、反ＥＵ勢力の声も議席に反映されやすい。欧州議会が、欧州統合への反対意見を表明する場として目立つようになったことは皮肉である。

左派の欧州懐疑派も伸長した。とくに二〇〇九年に生まれたイタリアの五つ星運動は、既存政党に不満を持つ大衆の支持を集め、二〇一四年欧州議会選挙では、二一％以上の得票率を得て、イタリアの全政党の中で第二位の座を占めた。スペインでも左派政党ポデモスが、結党したばかりの二〇一四年に欧州議会選挙において、スペインでは四番目の議席数獲得となった。ギリシャのチプラス率いるシリザも一議席から六議席へと増加させた。欧州懐疑主義には、統合を拒否しナショナリズムを前面に出すものもあれば、統合自体に反対ではないが現在の新自由主義的なＥＵの政策に批判的な立場をとるものもあり、その主張に幅がある。とりわけ左派のポピュリズム政党は、新自由主義的なＥＵの政策や方向性、大企業に対する欧州議会の力の弱さなどを批判する場合が多い。また左派は財政支出による景気刺激策や福祉政策の拡大を重視しがちであるが、ユーロ参加国は財政赤字額をＧＤＰの三％以内、政府債務残高をＧＤＰ比で六〇％以内に抑えなければならず、ＥＵ離脱を主張はしないものの政策の手足を縛るユーロを目の敵にし、しばしばユーロ脱退を唱えることがある。

それに対してＥＵ脱退を正面に掲げていたのは、イギリス独立党（ＵＫＩＰ）である。ＵＫＩＰは、マーストリヒト条約が発効した一九九三年に結成された。同党は、イギリスがＥＵから離脱すれば、ＥＵに払ってきた支出を大幅に削減でき、国内での医療や教育に利用できるとアピールした。また、他の反ＥＵ右派政党と同じく、反移民、反イスラームを前面に掲げ、支持を得てきた。当初は選挙でも一％未満の得票率しか得られない泡沫政党であったＵＫＩＰは、二〇〇四年の欧州議会選挙でイギリスの政党の中では第三党となり大躍進を果たした。やはり比例代表制のおかげで議席を獲得でき、その後の発展の土台を築いたのだった。そして二〇一四年の欧州議会選挙ではイギリスでついに第一党の座を獲得した。翌二〇一五年のイギリス総選挙では、小選挙区制という仕組みのため獲得議席は一つにとどまったものの、得票率では第三党に躍り出た。ＵＫＩＰのこの躍進が、首相のデーヴィッド・キャメロンを脅かし、次節で取り上げるイギリスのＥＵ離脱の伏線となっていくのである。

4　イギリスの欧州連合離脱

ＥＵをめぐるイギリス国民投票

二〇一六年六月、イギリスは国民投票でＥＵから離脱することを決めた。それがもたらす影響はいまだ計り知れず、二〇一〇年代のＥＵが直面した第三の試練となった。第8章第4節で見たように、そもそもＥＵがＥＵからの正式な離脱手続きを制度化したのは欧州統合の歴史の中では比較的最近のことであり、二〇〇九年に発効したリスボン条約第五〇条に規定された。そしてＥＵからの離脱が初めて問われることとなった国が、イギリスである。二〇一三年一月に、当時のキャメロン首相が、その二年後に予定されていた次の総選挙で、もし保守党が勝利すればＥＵの離脱を問う国民投票を実施すると演説したのが始まりであった。なぜキャメロンは、このような演説をしたのだろうか。

まず背景として挙げられるのが、イギリスの経済状況と移民問題である。当時イギリスは、リーマン・ショックの影響で不況に陥り、ユーロ危機のため、ユーロ圏のＥＵ諸国への輸出も落ち込んでいた。キャメロンの保守党内では、ＥＵ批判が強まっていた。さらに、移民問題が反ＥＵ世論を後押ししていた。ＥＵが東方拡大した二〇〇四年以降、イギリスには年五〇万人の移民が流入するようになっていた。当時のトニー・ブレア労働党政権が移民政策を転換したためである。ベビーブーム世代の引退に伴い、二〇〇七〜一七年の間に、イギリス産業界では一一五〇万人の人手不足に陥ると分析されており、とりわけＩＴ技術を中心とする高度な専門技能を持つ人材を増やす必要があると考えられていた。それゆえブレア政権は、三〇年ぶりに移民規制を緩和し、原則無制限で移民を受け入れることにしたのである。その結果、ＥＵ域内外からの移民は政府の予想を上回る規模で急増した。移民が職を奪ったり、社会福祉を求めて流入してきているという客観的な事実はどこにもなかったが、世論調査において、移民が重大な問題であると考える人の割合は右肩上がりで増えていった。すでに触れたナイジェル・ファラージュ率いるＵＫＩＰ躍進の背景もここにあった。キャメロンにとって問題だったのは、ＵＫＩＰが保守党や労働党に迫る勢いを示したことであった。従来の保守党支持者がＵＫＩＰに鞍替えし、二〇一五年の選挙で保守党票が食われてしまうことが懸念されたのである。キャメロンは、ＥＵ離脱の是非を問う国民投票を保守党が実施することで、保守党支持者をつなぎ止めようとした。

さらにキャメロン首相は、保守党自体の分裂を避ける必要があった。本書で論じてきたように、イギリスでは保守党、労働党を問わず欧州懐疑主義の伝統が連綿としてあるが、とりわけブレア労働党政権が親ＥＵ路線をとっていた時代に、野党保守党内では欧州懐疑主義がさらに強まり、ＥＵ離脱も辞さないとする強硬派が増大した。党首のキャメロン自身は熱心なＥＵ支持者とは言えないが、強硬な欧州懐疑派でもなく、もともとは国民投票にも消極的であった。しかしながら、イギリス国民はＥＵ残留を選択するとの想定で、国民投票を実施して保守党内のＥＵ離脱派を封じ込め、党内基盤を固めることをキャメロンは目論んだ。国民投票の実施は、党内戦略の結果だったのである。そして、二〇一五年の総選挙で保守党が勝利したことで、マニフェストとして掲げられていたＥＵをめぐる国民投票を実施することとなった。保守党の分裂回避の手段は、だが、イギリス国民の分裂をもたらすこととなった。

投票日は、二〇一六年六月二三日に決められた。イギリスでは、一九七五年以来、ＥＣ・ＥＵ残留をめぐる二度目の国民投票である（コラム５‐１参照）。キャメロン首相はＥＵ残留の立場に立った。イギリス政府も、離脱すればイギリス経済に悪影響を与えるとの報告を発表した。それに対して離脱キャンペーンを張ったのは、ＵＫＩＰだけではなかった。前ロンドン市長で保守党のボリス・ジョンソンや前司法相のマイケル・コーブら有力政治家も離脱の論陣を張り、主権を取り戻せと主張した。離脱派は、「人の自由移動」を原則とするＥＵから脱退しなければ移民問題は解決しないと訴えた。彼らはトルコ人が大挙してイギリスにやって来ると主張し、恐怖を煽った。さらには、ＥＵから離脱することで週三億五〇〇〇万ポンドの予算が浮くと主張し、むしろ経済は良くなるとうそぶいた。国民投票前の最終盤には、冷静な議論は吹き飛び、離脱派と残留派の双方が罵り合いの様相を呈するまでになった。そして、六月二三日の投票日、離脱が五二％の得票率を獲得し、僅差でイギリスのＥＵ離脱が決まった。イギリス内外で多くの人がイギリス国民は結局ＥＵ残留を選ぶと予想していただけに、ＥＵ諸国のみならず世界に衝撃が走った。ＵＫＩＰの党首ファラージュは、両拳を突き上げ「独立記念日《インディペンデンス・ディ》だ！」と叫んだ。

なぜイギリス国民はＥＵ離脱を選んだのか。国民投票後、その結果についてさまざまな角度から分析がなされた。イングランドでは、首都ロンドン以外のほとんどの地域で離脱派が優勢だった。世代間の違いも顕著であった。若年層では、七三％と圧倒的多数が残留支持であった。それに対して、六五歳以上の高齢層では六〇％が離脱を支持した。一九七三年にイギリスがＥＣに加盟してから四三年。若者にとって、イギリスは生まれたときからＥＵの一員であり、自分たちも自由移動のメリットを享受する側だった。ただし、若者の投票率は低かった。投票所まで足を運んだ一八歳から二四歳の若者は、わずか三六％だった。他方で六五歳以上の有権者は、八三％が投票した。彼らは、「独立」していた頃のイギリスの記憶があり、移民への反発もあって、その時代を良い時代であったと見なしがちであった。さらに、社会階層や教育程度が低いほど離脱に投票し、逆に高いほど残留に投票する傾向が見られた。投票結果から見れば、シルバー民主主義と格差が反移民、反ＥＵと結びつき、イギリスのＥＵ離脱をもたらしたと言えそうである。だがさらに、歴史的に言えば保守党と労働党の二大政党がＥＵに対してはどちらも分裂しており、もともとイギリスにはＥＵを強く支持する主要政党が存在せず、そのことが今回のＥＵ離脱の背景となったとも考えられよう。

イギリスのＥＵ離脱交渉

国民投票の賭けに敗れたキャメロン首相は辞任し、同じ保守党のテリーザ・メイがその後を継いだ。イギリスではサッチャーに次ぐ二人目の女性首相である。メイ首相自身は国民投票でＥＵ残留に投票したが、国民投票の結果を受け、離脱の方針を明確にした。イギリスのＥＵ離脱は、「ブリテン」と「イグジット（退出）」を組み合わせ、「ブレグジット」と呼ばれるようになった。

ＥＵからの加盟国の離脱、そしてそのための離脱交渉は、ＥＵの歴史の中で初めてのことである。ＥＵからの離脱手続きに関する前述のリスボン条約第五〇条では、離脱する加盟国は、ＥＵと脱退に関する協定を交渉し締結することになっており、交渉期間は二年と定められていた。離脱交渉の二年という期間は、離脱通知をその起点とする。メイ首相は二〇一七年三月二九日、ドナルド・トゥスク欧州理事会常任議長に対して離脱通知を行った。イギリスからのこの通知を持って二〇一九年三月二九日が離脱の日と定められた。ブレグジットがついに動き出した。

ＥＵ離脱は、ただＥＵから出て行くという話で終わらない。ＥＵからどのような条件や形で離脱するのか、そして離脱後に、新たにどのような関係をＥＵと取り結ぶのかが問題となる。また離脱交渉では、移行期間についても取り決められることとなった。メイ政権は当初、離脱条件に関する交渉と将来の英・ＥＵ間の通商協定に関する交渉を並行して進めることを望んだ。だがＥＵからの離脱を決めたのはイギリス側であり、その点でイギリスの交渉の立場は弱かった。結局ＥＵ側の主張により離脱条件の交渉が先決であるとされ、離脱条件に関して「十分な進展」があったとＥＵ側が判断すれば、離脱後のイギリスとの通商協定の準備協議を始めるということになった。二年という交渉期限の中で、通商協定を急ぐイギリス側に圧力がかかることになった。

四〇年以上にわたるイギリスとＥＵとの関係を清算し、新たな関係を結ぶための離脱協議のテーマはきわめて多岐にわたるが、とりわけカネ、ヒト、カベが主な焦点となった。具体的には、分担金の問題、イギリスに住むＥＵ市民およびＥＵ域内に残るイギリス国民の取り扱い、そしてイギリスとアイルランドの国境問題の三つである。そしてＥＵ側は、英・ＥＵの将来の関係よりもまず、これら三つの最重要離脱条件について交渉すべきとしたのである。

ＥＵ側は厳しい態度をとった。ＥＵ諸国の間では、ＥＵ各国で欧州懐疑主義が広がる中、なんら離脱の不利益なしにイギリスがＥＵから脱退すれば、イギリスの後を追って離脱する国が出かねないとの懸念が共有されていたからである。まずイギリス側と深刻な対立点となったのが、カネの問題である。ＥＵの財政計画やさまざまな政策、基金、プログラムの多くは複数年度で予算が組まれ、各国の分担金が決められている（第6章第3節参照）。それゆえ、ＥＵ側は、ＥＵ予算に穴が空かないようイギリスが離脱決定前に合意されていた二〇一四年から七年間の予算の支払いなどを「手切れ金」として請求した。さらに現在はイギリスにあるEU機関の移転費用なども含め、欧州委員会の試算では、この「手切れ金」は最大六〇〇億ユーロ（約七兆三〇〇〇億円）になるとされた。当初イギリス側は離脱後にEUに対する財政義務は生じないとの強気の姿勢を示し交渉の場が一気に硬化したが、結局は三九〇億ポンド（約五兆四四〇〇億円）を支払うこととなった。

イギリスの離脱問題を通じて見えてくるより興味深い問題は、加盟国がEUから離脱することで、EU市民の法的地位はどうなるのかというヒトの問題であろう。法的にイギリスがEUの統一的な司法空間から抜けたとしても、人はそのまま残る。二〇一八年時点で、イギリスで暮らすEU市民は約三二〇万人、EUに住むイギリス国民は約一二〇万人とされていた。EU側は、医師免許など資格や身分について、イギリスとEU域内で相互に認めている権利や地位は、イギリスのEU離脱後も生涯にわたり保護されるべきだと主張した。さらに、その権利に基づき相手の国・地域に在住するEU市民本人のみならず、イギリスの離脱後に生まれたり、呼び寄せたりする家族にもその権利を与えるべきだとした。加えてEU側は、EU市民の権利などをめぐって紛争解決が生じた場合、イギリスが離脱した後も引き続き欧州司法裁判所の判断に従うべきだと指摘した。しかしイギリスは、移民の制限や欧州司法裁判所の管轄から離れることがEU離脱の意義であると考えており、EU側の主張は受け入れがたかった。だがこの点についてもイギリス側は妥協を強いられ、EU市民の権利保障についても、欧州司法裁判所の判例に基づき判断することとなり、英国内に住む移民が家族を呼び寄せることも一定の条件を課して認めることになった。

離脱交渉における三つ目の、そして最も困難な争点となったのがカベの問題であった。加盟国がEUから脱退すれば、それに伴いEUの「国境」が変化することになるため、新たに国境管理問題が浮上する。イギリスは島国で、しかもシェンゲン協定未加盟国である。しかしイギリス領である北アイルランドが、EU加盟国のアイルランドと約五〇〇キロにわたって地続きで国境を接しており、ここが最大の問題となった。この北アイルランドとアイルランドの国境では、一九九八年に北アイルランド紛争の和平合意が達成された後、検問は廃止され人や物の自由な往来が認められてきた。その結果、現在両国間に実質的な境界はなく、経済面でも社会面でも一体化が進んでいる。

仮にイギリスの離脱後に関税や検問が復活すれば、地域住民に大きな影響を与えることになり、最悪の場合、北アイルランド紛争が再燃しかねないことが懸念された。

結果として、このカベの問題の解決はきわめて困難なものとなった。アイルランド政府は厳格な国境管理の復活に反対し、ＥＵ側も北アイルランドをＥＵの単一市場内に残すことを提案した。それに対してイギリス側は、厳格な国境管理の復活については否定するものの、北アイルランドを含めて単一市場からは離脱すると主張し、イギリス本土との一体性が損なわれるとして北アイルランドのみを例外とすることに反対した。

ローマ条約の締結以来、ＥＣ・ＥＵはモノ・ヒト・サービス・資本の四つの自由移動を基本理念とし、その実現を目指してきた。それゆえＥＵ側は、モノ・ヒト・サービス・資本の四つの自由移動、さらに単一市場を支えるＥＵ法は不可分であり、一体であるとの立場であった。他方でイギリス側は、離脱後にＥＵと新たに物の取引に限定した自由貿易地域の創設を提案する一方で、人の移動やＥＵ法を制限しようとした。だがＥＵ側はイギリスのために基本理念を崩すつもりはなく、イギリス側の提案を「いいとこ取り」であると批判した。イギリスは、離脱の理念を優先させＥＵとの断絶を受け入れるのか、経済的利益を優先させＥＵのルールの多くを受け入れるのか、ディレンマに陥ることとなった。

二〇一八年一一月末、実質一七カ月の長きに渡る交渉の結果、イギリス政府とＥＵは五八〇頁を超える離脱協定にようやく合意した。しかしそれはカベの問題を棚上げにしたものであり、また必然的に妥協の産物となった。その離脱協定案に対しては激しい批判が巻き起こり、二〇一九年一月一五日、イギリス議会はそれを歴史的大差で否決した。イギリス側は国家の一体性（北アイルランド問題）を重視し、他方でＥＵ側はＥＵの一体性を重視し、双方とも引き下がらなかった結果であった。

だがイギリス議会はメイ政権とＥＵとの間で締結された離脱協定を拒否しただけで、新たな離脱方針を明確にしたわけではない。その後もどのような形でＥＵから離脱するのかをめぐって対立が続いた。労働党は関税同盟にとどまる形で離脱すべきと主張した。他方でメイ首相と保守党議員の多くは、関税同盟から離脱し、イギリスが他国と新たな貿易協定を締結できるようになることこそがEU離脱であるとの立場にこだわった。イギリス議会は膠着状態に陥り、ブレグジットは混迷の度を一層深めた。二〇一九年三月末という離脱時期の延期、EU側との再協議、合意なき離脱、あるいは二度目の国民投票の実施など、いくつもの可能性が再び開かれることとなった。

イギリスへの影響

もし離脱交渉がまとまらなければ、どのようなことが起こるのか。二〇一六年の時点で、EUはイギリスにとって輸出の四八%、輸入の五五%を占める最大の貿易相手であり、毎日七〇〇〇台ものトラックがドーバー海峡を通過する。離脱後の両者間の貿易関係は当初よりイギリス側の最大の関心事であった。もし合意なき離脱となれば、イギリスとEUの貿易は世界貿易機関（WTO）のルールに基づく関係に移ることになる。つまり、現行ゼロ%の自動車輸出の関税は一〇%となり、農作物には三〇～四〇%の関税がかかり、資本やサービスの移動の自由も失う。この場合、サービス、物の両方で貿易量は最大二五%減少するとの分析もあり、イギリス政府はGDPが二年で三・六%押し下げられると試算した。

各方面からも、合意なき離脱の場合には、さまざまな問題が起こるとの声が上がった。医療面では、医薬品の輸入が滞ることが懸念された。小売業からは、スーパーで生鮮食品がなくなる可能性があるとの悲鳴が上がった。製造業からはサプライチェーンに混乱がもたらされ、長期的には工場や人材を移転させ、イギリスへの投資も減らさざるをえないと怒りが示された。さらに警察からも、EU諸国との協力ができなくなれば、テロを含めた治安上の懸念が高まるとの危機感が表明された。合意なき離脱の可能性はイギリスがいかにEUとさまざまな面で身近にもつながっているかを浮き彫りにし、それゆえ無秩序離脱は最悪の選択肢との認識が広くもたれることとなった。

イギリスにとって同じく重要なのは、EU以外の国や地域との関係構築である。というのも、関税同盟と共通通商政策はEUの排他的権限であったため、一九七三年のEC加盟以来イギリスはどの国や地域とも直接通商関係を結んでおらず、離脱すればイギリスはEU域外の国・地域との通商協定がなくなってしまうからである。現在EUは五〇以上の国や地域とさまざまな通商協定を締結しているが（図9-4）、それに代わってイギリスは、離脱後に世界の国々と新たに通商協定を締結しなければならない。その作業量は膨大であり、交渉自体も数年かかると言わ

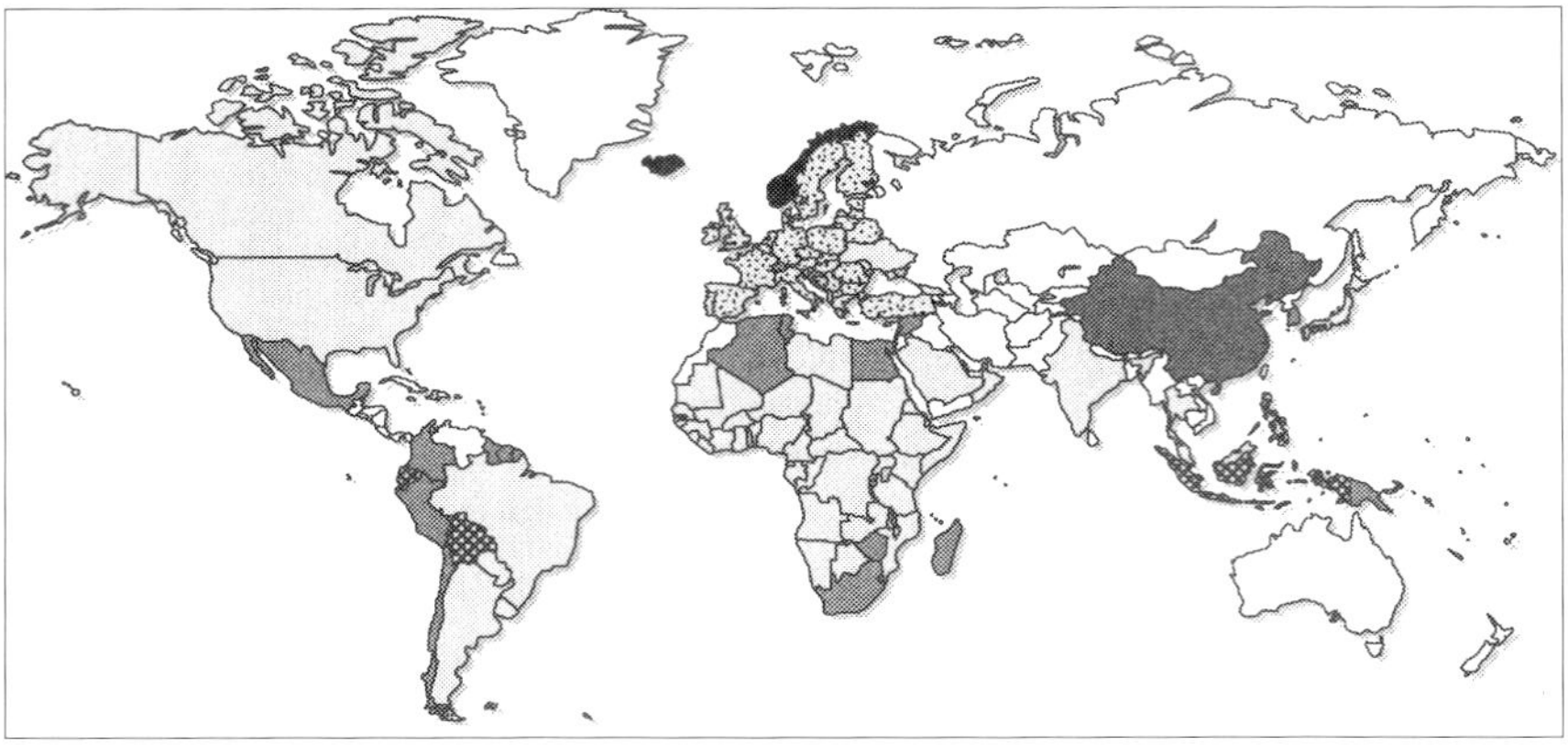

図 9 - 4　EU の貿易交渉相手国・地域

注：2019年 2 月に EU と日本の間で経済連携協定が発効している。

出典：田中素香・長部重康・久保広正・岩田健治『現代ヨーロッパ経済』［第 4 版］有斐閣，2014年。

れている。加えて、長年通商関係はＥＵ任せであったことから、イギリス政府にはこの分野に精通した専門家が不足しており、またＥＵから離脱して一国となったイギリスの交渉力は著しく弱まることになる。

経済面のみならず、イギリスのＥＵ離脱の影響は法律面にも及ぶ。ＥＵからの離脱とは、ＥＵの法秩序からの離脱である。ＥＵ離脱派にとって、ＥＵから司法権を取り戻すことは悲願であった。かつてイギリスは、一九七二年にＥＣに加盟する際、ＥＣ加盟法という国内法を制定し、ＥＣ法をイギリス法より優先させることを定めた。イギリスのＥＵ離脱が決まると、二〇一七年三月末、「大廃止法案」の通称で知られるＥＣ加盟法の廃止法案が提出された。この法案が可決されると、次にこれまでのＥＵ法をイギリス法に転換する作業が待っている。イギリスがＥＣに加盟して以来、日常生活のさまざまな面がＥＣ・ＥＵ法によって規定されてきた。それらをイギリス独自の国内法に変えるわけだが、その数は一万二〇〇〇件にも上るという。ＥＵからの離脱とは、法的な脱ヨーロッパ化も意味するのである。

5　イギリス離脱後の欧州連合

EUへの影響

イギリスの離脱は、EU側にはどのような影響を与えるのであろうか。テクニカルな面では、イギリスが抜けることで特定多数決制の票や欧州議会の議席の配分が変化することになる。欧州議会ではイギリス分の七三議席が宙に浮くことになるため、これを機に、定数を七〇五議席に減らすとともに、人口に比べて議席数が少ないフランスやスペインに再配分し、加盟国間の「一票の格差」を是正するなどの改革が進められる。ロンドンに拠点を置くEU機関である欧州医薬品庁はアムステルダムに、欧州銀行監督機構はパリへ移転することとなり、またイギリス国籍のユーロクラットもEU諸機関からいなくなっていくだろう。イギリスが離脱すれば、安全保障領域など、むしろEUでまとまりやすくなる分野が広がるとの見方もある。だがイギリスは、EU域内総生産の約二割を占め、人口六〇〇〇万人の域内大国である。そのイギリスの脱退がもたらすEUへの経済的影響は離脱後のイギリスとEUとの関係に関する交渉次第であろうし、政治的影響は中長期的にEUの対外的影響力を縮小させる可能性は高いが、現時点では未知数である。

短期的に懸念されたのは、イギリスの後追い離脱国の出現であった。たしかに、国民投票によるイギリスのEU離脱決定は、他のEU諸国の反EU勢力を勢いづかせた。しかし、後追い現象は起こらなかった。イギリスのEU離脱の衝撃はヨーロッパのみならず、世界に広がり、離脱がもたらす経済的悪影響に関する予測が繰り返し報じられ、不確定な将来への不安が高まったからである。二〇一七年三月の世論調査では、EU残留支持派がEU加盟各国で増加した。ポーランドやハンガリーですら、「EUにとどまるべきだ」とする回答が多数を占めた。一七年一月にアメリカで「アメリカ・ファースト」を唱え、イギリスのEU離脱を支持し、反EUの姿勢を示していたドナルド・トランプが大統領に就任すると、逆にEUでは「親ヨーロッパ」を掲げる市民のデモが各地に広がった。デモには一一カ国で約四万人が参加し、「市民の手でEUを守ろう」と訴えた。五月に行われたフランス大統領選挙では、国民戦線のマリーヌ・ルペンが決選投票まで残ったものの、反ＥＵ対親ＥＵの対立軸が鮮明となり、親ＥＵのエマニュエル・マクロンが大差で勝利した。ＥＵ離脱の連鎖反応が起こる懸念は当面遠のいた。

とは言え、ＥＵとして何より求められたのは結束であり、イギリス抜きでも前進している姿であった。おりしも一七年三月二五日、ローマ条約調印六〇周年記念の首脳会議が開催された。そこで採択された「ローマ宣言」では、イギリスを除くＥＵが少しでも前進できるよう、「我々は可能なとき、必要な場合はいつでも、異なる速度と強さで共に行動する。また、後から加わることを希望する国に門戸を開く」として、統合の「速度の多様化」が明言された。だが、一部の加盟国のみで先行統合を進めれば、それに反発する加盟国も出てくるだろう。統合の深化と結束の維持は時にディレンマの関係にある。

他方で、ユンカー欧州委員会も、ＥＵに対する批判が次第に大きくなり、ついに加盟国が脱退するにまでなったことを受けて、さらなる提案を続けている。その一つが、雇用や福祉制度など社会的側面の強化である。反ＥＵ政党を支持する「経済成長から取り残された人々」への対応策と考えられる。だが、とくに社会保障分野は税金の再配分という政治的に敏感な分野だけあって、伝統的にナショナルな枠組みで取り組む問題であると考えられてきたため、加盟各国の権限が依然として強い。また、社会保障制度は、ＥＵの歴史より古くから各国で独自に発展してきたため、各国ごとにかなり異なり共通の制度を構築することが難しい。それゆえにＥＵの社会政策は、共通の労働基準や戦略目標の設置などが中心で、手薄な分野であると言われている。加えて、イギリスの離脱によりＥＵの予算が一二〇～一四〇億ユーロ不足すると見積もられており、ＥＵが新たにとれる選択肢に大きな制約がかかることにもなるだろう。

ＥＵの行方

序章第1節において、二度の大戦を経験したヨーロッパは「統合」を通じて三つの課題を解決することを迫られたと述べた。シューマン・プランから数えて七〇年あまりを経て、ヨーロッパの平和、ヨーロッパの地位の低下、そして国民に対する正統性という三つの課題はどうなったのだろうか。

第二次世界大戦後、多くのヨーロッパ人によって支持されたのは平和のプロジェクトとしての欧州統合であった。

そして今日、EUの加盟国同士で戦争が起こる可能性は非常に低い。EUはいわゆる「不戦共同体」を実現したと言ってよいだろう。歴史的には、半世紀に近い米ソ冷戦下の東西分断状況の中、とりわけ西欧において統合の枠組み内でドイツ問題の解決が試みられたことが大きかった。だがさらに、冷戦が終焉しヨーロッパを東西に分断していた鉄のカーテンが上がるとき、EUが冷戦終焉後のヨーロッパに安定的な秩序をもたらすうえで重要な受け皿を提供することにもなった。

とは言え、現在のヨーロッパは単一で均質な社会ではないし、連邦主義的な「欧州合衆国」になったわけでも、加盟各国のナショナリズムが消滅したわけでもない。第二次世界大戦中から欧州統合は、戦争の主要因と考えられていた国民国家やナショナリズムを乗り越えるための理想とされてきたが、同時に国民国家を救済する手段でもあった。実際の統合のプロセスは、理想に支えられた面があるのと同時に、それぞれの時代の要請に基づき、各国の利害がぶつかり合い、交渉と妥協を繰り返し、国際情勢にも規定されながら進むこととなった。それゆえ現在のEUも単線的に欧州連邦に向かっているわけでなく、政府間主義と超国家主義のハイブリッドである。その特異なあり方は、主権国家に分かれたこの世界の中で歴史的にも他に類例がないものとなっている。

第二の課題、すなわち二つの世界大戦によるヨーロッパの世界的地位の低下の回復という問題についても、統合は一定の成果をもたらした。とりわけ経済・通商面でEUは、ヨーロッパ諸国が単独では持ち得ない巨大な発言力を国際交渉の場で有するようになり、環境問題など今日のグローバルな課題についてもEUが一定の国際基準を発信する力をもたらした。EUを国際的な「パワー」と見る議論も盛んに行われた（コラム8-2参照）。だが政治面におけるヨーロッパの国際的地位の評価は難しい。たしかにEUは、人権や民主主義を重視する「価値の共同体」として一定の存在感を示してきたが、前述の通り、現在EU内部からその価値が揺さぶられる事態に直面している。またEUが対外的な影響力を持ちうるかは、ひとえにEUが「一つの声」を形成できるかどうかにかかっている。この点についても、しばしば見られるように、EUの足並みが乱れる場合も少なくない。

ヨーロッパ諸国が自らの国民に対してその政治的・経済的な正統性を確立するという第三の課題についてはどの

ように評価できるだろうか。少なくとも二一世紀初頭に至るまで、欧州統合に参加した諸国は、世界でも高い繁栄度を維持し、統合が加盟国の政治・経済体制の安定に寄与したと言えるだろう。逆にそれが、ＥＣ・ＥＵに対する支持にも繋がっていた。

だがＥＣ・ＥＵの深化と拡大は、反ＥＵ勢力の台頭という反作用ももたらした。それまでもＥＣ・ＥＵを批判する政治家や政党は存在したが、欧州懐疑主義が各国政治において目に見えて支持を集め始めたのは一九九〇年代に入ってからである。統合が進展すればするほど、主権の侵害を批判し、他国民の流入に反発し、ナショナリズムに訴える勢力も目立ち始めた。普通の人々の真の代弁者であると自称するという特徴を持つポピュリズムは、ＥＵをエリートのための組織であると批判し、ＥＵには民主主義が欠如していると攻撃した（ロング・コラム2参照）。社会に不満を抱える人々はＥＵを遠い存在と見なし、ＥＵを支持してきた既存政党に不信感を募らせ、演説のうまいポピュリスト政治家の言葉に魅了された。冷戦の終焉は、ＥＵの東方へのさらなる拡大への扉を開いたが、ＥＵ拡大は同時に域内格差の拡大を意味した。さらに、新規加盟国からの安い労働力の流入や、新規加盟国への工場の移転などが、既存のＥＵ諸国の人々に不安をもたらすことにもなった。欧州議会選挙や各国で行われた国民投票は、欧州懐疑主義が可視化される場となった。

そのような中ＥＵは、本章で見たように二〇〇〇年代末よりさまざまな試練に見舞われた。リーマン・ショックに端を発する不況とユーロ危機、そして難民の大量流入などである。これらの危機は、各国国民を自国の安全と繁栄を最優先する不寛容で排他的な国家主義へと向かわせた。ＥＵ各国におけるテロの頻発は人々の不安をいっそう高め、反ＥＵ・反移民・反イスラームを掲げるポピュリズム政党への支持が一気に高まった。さらに追い打ちをかけたのが、イギリスのＥＵ離脱を支持することになった国民投票の結果であった。ＥＵへの賛成・反対が、これほどまでに政治的争点として先鋭化したことはかつてなかった。

二〇一〇年代に入り、イギリスのみならず他の加盟国においても、親ＥＵ対反ＥＵがますます各国の国内政治の争点となった。拡大・発展を続け安定していたかに見えたＥＵが、必ずしも盤石であったわけではないことが明らかになった。反ＥＵの高まりは、それだけ欧州統合がさまざまな面で進展し、ＥＵの存在感や影響力が増大したことの裏返しでもあるだろう。だが、ＥＵは持続的な制度や法を発展させてきたとは言え、静的な存在であったわけではない。ＥＵは、さまざまなベクトルの力がせめぎ合う上に成り立っている動的な存在である。また、ＥＵは各国の国内状況のみならず、ＥＵを取り巻く世界や時代から切り離された存在でもない。時代も国際環境も変化し、新たなテクノロジーが驚くべきスピードで発展する中で、ＥＵは新たな時代の課題や、加盟国そしてＥＵ市民のニーズに応えていかなければならない。ＥＵが万能であるわけではない。とは言え、ＥＵ自体が基本的価値として民主主義を掲げている以上、今後もＥＵ市民・加盟各国の国民によってその存在意義も問われ続けていくことになるだろう。一国では解決できない問題が山積するグローバル化時代においてＥＵはさまざまな可能性を持つ存在である。自国第一主義に未来があるとも思えない。しかしＥＵの存在自体が問題とされたとき、厳しい審判に晒されることになるであろう。

ＥＵこそが問題だとの声が高まる一方で、むろんＥＵを重視しそれを維持すべきと考える人々もまだまだ多く存在する。だが今では、統合がかなりの程度進展しＥＵの存在が当然視されるまでになったが、もはや欧州統合のプロジェクト自体がかつてのように明るい将来を示し多くの人々に希望を与えるものではなくなった。ＥＵは今後もＥＵ市民にさまざまな面で利益をもたらす存在として変化・発展し続けられるだろうか。希望は取り戻せるだろうか。ＥＵの将来は、むろんＥＵ市民がどのような選択をするのかにかかっている。だがＥＵの将来は、我々の未来とも無関係ではありえないだろう。

参考文献

池本大輔「『ブレアの後継者』から『サッチャーの息子』へ——キャメロン政権　二〇一〇年〜」梅川正美・阪野智一・力久昌幸編著『イギリス現代政治史』〔第2版〕ミネルヴァ書房、二〇一六年。

遠藤乾『欧州複合危機——苦悶するＥＵ、揺れる世界』中央公論新社、二〇一六年。

岡部みどり編『人の国際移動とＥＵ――地域統合は「国境」をどのように変えるのか?』法律文化社、二〇一六年。

尾上修悟『ＢＲＥＸＩＴ　「民衆の反逆」から見る英国のＥＵ離脱――緊縮政策・移民問題・欧州危機』明石書店、二〇一七年。

アンソニー・ギデンズ『揺れる大欧州――未来への変革の時』（脇阪紀行訳）岩波書店、二〇一五年。

庄司克宏『欧州ポピュリズム――ＥＵ分断は避けられるか』筑摩書房、二〇一八年。

高橋進・石田徹編『「再国民化」に揺らぐヨーロッパ――新たなナショナリズムの隆盛と移民排斥のゆくえ』法律文化社、二〇一六年。

田中素香『ユーロ危機とギリシャ反乱』岩波書店、二〇一六年。

辻悟一『ＥＵの地域政策』世界思想社、二〇〇三年。

中村民雄『ＥＵとは何か――国家ではない未来の形』〔第二版〕信山社、二〇一六年。

羽場久美子『ヨーロッパの分断と統合　拡大ＥＵのナショナリズムと境界線――包摂か排除か』中央公論新社、二〇一六年。

東野篤子「ウクライナ危機とＥＵ――ミンスクⅡ合意をめぐるＥＵと加盟諸国の外交」『国際問題』第六四一号、二〇一五年。

星野眞三雄『欧州危機と反グローバリズム』講談社、二〇一七年。

細谷雄一『迷走するイギリス――ＥＵ離脱と欧州の危機』慶應義塾大学出版会、二〇一六年。

水島治郎『ポピュリズムとは何か――民主主義の敵か、改革の希望か』中央公論新社、二〇一六年。

村田奈々子「民主化後のギリシアの政治構造――ギリシア型ポピュリズムと欧州統合の理想」『人文・自然研究』第八号、二〇一四年。

吉田徹「欧州統合過程とナショナルな政党政治――『欧州懐疑政党』を中心に」『法学研究』第八四巻第二号、二〇一一年。

Kenneth A. Armstrong, *Brexit Time: Leaving the EU – Why, How and When?*（Cambridge: Cambridge University Press, 2017）.

Nazaré da Costa Cabral, José Renato Gonçalves, and Nuno Dunha Rodrigues（eds.）, *After Brexit: Consequences for the European Union*（London: Palgrave Macmillan, 2017）.

Cesáreo Rodriguez-Aguilera de Prat, *Euroscepticism, Europhobia and Eurocriticism: The Radical Parties of the Right and Left vis-à-vis the European Union*（Brussels: P. I. E. Peter Lang, 2012）.

あとがき

二〇一〇年代に突如としてＥＵが見舞われたかに見える数々の試練も、歴史を振り返ると、その背景にそれぞれ根深い問題があったことがわかる。むろん、危機が勃発した直接的きっかけはさまざまであった。だが、ユーロの制度的欠陥や地域格差、近隣諸国政策の限界、共通難民政策の負担の不平等、そしてイギリスと欧州統合の困難な関係など、かねてより意識されてはいたものの十分取り組まれてこなかった問題は少なくない。もっとも、十分だったかどうかといった評価は後知恵的なものであるが。

ＥＣ・ＥＵは何度も危機を乗り越えてきた、としばしば言われる。それは事実である。だが、これまでと大きく異なるのが近年の欧州懐疑主義の台頭であろう。ＥＣ・ＥＵの歴史を見ると、これがきわめて最近の現象だということが際立つ。欧州懐疑主義は一九九〇年代から目立つようになったが、当時はそれでもまだ周辺的なものであった。それがＥＵ各国で、ＥＵをめぐって意見が二分されるまでの争点になったり、ＥＵに批判的な政党が政権を取ったりするようになったのは、ユーロ危機や難民危機が勃発した二〇一〇年代に入ってからのことである。逆に言えば、それはＥＣ・ＥＵが長らく安定的な支持を得ていたことを意味しよう。そしてＥＣ・ＥＵ研究および欧州統合史研究は、そのことをあまりにも前提にし過ぎていたのではないだろうか。欧州統合のプロジェクトは何に支えられてきたのだろうか。ブレグジットとは何だったのかが明確になるにはまだ時間がかかるであろうが、まずは改めて歴史を振り返る必要があるだろう。

主権国家体系の中で、諸国家が統合するとはどういうことなのか。本書はＥＣ・ＥＵを題材に、その歴史的過程を明らかにすることを目指すものでもあった。どのような起源だったのか。統合の構想はどのように生まれたのか。

さまざまな構想はどのように実現し、あるいは挫折し、あるいは復活し、あるいは継続したのか。その過程で、何が争点となり、ときに何が躓きの石となったのか。初めから一つの明確なビジョンがあったわけではない。さまざまな構想や理想と利害がぶつかり合いながら統合は進展した。今日のEUが今日のような姿であるのには、それなりの理由がある。その理由を歴史的に明らかにするため、読者に歴史の大きな流れを伝えたかった。そのため、各時代を扱う各章の議論が連続性を持つよう心がけた。編者としてはそれがうまくいっていることを願うばかりである。

苦労話も一つ、この「あとがき」に記しておきたい。欧州統合の歴史を語るうえで、苦労させられたのが用語の統一である。EC・EUに関する専門用語は歴史的にも変化し、またその日本語表記も複数あるものが少なくなかった。「ヨーロッパ」とするか「欧州」とするかも悩ましかった。機械的にどちらかに揃えればうまくいくわけでもなかったからである。その困難な作業は、編者の一人である益田が綿密かつ精力的に行った。頭が下がる思いである。もし遺漏や誤りがあれば、それはもう一人の編者である山本の怠惰に責任がある。

本書の企画が持ち上がったのは、二〇一六年の夏頃であった。編者二人で大まかな全体像を構想し、同時に執筆に協力していただく方を選んでいった。より現代に近い部分には、EU研究者に参加していただいた。執筆者の間で数回にわたり検討会を行ったが、歴史研究者とEU研究者が同じテーブルを囲んで行った議論は、きわめて刺激的で有意義であった。執筆に関しては、編者からのさまざまな要求に丁寧に応えていただいた。ここで改めて執筆者の皆様に感謝申し上げたい。

ミネルヴァ書房編集部の田引勝二さんには企画の段階から一貫してさまざまな話し合いに参加していただいた。また本書を形にするうえで、プロの観点からさまざまな助言をしていただいた。本を作るということは、単に執筆者が原稿を書いて終わりというわけではないことを改めて学ぶ機会となった。執筆者を代表して、心からお礼申し上げたい。

二〇一九年一月中旬　ブレグジットをめぐる混乱の続くロンドンにて

山本　健

欧州統合史年表

年	欧州域内	欧州域外
一八三四	1月プロイセン主導のドイツ関税同盟が発足。	
一八七一	1月ドイツ帝国成立。	
一九一四	7月第一次世界大戦勃発。	
一九一五	10月フリードリッヒ・ナウマン『ミッテルオイローパ』刊行。	
一九一七		3月ロシア二月革命。11月ロシア十月革命。
一九一八	11月第一次世界大戦休戦。	
一九一九	6月ヴェルサイユ条約署名。	
一九二〇	1月国際連盟発足。	
一九二三	1月フランスおよびベルギーによるルール占領。10月リヒャルト・クーデンホーフ=カレルギー『汎ヨーロッパ』刊行。	
一九二六	5月仏独情報資料委員会（ＣＦＡＩＤ）結成。9月国際鉄鋼カルテル形成。10月ウィーンにおいて第一回汎ヨーロッパ会議開催。	
一九二九	9月仏外相ブリアン国際連盟総会演説でヨーロッパ諸国の「連合」を提案。	
一九三〇	2～3月国際連盟、関税休戦会議開催。5月仏外務省、ブリアン提案を具体化する覚書を公表。	
一九三一	3月ドイツとオーストリア、関税同盟構想を企図（9月放棄）。	12月ウェストミンスター憲章によってコモンウェルス（英連邦）発足。
一九三二	6月ベルギー、オランダ、ルクセンブルクが地域通商協定を締結。	8月オタワ協定によって帝国特恵制度（後のコ

一九三四	**2月**ドイツとハンガリー、決済協定締結。**5月**ドイツとユーゴスラヴィア、通商協定締結。	モンウェルス特恵制度）発足。
一九三八	**3月**ウィーンの汎ヨーロッパ運動事務局閉鎖。**11月**イギリスで連邦同盟結成。	
一九三九	**9月**ドイツ、ポーランドに侵攻。第二次世界大戦勃発。	
一九四〇	**8月**クーデンホーフ＝カレルギー、アメリカに亡命。	
一九四一	**6月**独ソ戦開始。**7月**「自由で統一されたヨーロッパ宣言」（ヴェントテーネ宣言）。**12月**ドイツ、対米宣戦布告。	**12月**日本軍、真珠湾攻撃。米、対日宣戦布告。
一九四二	**1月**ポーランドとチェコスロヴァキアの亡命政権による国家連合宣言署名。ギリシャとユーゴスラヴィアの亡命政権、バルカン連盟に関する合意。	
一九四三	**7月**ムッソリーニ解任。**9月**イタリア、連合軍に降伏。**10月**ベネルクス通貨協定締結。	
一九四四	**6月**ドゴール、臨時政府議長（首相）に就任。**7月**ブレトン・ウッズ会議開催。**8月**パリ解放、ドゴール、パリ帰還。**9月**ベネルクス関税協定締結。	
一九四五	**2月**米英ソ首脳会談開催（ヤルタ）。**5月**ドイツ降伏。**7月**イギリス、アトリー労働党政権発足。**7～8月**米英ソ首脳会談開催（ポツダム）。	**4月**米、ローズヴェルト大統領死去。副大統領トルーマン、大統領に昇格。**8月**米、広島・長崎に原爆投下。日本降伏。
一九四六	**1月**ドゴール、臨時政府議長（首相）辞任。**3月**チャーチル、「鉄のカーテン」演説。**9月**米国務長官バーンズ、シュツットガルト演説で対独政策見直しを発表。チャーチル、チューリヒ演説。	
一九四七	**1月**ドイツ英米占領地域でバイゾーン発足。欧州統一イギリス委	**3月**米、トルーマン・ドクトリン発表。**6月**米、

	員会設立。**5月**欧州統一運動（UEM）発足。**7月**欧州経済協力委員会（CEEC）設置。欧州統一フランス会議設立。欧州統一運動連絡委員会発足。**9月**クーデンホーフ＝カレルギー、欧州議会連合を設立。**11月**CEEC・OEEC内の西欧関税同盟研究部会で検討作業（～四八年12月）。	マーシャル・プラン公表。**9月**コミンフォルム結成。**10月**関税と貿易に関する一般協定（GATT）署名。
一九四八	**1月**英外相ベヴィン、議会でウェスタン・ユニオン演説。**2月**チェコスロヴァキアで共産党によるクーデター。**3月**英仏ベネルクス諸国、ブリュッセル条約署名。米議会で対外援助法成立。**4月**欧州復興計画（ERP）始動、欧州経済協力機構（OEEC）発足。イタリア総選挙でキリスト教民主党勝利。**5月**ハーグ欧州会議開催。**6月**英米仏、ドイツ西側占領地区を統合し制憲議会の設置で合意。西側占領地区で通貨改革。ソ連、ベルリン封鎖開始（～四九年3月）。**7月**仏外相ビドー、ブリュッセル条約常設諮問理事会において欧州議会と経済関税同盟の設置を提案。**10月**ブリュッセルで「欧州運動」発足。	**11月**米、トルーマン大統領再選。
一九四九	**4月**北大西洋条約署名。**5月**欧州審議会規約締結。**5月**ドイツ連邦共和国（西ドイツ）成立。**8月**西ドイツ第一回総選挙。欧州審議会、第一期諮問総会開会。**9月**アデナウアー、西ドイツ初代首相就任。**10月**ドイツ民主共和国（東ドイツ）成立。**11月**OEEC貿易自由化計画により欧州域内貿易に関する数量制限の削減を合意。	**8月**ソ連、核実験成功。
一九五〇	**4月**米国家安全保障会議、NSC六八作成。**5月**フランス、シューマン・プラン発表。**6月**イギリス、シューマン・プラン不参加を決定。オランダ、欧州域内貿易自由化のためのスティッケル・	**6月**朝鮮戦争勃発。

	プラン提案。仏独伊ベネルクス、欧州石炭鉄鋼共同体（ＥＣＳＣ）設立のためのパリ交渉開始。**7月**欧州決済同盟（ＥＰＵ）発足。**9月**米国務長官アチソン、西ドイツ再軍備と北大西洋条約機構（ＮＡＴＯ）加盟を要求。**10月**フランス、プレヴァン・プランを発表。**11月**オランダ農相マンスホルト、欧州農業市場の組織化のためのマンスホルト・プランを提唱。欧州人権条約署名（53年9月発効）。	
一九五一	**1月**ボンで占領規約改定交渉開始。**2月**パリで仏独伊、ベルギー、ルクセンブルクによりプレヴァン・プラン交渉開始（オランダはオブザーバーとして参加）。**4月**ＥＣＳＣ条約（パリ条約）署名。**10月**オランダ、欧州防衛共同体（ＥＤＣ）交渉に正式参加。イギリス、チャーチル保守党政権発足。	
一九五二	**5月**西ドイツ占領終結のための一般条約署名。ＥＤＣ条約署名。**7月**パリ条約発効。**8月**ＥＣＳＣ発足。**9月**ＥＣＳＣ閣僚理事会で、欧州政治共同体（ＥＰＣ）条約起草作業開始を決定。**12月**オランダ外相ベイエン、共同市場構想（ベイエン・プラン）提唱。	
一九五三	**6月**東ベルリン暴動。**9～10月**ＥＰＣ条約草案を検討する専門家委員会をローマで開催。	**1月**米、アイゼンハワー大統領就任。**3月**スターリン死去。フルシチョフソ連共産党第一書記就任。**7月**朝鮮休戦協定。**12月**米国務長官ダレス、「苦渋に満ちた再検討」発言。
一九五四	**8月**仏国民議会ＥＤＣ条約の批准拒否。**9月**ロンドン九カ国会議開催。**10月**パリ協定署名、西欧連合（ＷＥＵ）の創設・西ドイツの主権回復とＮＡＴＯ加盟に合意。**12月**仏国民議会においてパリ協定批准。	**7月**インドシナ休戦協定。**11月**アルジェリア独立戦争勃発。

一九五五	**4月**イギリス、イーデン保守党政権発足。**5月**パリ協定発効、西ドイツ主権回復とNATO加盟。ワルシャワ条約機構成立。ベネルクス諸国外相により、新たな経済統合提案（ベネルクス覚書）。**6月**シチリア島メッシーナでECSC六カ国外相会談。メッシーナ宣言発表。**7月**ブリュッセルでスパーク委員会作業開始。米英仏ソ、ジュネーヴ首脳会談。**11月**イギリス政府、スパーク委員会からの離脱を決定。	
一九五六	**4月**スパーク報告提出。**5月**ヴェニス六カ国外相会議開催、共同市場・原子力共同体設立のための交渉開始決定。**6月**ブリュッセルで六カ国政府間交渉開始。**10～11月**ハンガリー動乱。**11月**英財務相マクミラン、英下院でFTA構想を公表。	**7月**エジプトのナセル大統領がスエズ運河の国有化宣言。**10月**スエズ戦争勃発（11月停戦）。**11月**米、アイゼンハワー大統領再選。
一九五七	**1月**イギリス、マクミラン保守党政権発足。**2月**OEEC理事会においてFTA交渉の開始を合意。**3月**仏独伊ベネルクス諸国、ローマ条約署名。**7月**ドイツ、フランス、イタリアでローマ条約批准。**10月**オランダでローマ条約批准。**11月**FTA条約交渉開始。ベルギー、ルクセンブルクでローマ条約批准。	
一九五八	**1月**ローマ条約発効、EEC、ユーラトム成立。欧州投資銀行設立。**6月**ドゴール、政権復帰。**9月**ドゴールとアデナウアー、初の首脳会談。ドゴール、米英両国首脳に「三カ国主導体制」を提案。**11月**仏ドゴール政権、FTA交渉継続は不可能と発表。第二次ベルリン危機勃発。**12月**主要欧州通貨の交換性回復、EPU解散。	**5月**アルジェリア駐留フランス軍、反乱開始。
一九五九	**1月**EEC、第一回目の域内関税引き下げと輸入数量制限の緩和。ドゴール、仏第五共和制初代大統領就任。	**9月**フルシチョフ、訪米。

一九六〇	**1月**欧州自由貿易連合（EFTA）協定（ストックホルム協定）正式署名。**5月**EFTA発足。EEC諸国、関税同盟の完成に向けたスケジュールの「加速」で合意。**9月**欧州社会基金設立。**10月**EFTA諸国、工業製品のFTA設立に向けた日程の「加速」に合意失敗。	**5月**ソ連上空でU2型偵察機撃墜事件。
一九六一	**7月**マクミラン、イギリス下院で第一次EEC加盟申請の方針を発表。アイルランド、第一次EEC加盟申請。アテネ協定締結。**8月**デンマーク、第一次EEC加盟申請。イギリス、第一次EEC加盟申請。**10月**第一次フーシェ・プラン提出。	**1月**米、ケネディ大統領就任。**5月**南アフリカ、コモンウェルス脱退。
一九六二	**1月**EEC諸国、共通農業政策（CAP）の基本的な合意に達する。第二次フーシェ・プラン提出。**4月**EEC諸国外相会議で第二次フーシェ・プラン棚上げ。ノルウェー、第一次EEC加盟申請。	**3月**エヴィアン協定署名、アルジェリア戦争終結。**7月**アルジェリア独立。ケネディ、大西洋共同体に関する「グランド・デザイン」公表。**12月**米英、ナッソー協定締結。
一九六三	**1月**ドゴール、イギリスのEEC加盟を拒否する意向を公表。仏独、エリゼ条約署名。イギリスの第一次EEC加盟交渉が最終的に決裂。**2月**ファンヘント・エン・ロース裁判判決。**5月**西ドイツ連邦議会、エリゼ条約批准。「大西洋の前文」の追加。**7月**ヤウンデ協定締結。**9月**EEC・トルコ、連合協定（アンカラ協定）締結。**10月**西ドイツ、エアハルト首相就任。	**10月**キューバ・ミサイル危機。**11月**米、ケネディ大統領暗殺される。ジョンソン副大統領が大統領に昇格。
一九六四	**7月**コスタ対エネル事件裁判の判決。**10月**イギリス、ウィルソン労働党政権発足。	**5月**GATTケネディ・ラウンド交渉開始。**10月**ソ連、フルシチョフ失脚、ブレジネフが党第一書記に就任。
一九六五	**4月**融合条約署名。**7月**空席危機勃発。	
一九六六	**1月**ルクセンブルクの妥協成立。**2月**仏、NATOの軍事機構か	

	ら脱退。**6月**ドゴール、ソ連訪問。**7月**イギリス、ポンド危機。フランス軍がＮＡＴＯ統合軍事機構から全面撤退。**12月**西ドイツ、キージンガー首相就任。	
一九六七	**4月**ギリシャでクーデター。**5月**イギリス、デンマーク、アイルランド、ＥＥＣへの二度目の加盟申請。ローマ条約署名一〇周年を祝うＥＥＣ首脳会議開催。**7月**ノルウェー、ＥＥＣへの二度目の加盟申請。融合条約発効、欧州共同体（ＥＣ）誕生。**11月**イギリス、ポンド切り下げ。ドゴール、イギリスの二度目の加盟申請を拒否。	**5月**ＧＡＴＴケネディ・ラウンド交渉妥結。**8月**東南アジア諸国連合（ＡＳＥＡＮ）設立。
一九六八	**1～8月**チェコスロヴァキアで「プラハの春」とワルシャワ条約機構による介入。**5月**仏、学生運動。**7月**関税同盟の完成。**8月**ＣＡＰ始動。**11月**フラン危機。	
一九六九	**4月**ドゴール、大統領辞任。**6月**フランス、ポンピドゥー大統領就任。**9月**西ドイツ、ブラント首相就任。**12月**ハーグＥＣ首脳会議開催。	**1月**米、ニクソン大統領就任。
一九七〇	**6月**イギリス、ヒース保守党政権発足。**8月**西ドイツ・ソ連、モスクワ条約署名。**10月**ダヴィニョン報告採択、欧州政治協力発足。ヴェルネル・プラン発表。**11月**ＥＥＣ・スペイン、通商協定締結。	
一九七一	**1月**第二次ヤウンデ協定締結。**2月**ＥＣ、共通漁業政策実施。	**8月**ニクソン・ショック（金とドルの交換停止）。
一九七二	**1月**アイルランド、イギリス、デンマーク、ノルウェー、ＥＣ加盟条約署名。**4月**ＥＣ諸国、欧州大学院大学（ＥＵＩ）設立を合意（七六年にフィレンツェに開設）。**10月**パリＥＣ首脳会議開催。**12月**東西ドイツ、基本条約署名。	**2月**ニクソン、訪中。**5月**米ソ、第一次戦略兵器制限条約（ＳＡＬＴⅠ）署名。**11月**米、ニクソン大統領再選。

一九七三	**1月**アイルランド、イギリス、デンマーク、EC加盟（第一次拡大）。**12月**コペンハーゲン欧州理事会、ヨーロッパ・アイデンティティー宣言を採択。	**4月**米国務長官キッシンジャー、「ヨーロッパの年」演説。**10月**第四次中東戦争勃発、第一次石油危機発生。**12月**EC・インド、通商協定締結。
一九七四	**1月**EC、社会行動計画の採択。**3月**イギリス、ウィルソン労働党政権発足。**4月**ポルトガル民主化。**5月**西ドイツ、シュミット首相就任。フランス、ジスカールデスタン大統領就任。**7月**ギリシャ民主化。**12月**EC諸国、欧州理事会設立に合意。	**8月**米、ニクソン大統領辞任、副大統領フォード大統領に昇格。
一九七五	**2月**第一次ロメ協定締結。**3月**EC、欧州地域開発基金創設で合意。**6月**イギリス、EC残留の是非を問う国民投票で残留支持。**8月**欧州安全保障協力会議（CSCE）、ヘルシンキ宣言採択。**11月**フランコ死去、スペイン民主化へ。**12月**ティンデマンス報告が欧州理事会に提出される。	**5月**EC委員会、中国承認、外交関係樹立。**11月**第一回先進国首脳会議（サミット）開催。
一九七六	**4月**イギリス、キャラハン労働党政権発足。	
一九七七	**3月**ポルトガル、EC加盟申請。**4月**EC、基本権に関する共同宣言を採択。**7月**スペイン、EC加盟申請。	**1月**米、カーター大統領就任。
一九七八	**4月**コペンハーゲン欧州理事会、民主主義宣言を採択。	**4月**EC・中国、通商協定締結。
一九七九	**2月**カシス・ド・ディジョン判決。**3月**欧州通貨制度（EMS）発足。**5月**イギリス、サッチャー保守党政権発足。**6月**第一回欧州議会選挙実施。**10月**第二次ロメ協定締結。	**1月**イラン革命、第二次石油危機発生。**6月**米ソ、第二次戦略兵器制限条約署名（SALTⅡ）（未発効）。**12月**NATO、二重決定。ソ連、アフガニスタン侵攻。
一九八〇		**3月**EC＝ASEAN協力協定署名。
一九八一	**1月**ギリシャ、EC加盟（第二次拡大）。**5月**フランス、ミッテラン大統領就任。**11月**ゲンシャー＝コロンボ・プラン提出。**12月**	**1月**米、レーガン大統領就任。

	ポーランド戒厳令公布。	
一九八二	**10月**西ドイツ、コール首相就任。	
一九八三	**3月**フランス、ミッテラン政権、通貨安定のため緊縮財政政策採用。	
一九八四	**6月**フォンテンブロー欧州理事会。第二回欧州議会選挙実施。**12月**第三次ロメ協定締結。	**11月**米、レーガン大統領再選。
一九八五	**1月**欧州統一パスポートの導入開始。**1月**ドロール、ＥＣ委員長就任。**3月**ドゥージ委員会報告書刊行。アドニノ委員会報告書刊行。**6月**シェンゲン協定署名。ミラノ欧州理事会。**7月**政府間会議開始。	**3月**ゴルバチョフ、ソ連共産党書記長就任。**9月**プラザ合意。
一九八六	**1月**スペイン・ポルトガル、ＥＣ加盟（第三次拡大）。**2月**単一欧州議定書締結。	**9月**ＧＡＴＴウルグアイラウンド開始。
一九八七	**4月**トルコ、ＥＣ加盟申請。**7月**単一欧州議定書発効。	
一九八八	**6月**閣僚理事会・ＥＣ委員会・欧州議会、ＥＣ予算策定方法について合意。ハノーヴァー欧州理事会。**9月**サッチャー、ブリュージュ演説。	
一九八九	**4月**ドロール委員会報告書刊行。**6月**マドリッド欧州理事会。第三回欧州議会選挙実施。**7月**オーストリア、ＥＣ加盟を申請。**11月**ベルリンの壁崩壊。西ドイツ、コール十項目提案。**12月**ストラスブール欧州理事会。第四次ロメ協定締結。	**1月**米、ジョージ・Ｈ・Ｗ・ブッシュ大統領就任。**12月**米ソ、マルタ会談。
一九九〇	**3月**東ドイツ議会選挙。**6月**ダブリン協定締結。シェンゲン実施協定締結。**7月**経済通貨同盟第一段階開始。東西ドイツ通貨統合。**10月**ドイツ再統一。**11月**サッチャー、首相辞任、メージャー保守党政権発足。ハンガリー、中東欧諸国の先陣を切って欧州審議会	

	に加盟。	
一九九一	**4月**欧州復興開発銀行（ＥＢＲＤ）設立。**6月**スロヴェニアとクロアチア、旧ユーゴスラヴィア連邦からの独立宣言。**7月**スウェーデン、ＥＣ加盟申請。ワルシャワ条約機構解体。**9月**マケドニア共和国、ユーゴスラヴィアから独立。クロアチア紛争勃発。	**1月**湾岸戦争が勃発。**3月**南米南部共同市場（メルコスール）創設合意。米ソ、第一次戦略兵器削減条約（ＳＴＡＲＴⅠ）署名。日・ＥＣ共同宣言。**12月**独立国家共同体（ＣＩＳ）設立。ソ連崩壊、ゴルバチョフ大統領辞任。ロシア、エリツィン大統領就任。
一九九二	**2月**ＥＣ一二カ国、マーストリヒト条約署名。**3月**フィンランド、ＥＣ加盟申請。**4月**ユーゴスラヴィア社会主義連邦共和国解体。ボスニア・ヘルツェゴヴィナ紛争勃発。**5月**欧州経済地域（ＥＥＡ）協定署名。スイス、ＥＣ加盟申請。ＣＡＰのマクシャリー改革。**6月**デンマーク国民投票でマーストリヒト条約否決（デンマーク・ショック）。**9月**フランス国民投票。イギリス、欧州為替相場メカニズム（ＥＲＭ）から離脱。イタリア、ＥＲＭから離脱。**11月**ノルウェー、ＥＣ加盟申請。**12月**スイス、国民投票で欧州経済地域（ＥＥＡ）参加を否決。	**1月**ＡＳＥＡＮ、自由貿易地域創設合意。**6月**ブラジルのリオデジャネイロで国連環境開発会議開催。**12月**北米自由貿易協定（ＮＡＦＴＡ）署名。
一九九三	**1月**チェコスロヴァキア、チェコとスロヴァキアに分離。**6月**コペンハーゲン欧州理事会、コペンハーゲン基準を公表。**9月**イギリス独立党（ＵＫＩＰ）創設。**10月**ＥＵ、欧州環境庁設置。**11月**マーストリヒト条約発効、欧州連合（ＥＵ）発足。**12月**ドロール白書公表。	**1月**米、クリントン大統領就任。米ロ、第二次戦略兵器削減条約（ＳＴＡＲＴⅡ）署名。
一九九四	**1月**経済通貨同盟第二段階へ移行、欧州通貨機構（ＥＭＩ）発足。**3月**ＥＵ理事会でイオニアの妥協成立。**6月**第四回欧州議会選挙実施。**11月**ノルウェー、国民投票でＥＵ加盟否決。	**1月**ＮＡＦＴＡ発効。**12月**ロシアで第一次チェチェン紛争勃発。

一九九五	**1月**オーストリア、スウェーデン、フィンランド、ＥＵ加盟（第四次拡大）。ＣＳＣＥ、欧州安全保障協力機構（ＯＳＣＥ）に改称。サンテールＥＵ委員長就任。**3月**シェンゲン実施協定発効。**5月**フランス、シラク大統領就任。**12月**欧州司法裁判所、ボスマン判決。デイトン合意。	**1月**世界貿易機関（ＷＴＯ）発足。**12月**米ＥＵ、「新大西洋アジェンダ」宣言。ＥＵ、南米南部共同市場（メルコスール）と地域間協力を進めることに合意。
一九九六	**1月**ＥＵ・トルコ関税同盟発足。**2月**ロシア、欧州審議会加盟。**12月**ＥＵとカナダ、共同政治宣言および行動計画を採択。	**3月**アジア欧州会合（ＡＳＥＭ）第一回会合開催。**7月**エリツィンがロシア大統領再選。**11月**米、クリントン大統領再選。
一九九七	**5月**イギリス、ブレア労働党政権発足。**6月**ＥＵ、欧州人種主義・外国人排斥監視センター設置。欧州理事会、安定・成長協定採択。**10月**ＥＵ加盟国、アムステルダム条約署名。	**7月**アジア通貨危機が始まる。**12月**気候変動に関する京都議定書採択。
一九九八	**3月**ＮＡＴＯ、ユーゴスラヴィアを空爆。**4月**アイルランドとイギリス、ベルファスト合意成立。**5月**ユーロを導入する第一陣となる諸国が選定される。**6月**欧州中央銀行（ＥＣＢ）発足。元オランダ銀行総裁のドイセンベルクが初代総裁就任。**10月**ドイツ、シュレーダー政権発足。**12月**ユーロ導入国でのユーロとの為替レートが固定。	
一九九九	**1月**経済通貨同盟第三段階への移行、ユーロ導入開始（電子決済のみ）。**3月**サンテールＥＵ委員会が任期途中で辞職。欧州司法裁判所、セントロス社判決。**5月**アムステルダム条約発効。**6月**第五回欧州議会選挙実施。**9月**プローディ委員長率いるＥＵ委員会発足。**12月**ヘルシンキ欧州理事会、一部の中東欧諸国とＥＵ加盟交渉を開始することで合意。トルコを加盟候補国として承認。	
二〇〇〇	**1～9月**ＥＵ一四カ国、オーストリアに外交制裁実施。**3月**リス	**5月**ロシア、プーチン大統領就任。

	ボン欧州理事会、リスボン戦略採択。**5月**シューマン宣言五〇周年。**6月**コトヌー協定署名。**12月**ニース欧州理事会。ニース条約合意。	
二〇〇一	**1月**ニース条約署名。ギリシャ、ユーロ導入。**6月**アイルランド、ニース条約をめぐる国民投票実施（いったん否決されるが再投票で可決）。**12月**ラーケン欧州理事会、ラーケン宣言採択。	**1月**米、ジョージ・Ｗ・ブッシュ大統領就任。**9月**米、同時多発テロ事件（九・一一テロ）。
二〇〇二	**1月**ユーロ紙幣とコインが一二カ国で流通開始。	
二〇〇三	**2月**ニース条約発効。**5月**ロシア・ＥＵ首脳会合、「四つの共通空間」の形成を目指すことで合意。**6月**テッサロニキ欧州理事会、西バルカン諸国に関するテッサロニキ宣言。**12月**欧州安保戦略（ＥＳＳ）発表。	**3月**イラク戦争開戦。
二〇〇四	**5月**チェコ、エストニア、ハンガリー、ラトヴィア、リトアニア、ポーランド、スロヴァキア、スロヴェニアの中東欧八カ国と、キプロス、マルタの地中海二カ国がＥＵ加盟（第五次拡大第一陣）。**6月**クロアチア、加盟候補国に認定。第六回欧州議会選挙実施。**10月**ＥＵ二五カ国、欧州憲法条約草案に署名。**11月**ウクライナ、オレンジ革命。	**11月**米、ジョージ・Ｗ・ブッシュ大統領再選。
二〇〇五	欧州対外国境管理協力庁（フロンテックス）設立。**5月**フランス、国民投票で欧州憲法条約否決。**6月**オランダ、国民投票で欧州憲法条約否決。**9月**ポーランド、「法と正義」が議会選挙で第一党に。**10月**ＥＵ、トルコおよびクロアチアと加盟交渉開始で合意。**11月**ドイツ、メルケル首相就任。**12月**マケドニア、加盟候補国に認定。	
二〇〇六	**12月**ＥＵ、トルコとの加盟交渉を一部凍結。	

二〇〇七	**1月**ブルガリアとルーマニア、ＥＵ加盟（第五次拡大第二陣）。スロヴェニア、ユーロ加盟。**3月**ＥＵ基本権庁発足。**5月**フランス、サルコジ大統領就任。**6月**イギリス、ブラウン労働党政権発足。**7月**「改革条約」策定のための政府間会議開催。**10月**「リスボン条約」内容に関する最終合意。**12月**ＥＵ二七カ国、リスボン条約署名。	
二〇〇八	**1月**キプロスとマルタ、ユーロ加盟。	**8月**ロシア・グルジア戦争。**9月**リーマン・ショックから国際金融危機へ。
二〇〇九	**1月**スロヴァキア、ユーロ加盟。**6月**第七回欧州議会選挙実施。**10月**イタリア、五つ星運動発足。**12月**ギリシャ危機勃発。リスボン条約発効。	**1月**米、オバマ大統領就任。
二〇一〇	**4月**ユーロ危機勃発。ハンガリー、第二次オルバン政権発足。**5月**イギリス、キャメロン保守党政権発足。**10月**モンテネグロ、加盟候補国に認定。**12月**欧州対外活動庁始動。	**10月**ＥＵ・韓国、自由貿易協定締結（11年7月暫定適用開始）。**12月**アラブの春勃発（〜12年）。
二〇一一	**1月**エストニア、ユーロ加盟。フランス、マリーヌ・ルペンが国民戦線の党首就任。	**3月**シリア内戦勃発
二〇一二	**3月**ＥＵ財政協定署名。セルビア、加盟候補国に認定。**5月**フランス、オランド大統領就任。	**11月**米、オバマ大統領再選。
二〇一三	**1月**クロアチア、ＥＵ加盟（第六次拡大）。ＥＵ財政協定発効。**2月**「ドイツのための選択肢（ＡｆＤ）」設立。	
二〇一四	**1月**ラトヴィア、ユーロ加盟。スペイン、ポデモス設立。**2月**ウクライナ危機勃発。**3月**ロシア、クリミア併合。**5月**第八回欧州議会選挙実施。**6月**ＥＵ・ウクライナ、連合協定締結。アルバニア、加盟候補国に認定。**11月**ユンカー欧州委員会委員長就任。**12**	**6月**イスラミック・ステート（ＩＳ）が国家の樹立を宣言

	月ＥＵ、トゥスク欧州理事会常任議長就任。ドイツ、「西洋のイスラーム化に反対する欧州愛国者（ペギーダ）」活動開始。	
二〇一五	この年、欧州難民危機勃発。**1月**リトアニア、ユーロ加盟。**7月**ギリシャ、金融財政をめぐる国民投票実施。**11月**フランス、パリ同時多発テロ事件。ポーランド、第二次「法と正義」政権発足。	**12月**ＡＳＥＡＮ経済共同体発足
二〇一六	**3月**ベルギー、ブリュッセル連続爆破テロ事件。**6月**イギリス、ＥＵ離脱・残留をめぐる国民投票実施。ＥＵ離脱の結果を受け、キャメロン首相辞任。**7月**イギリス、メイ首相就任。	**7月**トルコ、クーデター未遂事件。**10月**ＥＵカナダ、包括的経済通商協定署名（未発効）。
二〇一七	**3月**ローマ条約署名六〇周年記念の首脳会議開催。イギリス、ＥＵ離脱通知を送付、ＥＵとの離脱交渉開始。**5月**フランス、マクロン大統領就任。**12月**ＥＵ、有志の加盟国による「常設軍事協力枠組み（ＰＥＳＣＯ）」発足。欧州委員会、ポーランドの「法の支配」をめぐり警戒発議。	**1月**米、トランプ大統領就任。
二〇一八	**6月**イタリア、「五つ星運動」と「同盟」（旧・北部同盟）の連立政権発足。**11月**イギリスとＥＵ、離脱協定合意。	**7月**日・ＥＵ経済連携協定締結（19年2月発効）。
二〇一九	**1月**イギリス下院、離脱協定を否決。仏独、新エリゼ条約（エクス＝ラ＝シャペル条約）締結。	

《編著者紹介》

益田　実（ますだ・みのる）

1965年　山口県生まれ。
1994年　京都大学大学院法学研究科博士後期課程中退。博士（法学）。
現　在　立命館大学国際関係学部教授。
著　作　『戦後イギリス外交と対ヨーロッパ政策――「世界大国」の将来と地域統合の進展，1945～1957年』ミネルヴァ書房，2008年。
『欧米政治外交史 1871～2012』共編著，ミネルヴァ書房，2013年。
『冷戦史を問いなおす――「冷戦」と「非冷戦」の境界』共編著，ミネルヴァ書房，2015年。

山本　健（やまもと・たけし）

1973年　岐阜県生まれ。
2008年　ロンドン大学ロンドン・スクール・オブ・エコノミクス（LSE）国際関係史学部博士課程修了。Ph. D.（国際関係史）。
現　在　西南学院大学法学部教授。
著　作　『同盟外交の力学――ヨーロッパ・デタントの国際政治史 1968-1973』勁草書房，2010年。
『複数のヨーロッパ――欧州統合史のフロンティア』共著，北海道大学出版会，2011年。
「「ヨーロッパの年」の日欧関係，1973-74年」『日本EU学会年報』第32巻，2012年。

Minerva Modern History ①

欧州統合史
――二つの世界大戦からブレグジットまで――

2019年4月20日　初版第1刷発行　〈検印省略〉
2021年12月30日　初版第2刷発行

定価はカバーに表示しています

編著者　益田　実
　　　　山本　健
発行者　杉田啓三
印刷者　江戸孝典

発行所　株式会社　ミネルヴァ書房
607-8494 京都市山科区日ノ岡堤谷町1
電話代表（075）581-5191
振替口座 01020-0-8076

共同印刷工業・新生製本

ISBN978-4-623-08491-3

Printed in Japan

執筆者紹介（執筆順，＊は編者）

＊益田　実（ますだ・みのる）　**はしがき，序章，第1章，第2章，ロング・コラム1**

編著者紹介欄参照。

小川浩之（おがわ・ひろゆき）　**第3章**

1972年　三重県生まれ。
2003年　京都大学大学院法学研究科博士後期課程研究指導認定退学。博士（法学）。
現　在　東京大学大学院総合文化研究科准教授。
著　作　『イギリス帝国からヨーロッパ統合へ——戦後イギリス対外政策の転換とEEC加盟申請』名古屋大学出版会，2008年。
『英連邦——王冠への忠誠と自由な連合』中央公論新社，2012年。
『歴史のなかの国際秩序観——「アメリカの社会科学」を超えて』共編著，晃洋書房，2017年。

＊山本　健（やまもと・たけし）　**第4章，第9章，あとがき**

編著者紹介欄参照。

黒田友哉（くろだ・ともや）　**第5章**

1979年　奈良県生まれ。
2009年　慶應義塾大学大学院法学研究科単位取得退学。博士（法学）。
現　在　専修大学法学部准教授。
著　作　『複数のヨーロッパ——欧州統合史のフロンティア』共著，北海道大学出版会，2011年。
Europe in a Globalizing World, 共著，Nomos Verlag, 2014.
『ヨーロッパ統合と脱植民地化，冷戦——第四共和制後期フランスを中心に』吉田書店，2018年。

池本大輔（いけもと・だいすけ）　**第6章**

1974年　東京都生まれ。
2008年　オックスフォード大学政治国際関係学部より博士号取得。
現　在　明治学院大学法学部教授。
著　作　*European Monetary Integration 1970-79 : British and French Experiences*, Palglave Macmillan, 2011.
『はじめての政治学』［改訂版］共著，風行社，2015年。
『21世紀デモクラシーの課題——意思決定構造の比較分析』共著，吉田書店，2015年。

山本　直（やまもと・ただし）　**第7章，ロング・コラム2**

1972年　京都府生まれ。

2004年　同志社大学大学院法学研究科博士後期課程退学。博士（政治学）。

現　在　日本大学法学部教授。

著　作　『EU　欧州統合の現在』［第3版］共編著，創元社，2012年。

『EU 人権政策』成文堂，2011年。

『EU 共同体のゆくえ——贈与・価値・先行統合』ミネルヴァ書房，2018年。

東野篤子（ひがしの・あつこ）　**第8章**

1971年　東京都生まれ。

2005年　英国バーミンガム大学大学院政治・国際関係研究科博士課程修了。Ph. D.（Political Science）.

現　在　筑波大学人文社会系准教授。

著　作　“A partnership postponed? Japan? EU cooperation in conflict resolution in East Asia”, *Asia-Europe Journal*, 14(4), 2016.

『コンストラクティヴィズムの国際関係論』共著，有斐閣，2013年。

『解体後のユーゴスラヴィア』共著，晃洋書房，2017年。

人名索引

あ 行

アーペル，ハンス（Hans Apel） 193
アイゼンハワー，ドワイト（Dwight Eisenhower） 56, 57, 60, 86, 95, 101, 104, 110, 113, 122
アチソン，ディーン（Dean Acheson） 41, 42, 54, 55, 57
アデナウアー，コンラート（Konrad Adenauer） 21, 28, 34, 35, 40, 42, 43, 46, 47, 50, 54-58, 70, 71, 74, 75, 78, 79, 81, 87, 95, 105, 113, 115, 125-127, 134, 148
アドニノ，ピエトロ（Pietro Adonnino） 200
アトリー，クレメント（Clement Attlee） 44
アハティサーリ，マルッティ（Martti Ahtisaari） 263
アルファン，エルヴェ（Hervé Alphand） 25
アルマン，ルイ（Louis Armand） 84
イーデン，アンソニー（Anthony Eden） 35, 58, 73, 79, 86
ヴァイス，モーリス（Maurice Vaisse） 94
ウィニー，ピエール（Pierre Wigny） 114
ウィルソン，ハロルド（Harold Wilson） 124, 158-162, 172
ヴェイユ，シモーヌ（Veil, Simone） 186
ウェステンドルプ，カルロス（Carlos Westendorp） 251
ヴェルネル，ピエール（Pierre Werner） 177
エアハルト，ルートヴィッヒ（Ludwig Erhard） 43, 70, 71, 73, 78, 83, 87, 127, 150
エリオ，エデュアール（Édouard Herriot） 19, 33, 34, 37
エリソン，ジェームズ（James Ellison） 123
エルドアン，レジェップ・タイイップ（Recep Tayyip Erdoğan） 276, 311
遠藤乾 7
オルバン・ヴィクトル（Orbán Viktor） 312, 324
オレハ，マルセリーノ（Marcelino Oreja） 263

か 行

カーター，ジミー（Jimmy Carter） 188, 198, 245
カイザー，ヴォルフラム（Wolfram Kaiser） 127
ガイヤール，フェリックス（Félix Gaillard） 73
カチンスキ，ヤロスラウ（Jaroslaw Kaczynski） 292, 293
カチンスキ，レフ（Lech Kaczynski） 291-293
川嶋周一 94
カント，イマニュエル（Immanuel Kant） 2
キージンガー，クルト・ゲオルク（Kurt Georg Kiesinger） 168, 169
キッシンジャー，ヘンリー（Henry Kissinger） 187
キャメロン，デーヴィッド（David Cameron） 327-329
キャラハン，ジェームズ（James Callaghan） 182
キャリントン卿，ピーター（Peter Carrington, Lord Carrington） 193
クーヴ・ド・ミュルヴィル，モーリス（Maurice Couve de Murville） 120, 126, 137, 154, 155
クーデンホーフ＝カレルギー，リヒャルト（Richard Coudenhove-Kalergie） 18,

19, 32, 33, 35, 36
クールソン，ジョン（Sir John Coulson）　99
クラーグ，イェンス・オットー（Jens Otto Krag）　124
クラーク，ケネス（Kenneth Clark）　261
クラウス，ヴァーツラフ（Václav Klaus）　293
クリップス，スタフォード（Stafford Cripps）　34
クレイトン，ウィリアム（William Clayton）　28, 30, 40
グレイビー，ヘザー（Heather Grabbe）　299
ゲイツケル，ヒュー（Hugh Gaitskell）　118
ケネディ，ジョン・F（John F. Kennedy）　106, 107, 110, 121-123
ゲンシャー，ハンス＝ディートリヒ（Hans-Dietrich Genscher）　193, 199, 210
コーブ，マイケル（Michael Gove）　328
コーフィールド，アーサー（Arthur Cockfield）　202
コール，ヘルムート（Helmut Kohl）　193, 198, 210-212, 217, 220, 319, 322
ゴルバチョフ，ミハイル（Mikhail Gorbachev）　210, 211, 239, 241, 244
コロンボ，エミリオ（Emilio Colombo）　193, 199

さ　行

サーデルマン，ヤコブ（Jacob Söderman）　237
サッチャー，マーガレット（Margaret Thatcher）　193, 198-200, 217, 225, 254, 319
サラザール，アントニオ（António de Oliveira Salazar）　201
サルコジ，ニコラ（Nicolas Sarközy）　96, 279, 282, 289
サン・ピエール（Abbé de Saint-Pierre）　2
サンズ，ダンカン（Duncan Sandys）　33-37, 103
ジェイ，ダグラス（Douglas Jay）　158
ジェンキンズ，ロイ（Roy Jenkins）　181, 190
ジスカールデスタン，ヴァレリー（Valéry Giscard d'Estaing）　121, 181, 183, 185, 193, 209, 283, 288, 298
シューマン，ロベール（Robert Schuman）　17, 21, 22, 37, 41-44, 46, 49, 55, 57, 58, 61
シュトラウス，フランツ・ヨーゼフ（Franz Josef Strauss）　74
シュトレーゼマン，グスタフ（Gustav Stresemann）　19, 20
シュペーア，アルベルト（Albert Speer）　23
シュミット，ヘルムート（Helmut Schmidt）　83, 181, 184, 193, 209, 298
シュリー公爵（Maximilien de Béthune, duc de Sully）　2
シュレーダー，ゲアハルト（Gerhard Schröder）　262
ジョスパン，リオネル（Lionel Jospin）　262
ジョンソン，ボリス（Boris Johnson）　200, 328
ジョンソン，リンドン（Lyndon Johnson）　160
シラク，ジャック（Jacques Chirac）　295
スアレス，アドルフォ（Adolfo Suárez）　202
スターリン，ヨシフ（Joseph Stalin）　26, 61, 90
スチュワート，マイケル（Michael Stewart）　159
スティッケル，ディルク（Dirk Stikker）　67
ストロー，ジャック（Jack Straw）　282, 283
スパーク，ポール＝アンリ（Paul-Henri Spaak）　34-36, 38, 59, 69-71, 73-75, 77, 80, 114-116, 123, 126, 155
スピネッリ，アルティエーロ（Altiero Spinelli）　25
スフォルツァ，カルロ（Carlo Sforza）　34
セヘルス，マチュー（Mathieu Segers）　125

ソアレス，マリオ（Mário Soares） 201
ソヴァニャルグ，ジャン（Jean Sauvagnargues） 183
ソーニクロフト，ピーター（Peter Tnorneycroft） 85, 103
ソームズ，クリストファー（Christopher Soames） 103
ソラナ，ハビエル（Javier Solana） 256

た 行

ダヴィニョン，エティエンヌ（Étienne Davignon） 170
ダラディエ，エデュアール（Édouard Daladier） 35
ダレス，ジョン・フォスター（John Foster Dulles） 60, 62, 74, 110
チトー，ヨシプ（Josip Tito） 223
チプラス，アレクシス（Alexis Tsipras） 294, 317, 326
チャーチル，ウィンストン（Winston Churchill） 32-36, 58, 73, 107
デイヴィス，デーヴィド（David Davis） 258
ティンデマンス，レオ（Leo Tindemans） 189
デガスペリ，アルチーデ（Alcide De Gasperi） 34-36, 45
デュシェーヌ，フランソワ（François Duchêne） 299
ドイセンベルク，ウィム（Wim Duisenberg） 231, 259
トゥスク，ドナルド（Donald Tusk） 330
ドゥフェール，ガストン（Gaston Defferre） 76
ドゥブレ，ミシェル（Michel Debré） 97
ドールトン，ヒュー（Hugh Dalton） 37
ドゴール，シャルル（Charles de Gaulle） 25, 39, 58, 61, 83, 87, 92-97, 101, 105-107, 110, 112-116, 120-128, 147-150, 152-155, 159-162, 164, 165, 168, 177, 184
ドラギ，マリオ（Mario Draghi） 259, 316
トランプ，ドナルド（Donald Trump） 335
トリシェ，ジャン＝クロード（Jean-Claude Trichet） 259
ドルーシュ，フレデリック（Frédéric Delouche） 249
トルーマン，ハリー（Harry Truman） 26, 54
ドロール，ジャック（Jacques Delors） 202, 203, 210, 221, 224, 261, 319

な 行

ナウマン，フリードリッヒ（Friedrich Naumann） 4
ニクソン，リチャード（Richard Nixon） 110, 177, 187

は 行

ハーファーカンプ，ヴィルヘルム（Wilhelm Haferkamp） 190
バーンズ，ジェイムズ（James Byrnes） 27
ハイダー，イェルク（Jörg Haider） 263
ハルシュタイン，ヴァルター（Walter Hallstein） 34, 35, 46, 70, 71, 73, 84, 134, 142, 146, 151-155, 157, 163
バルニエ，ミシェル（Michel Barnier） 258, 288, 305
ヒース，エドワード（Edward Heath） 103, 105, 106, 116, 125, 167, 170-172, 174, 188
ビドー，ジョルジュ（George Bidault） 31, 36, 37, 40, 42, 60, 61
ヒトラー，アドルフ（Adolf Hitler） 23, 24
ピネー，アントワーヌ（Antoine Pinay） 71
ピノー，クリスチャン（Christian Pineau） 75-77
ビルケルバッハ，ヴィリー（Willi Birkelbach） 191
廣田功 7
ファラージュ，ナイジェル（Nigel Farage） 328, 329
ファン・カルロス（Juan Carlos I） 202
ファン・ゼーラント，パウル（Paul Van Zeeland） 33, 34
ファンファーニ，アミントーレ（Amintore

Fanfani)　105, 113, 115
フィガース，フランク（Sir Frank Figgures）　99
フィッシャー，ヨシュカ（Joschka Fischer）　282, 283
フーグ，リースベット（Liesbet Hooghe）　219
フーシェ，クリスチャン（Christian Fouchet）　114
フォール，エドガール（Edgar Faure）　35, 69, 71
フォール，モーリス（Maurice Faure）　75, 76
フォン・デア・グレーベン，ハンス（Hans von der Groeben）　75
フォン・ブレンターノ，ハインリッヒ（Heinrich von Brentano）　75
ブッシュ，ジョージ・W（George W. Bush）　295
ブラウン，ジョージ（George Brown）　159
ブラン，ジャック（Jacques Blanc）　237
フランコ，フランシスコ（Francisco Franco）　101, 141, 191, 202
ブラント，ヴィリー（Willy Brandt）　168–171, 176, 186, 188
ブリアン，アリスティード（Aristide Brian）　19, 20, 32
フリムラン，ピエール（Pierre Pflimlin）　67
ブル，ヘドレー（Hedley Bull）　299
フルヴールト，ヘンドリク（Hendrik Verwoerd）　109
フルシチョフ，ニキータ（Nikita Khrushchev）　104, 105, 113
ブルム，レオン（Léon Blum）　34–37
ブレア，トニー（Tony Blair）　254, 261, 262, 288, 295, 327, 328
プレヴァン，ルネ（René Pleven）　55
フロヴァイン，ヨヘン（Jochen Frowein）　263
プローディ，ロマーノ（Romano Prodi）　262, 277, 280
フンク，ヴァルター（Walter Funk）　23
ベイエン，ヨハン（Johan Beyen）　60, 68–70
ベヴィン，アーネスト（Ernest Bevin）　31, 37, 38, 41, 44, 45
ヘーゼルタイン，マイケル（Michael Heseltine）　261
ベック，ヨーゼフ（Joseph Bech）　70
ペッチェ，モーリス（Maurice Petsch）　67
ペッラ，ジュゼッペ（Giuseppe Pella）　67
ベルンハルト，ルドルフ（Rudolf Bernhart）　190
ペン，ウィリアム（William Penn）　2
ボール，ジョージ（George Ball）　106
細谷雄一　8
ホフマン，ポール（Paul Hoffman）　30, 94
ポンピドゥー，ジョルジュ（Georges Pompidou）　168–171, 177, 183, 185, 187

ま　行

マークス，ゲイリー（Gary Marks）　219
マイエル，ルネ（René Mayer）　25, 61, 71
マイリッシュ，エミール（Emile Mayrisch）　21
マクミラン，ハロルド（Harold Macmillan）　35, 73, 74, 85, 86, 92, 96–98, 103–107, 109, 110, 112, 113, 118–120, 122–124, 161
マクロイ，ジョン（John McCloy）　46, 47
マクロン，エマニュエル（Emmanuel Macron）　336
マナーズ，イアン（Ian Manners）　299
マハティール・ビン・モハマド（Mahathir bin Mohamad）　250
マラン，ダニエル（Daniel Malan）　109
マンスホルト，シッコ（Sicco Mansholt）　67, 146, 147, 149, 174
マンデス＝フランス，ピエール（Pierre Mendès-France）　62, 69, 76
ミッテラン，フランソワ（François Mitterrand）　35, 155, 198, 199, 202, 211, 212, 217, 220, 225
ミルワード，アラン（Alan Milward）　7
メイ，テリーザ（Theresa May）　329, 330,

332
メージャー，ジョン（John Major） 225, 254, 261
メルケル，アンゲラ（Angela Merkel） 315, 324
モック，ジュール（Jules Moch） 56
モネ，ジャン（Jean Monnet） 20, 21, 25, 39, 41-46, 49-51, 55, 57, 69-71, 75, 134, 142, 183, 203
モリソン，ハーバート（Herbert Morrison） 45
モレ，ギー（Guy Mollet） 37, 75-80, 83

や　行

ユリ，ピエール（Pierre Uri） 75, 80
ユンカー，ジャン＝クロード（Jean-Claude Juncker） 324, 336
吉田徹 8

ら　行

ラスク，ディーン（Dean Rusk） 120
ラドフォード，アーサー（Arthur Radford） 78
ラニエル，ジョゼフ（Joseph Laniel） 61
ラマディエ，ポール（Paul Ramadier） 33, 34, 37
ラムズフェルド，ドナルド（Donald Rumsfeld） 295
リー・クワンユー（Lee Kuan Yew） 250
リー，フランク（Sir Frank Lee） 103, 106
リプゲンス，ヴァルター（Walter Lipgens） 6
ルシェール，ルイ（Louis Loucheur） 20
ルペン，ジャン＝マリー（Jean-Marie Le Pen） 324, 325
ルペン，マリーヌ（Marine Le Pen） 325, 336
ルンス，ヨゼフ（Joseph Luns） 112-116, 126, 153
レイ，ジャン（Jean Rey） 84, 140, 163
レイノー，ポール（Paul Reynaud） 35, 37
レーガン，ロナルド（Ronald Reagan） 198, 245

事項索引

※「欧州経済共同体（EEC）」,「欧州共同体（EC）」,「欧州連合（EU）」,「欧州統合」, 各国名などは頻出するため省略した。

あ 行

か　行

さ　行

た　行

な　行

は　行

ま　行

や　行

ら・わ　行

欧　文